"十三五"国家重点图书出版规划项目
高海拔高寒地区高速公路建设关键技术

高海拔高寒地区高速公路安全设计技术

刘建蓓　汪双杰

著

上海科学技术出版社

图书在版编目(CIP)数据

高海拔高寒地区高速公路安全设计技术 / 刘建蓓，汪双杰著. —上海：上海科学技术出版社，2019.7
（高海拔高寒地区高速公路建设关键技术）
ISBN 978-7-5478-4352-9

Ⅰ.①高… Ⅱ.①刘… ②汪… Ⅲ.①高原—寒冷地区—高速公路—道路工程—安全设计 Ⅳ.①U412.36

中国版本图书馆 CIP 数据核字（2019）第 024584 号

高海拔高寒地区高速公路安全设计技术
刘建蓓　汪双杰　著

上海世纪出版（集团）有限公司
上海科学技术出版社　出版、发行
（上海钦州南路71号　邮政编码200235　www.sstp.cn）
浙江新华印刷技术有限公司印刷
开本 787×1092　1/16　印张 18.25　插页 4
字数 380 千字
2019 年 7 月第 1 版　2019 年 7 月第 1 次印刷
ISBN 978-7-5478-4352-9/U·82
定价：145.00 元

本书如有缺页、错装或坏损等严重质量问题，请向工厂联系调换

内容提要

本书以青藏高原高海拔地区特殊地理位置和低压环境条件为立足点，充分考虑在低压缺氧环境下车辆综合性能衰减和长期积雪冰冻中行车稳定性剧降，同时易引发驾驶员的高原反应和疲劳驾驶等因素，全面系统地介绍了高海拔地区低压缺氧环境下高速公路运行速度预测模型、高速公路速度控制与安全设计关键技术、高速公路几何设计关键技术指标与取值标准、服务设施配置标准等研究成果，最后结合花石峡至大武公路工程的示范和应用，对示范工程的公路路线设计、速度控制设施进行了优化与完善。

本书主要读者对象为公路设计、交通运输、交通安全管理等专业领域的工程技术人员、科研人员、装备开发人员、技术管理人员以及高等院校有关专业的师生。

高海拔高寒地区高速公路建设关键技术
学术顾问

程国栋　中国科学院院士

郑健龙　中国工程院院士

赖远明　中国科学院院士

郑皆连　中国工程院院士

杜彦良　中国工程院院士

王复明　中国工程院院士

王秉纲　浙江大学教授

王　玉　中国公路学会专家委员会委员

陈国靖　原交通部公路科学研究所所长

张鲁新　原青藏铁路专家组组长

高海拔高寒地区高速公路建设关键技术
编委会

编委会主任

汪双杰

编 委
（以姓氏笔画为序）

王 佐　刘 戈　刘建蓓　吴明先　陈建兵

纳启财　单永体　胡 林　夏才初　韩常领

总 序

多年冻土是高海拔高寒地区道路工程建设的"拦路虎"。自1954年青藏公路建成通车至今的60余年间,伴随着不同形式冻土工程病害的发生、发展,我国科技工作者对多年冻土物理、力学性质的认识逐渐深入,也对冻土工程的复杂性有了更系统的认知。2006年青藏铁路建成通车以来,全球气候变暖、冻土退化,也带来铁路路基沉陷、开裂等工程病害。几十年来国家重大冻土工程建设经验充分证明,冻土工程领域科学与技术进步将是一个螺旋式发展的长期过程。

我国科技工作者在多年冻土区道路工程建设技术探索的道路上一直没有停歇。20世纪70—90年代末,围绕着青藏公路的历次整治改建,摸索形成的冻土工程研究方法与测试技术,逐步奠定了我国冻土工程研究的基础,并创建了我国公路冻土工程病害机理分析、病害整治技术与理论体系。21世纪初,通过青藏铁路的工程实践和系统集成,冻土工程研究中进一步融入了"冷却路基"的理论探索与技术设计,取得了一大批具有国际先进水平的研究成果。2011年,国家为尽快启动玉树地震后的交通重建工作,决定建设青海省共和至玉树高速公路,再次掀起冻土工程研究的高潮。

相对青藏铁路、二级青藏公路而言,在多年冻土地基上建设大尺度、高标准、重荷载的高速公路面临着工程尺度效应、大断面厚重路面结构的封闭储热效应及黑色路面强吸热效应等问题,可能导致更大的工程风险。冻土区高速公路建设必须进行理论创新与技术突破。

令人欣喜的是,"高海拔高寒地区高速公路建设关键技术"丛书让我们看到我国冻土工程科研工作者挑战高海拔高寒地区高速公路建设关键技术的系列重要成果，其内容包含路基、路面、桥梁、隧道、环境保护、监测预警等专业方向，创立了公路冻土工程尺度效应理论及能量平衡设计方法，代表了我国乃至世界道路冻土工程研究最新成果。丛书的主编单位具有40余年多年冻土区公路工程科研与设计经验，拥有"高寒高海拔地区道路工程安全与健康国家重点实验室"这一高端研发平台。编者队伍中既有我国公路冻土工程领域的设计大师、知名专家，又有长期持续开展专项研究的青年才俊。他们深厚的技术积淀、理论功底和丰富的实践经验对保障丛书的学术和技术水平起到了重要的作用。

2013年9月，习近平总书记首次提出共同建设"丝绸之路经济带"的倡议以来，"一带一路"倡议已成为我国深化改革开放、践行中国梦、实现世界共同发展、共建人类命运共同体的国家战略，实现这些伟大战略构想的基础在交通运输。"陆上丝绸之路经济带"是实现亚欧非大陆互联互通的核心通道，由东向西跨越青藏高原、喀喇昆仑山脉、帕米尔高原、西伯利亚等高海拔高寒地区及北半球高纬度寒冷地区，涉及主要干线公路里程将达1.2万km。我相信丛书的出版将对保障穿越高海拔高寒地区的大规模道路工程建设，支撑交通行业抢抓"一带一路"发展机遇，助推我国"标准、技术走出去"发挥重要作用。

中国工程院院士

2019年2月10日

前　言

西藏是我们伟大祖国的西南门户和国防战略要地，经过改革开放40年的艰苦奋斗，西藏交通发生了翻天覆地的变化，为全区经济发展、社会进步、人民群众生活水平提高和祖国西南边疆巩固发挥了重大作用。但是随着西藏地区与其他地区联系的日益密切和扩大，同时受制于区域客观自然条件和相关建设技术瓶颈，现有公路交通运输系统已不能满足人民群众快速的交通出行和物资运输需求，截至2015年年底我国高速公路里程14.26万 km，位居世界第一，而西藏是全国唯一一个未与外界高速公路相连接的省区，成为国家高速公路网中的一个"孤岛"。如何推动西藏现代化交通建设、促进地区经济发展的繁荣和稳定，始终牵系着党和国家乃至全国人民的心。

受青藏高原地区特殊地理位置、低压缺氧环境、恶劣自然条件、复杂地质条件和脆弱生态环境等因素的影响，在西藏高海拔地区建设高速公路会面临一系列的困难和挑战。从全世界范围来看，可供借鉴的成熟经验较少，使得在青藏高原上修建高速公路的难度将远远大于平原地区。在破解冻土这一世界性难题的同时，还面临着一系列未曾解决的技术难题：青藏公路沿线平均海拔4 000 m以上，唐古拉山口甚至达到5 231 m，在低压缺氧环境中车辆综合性能衰减，使得在高海拔地区纵坡的取值必然与平原地区有所区别；高海拔缺氧环境将引发高原反应和驾驶操作行为迟缓，长距离连续驾驶很可能引起疲劳驾驶，在服务设施等设置过程中应当充分考虑高原反应以及疲劳驾驶等因素；长期积雪冰冻造成行车稳定性剧降等严重影响高速公路行车安全，在交通安全设施方面均须重点考虑。为克服以上技术难题、保障高海拔地区高速公路交通安全，急需开展前瞻性的研究和技术攻关。

本书根据国家科技支撑计划项目"高海拔高寒地区高速公路建设技术"的系列课题研究，主要针对入藏典型车辆综合性能在低压缺氧环境条件下的改变，以及高原地区公路行车驾驶心理生理变化和驾驶行为变化规律，开展了高海拔地区高速公路几何指标参数、技术标准选用原则方法、交通安全保障技术等研究，集成高原特殊环境下高速公路安全设计关键技术，并开展工程示范和应用，为实现保障高原地区高速公路行车安全、实现西藏地区高速公路快速发展提供基础性试验、研究和工程示范等的研究成果，经归纳整理编撰完成。

本书共分为7章。第1章介绍青藏高海拔地区高速公路建设技术指标选用和路线设计面临的主要技术问题，从保证公路系统运行安全的角度，研究进藏车辆、司乘人员、公路条件及环境等方面涉及安全的内容；第2章介绍高海拔地区交通运行特征；第3章研究高海拔地区低压缺氧环境下典型车辆动力特性；第4章研究高海拔地区低压缺氧环境下驾驶员心理生理变化特性；第5章研究高海拔地区高速公路运行速度模型；第6章研究高海拔地区高速公路路线安全设计技术；第7章介绍相关技术的应用与示范。

全书由刘建蓓主持撰写完成。具体编写分工如下：第1章、第2章由刘建蓓、汪双杰、贺玉龙撰写；第3章由刘建蓓、郭忠印撰写；第4章由张志伟、马小龙撰写；第5章由刘建蓓、高晋生撰写；第6章由刘建蓓、贺玉龙、柳本民撰写；第7章由刘建蓓、史恒撰写。感谢邓涵月、竺灵杰、张彦宁、冯丙丙、张园、李大鹏、张梅梅、张鲁飞、侯洋洋等所做的研究为本书提供的支持。

限于水平，书中不妥之处在所难免，欢迎批评指正。

作 者
2019年2月于西安

目 录

第1章 绪论 / 1

1.1 研究背景 / 2

1.2 国内外研究现状简介 / 5
1.2.1 高海拔地区车辆动力特性 / 5
1.2.2 高海拔地区驾驶员心理生理变化特性 / 7
1.2.3 高海拔地区高速公路交通运行特征 / 11
1.2.4 高海拔地区高速公路路线技术指标 / 17

1.3 主要研究内容 / 21
1.3.1 低压缺氧环境下车辆性能与驾驶行为研究 / 22
1.3.2 青藏地区高速公路交通特征与速度控制研究 / 25
1.3.3 低压缺氧环境下高速公路路线主要技术指标研究 / 27
1.3.4 青藏高速公路技术标准与设计指南研究 / 29

1.4 技术难点与研究方法 / 29

1.5 科技成果与创新 / 32

1.6 成果应用情况 / 35

1.7 经济效益和社会效益 / 36

第 2 章　高海拔地区交通运行特征 / 39

2.1　高海拔特殊环境下交通事故特征 / 40
2.1.1　交通事故基础数据 / 40
2.1.2　交通事故分析指标及方法 / 40
2.1.3　交通事故总体分布特征 / 44
2.1.4　交通事故与人、车、路、环境的关系特征 / 51

2.2　高海拔特殊环境下交通流运行特性 / 66
2.2.1　基础数据采集情况 / 66
2.2.2　交通量及其组成分析 / 67
2.2.3　交通流行驶特性分析 / 74

2.3　高海拔地区交通安全服务水平 / 78
2.3.1　路段划分方法确定 / 79
2.3.2　交通事故影响因素分析 / 81
2.3.3　区域公路事故预测模型 / 85
2.3.4　二级公路交通安全服务水平 / 91
2.3.5　高速公路交通安全服务水平研究初探 / 93

第 3 章　高海拔地区低压缺氧环境下典型车辆动力特性 / 95

3.1　试验车型与试验方案 / 96
3.1.1　试验车型 / 96
3.1.2　试验方案 / 100
3.1.3　试验地点及环境状况 / 100

3.2　高原地区车辆动力特性原理 / 101
3.2.1　车辆行驶动力原理 / 101
3.2.2　车辆行驶阻力原理 / 103
3.2.3　基于海拔的动力和阻力折减原理 / 105

3.3 发动机外特性 / 109

3.3.1 发动机外特性的试验及计算过程 / 109

3.3.2 不同海拔下发动机外特性比较 / 111

3.3.3 发动机转矩折减系数分析 / 113

3.4 发动机制动特性 / 117

3.4.1 发动机制动特性试验及计算过程 / 117

3.4.2 不同海拔下发动机制动特性比较 / 118

3.4.3 发动机制动转矩折减系数分析 / 121

第4章 高海拔地区低压缺氧环境下驾驶员心理生理变化特性 / 125

4.1 低氧环境下驾驶员的感知与操作能力 / 126

4.1.1 试验方案设计 / 126

4.1.2 驾驶员反应能力变化特性 / 129

4.1.3 复杂线形条件下驾驶员心率变化特性 / 130

4.1.4 复杂线形条件下驾驶员心率变化模型 / 134

4.2 低氧环境下驾驶员的疲劳特性 / 139

4.2.1 试验方案设计 / 139

4.2.2 不同海拔条件下的驾驶疲劳特性 / 143

4.2.3 不同海拔条件下的驾驶疲劳模型 / 149

第5章 高海拔地区高速公路运行速度模型 / 157

5.1 代表车型 / 158

5.1.1 小型车代表车型 / 158

5.1.2 大型车代表车型 / 159

5.2 动力和阻力折减对车辆行驶速度的影响 / 159

5.3 平衡速度与等效坡度的关系 / 160
5.3.1 小于 80 km/h 的等效坡度和坡度偏移值 / 161
5.3.2 大于 80 km/h 的等效坡度和坡度偏移值 / 168

5.4 考虑等效坡度的运行速度预测模型 / 173

5.5 运行速度预测模型的验证分析 / 174

第 6 章 高海拔地区高速公路路线安全设计技术 / 179

6.1 高海拔地区高速公路主要几何指标与参数 / 180
6.1.1 平面线形指标研究 / 180
6.1.2 公路纵坡设计指标 / 183
6.1.3 连续长陡下坡界定标准 / 193
6.1.4 横断面组成与尺寸 / 196
6.1.5 路拱横坡与路面超高 / 198
6.1.6 冰雪条件下停车视距 / 211

6.2 服务设施合理间距 / 216
6.2.1 服务设施设置间隔主要考虑因素 / 217
6.2.2 服务设施种类划分及功能定位 / 224
6.2.3 青藏公路第二类服务设施间隔 / 226
6.2.4 青藏公路第三类服务设施间隔 / 227
6.2.5 青藏公路第一类服务设施间隔 / 229

6.3 高海拔地区高速公路设计速度动态分段技术 / 231
6.3.1 以公路功能、技术等级选择设计速度 / 231
6.3.2 以海拔地形条件等布线因素选择设计速度 / 232
6.3.3 考虑气候条件选择设计速度 / 233

6.3.4　考虑典型车辆的运行速度选择设计速度 / 234
6.3.5　考虑沿线路网节点选择速度分段 / 235
6.3.6　速度过渡设计 / 235

6.4　**路线安全设计优化方法** / 238
6.4.1　线形指标的选用原则 / 238
6.4.2　路线安全性优化设计流程 / 239

6.5　**青藏高速公路技术标准研究** / 242

6.6　**高海拔地区高速公路动态速度控制(限速)设计技术** / 244
6.6.1　限速方式及其分布 / 244
6.6.2　车辆超速情况分析 / 247
6.6.3　既有限速设施限速效果评价 / 251
6.6.4　特殊环境下限速决策与设置技术 / 251

第7章　依托工程应用与示范 / 257

7.1　**依托工程概况** / 258

7.2　**设计速度分段适应性分析** / 259
7.2.1　功能定位与布设条件 / 259
7.2.2　车辆运行条件 / 260
7.2.3　路网节点条件 / 261

7.3　**运行速度协调性评价** / 261

7.4　**基于运行速度的平纵几何线形指标检验** / 263
7.4.1　平面线形指标检验 / 263
7.4.2　纵面线形指标检验 / 264
7.4.3　视距检验 / 265

7.5 **限速实施方案** / 266
7.5.1 示范工程主要内容及技术路线 / 267
7.5.2 限速综合决策模型的应用 / 267
7.5.3 具体实施方案 / 268
7.5.4 限速标志设置 / 269
7.5.5 其他速度管理建议方案 / 269

参考文献 / 271

第1章

绪 论

1.1 研 究 背 景

西藏因其独特的地理气候条件、自然原始的生态环境以及神秘的民族宗教文化,被誉为"世界最后一片净土",是全世界人民神往的地方。同时西藏又是我们伟大祖国的西南门户和国防战略要点,其发展、繁荣和稳定始终牵系着党和国家乃至全国各族人民的心。但受制于客观自然条件和相关建设技术瓶颈,其作为地区经济发展命脉的公路交通系统发展却一直严重滞后。在我国高速公路里程达14.26万km(2015年,位居世界第一)的快速发展形势下,至今西藏地区高速公路建设发展缓慢,尚无一条能够抵御自然灾害、全天候通车且与其他地区保持密切联系的高速公路。在2013年6月发布的《国家公路网规划》中明确纳入建设青藏高速公路[G6(北京—拉萨高速公路)一部分]内容。随着"一带一路"建设的推进,习近平总书记在中央第六次西藏工作座谈会上,明确提出要加快构建西藏综合交通运输体系,把西藏打造成为我国面向南亚开放的重要通道。

截至2016年年底,京藏高速北京—格尔木段均已建成高速公路,唯有格尔木—拉萨段尚未启动。格尔木—拉萨高速公路连接青海省与西藏自治区,其建设将改写西藏与外界不通高速公路的历史、拉近西藏与其他地区的距离、密切西藏与其他地区的联系,对促进西藏、青海地区社会经济发展和改善民生,也将起到巨大的推动作用。青藏公路格尔木—拉萨段总长约1 138 km,其中有528 km路段穿越环境极其恶劣、地质条件复杂多变的高原多年冻土地区。自1953年在青藏高原冻土区修筑青藏公路开始,我国冻土工程科研与技术人员就通过60多年来长期的研究探索工作,不断推动着冻土地区筑路技术的发展与进步,保障了青藏公路的健康运营,也为开展青藏高速公路建设奠定了坚实的技术基础。

然而,在确定青藏高速公路建设走廊带后首先需要面对的一项重要技术难题就是技术标准的选用问题。高速公路是专供汽车高速行驶的公路,受青藏高原地区特殊地形、地质和环境等因素影响,在青藏高原地区建设高速公路将面临一系列的困难和挑战。在破解冻土这一世界性难题的同时,如何克服低压缺氧环境中车辆综合性能衰减、高海拔引发高原反应和驾驶操作行为迟缓、长期积雪冰冻造成行车稳定性剧降等严重影响高速公路行车安全的关键性问题,保障高海拔地区高速公路交通安全,均需要开展前瞻性的研究和技术攻关,而目前国内外在相关领域的研究上还处于空白。

为此,国家科技支撑计划研究项目"高海拔高寒地区高速公路建设技术"特别设立"青藏高原特殊环境下高速公路安全设计技术研究",旨在揭示大型典型货运车型高海拔综合性能变化、试验总结高原地区公路行车驾驶心理生理变化和驾驶行为变化规律、研发适用于冰雪环境新型安全防护设施等的基础上,开展高海拔地区高速公路几何指标参数、技术标准选用原则方法、交通安全保障技术等研究,集成高原特殊环境下高速公路安全设计关键技术,并开展工程示范和应用,为实现保障高原地区高速公路行车安全、实现西藏地区高速公路快速发展提供基础性试验、研究和工程示范支撑。

由于青藏高原具有特殊的地理环境特征,导致未来该地区高速公路运营将面临巨大的交通安全挑战。青藏高原高速公路建设主要面临以下交通安全技术问题：

1) 国内外现有高海拔地区公路设计技术研究成果资料较少

国内外研究公路线形设计指标的内容较多,但是针对高原低压缺氧环境特点开展公路技术标准、几何线形指标和参数研究的较少,针对高速公路的更是鲜有涉及。国内部分学者针对青藏公路取得了一些研究成果,但由于青藏公路属于二级公路,其技术标准选择、设计指标和参数的确定依据是否适应高速公路,有待进一步研究。在纵坡设计方面,虽然国内在高原地区公路纵断面研究方面取得了一定的成果,但许多问题还停留在试验阶段,尚未对高原高海拔地区最大纵坡、坡度折减与驾驶行为关系等问题进行系统深入的研究。在服务区间隔设置方面,目前主要是以定性方法为主,着眼于旅客的生理需求和车辆运行。针对高原低压缺氧环境,还须考虑驾驶疲劳、人的生理需要、安全行车安全要求以及医疗救助等,结合沿线地质条件、交通流量和国内外服务设施布局经验,对青藏高原高速公路服务设施合理间距做进一步研究。在超高取值方面,不同国家均有一定的差异性,最大超高值的选取应当视实际情况而定。

因此,高海拔地区公路设计技术指标还须结合实际环境特征开展进一步系统性研究。

2) 高原高海拔特殊地理环境对人、车安全影响巨大

青藏高原空气中氧含量较低,对车辆和人员都将产生很大的影响。

（1）对车辆的影响

在高海拔地区,空气里的氧含量只有平原地区一半,空气稀薄会导致车辆发动机进气量中氧气含量低而影响车辆性能。其工作原理是：发动机燃油混合气燃烧不完全,冷车状态润滑油黏度大,发动机运转阻力大,功率损耗大而动力输出减少,同时冷却液沸点比平原地区低,车辆出现"开锅",发动机高温,车辆不能正常行驶。春、秋、冬季车辆在平路和下坡路行驶时,发动机温度下降快,影响发动机功率提升。

海拔增高、车辆性能普遍降低也影响到车辆运行安全,特别是对于满载的大型运输车辆在该区域爬坡能力下降明显,并导致车辆行驶速度降低,大小型车行驶速度差变大,极易引发交通事故。

（2）对人员的影响

在高海拔环境下氧含量明显降低,低氧会令人头痛、胸闷、气短、心悸、恶心呕吐、口唇发绀、失眠、多梦,血压亦可能升高,有极少数人因劳累、受寒和上呼吸道感染等原因,症状可能逐渐加重,发展成为高原肺水肿或高原脑水肿,而高原肺水肿、脑水肿发病快,死亡率高。平原区人员进入高原之后,一般发病率为30%~40%；在已经发生高原反应的人群中,脑水肿与肺水肿的比例占10%~20%。在海拔5 100 m的高度处90%的驾驶员都会发生高原反应。总体来说,到达海拔3 000 m以上时,由于氧含量降低,会出现一定程度的高原反应,且随着海拔高度的上升,出现高原反应的风险迅速增加。

受高原低氧环境的影响,驾驶员更容易出现驾驶疲劳和操作行为不当的情况。主要表现为注意广度、注意转移、短时记忆、复杂思维判断力下降,导致驾驶员驾驶能力下降,严重影响到行车安全。随着海拔的升高,驾驶员反应时间随之增加,驾驶动作敏捷度随之而下降,疲劳、误操作等行为对行车安全的影响巨大。

因此,研究掌握高海拔地区对车辆动力性、制动性能的影响程度,了解驾驶者的驾驶心理生理行为,是开展安全设计的必要指导因素。

3) 面对青藏高原特有的自然气候条件,需要更新和提升高速公路的设计方法和技术

我国地域广阔,地区差异性显著,现行的《公路工程技术标准》和《公路路线设计规范》等技术标准规范在全国范围内的执行和使用方面,存在一定的差异性。受西藏地区特殊的地理位置、恶劣的自然环境等因素的影响,高海拔地区高速公路设计方法和关键技术需要更新和拓展。

针对高海拔地区车辆性能降低、发动机因散热能力降低易过热情况,当海拔超过3 000 m时,公路路线设计应对纵坡予以折减。当前高海拔地区车辆普遍配有涡轮增压系统,沿线交通中载重货车组成比例、其发动机外特性能力差异较大等情况,与我国内陆地区明显不同;高原地区高寒易结冰公路,考虑路面摩阻能力减弱条件,其平曲线最小半径、曲线长度等指标会有较大变化;我国高速公路服务区内设施布局时,缺乏定量分析和规模可行性分析,一般着眼于旅客的生理需求和车辆运行极限,而忽略了高速公路沿线环境、交通运输流的双向作用、驾驶员的疲劳驾驶特征等因素的影响。针对高原低压缺氧环境下,考虑车辆加油需求、人的生理需要、安全行车要求,结合沿线地质条件、交通流量和国内外服务设施布局及合理间距等方面的研究非常少。

另外,高原上地形起伏平缓,通视良好,青藏地区公路线形指标普遍较高,公路在多年冻土区基本无横向干扰,驾驶员通常期望以较高速度穿越高寒缺氧地段。同时,进藏公路沿线大多为无人区,高原地区公路长距离运行特点明显,导致部分路段易出现超速行驶。开展基于运行速度分布的公路线形与速度适应匹配设计与控制技术十分必要。

因此,青藏高速公路建设需要结合区域自然气候特点,从安全角度,以满足驾驶员舒适性与车辆性能稳定性为目标,研究确定青藏高速公路技术主要指标和参数采用阈值,建立适合高原地区公路几何设计的方法体系。

4) 频繁、多样的恶劣气象条件对高速公路主动抗灾、保通能力提出更高要求

高海拔地区雨、雪、冰、冻灾害频繁发生,相对于我国内陆地区事故概率大幅增加,高速公路建成之后,在冰雪路面上的制动侧滑现象也很突出,车辆发生侧滑后,往往要导致交通事故,冰雪将成为影响交通安全的重要因素之一。据相关资料分析得到,每年西藏地区青藏公路沿线的持续冰冻时间长度为20~30 d,在高海拔地区和冷空气活动频繁地区道路结冰开始时间早,结束时间晚,道路结冰持续时间长。同时对近50年的地质灾害数据进行统计得到,唐古拉山口地震发生频次最高,昆仑山至唐古拉山段雪灾发生频次最高,该段平均海拔在4 500 m以上。

此外在低温下橡胶制品如皮管、制动总泵、分泵的皮碗及轮胎等容易脆裂折断。采用液力制动装置,其分泵皮碗过度收缩,有时会使制动突然失灵。遇有风雪或挡风玻璃上结冰,将妨碍驾驶员视线,不利于行车安全。如何保障区域高速公路的交通安全、提升公路主动防灾抗灾能力等,都是青藏高原高速公路建设之前亟待解决的问题。

青藏公路沿线不仅低压、高寒、缺氧,而且自然灾害频发,主要表现为雪灾与地震。青藏高速公路建成之后总里程长约1 110 km,沿线路网单一、人烟稀少,高速公路的主动抗灾以及保通将面临巨大的挑战。因此针对青藏高原地区高速公路如何保证特殊环境下行车安全性这一重大技术需求,同时结合高原特殊的地理、气候特点,在青藏高原高速公路建设之前,需要研究掌握高原地区车辆、驾驶员、公路环境的特点和规律;确定适应环境要求、满足本质安全的青藏高速公路路线关键指标和参数阈值,提出适合青藏高原环境的高速公路技术指标体系与方法;在公路建设设计阶段研究构建安全保障方案,提出特殊气象条件下的高速公路行车安全保障技术;从提升本质安全性和加强系统主动干预角度做到"防患于未然"等方面,均具有十分重大的意义。

1.2 国内外研究现状简介

1.2.1 高海拔地区车辆动力特性

青藏高原地区随着海拔的逐渐升高,表现出大气压下降、空气密度减小、氧含量降低、环境气温下降、昼夜温差大、年低温期长、气候干燥、降水量少、蒸发量大等特点。其环境参数变化大致规律如下:海拔每升高1 000 m,大气压下降约9%,空气密度下降梯度6%~10%,氧含量下降10%左右;海拔每升高1 000 m,年平均气温下降5~7℃。海拔4 000 m以上的地区为固定冷区,年平均气温低于-4℃,冷期在5个月以上。在这类地区,车辆发动机特别是货车的柴油发动机将面临以下主要风险与问题:

① 增压器超温超速。随着海拔的升高,自然吸气柴油机的进气量因进气压力的降低而减少,柴油机性能会随之相应恶化,导致其不能满足高原地区的使用要求。采用增压技术以后,能够对这种变化进行有效的补偿。但是,增压系统的补偿能力主要受增压器涡轮入口的温度和增压器的转速限制,因此要防止发生增压器超温超速问题。

② 柴油机转速的加速性。由于增压器综合效率会随着海拔的增加而下降,增压器转速越低,其综合效率下降的幅度就越大。这反映在柴油机总功率特性上就表现为:柴油机转速越低,柴油机扭矩值的下降幅度就越大,从而使柴油机最大扭矩点的转速随着海拔的增加而提高。一般来说,高原柴油机在转速为 800~1 000 r/min 时,海拔每增高 1 000 m,总功率特性的扭矩值的下降幅度为 7%~10%。

③ 柴油机工作热负荷。由于高原地区空气密度低,水的沸点会随着海拔的增加而降低、柴油机工作热负荷会增加,不良的冷却效果将带来发动机的一系列问题。

为了研究、评价车辆和动力设备的环境适应性,美国、英国、德国和日本等国早在 20 世纪 50 年代就开始投入巨资研制环境模拟设备及环境实验室。如英国皇家陆军科学研究院车辆环境实验室、维也纳国际车辆研究试验中心的机车和车厢静、动态环境试验设备以及美国阿伯丁试验场兵器环境试验设备等。

20 世纪 60 年代,美国学者 Fosberry 利用"全气候试验室"对多种机型自然吸气式柴油机进行了高海拔大气条件模拟试验,主要是为适应内燃机制造商和用户的商业需要,对柴油机功率进行了修正。涡轮增压技术在车用内燃机上的应用,使人们找到解决高海拔(低气压)条件下内燃机性能下降的最有效措施。1981 年苏联学者 Jebashvili 在模拟试验台上对涡轮增压柴油机进行了试验。在全负荷和额定转速下模拟海拔 700~3 500 m 的大气条件,为了研究采用涡轮增压来补偿柴油机高海拔功率下降的可能性,在试验时配备了增压中冷系统。试验所得到的普遍规律进一步完善了国际燃气轮机委员会(CIMAC)推荐的涡轮增压柴油机功率折算公式。Ricardo 公司、Cummins 公司、Caterpillar 公司等曾对柴油机燃烧放热进行了专门研究,对柴油机冷却系统进行专门的冷却能力试验,将现代柴油机热能分布转换成效率分布,评价了高原柴油机热负荷状态。1997 年 Olesiak 推导出了制动器温度以及磨损理论方程。2004 年 Choi 利用有限元分析法研究了盘式制动器多次制动情况下热弹性接触等问题,并获取了压力场分布和制动器温度。

2000 年余强等探究海拔对发动机驱动功率的影响,随着海拔的增加,进入气缸内空气的密度减小,发动机制动时压缩行程消耗的功下降,排气制动时,不仅压缩行程所消耗的功降低,同时在排气过程中所消耗的功也同样降低。2001 年李文祥等进行了整车性能试验,在青藏公路格尔木—拉萨段对 CA150PL2G1 车型进行了道路试验,分析了该车在海拔 3 900 m 处的动力性、经济性。2006 年李志玉指出,汽车在高海拔、气压低地区行驶时,发动机动力性和经济性下降、润滑油易变质、制动性能变差,并提出在汽车制造的总体布置、结构设计方面应予考虑。2006 年上海交通大学叶林保等在海拔 20 m、2 200 m、3 800 m 环境对涡轮增压柴油机进行了实地台架及道路试验,结果表明:把最大扭矩点置于增压器压气机最高效率区,而额定功率点效率应在 66% 左右,能够提高柴油机高原综合性能,减轻随海拔升高而引起的发动机性能恶化;提高压缩比和起动机功率是保证高原起动性能的有效办法。

2009 年张志强等总结了高原地区环境特点,全面深入分析了高原环境对车用柴油机的影响。通过特种车辆高原适应性分析,发现加速特性和爬坡性能是制约车辆高原适应性的最主要因素。特别针对柴油机的加速特性和扭矩特性曲线进行了研究,并提出了相关技术措施,为研究进一步提高柴油机高原环境适应性提供了思路。2009 年李思鼎等简要分析了高原和高寒地区的气候、地理特点,重点分析了高原和高寒环境对车辆性能、使用、维修和管理等方面带来的危害及影响,旨在对车辆做到合理选用、正确使用和科学管理,发挥出车辆应有的效能。2010 年陈渝光等针对车用柴油机运行在高原地区外特性恶化的难题,提出了一种变海拔环境下柴油机进气压力控制方法,该方法通过调节高压级增压器旁通阀流通系数来动态调节二级涡轮可调增压系统压比。仿真试验表明,该方法大幅度降低了大气压变化对柴油机外特性的影响,使动力性和燃油经济性得到了明显改善。

2012 年申江卫等分析了在高海拔、低气压地区,汽车行驶性能表现出的急剧降低现象:动力性、经济性差,制动性能较低,可靠性耐久性降低,发动机易开锅等,严重降低了汽车的效率。研究表明:当平均海拔上升到 4 500 m 以上时,车辆和其他机械装备的发动机驱动力大约为平原地区的 60%。在此海拔的基础上,当海拔每提高 1 000 m,车辆和其他机械装备的发动机驱动力减小 10% 左右。汽车的其他一些高原反应还表现在:由于大气气压低而引起冷却水沸腾和发动机过热现象;气压制动装置的车辆,其制动效能会明显减弱;由于汽油很容易挥发,发动机过热,常使供油管路产生气阻。2013 年程源等针对高原与高寒环境对汽车制动性能的影响进行了研究。通过分析气压、空气中氧气的质量浓度与海拔的关系,以及在高原和高寒环境下汽车制动性能的表现,得出可采用提高真空助力器真空度和改变真空管接头位置的方法来改进汽车的制动性能。

综上所述,目前国内外学者在高海拔地区车辆柴油发动机功率折减、加速特性和扭矩特性曲线等方面开展了研究,提出了适应高原环境的不同类型发动机研制和改进的方案、措施。部分学者也从整车的角度,探究了在高原环境中影响车辆动力性能的主要因素,如有效热效率、空气密度对阻力的影响等。以上研究针对的车型、发动机类型种类较多,但是上述成果涉及车型较早,而近些年随着西藏地区经济建设的快速发展,进藏沿线的车辆组成发生了重大变化,上述成果涉及的研究车型、发动机已不适应青藏地区公路现状实际运行主导车型的动力性能、外廓尺寸等条件,同时也未能考虑青藏地区公路运行主导车型的发展趋势,无法利用已有的研究成果对青藏地区公路路线设计提供建议及依据。因此,应通过调查青藏地区公路现阶段主导车型的特征,并结合我国及该地区机动车发展趋势,研究该地区公路运行主导车型在高海拔地区的车辆动力、制动性能的变化规律。

1.2.2 高海拔地区驾驶员心理生理变化特性

1) 驾驶员心理生理和操控行为变化特性

自 20 世纪 90 年代以来,随着道路线形设计新理论和心理生理测试仪器发展,医学、心理学、生理学及人类工效学被应用到交通领域以后,越来越多的学者开始关注道路主要技术指标与驾驶员心理生理反应的关系。

交通心理研究起始于 1912 年美国哈佛大学心理学专家阁斯泼格,他用心理学研究电车发生事故的原因。1972 年 K. S. Rutley、D. G. W. Mace 研究发现,由不同类型的交叉口所导致的工作负荷通过心率变异这个心理指标能够体现出来。1980 年左右日本的岩川治、古谷士郎等用心率、血压等指标研究林区道路线形指标与驾驶员行车时心理生理反应的关系。1988 年左右英国的 Crundall、Davide、Underwood 和 Geoffrey,研究了由不同道路类型产生的不同认知负荷下,经验驾驶员和非经验驾驶员在 20 min 驾驶过程中的心电情况的不同。2004 年 Stuart T. Godley、Thomas J. Triggs 和 Brian N. Fildes 研究了车道宽度与驾驶负荷、车速之间的关系,发现窄的车道宽度增加了驾驶负荷、减小了行车速度。

国内应用脑电、心电方法来研究道路交通问题的起步较晚。20 世纪 90 年代初任福田首次提出"道路线形设计新理论",该理论提出:以用路者的交通需求和心理生理反应特征作为道路线形设计的理论基础,用动的观点设计路线的各个元素,力求协调。2003 年郑柯采用动态心电仪、辅助皮电仪和呼吸仪,研究了心率、呼吸率与高速公路线形的关系。2005 年王书灵采用动态心电仪,研究了心率和山区双车道公路纵断面线形的关系,建议山区双车道公路坡度不大于 7%,且山区双车道公路坡度为 3%、4%、5%、6% 和 7% 的条件下,相应的坡长极值分别为 700 m、550 m、450 m、400 m 和 400 m。

其他针对驾驶员驾驶状态的研究则为一般海拔地区,如平原或山区等,如张开冉以心率和心率增量测试为基础,分析了两种典型情况下低驾龄驾驶员的紧张特性。姚娜等监测驾驶员途经道路事故多发点时心率的变化、行车速度和驾驶员周围环境参数,来研究驾驶员紧张度与交通事故间的关系。龙伟峰采用心率变异频域分析对驾驶员工作负荷进行研究,以 LF/HF 作为主要生理指标来表征驾驶员工作负荷,建立了驾驶员工作负荷与道路线形之间的关系模型,提出山区公路半径阈值,并通过具体实例验证其正确性。

近年来国内就一些特殊自然环境地区道路交通系统中驾驶特性的研究有了一定的进展,但仍缺乏与自然环境因素之间关系方面的研究。青海省职业病防治院宋长平等对低浓度一氧化碳驾驶环境中汽车驾驶员进行了神经行为功能测试,对驾驶员注意力、灵敏度和精确性与反应时间变化规律进行了研究。而其他研究工作则是主要集中在高原环境下人体在疾病方面、身体素质方面的研究,而非车辆驾驶员的驾驶状态。同济大学潘晓东等从医学和工学相结合的角度,以行车试验为依据,通过驾驶员的心率和血压的变动规律,用定量分析的方法研究道路线形构造同驾驶员心理压力和生理负担间的相关性。

内蒙古农业大学郝晓红基于驾驶员心理生理反应的草原公路线形设计问题进行了研究。新疆农业大学在"沙漠公路交通环境中驾驶行为及其影响研究"课题研究中,利用驾驶适宜性检测仪器,就沙漠公路驾驶员特性的总体情况及其与驾驶员年龄、驾龄、持续行车时间、检测时的气温等因素之间的关系进行分析研究,探讨了在沙漠特殊环境中驾驶员心理、生理特性的变化特征。

中交第一公路勘察设计研究院有限公司(以下简称中交一公院)和北京工业大学在高原区驾驶工作负荷与公路关键线形指标的关系方面进行了一些探索性的研究。研究选取青藏公路作为高原区的试验路段,通过观测驾驶员在平原、海拔为 3 200～3 300 m 和海拔为

4 300~4 400 m 时高原区行车的驾驶工作负荷度变化规律，研究得出高海拔地区公路驾驶工作负荷度的安全级别阈值，进而为评价高海拔地区公路线形设计对驾驶工作负荷度的影响提供了依据。

分析国内外研究现状后发现，国外针对汽车驾驶员在高原环境中所受影响的比较系统研究很少，国外对驾驶特性的研究主要集中在驾驶员的适应性方面，驾驶员适应性是基于事故倾向性理论而提出的对驾驶员生理、心理素质的要求，通过心理或生理指标测试，评价驾驶员是否适合驾驶工作。而国内针对高原环境下驾驶员的心理生理特征及其变化规律的研究极少。

2) 车辆驾驶员操作与负荷

20 世纪 70 年代末 80 年代初开始日本陆续有学者用主要包含心率、血压等生理指标在内的多道生理记录仪研究驾驶员在驾车时的劳动负荷、心理负荷与交通安全间的关系。日本的 Yajima、Kazuyoshi、Ikeda 和 Kenji 等在 1976 年收集了 10 h 白天驾驶和连续 24 h 的驾驶试验中驾驶员的心理生理反应数据，研究了驾驶员的疲劳特性。李卿、前原直树等利用多道生理记录仪研究驾驶员行车时心率、血压变动情况；岩川治、古谷士郎等用心率、血压等指标研究林区道路线形指标与驾驶员行车时心理生理反应的关系。

2005 年，瑞典 Chaimers 技术大学的 Tania Dukic 与 Lund 大学的 L. Hanson、K. Holmqvist、C. Wartenenberg 等就按钮位置对驾驶员视觉行为及安全感的影响进行了研究。英国 Sussex 大学的 Benjamin W. Tatler 与 Bristol 大学的 Roland J. Baddeley、Iain D. Gilchrist 等通过使用不同亮度、对比度、颜色和形状的图片研究选择注视位置点的特征。瑞典 Linkoping 大学的 TorbjomFalkmer 和 Nils Peter Gregersen 等使用眼动仪对 20 名有经验驾驶员和 20 名无经验驾驶员在真实交通环境中的眼动行为进行了测量，通过对测得的眼动数据进行分析，验证了其他研究人员的一些结论。

Shinji Miyake 将心率变异性、手指体积描记图振幅、呼吸三个生理变量和 NASA-TLX 的六个负荷因素集成为一个指数，从生理和主观两个方面对负荷进行了多变量分析，取得了较好的效果，是负荷测量方法的创新和尝试。

乌日娜以林区公路为研究对象，发现纵坡和行驶速度都会对驾驶员心率变化率产生较大影响：驾驶员在空载直线上下坡时，纵坡影响大过速度；重载上下坡时，速度影响大过纵坡。李香红对草原公路限速与非限速道路进行研究，通过记录受试者心率、心率增长率、心率变异、眨眼次数，发现与调查问卷、疲劳量表、驾驶行为能力测试值在表征受试者不舒适或疲劳感时具有一致性。

上海交通大学的杨渝书等采集 16 名被测试者在实验室模拟驾驶操作 90 min 的心电信号，并对试验开始和结束时的 15 min 时段心电信号 7 项时频域指标进行分析，发现有 4 项心电时频域指标（SD、LF、HF、LF/HF）与疲劳程度明显相关。

曹新涛对驾驶工作负荷理论、规律和评价方法、指标进行了研究。通过大量的实际行车试验，建立了纵坡段驾驶员行车生理反应与纵坡线形指标和车速之间的关系模型，并对极限坡度进行了界定。

肖元梅、王治明等对两个脑力负荷评价量表即主观负荷评估技术（SWAT）和 NASA 任务负荷指数（NASA-TLX）量表的信度和效度进行验证，得出其均具有较好的信度与效度，经过适当修订，可作为我国脑力负荷研究的有效工具。

由于军事任务和训练的需要，我国军事医学领域在青藏高原开展了大量针对高原生理疾病、耐受性方面的研究。原西藏军区总医院院长李素芝通过研究得出，高原肺水肿以及高原脑水肿是人体进入高原后最容易引发的疾病，青藏公路上驾驶员患高原肺水肿的发病率较高，占乘车进藏人员的 30%，且冬季进入高原，其发病率明显高于夏季。无论是高原脑水肿还是高原肺水肿，疲劳为其重要的诱因之一，对于驾驶员来说，首先应当避免驾驶疲劳。此外，一旦发生上述病情，救助时间越及时，副作用越小，其病死率越低。

中国人民解放军第十八医院高山病研究所崔建华通过研究非高原区人员进入海拔 3 000 m 以上的区域容易发生的三种急性高原病，即急性高原反应、高原肺水肿和高原脑水肿，总结出以下症状表现：

① 急性高原反应的主要临床症状依据其发生频率，依次为头痛、头晕、气促、心悸、恶心、纳差、呕吐等。常见的体征是心率加快、呼吸深快、血压轻度异常，颜面或（和）四肢水肿、发绀等。患者自觉心悸、胸闷，心率多在 100 次/min 左右，心音增强，肺动脉瓣第二音亢进或闻及收缩期杂音，口唇、面部发绀。

② 高原肺水肿发病初期，多数患者有头痛、头晕、全身无力、食欲不振、精神萎靡、神志恍惚、少尿等表现，继之出现咳嗽、心悸、气促、胸闷等。最具有特征性的临床表现是咯出粉红色泡沫痰或白色泡沫痰，痰量少至几口，多至大量从口鼻涌出。重症患者可有烦躁不安、神志模糊以至昏迷，有些患者可有恶心、呕吐、腹痛、腹泻、发热等症状。高原肺水肿患者，体温 37~39℃，脉搏 81~121 次/min，呼吸 20~40 次/min，血压多在正常范围内。

③ 高原脑水肿（也称为高原昏迷）的临床突出表现是意识丧失（昏迷），患者在发生昏迷前，常常有一些先兆症状和体征，随着病情的进一步加重和发展而进入昏迷。多数患者呼吸浅快，若伴有并发症时则更快。约 50% 的患者表现为心率增快，40% 患者心率可正常，少数患者心率减慢。血压多在正常范围内，部分患者血压增高，脉压增大，也有少数患者血压下降，甚至发生休克。

综合上述国内外对于驾驶员心理生理特性、驾驶工作负荷方面的研究成果，可以发现既有研究成果均主要针对一般海拔地区的研究，针对高海拔地区低压缺氧环境驾驶员心理生理特性、操作反应与疲劳的研究较少，特别是针对在高速行驶状态下驾驶员心理生理变化与高原地区公路几何设计指标之间相互关系的研究更是寥寥无几。

另外，目前研究中反映驾驶员心理生理反应的生理指标很多，包括心率、眼动、血压、脑电等，其中心率应用最为广泛。我国军事医学领域对在高原地区容易引发人体不适及各类疾病进行了大量的研究，发现各类疾病的生理表征通常为心率的变化。各类心理生理测试方法的试验环境基本都以静态试验为主，缺乏各类测试指标在实际道路操作试验中的研究。

因此针对上述研究内容和方法的不足,本书作者通过比较不同心理生理指标在实车及模拟驾驶操控试验中的观测结果,选取以心率指标为代表的心理生理反应指标与驾驶员在高速行驶状态下的心理生理特性、操作反应和疲劳状态与高原地区公路主要技术指标的相互关系做进一步的研究。

1.2.3 高海拔地区高速公路交通运行特征

1) 高海拔地区交通事故特点与交通安全服务水平

长安大学肖润谋等依托 G213 线郎木寺—川主寺公路改建工程开展汽车行驶安全性研究,提出了高原长平直线路段交通事故多发的主要原因和一些交通安全措施。王谦等在《1894 例青藏高原道路交通伤分析》中得出:① 样本交通事故主要发生在青藏公路上,占 68.0%,并且多集中在海拔较高、道路较为平直的地段。② 机动车相撞和翻车是事故发生的主要类型,占 51.1%。③ 交通伤造成的人员损伤较重,需要住院治疗的约占 54.0%;死亡 108 例,死亡率 5.7%。④ 运送时间长,并且就诊前多数未采取任何处理措施。⑤ 青藏公路上所发生的车辆事故,以平原地区初到高原者居多,占 61.1%。造成事故原因有:① 高海拔独特的气候环境:平原地区人员初到高原,常出现高海拔缺氧症状。② 疲劳驾驶:一些驾驶员为及时赶到目的地,昼夜赶路。③ 道路条件不熟悉:青藏线由于常年冷冻层的存在,寒热季节交替时易出现路面翻浆现象,因经常维修而临时便道较多,或者因为高海拔地区常年下雪,路面经常被覆盖。

国外学者在高海拔缺氧地区交通事故的研究少有涉及,主要研究集中在恶劣天气对公路交通安全的影响。

Anna K. Andersson 在 *Winter Road Conditions and Traffic Accidents in Sweden and UK*(2010 年)中研究了瑞典与英国冬季道路状况、交通事故之间的关系。瑞典有 720 个户外观测站,其中 200 个装有摄像头,每 30 min 观测一次数据,主要观测指标包括道路表面温度、空气温度、相对湿度、降水量、风速和风向。研究表明:2005 年 1 月份与 2006 年 1 月份,由于道路打滑造成的事故数占事故总数的绝大多数。当路表温度低于-3℃或者开始降雪的时候交通事故数呈显著增加趋势,并且大多数交通事故发生于降雪 2 h 之内。Kazushi SANO 等人在《寒冷和积雪地区无中央分隔带的高速公路交通事故分析》(2009 年)中,对日本的寒冷和积雪区域内具有中央分隔带的道路进行了研究,采用了 5 年的交通事故数据,研究发现:在无中央分隔带的冰冻路面发生死亡交通事故的比例最高。

道路交通安全预测在交通综合规划和管理中有着重要作用。交通事故预测可分为宏观预测和微观预测两种。宏观预测是指对一个国家、一个城市或一个区域的交通整体安全水平进行预测分析。宏观预测主要分析研究社会经济发展、人口数量变化、汽车保有量、非机动车拥有量以及交通法规政策对交通安全的影响,其为国家或地区颁布与交通安全有关的政策法规提供理论依据,具有十分重要的意义。

Smeed 于 1949 年所建立的模型被认为是最为经典的安全预测模型。Smeed 认为交通险阻（以车均死亡数来表示）与机动化水平成反比，很多模型都是以 Smeed 所做的工作为基础建立起来的。另外，还有 Trinca 模型、Koornstra 模型、Towill 模型等，这些模型都从交通安全系统的一个侧面来反映了问题。

我国自20世纪80年代以来，对宏观交通安全的研究也做了不少工作。其中北京工业大学以及北京市交通工程科学研究所在此方面做出了较为积极的研究成果。北京工业大学比较代表性的研究有交通安全的灰色评价方法、利用时间序列方法构造的交通事故频数预测模型、利用系统动力学方法建立了城市道路交通事故生成模型、利用模糊数学的方法提出了道路交通安全宏观评价的两极模糊数学模型。

宏观预测难以对一条具体道路的事故情况进行预测，从而难以提出具体的道路安全设计以及交通工程设施设置的指导建议，因此，具体评价或预测道路设施的安全情况需要进行微观预测分析。微观预测的着眼点在于具体的道路设施，通过分析设施的道路条件、交通条件、景观环境等影响交通安全的因素，对该设施的事故进行估计，进而能够评价和预测该设施的安全水平，以满足道路安全设计以及交通工程设施设计的需要。本书的研究对象是高速公路，因此所要建立的事故频数预测模型就属于微观预测范畴。

道路的安全研究和事故频数预测模型建立按道路设施的特点主要可分为两类：路段和节点。其中，节点安全研究根据地区属性的不同可分为城市、郊区和乡村；根据类型的不同又可分为交叉口、环岛和立交。交叉口根据种类又可以进一步分为信号交叉口和无信号交叉口。无信号交叉口根据引道的数目、通行权的不同还可以继续划分。路段的安全研究根据所在地区属性不同也可以分为是否是城市、乡村等；根据道路的等级不同，可以分为高速公路、多车道公路、双车道公路等。

美国双车道事故预测方法的研究成果在其国内得到了广泛认可，已经纳入交互式安全设计软件（Interactive Highway Safety Design Model，IHSDM），并且已经纳入《公路安全手册》（Highway Safety Manual，HSM）的最新研究成果，作为 HSM（第一版）的一个样章而出现。该方法是一种新的方法，是在历史事故资料预测法、数理统计模型法、前后分析法和专家经验预测法基础之上建立起来的。研究过程中收集了华盛顿州和明尼苏达州两个州的公路数据和事故数据，分别开发了路段的事故频数预测模型和三种交叉口的事故频数预测模型，将这些模型综合起来可以预测整条路的事故情况，包括事故数、事故严重程度分布、事故类型分布等，也可以预测安全改进后的事故情况。

目前，国内有关高速公路安全方面的研究很多，绝大部分文献侧重于安全现状分析、安全评价、事故规律研究及预防对策等方面，且大多是针对具体的高速公路。北京工业大学的刘小明研究了道路条件对交通事故的影响，认为事故发生的其他影响因素，如驾驶员的年龄、性别、驾驶熟练程度以及车辆状况等对各个断面事故率的影响是等同的。假设断面事故率的高低主要与该断面所在位置的道路条件有关，这样断面所在位置的车道数、道路线形、纵横坡度、弯道半径以及断面附近有无立体交叉、桥梁及其他结构物就构成断面道路条件的主体，是交通事故的主要影响因素，并以此为基础建立了基于数量化理论的高速公路交通事故预测方法。利用该方法,以京石高速公路北京段事故数据进行分析,研究结果表明:立交、曲度因素对事故率的作用要大于桥梁和横断面形式的影响。北京工业大学的陈永胜等以道路设计要素的安全机理分析为基础,以统计分析为研究手段,针对高速公路纵面设计要素以及相关的要素组合、衔接方式建立了事故频数预测模型,该模型体系可为公路安全设计、事故多发路段的甄别提供理论依据。

HSM 第一版第四章"关于交通安全排查方法"中,介绍了利用安全服务水平对交通安全水平状况进行排序的方法。HSM 从结构上仿照已经广为应用的道路通行能力手册,界定了道路交通设施潜在的安全性能指标,奠定了道路安全的理论基础,提供了道路安全评价所需的基本知识,建立了交通安全水平与其影响因素的关系,其中关于安全性能模型的理论基础为安全服务水平的进一步研究做好了铺垫。安全服务水平可以说是交通安全研究领域的又一个新的发展方向,目前国内外关于系统研究安全服务水平的研究相对较少。

2003 年,Jake Kononov 和 Bryan Allery 介绍了安全服务水平的概念和依托安全性能模型(safety performance function,SPF)的安全服务水平分析框架。用事故率(每年每英里发生的事故频数)和年平均日交通量作为安全服务水平分级指标,建立了美国城市双向六车道高速公路的广义线形回归事故预测模型,以事故预测模型的期望值作为标准,采用 1.5 倍标准差将安全服务水平分为 LOSS Ⅰ、LOSS Ⅱ、LOSS Ⅲ、LOSS Ⅳ 四级(图 1-1)。他们强调安全服务水平可以用来描述交通安全水平状况,但它不能反映交通安全问题所在,后者还需要做具体诊断和分析。

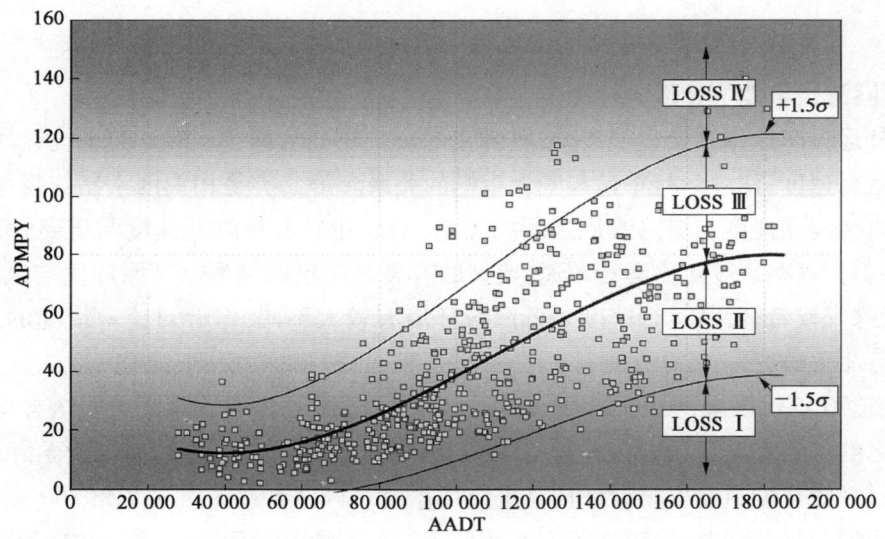

图 1-1　美国城市双向六车道高速公路安全服务水平示意图(总事故数)

北京工业大学的钟连德研究了高速公路乡村路段和城市路段的安全服务水平,在建立高速公路事故均值与路段长度和年平均日交通量之间关系的度量方程的基础上,借用概率论理论中"置信区间"的概念对安全服务水平进行分级,所得分级图如图 1-2 所示。

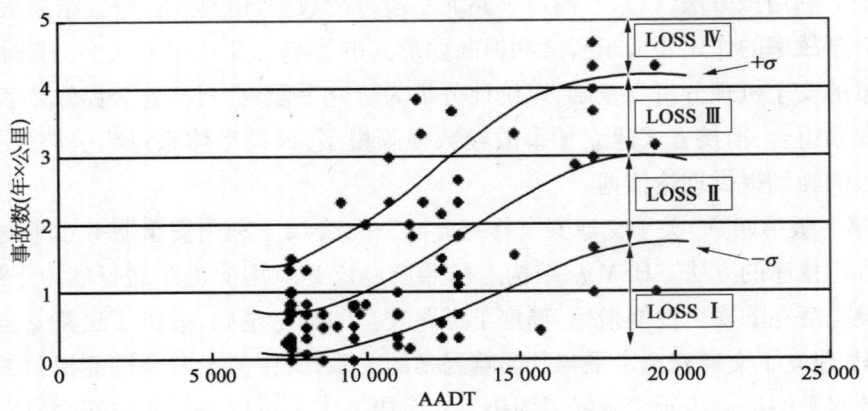

图 1-2　乡村路段四车道高速公路 LOSS

综上所述,目前高海拔地区交通安全的研究主要集中于交通运行及事故特征的分析,较少凭借统计学知识挖掘各因素间的相关性。近年来事故预测研究在方法、模型上获得较大进展;但研究对象主要集中在平原、山区公路,而高海拔特殊环境下的事故预测研究少有涉及。国内外学者大量研究自然条件对交通安全的影响,但主要集中在恶劣天气的影响,较少涉及氧含量、海拔对交通安全影响的研究。因此,本书引入高海拔地区环境的显著特性(海拔、氧含量),通过统计学知识研究交通流、交通事故与环境特性的关系,揭示高原事故机理,建立事故模型,并对安全服务水平这一概念的定义、量化分级和应用做一系统的分析和研究。

2) 不同海拔条件下公路运行速度

国内外运行车速预测模型很多,按照研究方法主要分为两类:第一类是统计回归模型,采取实测运行速度,建立运行车速与线形指标的关系。第二类是相关因素制约模型,其研究方法不是直接建立速度与道路线形之间的关系,而是建立各种限制速度与道路性质等的关系,然后再根据这些速度定出运行车速,典型的有著名的巴西模型。高原环境与低海拔环境相比,因特殊气候特征,其运行速度与低海拔环境有较大不同,但针对这一情况的运行速度模型还没有相关研究。

20 世纪 70 年代以来,美国联邦公路局(FHWA)开展了多项道路交通安全方面的研究,开发了著名的道路安全评价及安全设计软件包——IHSDM,这也是迄今为止国际上唯一发布的专业且系统化的道路安全设计计算机应用系统。FHWA 通过对 6 个州 200 多个测点的车速进行实测,采用回归方法建立了道路线形运行车速的经验回归公式,构成了道路运行速度预测模型。

我国交通运输部(以下简称"交通部")公路科学研究院在国家"九五"科技攻关项目"公路投资综合效益分析系统"研究中,建立了速度模拟系统 SF_Sim5.0 对车速和油耗进行模拟;范振宇、张剑飞在《公路运行车速测算模型的研究和标定》一文中提出高速公路和二级公路路段运行速度测算模型,模型包括直线(含大半径曲线)路段运行车速测算模型和小半径曲线路段测算模型两大类。

在高速公路的运行速度研究中,西部交通科技项目"高速公路运行速度设计方法与标准"课题是交通部《公路工程技术标准》(JTG B01—2003)和《公路路线设计规范》(JTG D20—2006)支撑研究成果,其根据行驶特征,将高速公路分为直线路段、平曲线路段、纵坡路段以及平纵组合路段,然后根据路段影响因素的不同,分别进行调查与建模,建立了不同线形条件下的运行速度预测模型。该研究成果均已纳入交通部《公路项目安全性评价指南》(JTG/T B05—2004)。

2010 年中交一公院在交通部西部交通建设科技项目"公路运行速度体系、安全性评价与工程应用技术研究"中,研究提出了基于车辆轴距与功率重量比的运行速度标准车型划分标准,建立了各等级公路运行速度应用模型。该项目的研究成果已纳入交通部《公路项目安全性评价规范》(JTG B05—2015)。该项目在研究过程中也对青藏公路不同海拔典型路段的运行速度特性及分布规律进行了观测。研究结果表明:平直线路段车辆在无路侧干扰条件下能达到期望速度;小半径平曲线路段运行速度变化剧烈;海拔 4 000 m 为海拔对运行速度的影响临界点,且纵坡对车辆上坡方向运行速度的影响明显大于低海拔地区。

可以看到,国内外对运行速度的研究已经相当成熟,采用了多种方法、多种理念的建模机制,同时也得到了非常多的成果,并广泛应用于公路建设与服务的各个过程中。但针对青藏高原高海拔地区低压缺氧环境的高速公路运行速度模型方面的研究鲜有进行,其主要存在以下客观原因:首先对于低压缺氧环境车辆性能的研究起步较晚,在尚未充分研究车辆性能前运行速度的研究有所局限;同时我国高原公路建设相对较慢,可用于研究与调查的数据资料长期缺乏,尚缺乏针对性的研究。

3) 高速公路动态速度控制(限速)技术

美国从 1960 年开始,进行了多项速度与安全的关系研究。Solomon 在 1964 年对美国的乡村主要道路进行研究,从 35 个地区中选出 28 个地区的道路进行研究,其中 3/4 是乡村双车道道路,限速值为 55～70 m/h。通过对比涉及事故车辆的速度与不涉及事故车辆的速度,发现事故与速度呈 U 形关系,对应事故率最低时的速度稍高于道路平均运行速度,而对应事故率较高时的速度则在平均速度两侧。同时针对双向四车道高速公路提出速度差与交通事故率之间的关系模型,如图 1-3 所示。

1974 年,由于能源危机,美国政府颁布

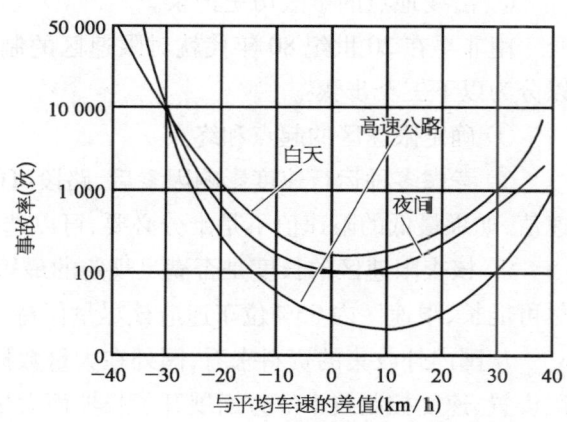

图 1-3 事故率与平均车速差的关系

并实施了国家最高限速,禁止以高于 55 mile/h(90 km/h)的速度行驶。大量研究表明,在国家最高限速实施后,美国的道路交通事故数和死亡人数都有了显著的降低。

Farmer 等采集了 1990—1997 年的数据,使用时间序列模型对 31 个州(其中 24 个州提高了限速值,7 个州没有提高限速值)的死亡事故和死亡率进行了分析,认为:在提高限速值的 24 个州的州际公路上,死亡事故增加了 15%,死亡率增加了 17%,在非州际的公路上,交通事故特征没有发生显著的变化。

Najjar 等用三段序列法,采集了堪萨斯州 1993—1998 年(除了 1996 年外)的交通事故数据。发现在州际公路上,事故数、死亡数和死亡率没有显著变化。然而,1997—1998 年,双车道乡村公路事故有显著增多。至于限速值的升高或降低,是否会影响到驾驶员对运行速度的选择,Ossiander、Jernigan 和 Lynn、Kay Fitzpatrick、Esterlitz 都定量描述了限速升高与运行速度的关系。结果表明,在限速值提高后,车辆的运行速度也会增加,并间接影响到交通安全。

综合各个学者对限速与交通安全关系的研究可以看出,随着限制速度提高或者降低,交通安全在不同情况下会有升降。但是总体来说,随着限速值的降低交通安全的状况会有所下降。

当特定路段或地点的道路不能满足法定限速的时候,就要因地制宜地进行限速的调整,考虑设置限速区。美国交通工程师学会(ITE)的 *Speedzone Guild Lines* 中规定,限速值应该是接近 85%位车速且可以被 5 整除的数值,或者是 10 mile pace(10 km/h 概率分布区间)的上界。当法定限速与运行速度之间的差值不超过 3 mile/h,就不必设置限速区。如果当前限速区的限速值与 85%位车速之间的差值不超过 3 mile/h,就不用调整限速区的限速值。

由于美国制定限速的权利属于各个州,各州对于限速的制定有不同的方法和措施。根据得克萨斯州交通部的限速区制定指南,限速区制定应该在交通调查以及自由流速度分析的基础上,考虑以下因素。

① 道路因素:包括平纵线形、车道形式、分隔带形式、路肩形式、视距;
② 周边情况:包括路侧发展、周边居民区、土地开发强度;
③ 沿线地点的事故历史记录。

南非早在 20 世纪 80 年代就对限速区的制定方法进行了研究,提出制定限速区限速可以分为以下三个步骤:

① 确定限速区的起点和终点。
② 考虑多种运行速度影响因素后,路段可能会有多个理论计算的限速值;选择最低的限速值,如果最低的限速值不是十分必要,可以选择次低的限速值。
③ 核查限速区的长度是否满足规定的最短长度,如果不能满足,则需要调整。限速区要尽可能长,限速区内 85%位车速应该尽量保持一致。

从国内外收集的资料来看,国外在大量数据的基础上,从速度与安全、速度与效率、限速区设置、速度控制技术等方面展开了长期而大量的研究,分别建立了速度与各种参数之间的互动关系量化模型。限速的制定方法有法定限速、按 85%位车速制定、最优化方法、专家系统法等。单独与组合速度控制技术的适用性、设置方法、速度控制效果等尚未进行深入系统的研究。

目前国内外对限制速度的研究主要集中在定量描述限制速度的变化对交通安全、运行效率的影响。采用的方法多为以长期的数据观测为基础的统计分析,对数据进行前后对比或横向对比。国内由于缺乏交通事故数据和交通流相关参照数据,无法进行前后对比,所以在限速与其他因素的互动关系方面没有进行深入研究。

北京工业大学《公路速度限制与速度控制技术》一书中,基于限速对运行效率、经济和安全的影响,提出了限速值的决策模型。通过采用室内试验的方法进行了驾驶员短期记忆的衰减规律等试验,同时综合了美国联邦公路局出版的《美国公路标志标线》(Manual on Uniform Traffic Control Devices,MUTCD)中对限速标志限速区最小长度的规定,确定了所研究道路限速区最小长度(表1-1)。研究中将限速值选择以10 km/h为步长,限制区的最小长度也按10 km/h的步长进行考虑。限速区最小长度由交通标志的前置距离和驾驶员稳定驾驶距离两部分组成。

表1-1 美国限速区最小长度

限制速度(km/h)	110	100	90	80	70	60	40
最小长度(km)	10	2.0	0.9	0.8	0.7	0.6	0.4

从国内外收集的资料来看,国内外在限速的制定方法研究方面成果较多,但是针对高海拔地区低压缺氧环境这种特殊的地理气候条件下的限速技术却未有涉及。限速值的大小与交通安全具有一定的关系,高海拔地区限速值的制定方法,以及具体限速值的确定对于高原地区公路安全运营具有重要的意义。而且,高原公路控制设施匮乏,交通安全水平相对较低,亟须对高海拔公路速度控制技术的适用性、设置方法、速度控制效果等进行深入系统的研究。

1.2.4 高海拔地区高速公路路线技术指标

1) 国外类似地区高速公路技术标准采用情况

目前国外研究公路线形的内容虽然较多,但是针对高海拔地区的公路线形参数方面的研究却很少,一些位于寒冷地区以及青藏高原周边地区国家的高速公路技术标准可以提供一定程度的借鉴。

加拿大位于北美地区,气候夏季暖热而短暂、冬季寒冷而漫长。加拿大公路管理体制以省为主,联邦政府只对全国主要公路干线进行规划、协调并给予资金补助。加拿大没有一套全国性的技术标准,基本上是把安大略省的标准、规范作为全国的标准、规范。加拿大的高速公路设计从实际出发,不盲目追求高标准。高速公路绝大多数采用低路堤,多数立交桥不采用引桥的方式,而采用土方填筑的引道,不仅节约了投资,而且利于行车安全和环境保护、协调。公路平面线形基本与地形条件相协调,地面平坦时线路直顺,地形变化大时平面线形随地形变化而变化。相同等级公路,地形复杂时最小曲线半径比我国的小。公路纵面随地形变化而变化。在城镇路段纵面基本与地形一致,纵面标高基本与地面线平齐,在山区高速公路纵坡达6%(海拔1 500~2 000 m)。

芬兰位于北欧,全国有1/4的地区位于北极圈,气候寒冷。芬兰保证交通安全的一项重要措施是限制最大行驶速度。公路行车速度根据交通条件分别做出不同的规定。例如在主要公路上,允许的最大行驶速度分别为60 km/h、80 km/h、100 km/h(公路干线上为120 km/h)。

瑞典是世界上交通事故死亡率最低的国家,平均每10万辆机动车死亡人数仅为6人(我国为62人)。瑞典高速公路路基宽度一般为27 m,采用双向四车道断面形式,行车道宽度为3.75 m,外侧路肩为2.75 m,内侧路肩较窄,据交通量大小而定。中间带不设路缘带,中间带宽度4~20 m,根据地形而定,靠近城市或土地较少的地区,亦可小于4 m,但须设护栏,大于4 m的不设。

西藏地区周边国家及地区以印度、尼泊尔、巴基斯坦为主,其交通发展情况具有相似性。印度在进行公路设计时首先明确公路所在地形,其地形是根据地形的横向坡度来确定类别。印度公路地形分类见表1-2。

表1-2 印度公路地形分类

序号	地形分类	地形横向坡度(%)
1	平原	0~10
2	丘陵	10~25
3	山岭	25~60
4	陡崖	大于60

地形类别确定后,须根据公路功能分类进一步确定公路的设计标准。印度的公路类型包括国道省道公路、地方公路以及乡村道路。印度的国道省道公路在平原区及丘陵区一般会采用高速公路建设标准,设计速度上限为100 km/h。

《尼泊尔公路标准2070(2010年)》(*Nepal Road Standard* 2070)是由尼泊尔政府以及基础设施和运输部联合发布的尼泊尔公路设计标准,该标准适用于尼泊尔全国的非城镇道路。尼泊尔公路等级分为四级,高速公路为一级标准,和印度一样,尼泊尔的高速公路主要建设在平原及丘陵地区,设计速度最大值为120 km/h。

2) 国内高寒高海拔地区高速公路路线技术指标研究现状

程占、刘继国等结合高寒地区的主要地形地貌、地质及气候特点,分析总结了在该地区修建特长公路隧道的主要技术问题及总体设计应秉承的原则。以嘎隆拉隧道的总体方案设计为例,说明了高寒地区公路隧道总体设计应关注的重点。黑龙江省公路勘察设计院以及哈尔滨工业大学等单位承担的西部交通科技项目"寒冷地区公路平纵线形及横断面设计指标研究",针对寒冷地区公路设计,从公路设计状态的确定、寒冷地区路面附着系数测试分析、寒冷地区公路安全性分析等方面，对寒冷地区公路的平面、横断面和纵断面设计指标进行了研究，给出了寒冷地区公路线形设计指标的建议。李松龄、裴玉龙对冰雪路面公路平曲线路段限速展开了研究，应用车辆运动学理论，考虑驾驶员在弯道驾驶车辆的特点，分析车辆在冰雪路面转弯行驶特性，建立车辆在平曲线路段行驶时的运动学模型。选择载货汽车和轿车两种车型，根据松软雪路面、压实雪路面和冰路面三种路况，分别建立车辆行驶速度与平曲线设计指标的关系模型。选取6%、8%和10%三种超高值的平曲线路段，利用Matlab仿真技术对车辆限速模型进行求解，并对车速与圆曲线半径及超高的相关性进行分析，以此为基础，提出车辆在松软雪路面、压实雪路面和冰路面三种路况下，不同圆曲线半径的相应安全行驶速度，为科学合理地确定冰雪路面平曲线路段的车辆限速值提供理论依据。

交通部公路科学研究院的方靖、周荣贵等对高原地区公路路线的关键设计参数进行了研究。通过对驾驶员在高原地区不同海拔下血氧含量的观测，建立血氧含量与反应时间延误之间的关系，并以此计算出高海拔下驾驶员的反应时间，从而确定高原区停车视距，并给出竖曲线半径取值。以高原区公路最大超高6%为控制标准，得出圆曲线最小半径值。考虑由于高海拔地区空气稀薄，导致车辆动力性能降低、驾驶员疲劳与紧张，提出了最大纵坡折减值以及不同坡度下的最大坡长。

中交一公院在西部项目"公路运行速度体系、安全性评价与工程应用技术研究"中结合青藏公路的实际调查，对高海拔地区线形标准规范的适应性、高海拔地区车辆的运行速度特征、驾驶员驾驶工作负荷进行了分析研究，建立了高海拔地区运行速度预测模型，提出了高原地区（青藏公路）关键线形指标，为青藏高原地区线形设计提供了依据。

《公路路线设计规范》中提出了对于海拔3 000 m以上高原地区公路纵坡应折减的要求。高原地区公路随着海拔的增加，大气压、空气温度和密度都逐渐减小。空气密度的减小，使汽车发动机的正常操作状态受到影响，从而使汽车的动力性能受到影响。研究及试运转表明，解放牌汽车发动机平均功率在海拔1 000 m处下降11.3%；2 000 m处下降21.5%；3 000 m处下降33.3%；4 000 m处下降46.7%；4 500 m处下降52%。根据试验与分析，当海拔超过3 000 m时，应考虑对纵坡予以折减。

3）服务设施合理间距

高速公路服务设施是高速公路建设的重要组成部分，也是高速公路运营阶段为公路使用者、车辆提供交通安全保障和综合服务的重要配套设施。服务设施的合理间距与路网规划、交通流量交通组成及地形等密切相关。

欧洲地区高速公路服务区的设置大致可分为三类：综合服务区、停车区和加油区。综合服务区的功能大体一致，主要是车辆的维修、清洗、加油/加水，驾驶员及乘客的休息、购物、餐饮等，设置间距为30~50 km。停车区在国外高速公路服务区设置中占有重要地位，是保障行车安全、降低事故发生率的重要设施。欧洲各国对停车区的间距设置不尽相同，大部分停车区间距为 10 km,以保证驾驶员在行车 10 min 左右就有可以使用的停车设施,方便随时停车。加油区的设置间距相对较大,一般可为 40 km 左右,因为机动车油量不足时仍能行驶 50 km 左右。欧洲部分国家高速公路服务区设置间距见表 1-3。

表 1-3 欧洲部分国家高速公路服务区设置间距

国　家	设施类型	间距(km)
英　国	服务区	16~17
德　国	停车区	5~10
	服务区	50
法　国	停车区(A 类)	8~10
	停车区(B 类)	25~30
	加油设施	40~50
	服务区	100
匈牙利	停车区	20~30
荷　兰	加油设施	20~30

美国联邦公路局的《美国高速公路设计几何手册》中把综合性服务区之间的标准间距定为 40 km,最大定位 100 km。《日本高速公路设计要领》规定,综合性服务区之间的标准间距为 50 km,最大为 100 km,所有的休息设施之间的相互间距标准为 15 km、最大为 25 km,能较好地满足需求。在日本《关于高速公路上休息设施规划设计的研究(其二)》中,给出了相应间距设置的满意率,该研究表明,休息设施的间距采用最大值 25 km 可满足需要的 91%,采用标准间距 15 km 能满足需要的 98%;综合性服务区间的间距采用最大值 100 km 时能满足需要的 61%,采用标准间距 50 km 时满足需要的 89%。

相比发达国家,我国高速公路建设起步较晚,服务设施的建设和管理经验也较少,我国高速公路服务区的建设与需求不相协调。近年来随着我国高速公路建设步伐的加快,对高速公路服务区设施布局的要求也在不断提高,该方面的研究也引起诸多学者的关注。在我国,对于高速公路服务设施的设置上,主要依据 2004 年开始实施的《公路工程技术标准》。在《公路工程技术标准》中规定,服务区之间的平均间距为 50 km,停车区与综合性服务区或停车区之间的间距宜为 15~25 km。

姜彩良在《冰雪灾害区域高速公路服务区建设要求分析》中提到:对于冰雪或其他灾害易发区域,高速公路服务区的合理间距设置可以较大程度地避免车辆与旅客在路段上滞留现象。对于灾害易发区域,高速公路服务区除了按照通常情况下考虑道路途经地区经济发展趋势、远景交通量、交通流特性及沿途景观配合,以确定合适间距外,冰雪灾害易发区域高速公路服务区的间距应适当减小,建议服务区按照 20~30 km 为间隔设置。

蒋贵川、易术等对网络化条件下高速公路中服务设施布局问题进行了综合研究。首先分析了高速公路网络与孤立路段的本质差别在于枢纽节点的存在,进而对单独枢纽互通、枢纽互通相邻、线状排列、环状排列等各种情况，分别详细分析了相应路段的服务设施设置布局问题，总结了各种情况下服务设施合理布局的原则和方法。

周智涛、潘兵宏等结合高速公路现有服务设施功能特点，将服务设施分为三类。通过综合论证各类服务设施间距的控制因素，选择及时事故救援距离、低油量安全行驶距离和基于驾驶员自控下的疲劳特性三个关键因素分别作为三类服务设施间距的控制因素，分别建立服务设施间距计算模型，通过对14个典型高速公路服务区进行咨询调查和回归分析，对模型中的相关参数进行深入研究，确定了参数的合理取值，并提出三类服务设施的推荐间距和布置类型。

综合国内外在高寒高海拔地区高速公路技术标准与主要技术指标的研究现状，国外高速公路技术标准基本上没有涉及高海拔地区的技术指标使用要求，印度标准中有对海拔在3 000 m以上山岭、陡崖地区公路的纵坡设计要求，但只适用于低等级公路。总体上，寒区发达国家公路小客车比例高、载重车动力性能好，因此国外对最大纵坡的规定值不仅普遍比国内标准值稍大，而且还可根据地形特征灵活采用；青藏高原周边国家纵坡指标要求与我国相近，但视距指标要求较高。

国内对于寒区公路平纵面线形指标的研究较多，在高海拔地区公路线形指标研究主要集中在纵断面方面且成果较少，关于纵坡折减提出的研究车型年代较早，已不适用于目前汽车行业的发展现状，且没有对高海拔高原地区几何设计指标与驾驶员心理生理特性关系等问题进行系统、深入的研究。国内外对于高速公路服务区合理间距的研究较少，主要是以定性方法为主，着眼于旅客的生理需求和车辆运行极限，而忽略了高速公路沿线环境、交通运输流的双向作用、驾驶员的疲劳驾驶特征等因素的影响。针对高海拔低压缺氧环境下，考虑车辆加油需求、人的生理需要、安全行车要求，结合沿线地质条件、交通流量和国内外服务设施布局经验，须对青藏高海拔高速公路服务设施合理间距做进一步研究。

因此本书作者认为，有必要针对高海拔地区圆曲线最小半径、最大纵坡的坡度、坡长及坡度折减、停车视距、服务设施设置间距等关键设计指标开展进一步的系统研究，为高原地区公路的设计改造提供技术支撑，从而提高高原地区的交通安全水平和通行保障能力，并为标准规范的制修订提供新的依据。

1.3 主要研究内容

针对青藏高原特殊的地理环境特征，以及目前高海拔地区高速公路建设面临的主要交通安全技术问题，主要从三大方面进行科研攻关，具体研究内容介绍如下。

1.3.1 低压缺氧环境下车辆性能与驾驶行为研究

1）典型车辆性能及安全特性变化研究

低压缺氧环境下典型车辆性能及安全特性变化的研究内容主要包括：

（1）车辆动力性能理论及影响因子分析

从车辆动力产生与传递的理论过程出发，分析在低压缺氧环境下车辆发动机的起动、加速及动力传递的变化特性。采用经典的氧含量与柴油机关系模型对低压缺氧环境下大型货车的发动机输出功率进行一般理论推导。选取典型发动机基础数据建立模型，采用 GT-Power 软件等对环境参数进行模拟，计算与分析输出数据。从最佳转速与输出功率等方面确定模拟发动机性能，最终明确影响车辆动力性能的环境因子及作用形式。

（2）车辆制动性能理论及影响因子分析

针对车辆在长大纵坡行驶过程中由于青藏地区气象环境影响而造成的制动性能方面的变化，利用经典货车制动器温升模型进行环境参数的修正，主要针对大气环境温度、大气环境密度等参数的调节。

（3）青藏地区低压缺氧环境下公路状态调研与分析

对目前青藏地区公路进行现场调研，主要采集公路设计资料（特别是公路平纵断面几何设计、公路横断面设计、路面摩擦系数等），气象环境资料（特别是氧含量、沿线气压分布、路面温度分布等），公路运行交通数据（基本车型及对应分布、日交通量分布、交通事故形态分布等）。结合断面运行速度的数据采集，基本确定青藏地区低压缺氧环境下车辆的主要形式特性、最高行驶速度、理想加速度等。

（4）青藏地区环境下车辆安全特性变化分析

基于对青藏地区低压缺氧环境下的公路及交通环境调查结果，对典型的公路路段环境特征、典型公路货运车辆特征进行选择与提取。为了得到车辆运行特征参数，每个季节分别在海拔为 2 500 m、3 000 m、3 500 m、4 000 m、4 500 m 处进行现场试验，主要的试验内容包括公路弯道车辆稳定性试验、爬坡能力对比试验、下坡能力对比试验和制动器温升试验。

将提取的特征参数代入车辆动力性能模型与车辆制动性能模型，计算与分析车辆的相对应性能数值，进而对车辆安全特性的变化进行分析，分析其对长距离直线、小半径圆曲线、纵坡等带来的行车安全影响，并求得两者间的关系。

2）驾驶员心理和生理变化特性研究

从高原低氧的自然环境、高原特有的路域及交通环境出发，根据国内外心理学及生理学理论，分析车辆驾驶员在这类环境下的心理生理的变化机理，确定可能影响驾驶员安全驾驶的环境因素。

根据这些环境因素，设计正交试验后采用室内虚拟现实仿真及现场实车试验的方式，利用生理和心理检测设备，结合驾驶员生理和心理状态量表，采集驾驶员生理和心理特征数据，提出能够显著及客观地表征车辆驾驶员心理生理状态的测量指标，如眼动、心率变异性等。

针对海拔在 3 500 m、4 000 m、4 500 m 这三个不同海拔，运用动态心理生理参数检测仪和动态 GPS，检测驾驶员行车时各种心理生理参数及速度的实时变化。主要采用的方法包括静态测量、随车记录和问卷调查。

最后，结合驾驶员心理生理状态测量指标，建立高原自然环境、路域等参数与驾驶员生理和心理指标间的关联关系，分析交通工程设施的设计与心理生理测量指标间的关系，以及生理和心理变化规律。

3）驾驶员感知与操作能力研究

高原低氧环境下驾驶员感知与操作能力研究内容主要包括以下几个方面：

（1）低氧环境下人体变化特性分析

从驾驶员驾驶操作过程出发，对于驾驶员驾驶的每个动作中所需要的能力、功能及过程等进行分析，结合医学方面对人体的研究，讨论低氧环境可能对人体产生的辨识能力、判断能力及操作能力方面的影响。将这些影响涉及的主要因素/影响因子进行分析与讨论，建立理论的基本变化关系。

（2）低氧环境下驾驶员视认、判断与操作试验

首先，结合调研国内外在驾驶员驾驶能力评测、视认性评价等方面的研究成果，确定能用于评价对比驾驶员在高原环境下感知与操作能力的指标，如反应时间、最大信息量等。依据高原低氧环境下人体生理变化特征的研究成果，初步建立高原低氧环境与驾驶员感知与操作能力的关系模型。在此基础上，综合利用虚拟现实仿真、现场随车观测两种试验方法，以高原地区的车辆驾驶员为试验对象进行试验，并根据试验结果的分析对高原低氧环境与驾驶员感知操作能力的关系模型进行进一步的改进与修正，最终总结确定高原低氧环境下驾驶员感知、反应和操作能力的变化规律，为高原低氧环境下的道路安全设计提供理论基础。

（3）低压缺氧环境下驾驶疲劳特性研究

主要通过以下三种方法进行驾驶疲劳测试：评价性测定法、心理生理反应参数测试法和仿真模拟测定法。

其中心理生理反应参数测定法主要在以下五个海拔区间进行：分别是海拔 2 500 m、3 000 m、3 500 m、4 000 m、4 500 m。为确保驾驶员出现疲劳状态，小型车每人次试验行驶里程不少于 300 km（按 120 km/h 连续行驶 2.5 h）；中型客车每人次试验行驶里程不少于 250 km（按 100 km/h 连续行驶 2.5 h）；中型货车和大型货车每人次试验行驶里程不少于 200 km（按 80 km/h 连续行驶 2.5 h）。

对于仿真测试法，通过设计长距离道路模型，采用驾驶模拟的方式，选取驾驶员进行长

时间驾驶模拟试验,根据车辆行驶轨迹及车辆驾驶员心电状态变化对驾驶员的疲劳状态进行标定与评测。同时通过负荷量表的方式进行驾驶员负荷状态自我主观评测,将两者结果结合起来,形成基于不同低压缺氧环境下的驾驶员驾驶疲劳发展的规律模型。

4) 高速公路运行速度模型研究

(1) 国内外技术方法调研与分析

通过对目前国内外所采用的运行速度预测与评价方法理论进行调研与分析,如美国的IHSDM、我国的公路项目安全性评价指南等,通过对其基础理论、建模方法及计算步骤等进行研究与分析,提出能够用于生成连续性运行速度预测计算的建模方法与试验步骤。

(2) 路段调研与数据采集

针对青藏高原低压缺氧的气象环境及地质特性,对依托工程所处地区进行调研,采集高原基本环境特性资料。通过对不同地区同类路段(1~2条平原地区类似线形的路段)、同类地区不同路段(1~2条高原地区其他线形设计或等级的路段)、同类地区同类路段(1~2条青藏地区已建高速公路或工程应用公路)的路段几何参数、交通管理状态的调查收集与运行车速的数据采集,进行青藏高原高速公路运行车速的数据模拟分析。

在调查收集方面主要针对道路路线设计、主要车型及对应比例等进行收集,比较不同地区公路间差异及不同等级公路间差异,而数据采集主要分为沿线行驶连续车速采集与特征断面运行车速采集两个方面。在进行特征断面选择时,综合考虑设计车速、地形特点、平面线形、纵面线形、横断面线形等因素,路段类型应包括直线+缓和曲线+圆曲线、S形曲线、凸形竖曲线+平曲线、凹形竖曲线+平曲线、凸形竖曲线+直线和凹形竖曲线+直线。综合采集断面数量应保持在100个以上,同时每个断面各车型数量应保证在200辆以上。

(3) 运行速度预测模型建立

对传统的运行速度模型进行解析与数据采集后,针对青藏公路地区可能存在的特殊环境特性及车辆动力性能变化所产生的对于车辆行驶状态及车速影响的因子进行分析,主要包括路侧环境单一性造成的车速过高、低压缺氧环境造成的发动机输出公路衰减、车辆加速性能衰减等。而车辆方面的性能则基于低压缺氧环境下典型车辆性能及安全特性变化研究的研究成果,对目前的车辆运行速度模型中的加速度、极限速度、爬坡性能等进行修正,构建适用于青藏地区高速公路的运行速度预测模型。

(4) 模型验证与工程应用

选取能够表征青藏公路特性的高速公路进行现场运行速度的观测,同时根据该路段设计资料及环境特性利用运行速度预测模型进行计算,比较运行速度观测值与预测值的差异。当发现差异较大时,从公路环境、车辆因素、模型基础理论等方面分析较大差异产生的原因,并进行对应的修正。当模型无法显著表征该验证路段的运行速度特性时,尝试从建模基本参数出发修正模型,保证模型的客观有效性。

建立有效的运行速度预测模型后,在工程应用路段进行对应的运行速度预测,计算与评价该公路沿线运行速度分布状态,以对之后的公路路线设计、交通安全设施设计等方面提供依据与建议数据。

1.3.2 青藏地区高速公路交通特征与速度控制研究

该部分的研究内容主要包括以下三部分。

1) 高海拔缺氧地区交通事故特点与交通安全服务水平研究

(1) 青藏高原道路交通事故特征分析

结合青藏高原道路资料、人口经济信息、天气特点,对青藏高原道路事故特性进行时空分布及事故类型、形态等统计分析,总结交通事故的各种诱因,在分析高原低氧条件下的交通事故主要诱因、事故主要形态的基础上,根据交通事故地点的沿线分布特征与交通事故频率分布特征,筛选高原道路交通事故高发地点作为数据采集的主要观测地点,以进一步探索道路几何线形、地理环境特征、交通运行状态与交通安全的互动关系。

(2) 高原不同氧含量与交通事故特点的相关性关系

根据氧含量与海拔、气压之间的关系,对研究道路进行氧含量调查。以道路海拔的划分方法为参考,依据氧含量不同对道路进行分级,选取高原道路万车事故率、亿车公里事故率、万车死亡率和亿车公里死亡率作为反映交通事故率的指标,分别建立不同氧含量道路与交通事故率、事故类型的联系,事故类型包含事故的严重程度与事故的形态特征。

(3) 高原无人区交通事故特征研究

对高原无人区的高寒、大风、气候变化无常与极端迅速等特殊特点进行总结,并结合高原无人区道路线性特征、事故信息数据,采用对比分析的方法,研究无人区道路与同海拔居住区附近道路的交通事故特征与交通事故率,并通过统计分析,分析高原无人区地理特征对交通事故形态特征、交通事故率等的影响。

选取同海拔非无人区道路的交通事故率统计及交通事故特征(严重程度、事故形态、事故时间特征)与事故原因,对比无人区道路与非无人区道路的交通事故特点,解析无人区交通事故特点。

基于高原无人区道路线性特征及事故数据,结合无人区地理天气特征及交通事故发生的原因,通过统计分析,分析高原无人区道路环境特征对交通事故形态特征(严重程度、事故形态、事故时间特征)、交通事故率等的影响。

(4) 高海拔缺氧地区交通安全服务水平研究

基于上文交通调查及道路海拔、道路环境等与交通事故的关系研究,确定青藏高原道路交通安全关键影响因素集,并通过相关分析,建立其与交通事故率的关系与高原道路交通事故预测模型。同时,根据国内外研究综述、交通事故率统计,确定高原公路交通安全服务水平的分级,进而结合高原道路交通事故预测模型,对青藏高原道路交通安全服务水平进行预测,建立青藏公路交通安全服务水平的量化标准。

(5) 高海拔缺氧地区交通事故预测模型

以交通事故数或事故率的概率分布规律为基础,通过分析现有交通事故数据及道路海拔、道路环境与交通事故的关系研究,考虑各种自变量(包括线形、交通流、环境等因素)与因变量(事故频数)的关系,确定青藏高原道路交通安全关键影响因素集,用统计回归方法建立高原地区交通事故预测模型。

(6) 高海拔缺氧地区安全服务水平的量化标准

通过对高原地区事故率、交通量进行分析,在上述建立的高速公路交通事故预测模型基础上,借用概率和统计学理论探讨其分级标准,选取安全服务水平分级指标,预测青藏高原道路交通安全服务水平,完善高原地区交通安全服务水平的量化标准研究。

2) 特殊环境下高速公路动态速度控制(限速)设计技术研究

(1) 高海拔缺氧地区限制速度与交通安全关系

青藏高原地区交通量少,通视良好,高原地区公路沿线地形条件较好,线形指标普遍较高,公路在多年冻土区基本无横向干扰,因此在高寒缺氧的环境下,驾驶员通常期望以较高速度穿越高寒缺氧地段。并且低压缺氧环境中车辆综合性能衰减,长期积雪冰冻造成行车稳定性剧降,在高速行驶、车辆动力性能降低的情况下驾驶员的注意力难以集中,为了保证行车的安全,在满足舒适行车的同时对特殊路段进行限速。

以青藏高原通视良好、驾驶员期望速度较快、车辆性能降低等不同特殊路段的限制速度与运行速度的关系为基础,通过研究青藏高原运行速度与事故率的关系,建立青藏高原限制速度与交通安全的研究关系(图1-4)。

(2) 高海拔缺氧地区限速值多目标决策模型

综合考虑低压缺氧、高寒冰冻、景色单调等对驾驶员生理、心理和对车辆动力性能的影响,基于综合交通安全与运行效率的目标约束,建立青藏高原公路限速值以安全为目标并综合效率影响的决策模型。提出高

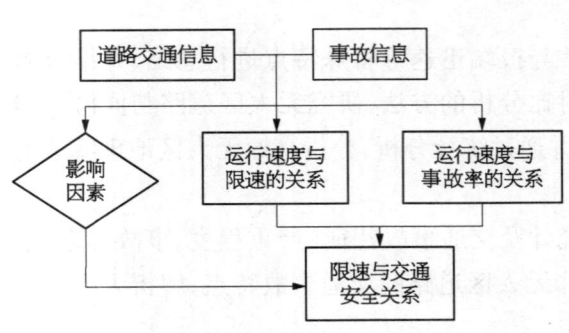

图1-4 高海拔缺氧地区限制速度与交通
安全关系研究技术路线图

海拔缺氧地区不同海拔、路线特征和地形条件下的车辆运行速度控制标准与设置依据,并进行工程应用效果评估,运用速度控制技术提高青藏高原公路的安全系数。

(3) 高海拔缺氧地区公路限速区长度划分研究

由于青藏高原空气中氧含量较低,在低压缺氧环境中,驾驶员的驾驶行为与低海拔地区反差巨大,总体上海拔越高,驾驶员正常工作的驾驶工作负荷越大。同时高原地区公路长距离运行特点明显,驾驶员容易出现疲劳和紧张情绪,随海拔的升高驾驶员反应时间随之增

加,驾驶运行敏捷度随之而下降;并且因长期受冰雪天气影响,车辆动力性能减弱,道路湿滑车辆制动效果降低。

以青藏公路运行速度变化特征、设计规范、技术标准为基础,考虑低氧含量、高海拔、冰雪天气等高原环境对道路、驾驶员、车辆性能等的影响,分析并得到青藏高原限速区长度的影响因素,确立不同情况下对青藏高原限速区最小长度的要求,并结合安全、经济等原则,确定限速区长度划分。

(4) 高海拔缺氧地区限速区过渡段研究

当公路从较高限速值的限速区向较低限速值的限速区过渡时,如果限速差超过一定范围,为了使驾驶员安全、顺利、舒适地减速,宜在两个限速区之间设置一定长度的过渡段,且设置相应的提示标志。

限速区过渡段主要考虑青藏高原驾驶员交通提示信息的视认距离、进行行驶速度调整的距离和保持稳定驾驶所需要的行驶长度所需要的距离。以设计规范、技术标准等为基础,考虑青藏高原地区高寒低氧环境下,遇到风雪或挡风玻璃上结冰,车辆动力性能减弱、道路摩擦系数降低、驾驶员的反应能力减弱,且妨碍驾驶员的视线等因素,建立青藏高原限速区过渡段长度的模型,确定青藏高原限速区过渡段的长度。

1.3.3 低压缺氧环境下高速公路路线主要技术指标研究

在总结高海拔缺氧地区公路运行速度、车辆性能以及驾驶特性等专项研究成果的基础上,结合青藏高速公路沿线特殊的建设环境和青藏高速公路的功能特点等,从安全角度,研究确定青藏高速公路技术主要指标和参数采用阈值。具体的实施方案分为以下几部分。

1) 青藏高速公路主要几何指标与参数研究

(1) 系统地梳理总结前期研究成果

通过低压缺氧环境下典型车辆性能与安全特性化特征的研究专题,建立车辆动力特性模型与车辆制动性能模型,计算与分析车辆的相应性能数值,得到车辆特性在不同海拔下的变化情况,分析车辆在长距离直线、小半径圆曲线、纵坡等位置的行车安全。

通过低压缺氧环境下驾驶员生理和心理变化特性的研究专题,建立高原自然环境、路域及交通环境等参数与驾驶员生理和心理指标间的关联关系。

系统地梳理总结前期的研究成果,为青藏高速公路几何指标与参数的选取提供理论支撑。

(2) 研究搭建移动式驾驶模拟系统,基于仿真试验与对比验证提出相关指标的阈值

基于前期的研究成果即车辆动力性能研究成果、驾驶员心理生理变化规律,研究公路单一指标、不同线形组合条件下车辆性能和驾驶员心理生理的变化关系,建立不同海拔下运行速度、车辆性能、驾驶特性指标与公路单一路线指标、不同线形组合间的关系模型。

研究搭建移动式驾驶模拟试验系统为研究平台,在模拟驾驶试验系统中实现多种气

象条件、周边环境与任意复杂道路几何线形相互叠加,再现不同气象条件和海拔对交通安全的影响;实现复杂线形条件下公路的模拟驾驶、运行速度分析、能见度和安全视距检测等功能。

最终,研究提出适合青藏高原地区低压缺氧环境下高速公路主要几何指标和参数取用建议,如同一设计速度的路段划分长度、停车视距值、最大最小纵坡值、平均纵坡值、纵坡折减值等。

2) 路拱横坡、路面超高研究

(1) 系统总结前期研究成果

通过低压缺氧环境下典型车辆性能及安全特性变化专题,研究得出车辆在高原不同自然条件下动力性能与制动性能的变化规律,为相关技术指标的提出提供理论支撑。

(2) 结合试验测试,提出路拱横坡、路面超高建议值

针对青藏高速公路建设路基横断面技术参数取用安全性问题,以藏区公路为样本,开展藏区公路路面性能参数与交通事故的相关性研究,并通过依托工程对路拱横坡与路面超高进行现场测试与检验。

考虑到青藏公路局部路段存在较严重的冰雪灾害影响的问题,基于路面湿滑条件的检测数据分析,结合冰雪条件下交通事故分布的特点,研究高原地区路面结冰、结霜、积雪的危险路段的分布特征,确定高海拔地区高速公路路面冰滑程度下道路行车安全的最大超高临界数值。试验路段选取G214共和—结古段,结合车辆速度和行驶稳定性分析,提出冰雪湿滑路面在保障行车安全条件下的路拱横坡阈值。

3) 服务设施合理间距研究

(1) 系统梳理前期研究成果

通过低氧环境人体变化特性分析,讨论低氧环境可能对人体产生的在辨识能力、判断能力及操作能力方面的影响;通过低氧环境下驾驶员视认、判断与操作试验,建立高原低氧环境与驾驶员感知、操作能力的关系模型。最终获取低压缺氧环境下驾驶疲劳特性变化规律。

(2) 确定服务区合理间距

在前期理论分析以及相关依托工程的基础上,通过对不同海拔和连续驾驶一定时间长度下驾驶员疲劳检测,研究海拔、连续驾驶时间等因素与疲劳之间的关系,分析疲劳时间随海拔、连续驾驶时间等的变化规律,并建立相应模型。

通过系统收集藏区公路交通事故资料,分析在高原环境中驾驶疲劳与交通事故的相关性、驾驶疲劳诱发交通事故的机理,为服务区合理间距的取值提供参考。

综合以上因素,提出在不同的高原低氧区驾驶员途中休息缓解疲劳的最佳时间和行驶里程,最终确定青藏高速公路服务设施合理间距以及服务设施设计的一些具体要求等。

1.3.4 青藏高速公路技术标准与设计指南研究

1) 系统地梳理总结前期研究成果

通过青藏地区高速公路运行速度模型研究专题,建立有效的运行速度预测模型,计算得出车辆在公路沿线运行速度分布状态,对公路路线设计、技术标准的选取等方面提供依据。同时梳理总结在高原地区车辆性能变化规律与驾驶员心理生理相关方面的研究成果,来作为技术标准提出的理论支撑。

2) 研究确定技术标准的选用方法与原则

在前期研究的基础上,来确定技术标准的选用方法与原则。由于青藏高原海拔、地形、气候变化多样,故青藏高原整条高速公路不可能选取同一技术标准进行设计,需要根据实际情形的变化而采取不同的设计标准。

确定技术标准的选用原则与方法主要基于以下四方面因素:① 运行速度的一致性与协调性,即相邻路段的运行速度差或运行速度的梯度要小于一定的临界值,使得不同运行速度之间的过渡尽可能平缓;② 高速公路沿线的地形、地貌、海拔及其气候状况等自然条件,即青藏高速公路沿线地形地貌特征复杂多变,不同海拔条件下车辆动力、轮胎和制动性能模型也均有所变化,故在技术标准选取的同时,要充分考虑到周边自然状况的不同;③ 依托工程项目的实施效果,即通过选取花大高速公路与G214共和—结古等路段进行技术示范应用,对示范工程实施前后的应用效果进行评估,总结技术标准的应用经验;④ 技术标准的选取还需要考虑路线几何指标的采用情况。

在总结高海拔缺氧地区公路运行速度、车辆性能以及驾驶特性等相关研究成果的基础上,结合青藏高速沿线特殊的建设环境和青藏高速公路功能特点等,最终研究确定技术标准动态布设方法与原则以及同一技术标准的最小使用长度。

3) 研究编制《青藏高原高速公路安全设计指南》

总结在青藏高原低压缺氧环境下公路运行速度、车辆性能、驾驶员特性、公路几何线形指标及设计标准、交通工程及沿线设施设计要点方面的专题研究成果,编制《青藏高原高速公路安全设计指南》,指导青藏高速公路路线总体设计。

1.4 技术难点与研究方法

本研究的关键技术问题包括研究低压缺氧环境下车辆性能与驾驶员心理生理负荷和疲劳行为规律、研究高速公路路线主要技术指标及应用技术、研究青藏高原高速公路交通安全保障关键技术。

① 针对高原地区低压缺氧影响驾驶员和车辆安全运行的诸多问题，通过实车试验标定，现场搭建移动式驾驶仿真模拟系统，开展驾驶员-车辆耦合环境运行试验研究，构建海拔与驾驶员反应、海拔与车辆性能之间的关联模型，为研究高原地区公路路线技术指标、参数采用方法及安全设计技术提供基础支撑。

② 根据高海拔缺氧地区交通特性、车辆性能、驾驶员心理生理特征对公路几何线形指标的影响结果，提出适应环境要求、本质安全的青藏高速公路路线指标体系。

③ 通过分析高海拔缺氧地区驾驶行为、疲劳时间与事故特性，回归得出行车距离与驾驶员心理生理特征的关系模型，进而提出青藏高速公路服务设施合理间距。

④ 通过对高原公路交通安全服务水平的关键影响因素的研究，建立基于海拔、氧含量特征的高原交通事故预测模型，提出高原公路交通安全服务水平的分级标准。

⑤ 基于交通安全目标，综合研究限速与交通事故、运行效率的互动关系，建立高寒低氧的高原公路速度控制标准和限速决策模型。

⑥ 研制适应于冰雪、大风特殊气候条件，具有强防撞能力、柔性吸能、易养护的高速公路路侧安全设施。

主要的研究方法如下：首先采用现场与资料调研分析的方法，对青藏地区公路的低氧环境开展道路状况、交通情况与车辆类型特征、交通事故发生机理等进行分析。自主研制并集成车载检测传感设备现场实测，获取低氧环境下车辆的动力特性与制动性能及轮胎特性参数、驾驶员心理生理状态的测量指标、驾驶员感知与操作能力参数，并利用数理统计分析方法建立关系模型。通过在调研地区临时搭建虚拟现实仿真平台进行多项对比验证：根据车辆动力及制动性能变化规律、路面行驶状况参数分布为该地区公路的平、纵、横设计技术参数采用值域及运用方法提供技术依据；利用驾驶员心理生理状态及感知与操作能力的分析结果，结合与交通安全设施的影响关系进一步优化服务区间距、标志标线等交通工程设施。最终基于路况安全性、车辆动力特性及驾驶员心理生理特性研究确定针对高原低氧区的青藏高速公路路线设计指标，确定青藏高速公路服务设施合理间距以及交通工程及沿线设施设置原则、要点。

同时，在既有速度控制技术研究成果和理论指导下，从保障特殊环境公路交通安全出发，研究提出特殊环境下高速公路动态速度控制（限速）技术和相关具体方法、指标和要求，以指导青藏高速公路路线和交通工程的设计和建设；调查国内外高速公路冰雪灾害防治技术，针对青藏高速公路局部路段存在较严重的冰雪灾害影响的问题，研究提出或者研发适用、经济、可行的针对性安全保障技术及装备。

通过开展与青藏高速公路基本相同的行驶条件下考虑部分保障技术装备的实地示范，总结研究成果，建立青藏高原低压缺氧环境下高速公路路线主要技术指标体系，提出适用于青藏高原地理环境、交通行驶特性的动态设计速度分段方法、速度控制技术以及交通工程与沿线设施设置方法，从而形成特殊环境下高速公路安全设计关键技术体系，最终提出青藏地区高速公路工程技术标准,编制《青藏高原高速公路安全设计指南》。具体的技术路线如图 1-5 所示。

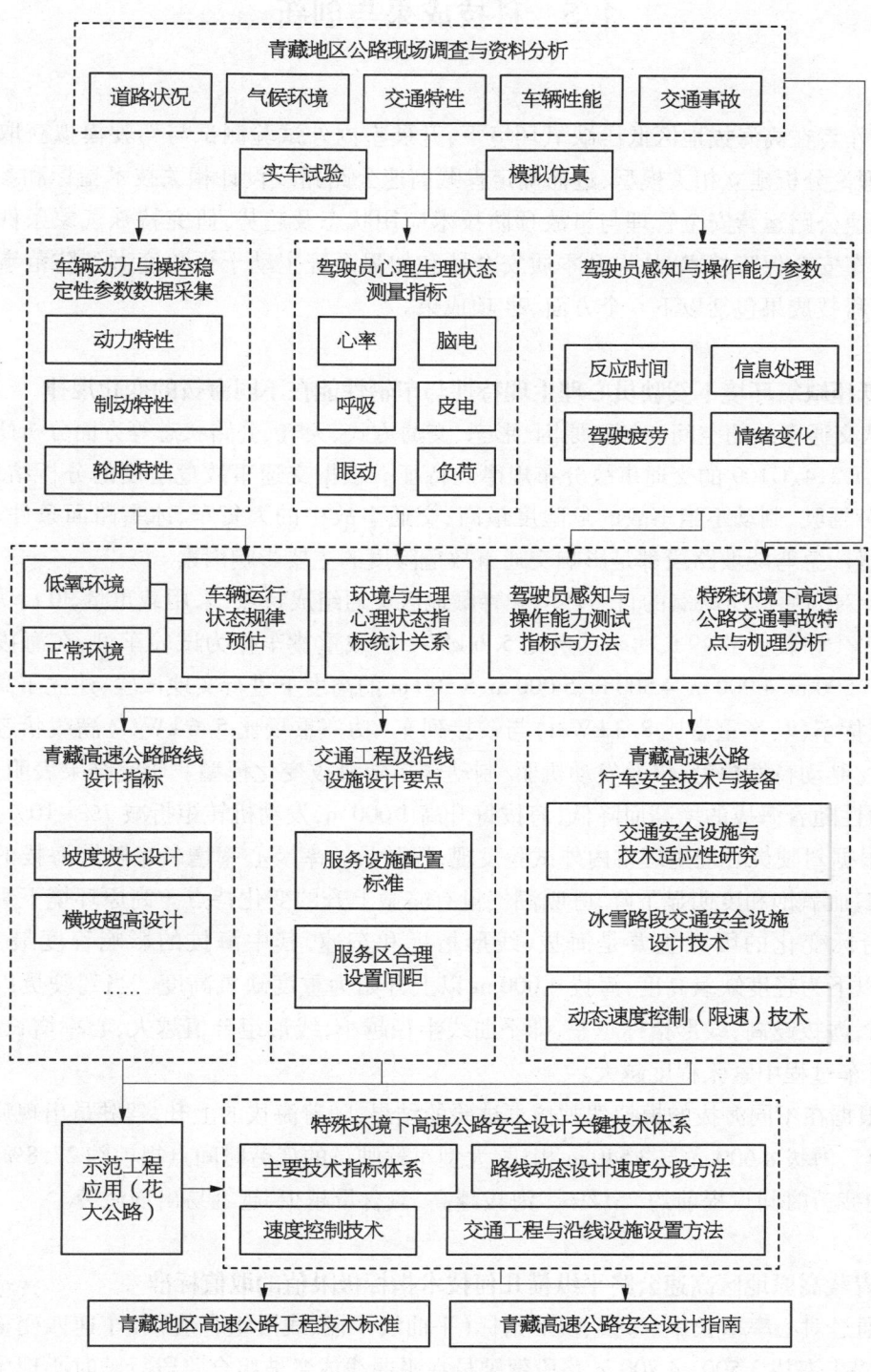

图 1-5 技术路线图

1.5　科技成果与创新

本书作者在高海拔地区低压缺氧环境下，开展室内外试验测试与驾驶模拟获取基本信息，通过理论分析建立相关模型，进而确定青藏高速公路路线设计相关技术指标和参数。结合当前高速公路运营安全管理与事故预防技术应用状态及趋势，研究特殊气象条件下的高速公路行车安全保障技术，从提升本质安全性和加强系统主动干预角度做到防范事故于未然。主要科技成果包括以下6个方面、24项成果。

1) 低压缺氧环境下驾驶员心理生理特性与车辆性能在不同海拔的变化规律

① 从交通事故的空间、时间、原因、形态、交通方式、天气、公路状态等方面分析研究青藏高原地区G214、G109的交通事故分布规律及特征。根据交通事故危险度的分析结果得出：超速、疲劳驾驶、制动不当事故的危险度最高；交通事故中的大货车、冰雪路面条件、雾和大风气象条件、急弯陡坡路段都是影响交通事故危险度的主要影响因素。

② 针对高原低压缺氧的自然环境和青藏地区交通组成特点，采用载重量30 t、功率重量比8.3 kW/t和载重量49 t、功率重量比5.6 kW/t的载重货车作为试验车型，在海拔分别是3 000 m、3 500 m、4 000 m、4 500 m、5 000 m、5 500 m的高度下进行实地试验，建立了高海拔条件下载重货车(功率重量比8.3 kW/t)与铰接列车(功率重量比5.6 kW/t)满载状态的发动机外特性/制动特性模型，以及发动机驱/制动转矩随海拔变化模型。研究结果表明，总体上车辆动力性随着海拔的增高而降低，海拔每升高1 000 m，发动机转矩折减7%~10%。

③ 根据驾驶员心理生理室内外试验发现，驾驶员心率及心率增长率随着海拔的升高而明显增加，血氧饱和度明显下降，呼吸潮气量有略微上升的变化特点。高原环境下影响心率增长率指标变化的因素主要是海拔、线形指标和车速，其中海拔的影响程度最大，海拔4 000 m以下为轻度缺氧高度，海拔4 000 m以上开始为重度缺氧高度。当驾驶员以一定车速行驶时，海拔越高，线形指标越差，即平曲线半径越小，线形组合值越大，心率增长率越大，驾驶员行车过程中紧张程度越大。

④ 根据在不同海拔的模拟驾驶仿真试验的结果，随着海拔的上升，驾驶员出现疲劳的时间点越早。海拔4 600 m与3 540 m相比，大型车驾驶员的疲劳时间点提前约27.8%，小型车驾驶员的疲劳时间点提前约25.2%。海拔越高，氧含量越少，越容易出现疲劳。

2) 青藏高原地区高速公路平纵横几何技术指标极限值的取值标准

① 通过对心率增长率、海拔、线形指标(平曲线半径、线形组合值)和车速四变量模型进行研究，提出海拔3 500~4 700 m路段驾驶员在平曲线或弯坡组合路段行驶时心理生理反应

分界点，即 R′及 N′。在海拔 3 567~3 957 m 区间内，平曲线最小半径取值为 300 米；在海拔 4 100~4 702 m 区间内，平曲线最小半径取值为 350 m。

② 基于不同海拔条件下典型代表车型的外特性模型表征不同坡度路段的爬坡动力性及制动性变化规律，研究提出坡度 0~6%（每 0.5%分级）路段上的平衡速度（满足不同设计速度和最低容许速度的）及最大坡度值折减值和不同坡度与极限坡长设计参数。

③ 根据驾驶员反应时间测试结果，当驾驶时长每增加 0.5 h，驾驶员的反应时间平均延长约 70 ms，并且高海拔处驾驶员反应时间间隔要大于低海拔处驾驶员反应时间间隔，表明海拔越高，驾驶员心理生理负荷越大，长时间驾驶更易引起疲劳。但根据试验结果，高海拔地区驾驶员在不可预知事件发生情况下的感知时间（最大 0.75 s）均小于我国现行标准规范中对于感知时间的取用标准（1.5 s），因此在高海拔地区停车视距取值建议仍采用目前标准规范中的取值标准。

④ 从公路功能、运行安全性、冻土路基尺度效应等方面，系统分析了青藏高原地区高速公路横断面各组成要素的合理宽度取值，提出了适合青藏高原特殊环境的横断面推荐形式以及各组成要素的最小宽度。

⑤ 通过对车辆在超高段的行驶状态进行受力分析，采用路面在冰雪条件下最不利时车辆的横向摩擦系数，分别计算车辆在 40 km/h、60 km/h、80 km/h 条件下的超高段行驶时的安全净值，将最大超高值与最小超高值之间的中间值作为最理想的超高取值，最终得出不同速度条件下超高与半径的合理取值。

⑥ 基于移动式驾驶模拟设备，在不同海拔开展低压缺氧环境下的驾驶行为试验，对驾驶过程中的心电变化规律进行分析，综合考虑海拔、驾驶时间长度、心跳间隔变化率、驾驶员类别等主要指标，采用二元 Logit 回归模型建立多指标的驾驶疲劳判别模型，得到驾驶员疲劳概率分布曲线和不同海拔的疲劳临界点。

⑦ 根据高原地区车辆与驾驶员的实际需求将服务设施划分为三种类别，综合考虑车辆加油需求、高海拔环境下驾驶员的生理需求及安全需求、货车需求、自然灾害应急需求以及观景需求这五大方面的因素，协调设置三类服务设施之间的间隔，研究确定不同地区服务设施的布设间距以及配置标准。

3）青藏高原高速公路交通安全保障关键设计技术及其应用示范

① 利用大量 MetroCount 交通检测仪实测数据，探究空气氧含量对平直路段、纵坡路段下的大小车运行速度差的影响。最终得出，平直路段下，随着氧含量的降低，速度差逐渐增大，当海拔高于约 4 350 m 时，大小车的速度差超过 20 km/h。通过青藏公路不同氧含量下大小车速度差及运行速度特性的研究，得出氧含量对其变化规律的影响。综合考虑低压缺氧、高寒冰冻、景色单调等对驾驶员生理、心理和对车辆动力性能的影响，建立低压缺氧特殊环境下高速公路限速决策模型。

② 根据青藏地区缺氧环境下公路交通事故发生数量及特征分布，研究提出高原地区公

路交通事故预测模型,该模型与沿线地形、车辆组成、地区氧含量等指标相关。同时,根据 σ 理论的安全服务水平划分方法,以事故均值度量方程的预测值作为中心线,提出高原地区公路交通安全服务水平的分级标准。

③ 通过研究建立交通标志风载 CFD 仿真分析模型与方法,建立降风载效率指数指标,分析比较了不同措施降低风载单独使用和综合应用的效果和效率,提出并完成两种版面设计的低风载双柱式标志结构验证,分别为地点指示标志以及大型车靠右告示标志。

④ 研发适用于高原强风和冰雪条件、易养护的高速公路两种新型路侧护栏(缆索护栏、钢管式护栏)。其中防阻雪缆索护栏以及两种低风载标志设施已通过仿真试验分析及碰撞试验,并已在依托工程花大高速公路上进行了示范应用。

⑤ 在成都—香日德公路花石峡—大武段示范工程开展高速公路试设计及安全性评价工作,制定示范路段速度控制方案以及新型低风载标志以及防阻雪护栏的设计应用,完成示范工程应用方案实施。

4) 青藏高原地区高速公路路线安全性设计优化技术

① 通过分析大型车在上坡段的受力状态,得到了各个海拔相应坡度的平衡速度,采用基于海拔的等效坡度理论,计算不同海拔的实际坡度对应等效坡度的换算方法,提出高海拔地区运行速度预测模型的修正和使用方法,根据该模型得到运行速度预测结果与实际观测结果的误差为 3%~7%。

② 基于公路功能、地形地质条件、运行速度分布等影响因素提出青藏高原地区高速公路设计速度分段技术。

③ 提出适用于青藏高原地区高速公路的路线安全性优化设计技术与流程。

④ 结合高海拔地区公路纵坡实际坡度与等效坡度的换算方法,以及考虑海拔因素的制动器温度预测模型,提出适用于海拔 3 000 m 以上地区连续长陡纵坡路段安全性评价技术。

5) 青藏高速公路技术标准选用原则和方法

根据青藏高原特殊的地理气候环境,充分考虑高寒低压缺氧环境下车辆性能、驾驶员心理生理、运行速度分布、交通量及其组成、工程经济性等影响因素,提出青藏高速公路设计速度、设计车辆、横断面形式及宽度、立交间距、交通工程及沿线设施等技术标准的选用原则和方法。

6) 试验设备及分析软件的研发

① 基于多种传感器和测试电子元件,已自主集成高原地区车辆性能检测试验系统,并已在低压缺氧环境下六轴载重货车、四轴大型货车车辆性能试验中进行试验和使用。

② 自主开发并集成移动式驾驶模拟试验平台,同时搭载 SMI 眼动仪和 BIOPAC 多通道生理监测仪,可满足人车路环境仿真系统协调运行环境下路线几何指标参数、安全设施及交通运行特征多方面的试验需要。

③ 集成青藏高原地区公路航拍、遥感、交通事故等数据，基于 ArcGIS 软件进行二次开发，自主研发了"西藏地区公路网基础信息平台 V1.0"，实现交通事故统计、地图浏览和设计文件关联等功能。

本书作者在高海拔地区高速公路路线设计技术标准、安全设计技术研究领域取得了突破性成果，创新性地提出了适合高海拔地区高速公路不同服务功能需求的服务设施及其合理设置间距，研究成果总体上达到国际领先水平。研究中的主要创新点包括以下三项内容：

① 综合青藏高原地区不同海拔条件下驾驶员心理生理特性、车辆性能变化规律、冰雪沥青路面抗滑性能、冻土路基物理特性等影响因素，系统研究了满足高海拔地区交通运行安全要求的圆曲线最小半径、最大纵坡及坡长、停车视距、横断面形式及各要素宽度、超高等公路几何设计指标，建立了高寒低压缺氧环境下满足安全运行要求的高速公路技术标准和总体设计方法，首次提出了青藏地区高速公路路线设计关键技术指标与标准，填补了我国现行《公路工程技术标准》中高海拔地区主要技术指标的空白，为支撑高海拔地区公路安全设计提供了坚实的基础。

② 综合高海拔缺氧地区驾驶员生理需求、疲劳时间、车辆加油、冰雪灾害应急救援需求等因素，按照不同的服务功能，首次提出了满足生命保障需求、快速通道服务要求的高寒缺氧环境下高速公路三种类型的服务设施及其配置标准，以及不同类型服务设施的合理设置间距，为补充完善公路行业标准规范中服务设施设置标准提供了依据。

③ 针对青藏高原地区公路里程长、建设条件复杂的特点，综合公路功能、地形地质条件、运行速度分布特征等因素，发展了不同海拔下高速公路运行速度模型，建立了高原特殊环境下综合考虑安全与运行效率的限速决策模型，首次提出青藏高原地区高速公路分段速度控制技术，解决了高原路段开阔易超速、大小车速度差大等速度控制难题，进一步补充完善了路线安全性优化技术与公路速度控制技术。

1.6 成果应用情况

本书中部分研究成果已经在青藏地区高速公路的设计、安全性评价、速度控制方案制定过程中得到了应用。在应用过程中，对阶段性提出的高海拔低压缺氧地区高速公路几何设计指标、设计方法进行了持续性的检验和修正，最终为项目技术指标体系的建立、为研究成果的推广奠定了良好的基础。同时，研究与工程示范工作为高海拔地区高速公路成功建设扫除了技术障碍。研究成果主要应用情况如下：

1) 在公路设计中的应用

通过依托工程花石峡—大武高速公路（以下简称花大公路）扩建工程的试设计研究，利用提出的青藏地区高速公路运行速度模型,对依托工程进行了运行速度、空间视距等指标的测算和评价,提出了路线方案、相关指标的修改和调整建议。由经验丰富的技术专家评定优化后的路线方案,明显提高了线形指标的协调性和一致性。

2) 在公路安全性评价中的应用

通过在 G318 林芝—拉萨段高等级公路(以下简称林拉公路)开展安全性评价,采用考虑高海拔地区等效坡度修正影响的运行速度测算模型,得到评价公路全线大小型车的运行速度分布。结合现场实际运行速度的观测结果,一方面进一步验证了相关研究成果的准确性,另一方面进一步发掘了该工程项目中可能影响交通安全运行的影响因素,并提出配套的交通安全改善对策,为保障林拉公路高效、安全运营起到了重要作用。

3) 在速度控制管理方面的应用

通过对依托工程花大公路扩建工程开展限速方案研究,采用高海拔地区公路限速综合决策模型,分析得出影响花大公路限速取值的主要因素包括连续长大纵坡路段、小半径平曲线路段以及互通式立交段,提出分车型的限速值以及配套的交通安全改善对策,为花大公路进行速度控制管理提供了科学的依据。

1.7 经济效益和社会效益

本书作者在研究揭示大型典型货运车型高海拔综合性能变化、试验总结高原地区公路行车驾驶心理生理变化和驾驶行为变化规律、研发适用于冰雪环境新型安全防护设施等的基础上,开展高海拔地区高速公路几何指标参数、技术标准选用原则方法、交通安全保障技术等研究,集成高原特殊环境下高速公路安全设计关键技术,并开展工程示范和应用,为实现保障高原地区高速公路行车安全、实现西藏地区高速公路"零"的突破提供基础性试验、研究和工程示范支撑。该研究的完成将对提高青藏地区高速公路设计质量、提升公路本质安全性等方面带来可观的经济效益和社会效益。详列如下:

1) 提升青藏地区公路技术标准,促进交通运输的安全、畅通

目前,青藏高原上交通运输还主要是由等级较低的二级双车道公路来承载。以青藏公路为例,青藏公路所处地形起伏平缓,通视良好,青藏公路在多年冻土区基本无横向干扰,在昆仑山口—唐古拉南安多县路段,驾驶员普遍期望以较高速度穿越高寒缺氧地段。然而,由于目前青藏公路整体技术指标偏低,运行环境较差,翻越山岭区路段平纵面线形指标低,连续纵坡、弯坡组合路段对行车安全,特别是对大货车制动安全、冬季积雪路段行车稳定性影

响较大;冻土区路段平纵面线形指标较高,车辆行驶速度相对较高,大小型车车速差较大,但由于大小型车不能分车道行驶,容易发生追尾、正面相撞等恶性事故;由于大小型车在同一车道行驶,也降低了公路整体的通行能力,根据青藏公路近年来交通量的统计结果,其服务水平已接近二级公路要求的四级服务水平下限(2014版《公路工程技术标准》)。同时,由于青藏公路目前完全没有封闭,导致一些牲畜(如牦牛)、野生动物(如藏羚羊)时常会在公路上穿行,以及一些高填方或者临崖路段路侧安全性差,对高速行驶车辆的安全性影响较大。

从交通需求、国家战略层面,青藏高原急需一条高速公路来弥补本地区经济建设的短板。因此,通过本书作者的研究,可以为青藏高原地区建设高速、一级等高等级公路提供技术依据,为促进地区交通运输高效、安全、稳定的发展提供支撑。同时,本书作者提出的高原地区高速公路安全设计技术、速度控制设计技术、交通安全保障设施提升了高原地区高速公路设计的本质安全性,为公路运营后的交通安全畅通运行提供了坚实的保障。

2) 有助于促进公路人性化设计,提升公路的生命保障能力

高速公路的建设应体现"以人为本、安全第一"的设计理念,本书作者在开展青藏高原高速公路安全设计技术研究的过程中,充分考虑了驾驶员在高原地区驾驶的舒适性以及生存需求。在平纵几何设计指标的研究中,充分考虑驾驶员因心率增长率的变化所带来的不舒适、恐惧等精神状态;在服务设施间距的研究中,充分考虑了驾驶员生理需求、疲劳特性的影响,在服务设施服务功能类型的选择上,也考虑了应急救援、医疗等生命保障设施的设置要求。上述研究成果有助于提高高速公路的服务品质、提升司乘人员满意度,为促进公路建设与社会和谐发展做出了重要的贡献。

3) 进一步补充和完善了我国公路工程标准规范体系

我国地大物博,青藏高原以其复杂的地理气候环境、特殊的交通运输特点使得该地区的公路建设具有与平原地区不同的技术要求,现行的公路工程技术标准体系在全国范围的执行和使用方面,存在一定的差异性。现行的国家公路行业标准规范体系在青藏高原地区公路建设过程中发挥了重要的规范和指导作用,但是难以全面满足该地区特殊的地理、气候等环境下公路设计、建设的一系列具体要求。

本书作者通过开展青藏高原地区高寒低压缺氧复杂环境下的高速公路安全设计技术研究,提出的适应于该地区公路服务功能、地形地质条件、车辆性能、驾驶员心理生理特性的公路平纵横几何设计指标及其参数、服务设施设置间距要求等,为补充完善现行公路行业标准规范中相关条文要求、制定适合青藏高原地区公路建设地方标准提供了可靠的技术支撑。

本研究成果应用前景广阔,能有效提高高海拔地区高速公路设计的本质安全性,提升公路建设项目的交通安全和服务水平,进而带动青海、西藏两省区经济发展、改善民生,其经济与社会效益显著。其将直接应用于高海拔高寒地区高速公路建设项目,可以降低工程风险、加快工程进度、降低管理成本、节省工程投资,具有广阔的市场需求,也将会产生巨大的经济效益。

第 2 章
高海拔地区交通运行特征

研究高海拔地区交通安全运行特征是开展本地区车辆性能、驾驶员心理生理变化特征、公路安全设计技术研究等一系列关键技术、难点的工作基础。本章依托青海、西藏两地区的G214、G109，对该地区公路交通事故分布特征、交通流运行特性以及交通事故与高原特殊环境的相关性进行分析，并建立高海拔地区公路交通事故预测模型，研究确立高海拔高速公路交通安全服务水平的分级标准。

2.1 高海拔特殊环境下交通事故特征

交通事故是人、车、路、环境四种要素相互作用而发生的，四种要素共同构成了一个复杂的人-车-路-环境系统。在这个系统中，人是作为系统主体的驾驶员，车是指在公路上行驶的各类型车辆，路主要指公路，环境是指公路所在区域的自然环境、气候条件等。通过分析交通事故的空间、成因、形态等分布特征，明确交通事故与人、车、路、环境四要素之间的相互关系及对交通安全的主要影响点，为开展针对高海拔地区低压缺氧环境下人、车、路、环境的运行特性研究提供依据。

2.1.1 交通事故基础数据

收集到的交通事故数据，包括2010—2015年青海辖区内的G109交通事故数据、G214交通事故数据，西藏辖区内的G109 2012—2014年交通事故数据。交通事故数据包括事故类别、事故类型、事故原因等任意几项指数统计。

为研究交通事故分布特征，本书作者研究团队基于ArcGIS软件进行二次开发，自主研发了"西藏地区公路网基础信息平台V1.0"（图2-1）。该信息平台通过集成青藏地区公路航拍、遥感、交通事故等数据，实现交通事故统计、地图浏览和设计文件关联等功能，旨在帮助使用者快速查询、统计青藏地区公路的里程、几何线形，交通事故的地点、时间、成因、形态等综合数据，为快速、准确分析青藏地区公路网交通安全现状提供技术支撑（图2-2）。

2.1.2 交通事故分析指标及方法

由于交通事故的复杂性，为了更好地反映交通事故总体的数量特征，采用统计方法分析一系列的指标，从而反映事故各方面的数量特征，揭示事故总体内在规律性。

2.1.2.1 道路交通事故的指标

道路交通事故的指标主要包括绝对指标、相对指标、平均指标和动态指标等。

图 2-1　西藏地区公路网基础信息平台 V1.0

图 2-2　交通事故基本信息显示查询功能（G109 西大滩段）

1）绝对指标

绝对指标包括事故次数、受伤人数、死亡人数和经济损失，是反映交通事故状况的基本指标。交通事故的绝对指标能反映某一地区某一时期交通事故的规模、总量和水平，可以清晰地反映出交通事故的发展趋势。但是绝对指标总是静止的、孤立的，无法反映实际道路、交通条件差异对事故的影响。

2）相对指标

相对指标引入了一些相关因素作为比较的基础，这些相关因素与事故有着直接或内在的联系,从而使相对于这些相关因素事故有较好的可比性。相对指标包括公里事故率、亿车公里事故率和死亡率、万车公里事故率和死亡率、事故致死率等。

① 公里事故率,即平均每公里的事故数,也称为事故频数。其考虑了路段长度,使事故次数更具有可比性:

$$R_L = \frac{A}{L} \quad (2-1)$$

式中　R_L——公里事故率;
　　　A——路段的统计事故次数(次);
　　　L——路段的长度(km)。

② 亿车公里事故率,该指标考虑了道路长度和交通量。其表示在一定区域内,按所有机动车行驶一年的公里数总和所平均得到的交通事故数(或伤亡人数),通常以亿车公里事故率来计算:

$$R_K = \frac{A}{K} \times 10^8 \quad (2-2)$$

式中　R_K——一年间每亿车公里事故次数或伤亡人数;
　　　A——全年交通事故次数或伤亡人数;
　　　K——全年总计运行车公里数(车公里数一般用道路长度乘以道路上的年交通量,或由年平均日交通量推算出年交通量)。

③ 事故致死率,是一项评价事故伤害程度和抢救水平的指标,同时反映各类交通事故的严重程度:

$$d = \frac{D}{W + D} \times 100\% \quad (2-3)$$

式中　d——致死率(%);
　　　D——死亡人数(人);
　　　W——受伤人数(人)。

3) 平均指标

平均指标包括平均每起事故死亡人数、路段各区间平均亿车事故率、平均事故次数等。

在此,平均指标引入交通事故危险性系数的概念,该指标是指每年某类交通事故造成的死亡人数与该类事故起数的比值(单位:人/起):

$$\theta_d = \frac{N_P}{N_T} \quad (2-4)$$

式中　N_P——事故死亡人数(人/年);

　　　N_T——事故次数(起/年)。

该指标反映了某类交通事故造成人员死亡的比例大小,也即在某特定条件下发生交通事故后当事人死亡的概率。从国家、地区的统计角度来讲,不可以忽略群死群伤事故造成的影响;而针对某条公路某段时期内的交通事故危险性系数,考虑到群死群伤事故的偶然性和不常见性,需要剔除此类事故,避免对分析结果的过分干扰。

4) 动态指标

动态指标包括增长量、事故发展率、事故增长率、平均发展速度、平均增长速度等,用来反映交通事故发展变化的过程和趋势。

上述指标中,绝对指标是基础,相对指标、平均指标和动态指标都要通过绝对指标来确定;反过来,相对指标、平均指标和动态指标更确切地反映了通过绝对指标难以反映的事故规律。通过采用事故指标,研究事故分布的特征和规律,达到减少事故次数、降低事故严重程度的目的。

2.1.2.2　交通事故分析方法

交通事故的分析方法主要包括统计分析法、分类分析法、图形法等。

1) 统计分析法

统计分析法是利用交通事故的统计资料,从宏观的角度去探索交通事故发生和变化的规律,并以此为依据提出改善交通、减少交通事故的建议和方法。统计分析法依据能够客观、全面地反映交通事故本来面目的数据资料,来准确、全面地反映事故的原始状态,据此进行科学的推理、判断,从而将包含在数据中的规律揭示出来。

2) 分类分析法

分类分析法既是处理数据的一种重要方法,也是分析交通事故原因的一种基本方法。其目的是通过分类把性质不同的数据以及错综复杂的交通事故原因划分清楚,给出一个明确、直观、规律性的概念。

3) 图形法

图形法是将统计分析法和分类分析法的分析结果以图形的形式更加直观地表现出来。主要包括比例图、坐标图和分析图三种方法。

为了分析高海拔地区交通事故分布规律,并根据统计到的事故数据资料形式,本书主要采用了绝对指标、相对指标和平均指标作为事故指标,并应用统计分析法、分类分析法和图形法对交通事故规律进行分析。

2.1.3 交通事故总体分布特征

1) 事故空间分布

根据事故统计资料,按 G214 桩号附近发生的事故数进行了统计,包括西宁至景洪两个方向,起始桩号范围为 K107~K992,共计 885 km,发生事故 188 起,每公里事故率为 0.21 起。具体里程分布如图 2-3 所示。

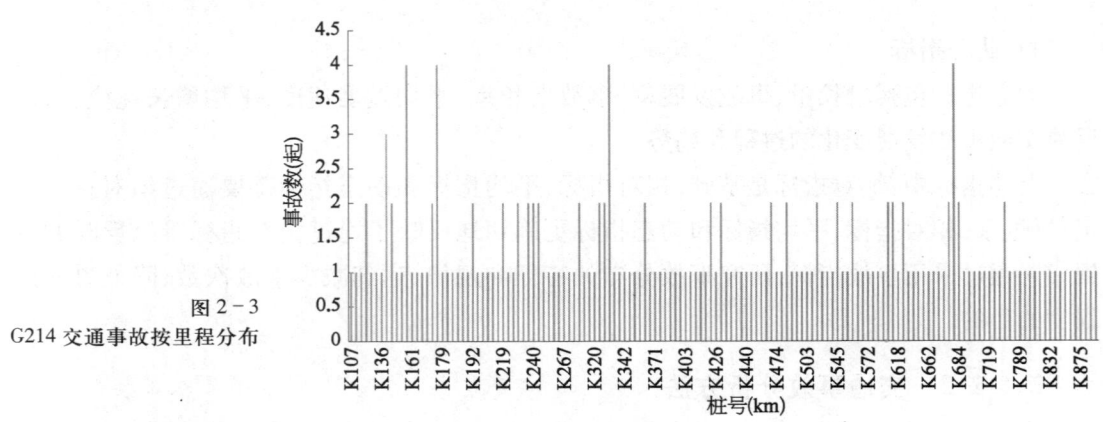

图 2-3 G214 交通事故按里程分布

从图 2-4 可以看出,G214 里程桩号在 K100 到 K200 之间发生事故率较高,为 0.38 起/百公里,总体趋势随着里程数的增加相应降低。从交通事故危险性系数来看,里程桩号在 K200 到 K300 之间最高,为 1.77 人/起,之后逐渐降低,总体来说桩号 K100~K300 区间内事故发生率较高,事故危险度严重。

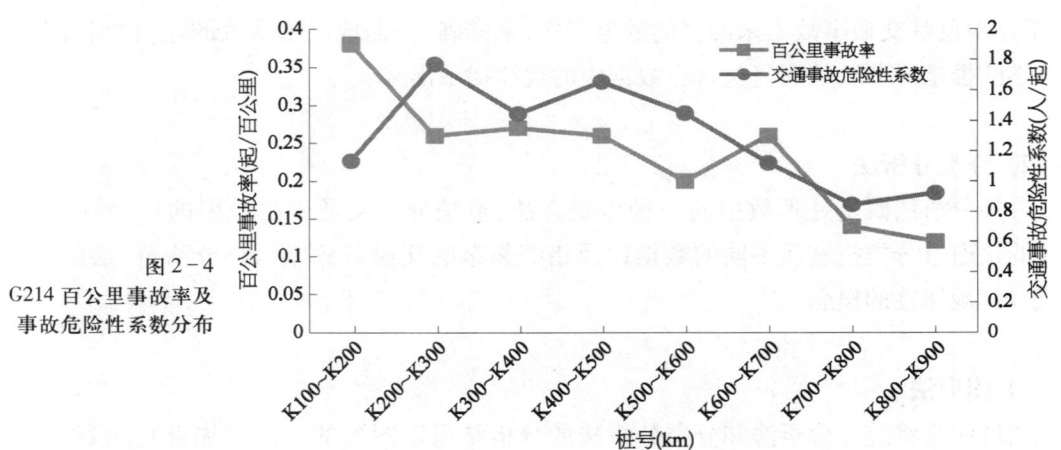

图 2-4 G214 百公里事故率及事故危险性系数分布

根据 G109 青海辖区事故资料,按里程桩号附近发生的事故进行了统计,起始桩号范围为 K1844~K2736,共计 892 km,发生事故 388 起,每公里事故率为 0.43 起。具体里程分布如图 2-5 所示。

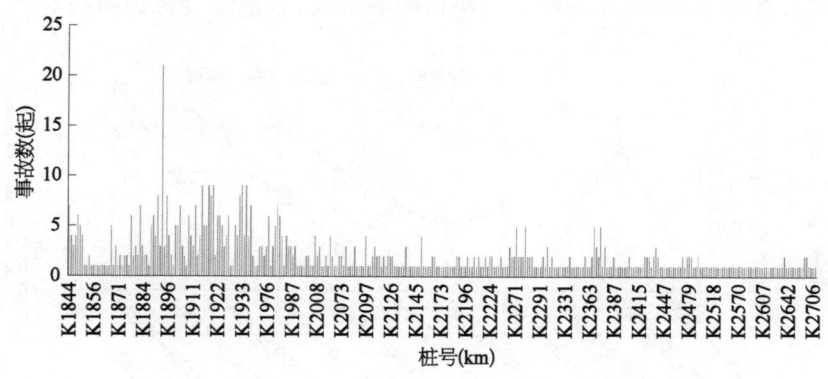

图 2-5
G109 青海辖区交通事故按里程分布

总的来说，里程桩号在 K1900 到 K2000 之间的百公里事故率最高，达到 0.6 起，从事故危险度来看，K2000 到 K2100 之间的交通事故严重程度较高，结合这两方面（图 2-6），得出桩号在 K1900 到 K2100 范围内事故率及其严重程度较高，从统计数据可以看出，近 5 年内该范围内共发生 94 起事故，共造成 144 人死亡，分别占总事故数及总死亡人数的 24.85%、26.52%。

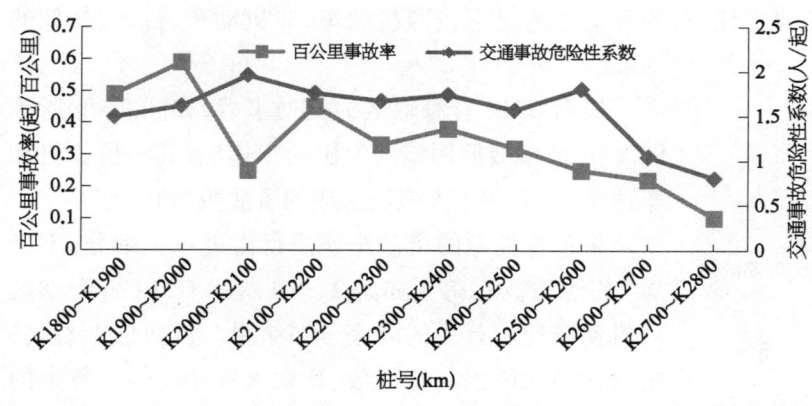

图 2-6
G109 青海辖区百公里事故率及事故危险性系数分布

根据事故统计资料，按 G109 西藏辖区里程桩号附近发生的事故数进行了统计，包括格尔木至拉萨两个方向，起始桩号范围为 K2773～K3876，共计 1 103 km，发生事故 113 起，每公里事故率为 0.1 起。具体里程分布如图 2-7 所示。

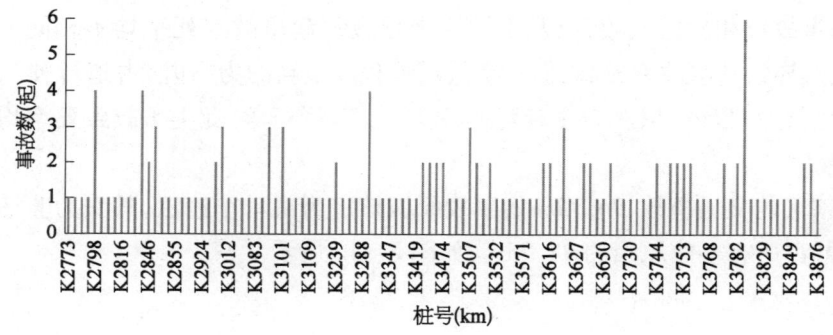

图 2-7
G109 西藏辖区交通事故按里程分布

从图 2-8 可以看出,桩号 K3600~K3800 百公里事故率最高,且危险度也为最高。

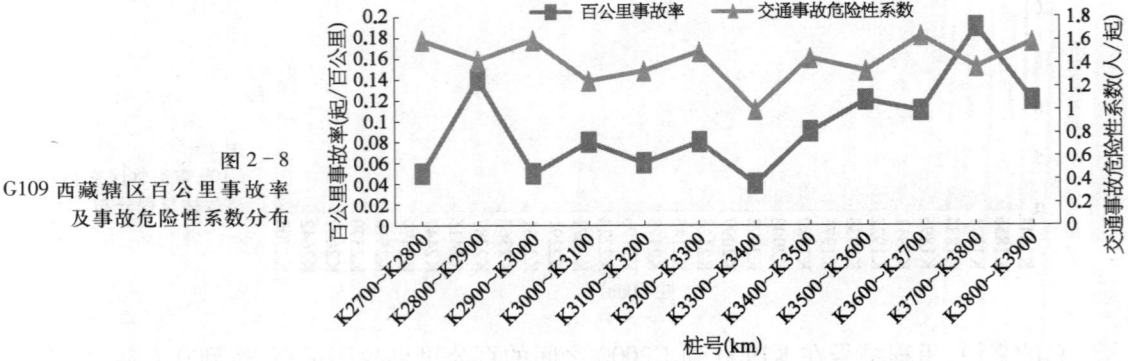

图 2-8　G109 西藏辖区百公里事故率及事故危险性系数分布

2）事故原因分布

我国道路交通安全管理部门按照机动车违法过错、机动车非违法过错、非机动车违法、行人乘车人违法、道路原因五个大类核定事故原因。在多种原因的情况下,一般按照主要责任归类,即事故原因按照主要责任方,同等责任情况下按照机动车、非机动车、行人、其他的顺序核定原因。

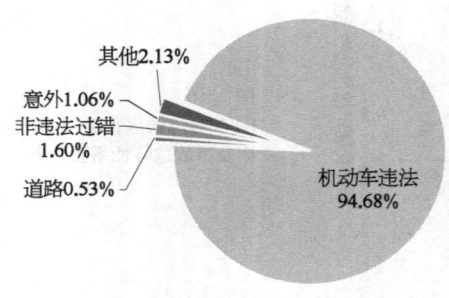

图 2-9　G214 不同事故原因主体分布特征

根据 G214 青海辖区的交通事故,如图 2-9 所示 94.68% 的事故原因核定为机动车违法,其中由非机动车违法、行人乘车人违法造成的事故数为 0。

将各种类型的机动车违法行为进一步细分,不考虑"其他"选项,得到如图 2-10 所示 G214 青海辖区内机动车违法行为的降序分布结果。从数值上看,各个具体违法原因在事故数、死亡人数和受伤人数中的分布特征具有基本相同的规律。其中,超速行驶是造成道路交通事故的主要原因,分别占到三项指标的 43.09%、37.05% 和 47.88%,违法占道行驶、疲劳驾驶等严重违法行为的比例也均位于前列,三者造成的事故占总起数的 66.49%。

不同原因造成的事故数和死亡人数,以及不同原因导致每起事故致死率均不相同。前面提到的几种原因虽然导致的事故率较高,但是事故严重程度最高的为"违法占道行驶",其他的除"其他影响安全行为"以外,依次为疲劳驾驶、违法会车、逆行等,此类事故致死率均超过了 50%（图 2-11）。

根据 G109 青海辖区的交通事故,96.72% 的事故原因核定为机动车违法,其次为非违法过错占 2.03%,两者共占所有事故原因的 98.75%,如图 2-12 所示。

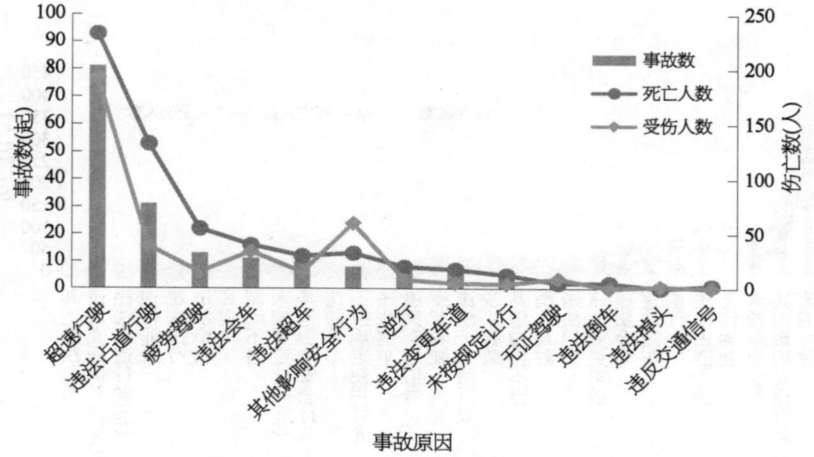

图2-10
G214交通事故原因分布特征

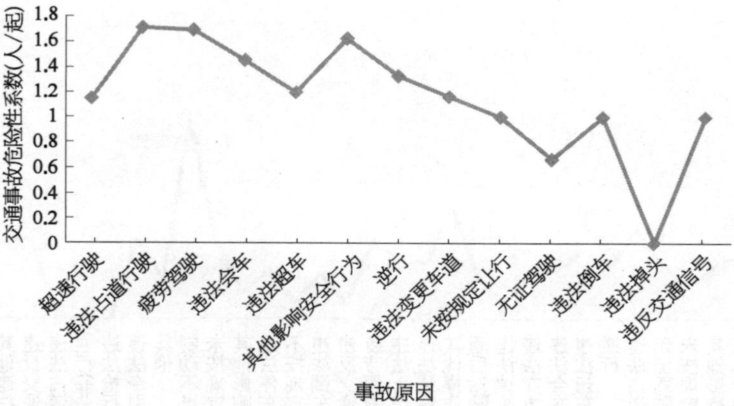

图2-11
G214不同事故原因危险度分布

由图2-13可知,把事故原因按降序分布,可以看出,超速行驶、其他影响安全行为和未按规定让行三类是最主要的事故原因,三者共占事故总数的55.03%,其中超速行驶占事故总数的37.06%。

根据不同事故原因的交通事故危险性系数统计(图2-14),"制动不当"危险系数最高,在高海拔地区G214交通事故中,由汽车制动失效导致的交通事故占总数的0.23%。这是由于高海拔地区长大下坡路段较多,大型车辆长时间连续制动,会造成制动系统过热、制动器失效,从而导致事故,再加上与其他车辆造成二次事故概率较大,事故严重程度可想而知。

G109西藏辖区交通事故原因分布特征如图2-15所示。由图可以看出,操纵不当以及违法占道是主要事故原因,其中违法占道发生事故占总数的23.73%。操作不当通常是指在紧急情况下,驾驶员没有采取合理有效的措施如紧急刹车或控制方向,或者错误操作而发生事故。

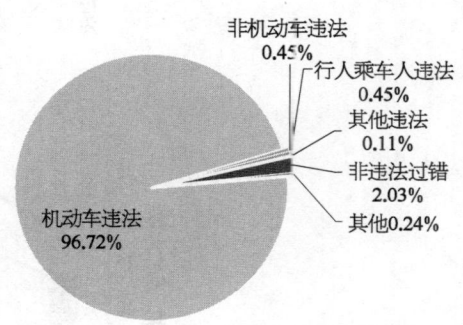

图2-12 G109青海辖区不同事故原因主体分布特征

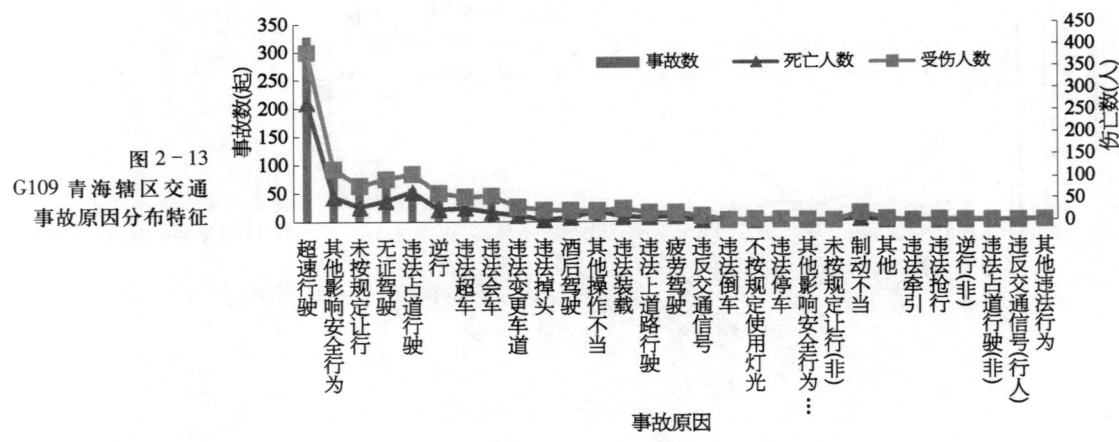

图 2-13 G109 青海辖区交通事故原因分布特征

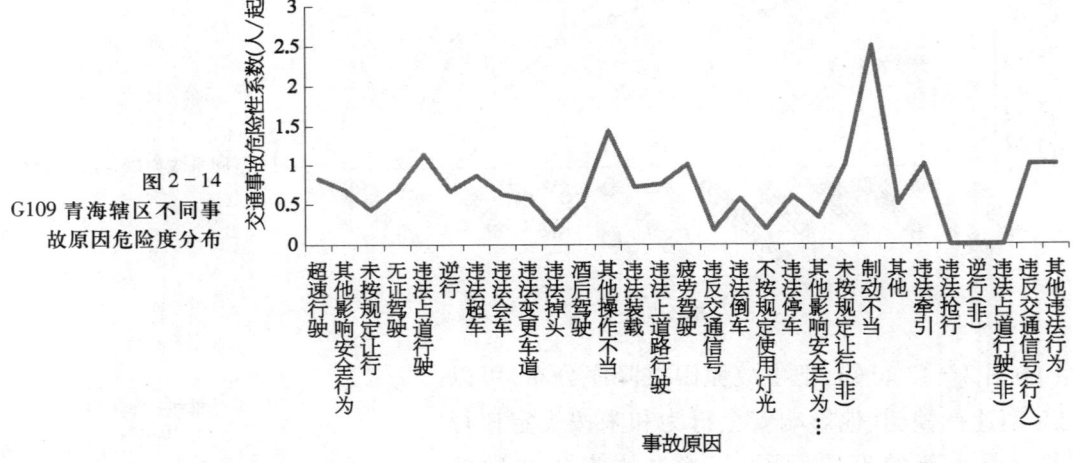

图 2-14 G109 青海辖区不同事故原因危险度分布

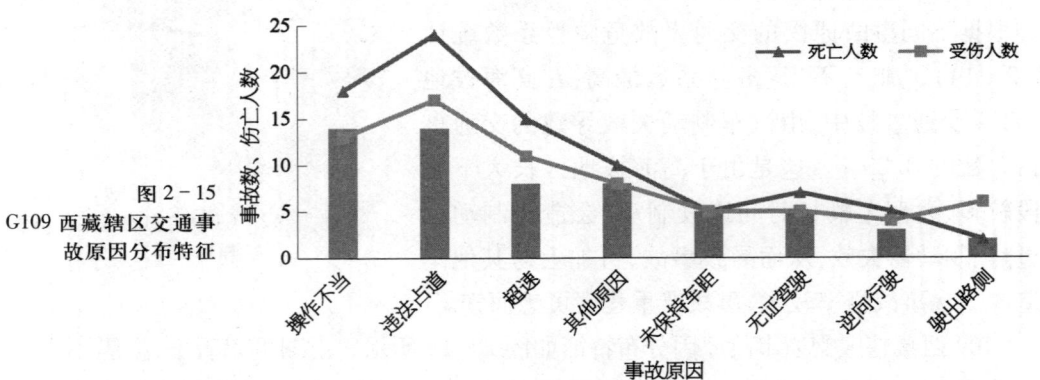

图 2-15 G109 西藏辖区交通事故原因分布特征

根据不同事故原因的交通事故危险性系数的统计来看(图 2-16),超速的危险度最高,由分析可知,由于超速引起的事故数共 8 起,但造成了 15 人死亡、11 人受伤。

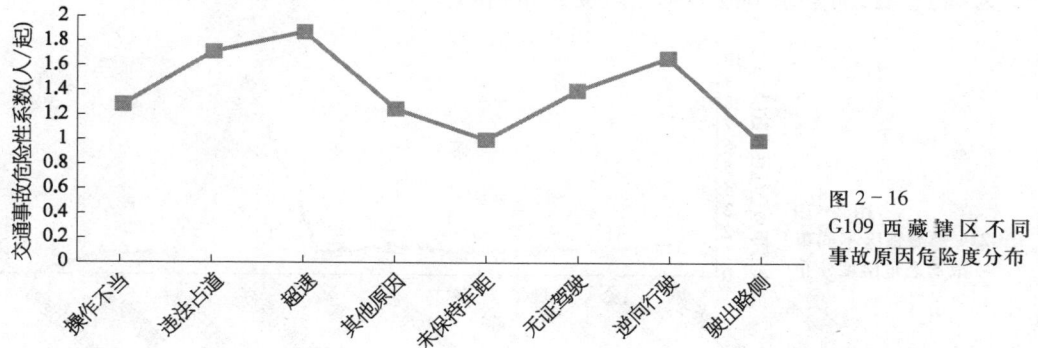

图 2-16 G109 西藏辖区不同事故原因危险度分布

3) 事故形态分布

交通事故形态是指交通参与者之间发生冲突或自身失控肇事所表现出来的具体事态。按照我国道路交通管理的有关规定,道路交通事故主要分为碰撞、碾压、刮擦、翻车、坠车、失火和其他等事故形态。根据统计资料,近 5 年来高海拔地区 G214 青海辖区道路事故类型分布比例如图 2-17 所示。

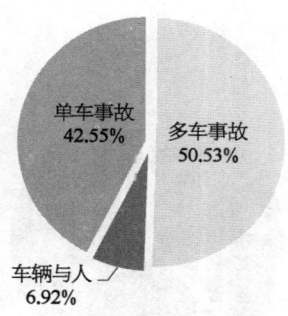

图 2-17 G214 青海辖区事故类型分布

由图 2-17 可以看出,多车事故为 G214 的主要事故类型,占总事故类型的 50.53%,其次为单车事故,占 42.55%,车辆与人之间发生的事故比例较少。

如图 2-18 所示,在近 5 年高海拔地区 G214 的交通事故中,碰撞型事故占总事故数的 51.06%;翻坠事故占总事故数的 41.49%。

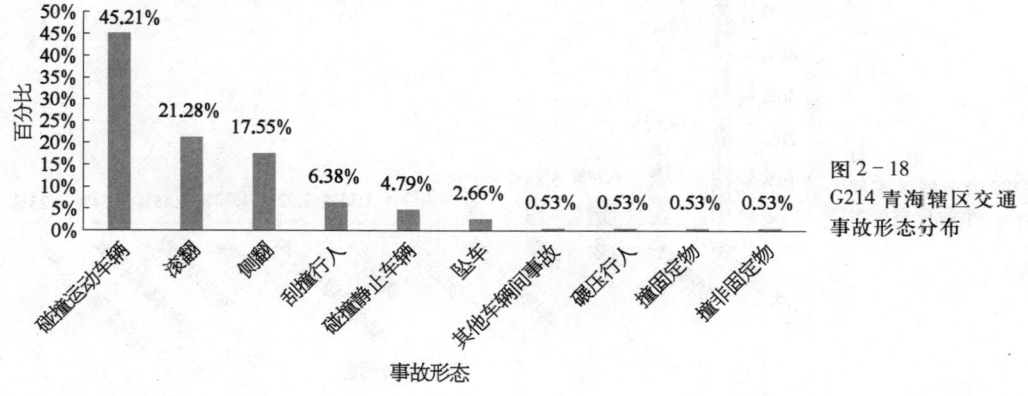

图 2-18 G214 青海辖区交通事故形态分布

由于高海拔地区低等级公路较多,有些公路未设置中央分隔设施,超车时易发生碰撞事故。加上山路较多,车辆转弯时,易碰撞到防护栏发生翻车坠车现象,因此事故形态以碰撞

（包括追尾碰撞、正面碰撞、撞固定物和静止车辆等）与翻坠（滚翻、侧翻）为主。

根据不同事故形态的事故危险性系数来看（图2-19），"其他车辆间事故"危险度最高，达到9人/起左右，而其余事故形态危险度大体相同。

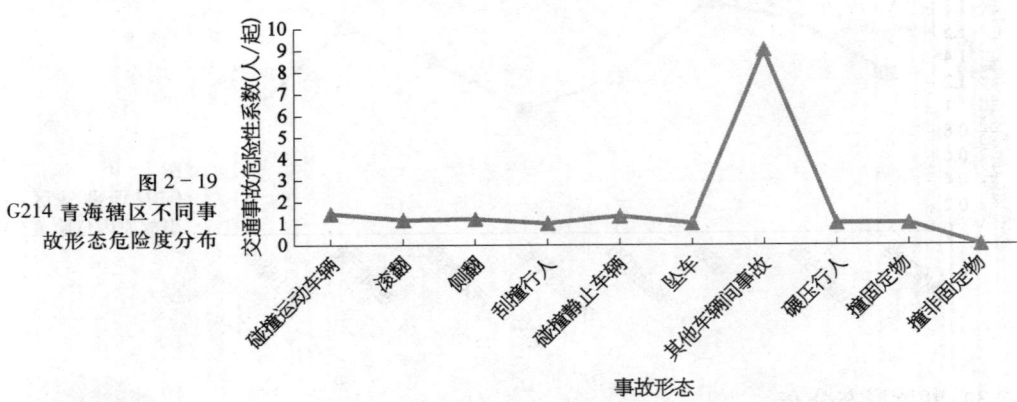

图2-19 G214青海辖区不同事故形态危险度分布

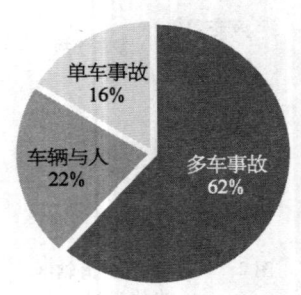

图2-20 G109青海辖区事故类型分布

根据G109青海辖区近5年的事故统计数据，事故类型分布如图2-20所示。

从图2-20中可以看出，主要事故类型为多车事故，占事故总数的62%，其次为车辆与人之间的事故类型，占总数的22%，另外单车事故存在不上报的情况，故统计数据较少，仅占16%。图2-21为各事故类型的不同事故形态。

由图2-21可以看出，多车事故以碰撞运动车辆为主，占事故形态总数的56.05%，单车事故以撞固定物为主，仅占事故形态总数的2.15%，但是占单车事故的59.4%。

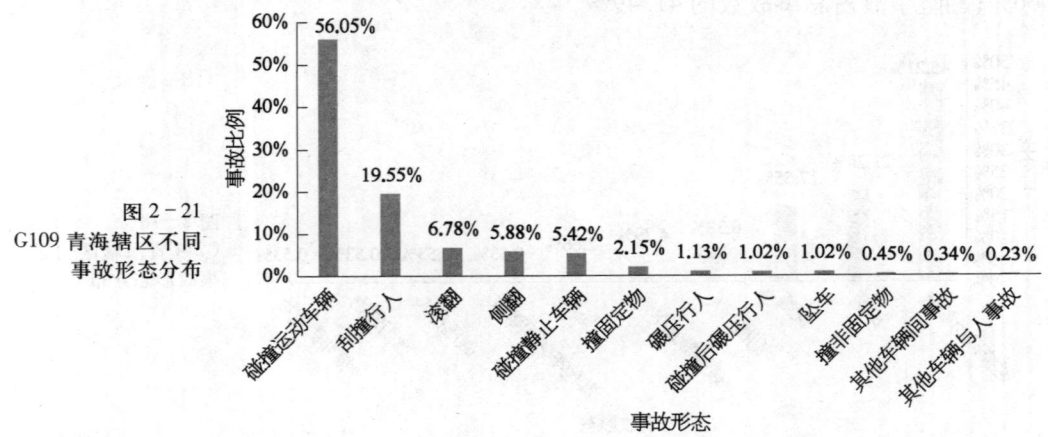

图2-21 G109青海辖区不同事故形态分布

不同事故形态的严重程度如图2-22所示。可以看出，坠车的事故危险度最高，平均每起事故导致2人死亡。

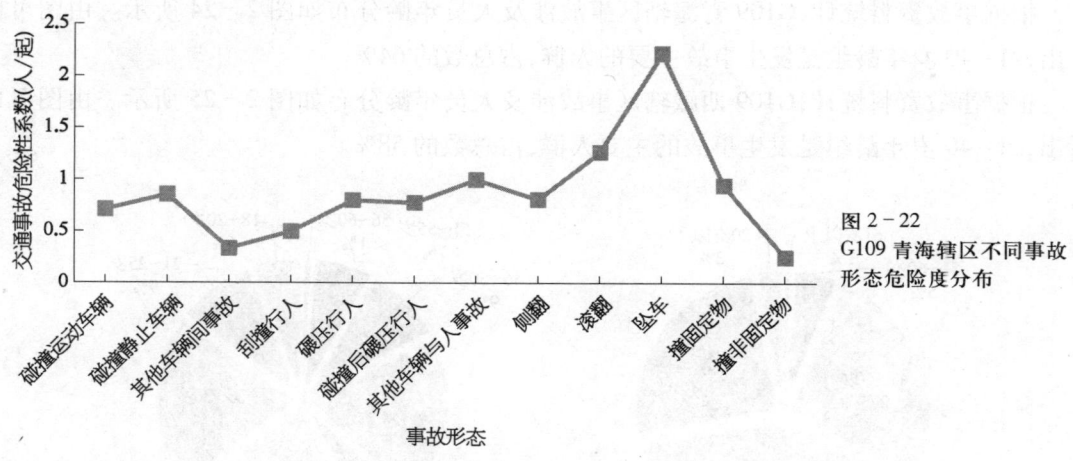

图 2-22 G109 青海辖区不同事故形态危险度分布

2.1.4 交通事故与人、车、路、环境的关系特征

2.1.4.1 交通事故与人的关系

人是公路交通系统的主体,汽车驾驶员在行驶过程中必须随时掌握车辆、道路及交通变化特征,不断做出正确的判断与反应。通过加速踏板、制动和转向盘,操纵方向,控制行车速度,以适应该系统的动态运行过程,实现对车辆的控制。相对于平原地区,在高海拔低压缺氧环境中,驾驶员更容易出现头痛、疲倦、呼吸困难等高原反应,其驾驶状态更容易受到环境的影响而出现不正常的驾驶行为。因此,应通过分析高海拔地区公路交通事故中驾驶员的分布特征,明确交通事故中影响人的驾驶状态的主要影响因素。

1) 驾驶员的年龄和驾龄分布

图 2-23 所示为 2010—2015 年 G214 青海辖区事故责任人年龄分布情况。可以看出,事故责任人年龄在事故起数、受伤人数和死亡人数、财产损失分布上基本规律一致,分布特征基本呈正态分布。

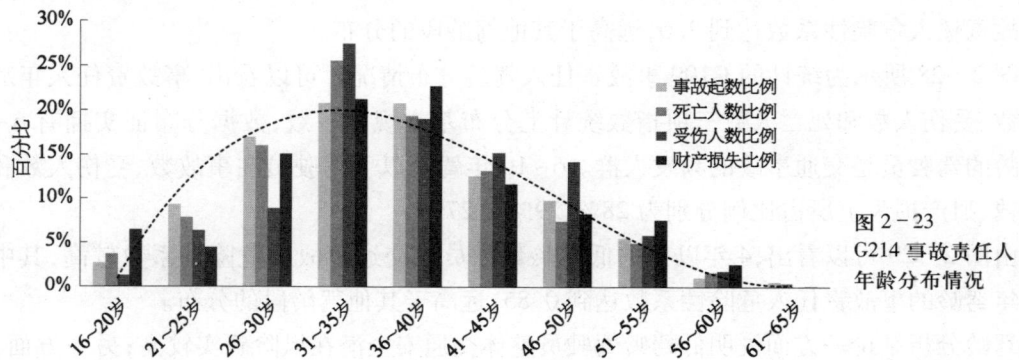

图 2-23 G214 事故责任人年龄分布情况

根据事故资料统计,G109 青海辖区事故涉及人员年龄分布如图 2-24 所示。由图可以看出,21~40 岁年龄组是发生事故主要的人群,占总数的 64%。

根据事故资料统计,G109 西藏辖区事故涉及人员年龄分布如图 2-25 所示。由图可以看出,21~40 岁年龄组是发生事故的主要人群,占总数的 58%。

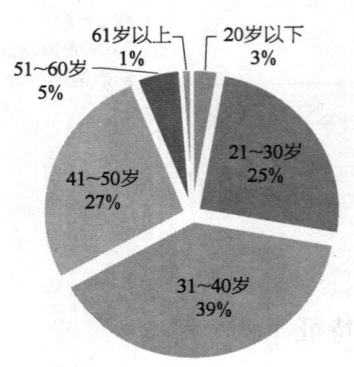

图 2-24　G109 青海辖区事故责任人年龄分布情况

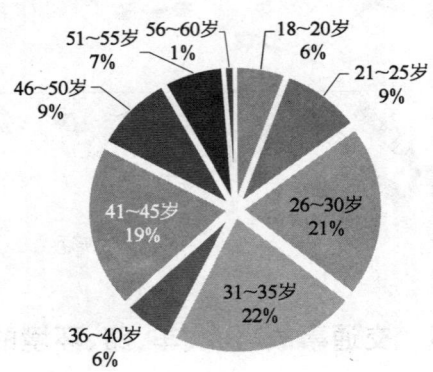

图 2-25　G109 西藏辖区事故责任人年龄分布情况

综上,由于驾驶员年龄组组成与社会活动的年龄组组成一致,因此 26~40 岁年龄组既是出行最为活跃的人群,也是事故多发的人群。

现行事故信息采集数据体系中,驾龄是能够客观反映驾驶员经验和水平的指标。图 2-26 所示为 G214 统计的事故责任人驾龄分布情况。可以看出,事故责任人年龄在事故数、受伤人数和死亡人数、财产损失四项指数统计上分布基本规律一致,数据分布证实拥有 6~10 年驾龄的驾驶员是交通事故的频发人群。6~10 年驾龄以下驾驶员在事故数、受伤人数和死亡人数、财产损失上所占比例分别为 25%、27% 和 15%、20.23%。

由以上分析可知,6~10 年驾龄的驾驶员在总体事故比例中占比较大,可能与在道路参与者中 6~10 年的驾驶员比例较多有关,就危险程度来说并不一定最高,因此用交通事故危险性系数来表征,如图 2-27 所示。

可以看出 4 年以下的低驾龄驾驶员在交通事故中危险性系数较高,其中拥有 4 年驾龄的事故责任人危险性系数达到 2.0,远高于其他驾龄段的分布。

图 2-28 所示为统计的 G109 事故责任人驾龄分布情况。可以看出,事故责任人年龄在事故数、受伤人数和死亡人数三项指数统计上分布基本规律一致,数据分布证实拥有 6~10 年驾龄的驾驶员是交通事故的频发人群。6~10 年驾龄以下驾驶员在事故数、受伤人数和死亡人数、财产损失上所占比例分别为 28%、29% 和 27%。

由图 2-29 可以看出,4 年以下的低驾龄驾驶员在交通事故中危险性系数较高,其中拥有 4 年驾龄的事故责任人危险性系数达到 0.85,远高于其他驾龄段的分布。

驾龄分析结论一方面说明低驾龄驾驶员整体交通安全潜在风险确实较高;另一方面,是

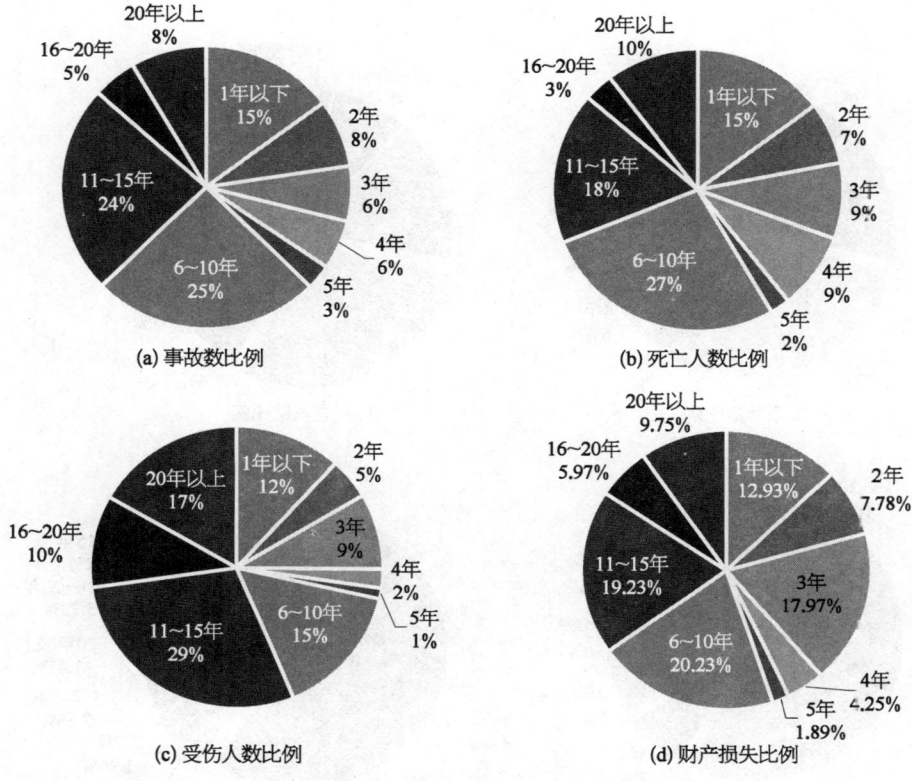

图 2-26 G214 青海辖区事故责任人驾龄分布特征

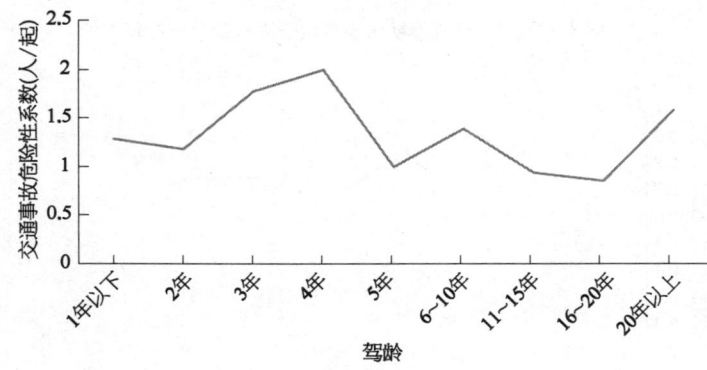

图 2-27 不同驾龄条件下的交通事故危险性系数

否有更科学、简便、可操作性强的指标或方法评价驾驶员的实际驾驶能力,是摆在每个道路交通安全工作者面前的问题。

2) 交通事故中驾驶员影响因素分析

根据本书 2.1.3 节的分析结果,在高海拔地区公路上与驾驶员有关的交通事故成因中以超速行驶、疲劳驾驶造成的交通事故危险度最高。青藏高原地区除部分山脉(如巴颜喀拉

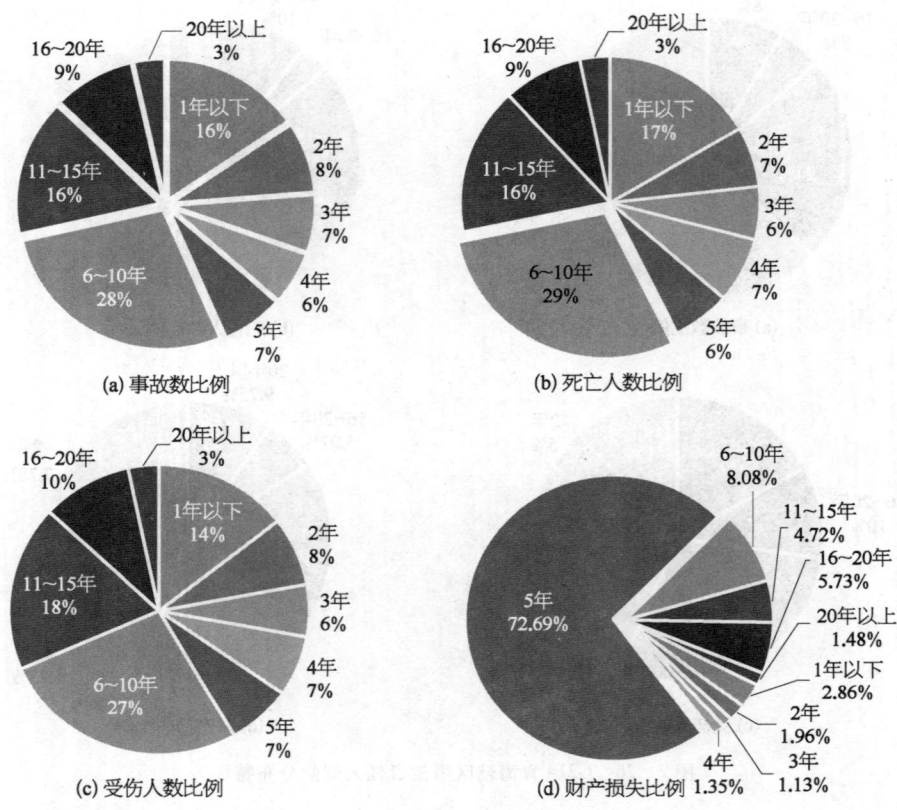

图2-28　G109青海辖区事故责任人驾龄分布特征

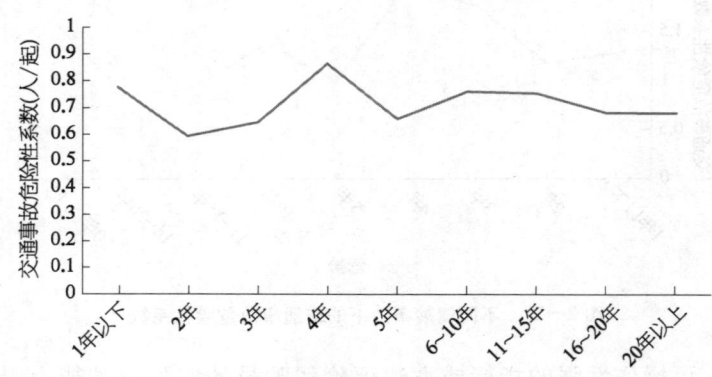

图2-29　不同驾龄条件下的交通事故危险性系数

山、唐古拉山、昆仑山、风火山等)地区公路线形比较复杂、陡坡急弯较多外,其余路段所处地区地势总体较为平坦,线形顺直,车辆高速行驶的道路条件较好,且为了减小低压缺氧环境对生理状态的影响,驾驶员普遍期望快速通过高海拔地区路段,所以导致超速行驶的情况较为突出。另外,由于青藏高原地区公路里程长,行驶时间普遍较长,且公路环境景观单一,因此疲劳驾驶也较容易发生。

根据中国人民解放军第十八医院高山病研究所崔建华的研究结果,进入高原前过度疲劳、患有上呼吸道感染等因素会增加高原反应发病率,其中高原脑水肿的发病率为0.05%~2%,且随着海拔的增高及劳动强度的增大,高原脑水肿的发病率增高。因此,从保障交通安全的角度,应优先考虑降低疲劳驾驶对驾驶员的影响,如通过在沿线设置必要的停车休息设施,优化公路沿途景观等。同时,合理设置限速设施,有效控制车辆的行驶速度,减少超速行驶的不安全驾驶行为。

2.1.4.2 交通事故与车辆的关系

交通流中车辆的类型对交通事故也有一定的影响,与各种车辆的动力性能、车速、外形尺寸、爬坡能力、负载程度有关,特别是在高海拔地区表现得尤为突出。在交通流的特征方面,车辆类型愈多、其速度差别的范围愈大,则超车就愈多、发生交通事故的可能性就越大。

图2-30所示为G214驾驶不同机动车肇事导致死亡人数比例示意图。在交通事故不同交通方式中,驾驶汽车占据了绝对多数。以死亡人数为例,在243名交通事故死亡者中,有235人是由于驾驶汽车肇事造成的,比例达到了96.71%。

根据事故资料统计,将交通事故中所涉及的车辆进行分类,分为客车、货车、摩托车以及其他车型四类,如图2-31所示。根据近5年统计到的G214青海辖区的交通事故交通方式分布可以看出,客车为主要肇事车型,其中涉及客车的事故占总事故车型的59%;涉及货车的事故占比37%,摩托车及其他车型肇事较少。

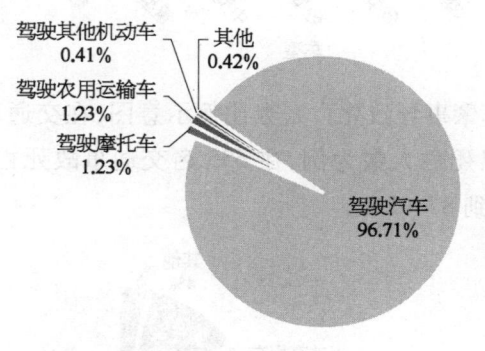

图2-30 驾驶不同机动车肇事导致死亡人数比例示意图

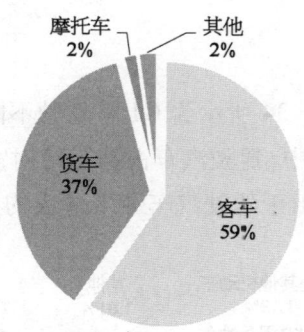

图2-31 交通事故按交通方式分布

下面通过不同车型发生交通事故的四项统计指标来表示其分布特征,如图2-32所示。

若进一步将肇事车型细分,从图2-32可以看出,肇事车辆以小型客车、重型货车为主。其中以小型客车为肇事车辆的事故占G214事故总数的46.29%;以重型货车为肇事车辆的事故占G214事故总数的26.29%。

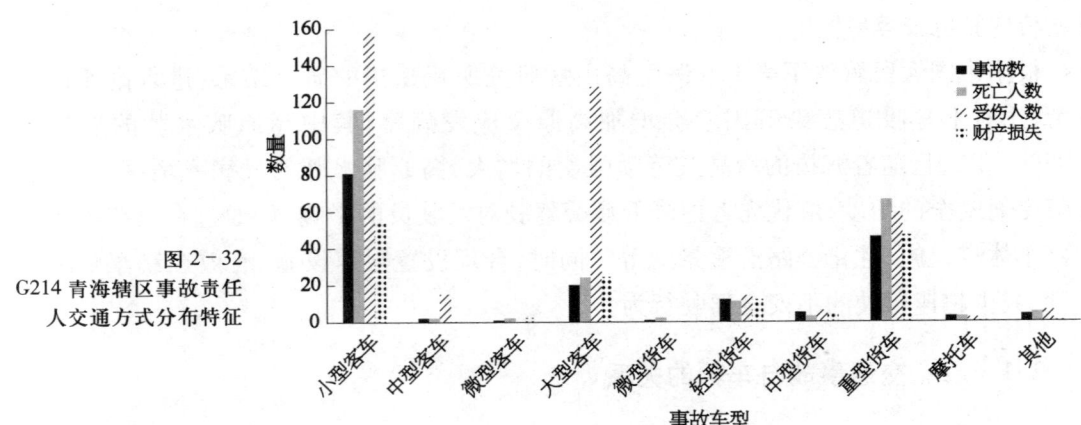

图 2-32 G214 青海辖区事故责任人交通方式分布特征

从图 2-33 可以看出,微型客车和微型货车、重载货车发生事故时严重程度较高,平均每起事故死亡 2 人,这是由于轻便型客车和货车速度较快,并且客车乘载乘客较多,货车机械性能、制动性能较差,容易超载,一旦发生事故,后果都非常严重。

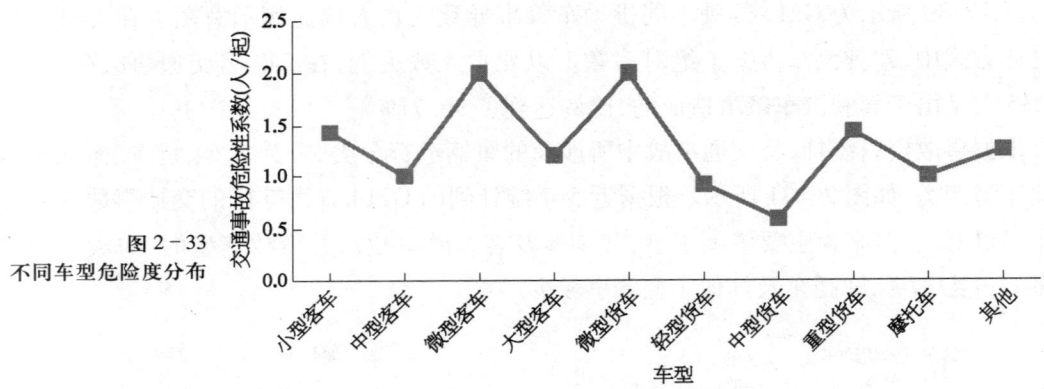

图 2-33 不同车型危险度分布

图 2-34 所示为 G109 驾驶不同机动车肇事导致死亡人数比例示意图,在交通事故不同交通方式中,驾驶汽车占据了绝对多数。以死亡人数为例,在 655 名交通事故死亡者中,有 570 人是由于驾驶汽车肇事造成的,比例达到 87.02%。

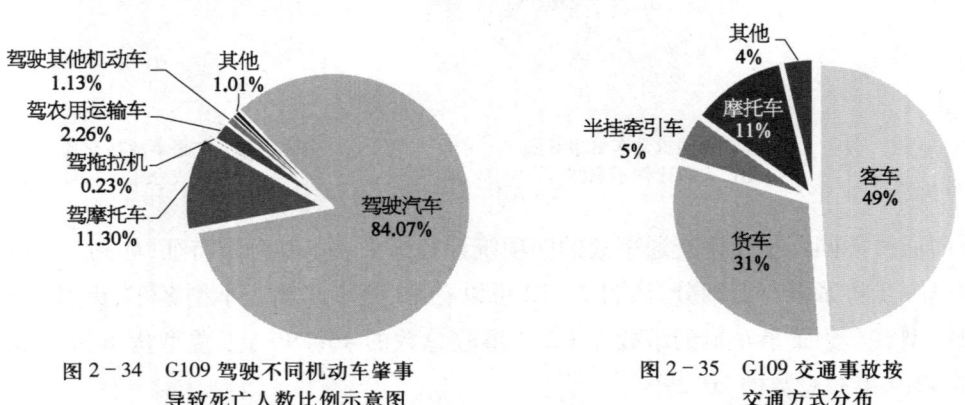

图 2-34 G109 驾驶不同机动车肇事导致死亡人数比例示意图

图 2-35 G109 交通事故按交通方式分布

根据 G109 的事故资料统计，将交通事故中所涉及的车辆进行分类，分为客车、货车、摩托车、半挂牵引车以及其他车型五类，如图 2-35 所示。其中，客车为主要肇事车型，占车型总数的 49%；其次为货车，占总数的 31%，两者共占 80%。

从图 2-36 可以看出，肇事车辆以小型客车、重型货车为主。其中以小型客车为肇事车辆的事故占 G109 事故总数的 41.39%；以重型货车为肇事车辆的事故占 G109 事故总数的 17.23%。

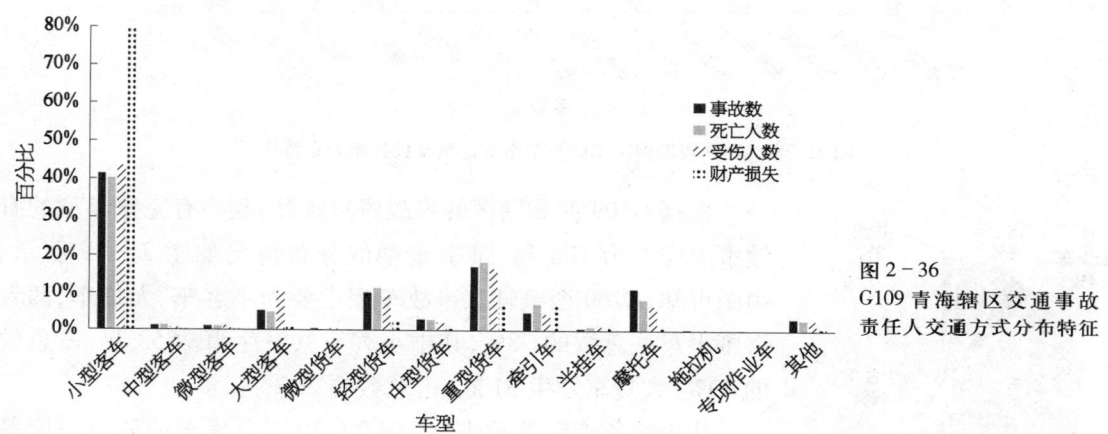

图 2-36 G109 青海辖区交通事故责任人交通方式分布特征

从事故危险度角度来分析不同车型发生事故的危险程度，由图 2-37 可知，半挂牵引汽车危险性系数较高，由该车型引起的每起事故的死亡人数为 1.5 人/起，这是因为半挂车体积吨位较大，超载、超限严重，动能大，特别是在高海拔地区行车，整体车辆性能大幅度下降，发生事故时，往往会造成严重的伤亡及财产损失。

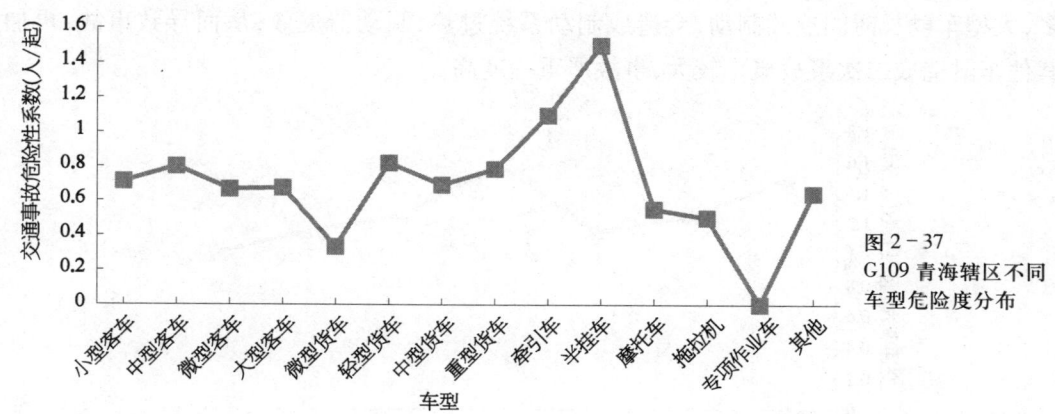

图 2-37 G109 青海辖区不同车型危险度分布

由图 2-38 可以看出，中型客车以及半挂车致死率均超过了 40%，由以上分析可知半挂车危险度较高，而中型客车由于其承载人员较多，发生一次事故就会造成严重的伤亡，故其致死率最高，超过 50%。

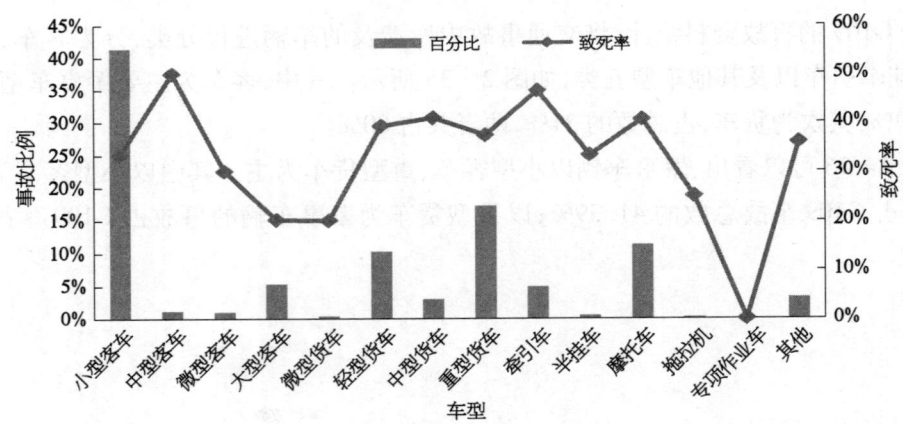

图 2-38 G109 青海辖区不同车型事故比例及致死率分布特征

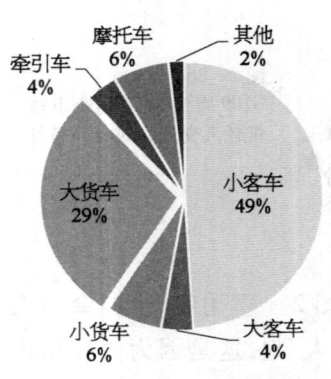

图 2-39 G109 西藏辖区肇事车型分布比例

根据 G109 西藏辖区的事故资料统计,其中有完整车型的有效事故样本为 108 起,肇事车型的分布情况如图 2-39 所示。由图可知,G109 西藏辖区事故车型主要为小客车、大货车,两者占肇事车型总数的 78%,其中小客车共发生事故 53 起,占总数的 49%;大货车发生 31 起,占总数的 29%。

从事故危险性系数来看(图 2-40),大货车的危险程度最高,平均每起事故死亡 1.6 人。

从 G214、G109 交通事故的肇事车型分布来看,大货车、半挂车等重型载重货车造成的交通事故比例较高,而根据 G109 青海辖区交通事故成因分布,由于制动不当引发的交通事故危险度最高。这是由于高海拔地区在穿过越岭路段时长大下坡路段较多,大型车辆长时间连续制动,会造成制动系统过热、制动器失效,从而导致事故,再加上与其他车辆造成二次事故概率较大,事故严重程度高。

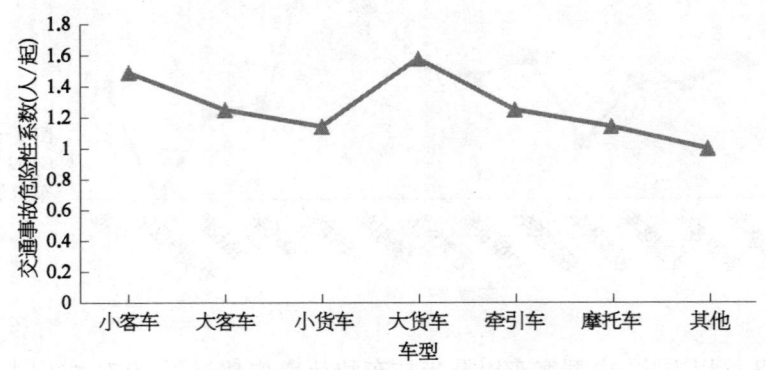

图 2-40 G109 西藏辖区不同车型危险度分布

由此可知,重型载重货车的动力性能和制动性能在高海拔低压缺氧环境以及复杂地形条件的综合影响下极易受到影响,从而影响行车安全,因此在研究高海拔地区车辆性能时应重点对重型载重货车的性能进行分析,掌握其变化规律和对交通安全的影响机理。

2.1.4.3 交通事故与公路的关系

1) 事故路段线形分布

根据事故统计资料来看,高海拔地区公路线形路段共分为平直、一般弯、一般坡、急弯等九类线形,其中陡坡、急弯陡坡两种线形路段无事故数据统计。各线形路段交通事故数及伤亡人数分布如图 2-41 所示。从图 2-41 中可以看出,平直路段及一般弯坡路段事故数、死亡人数和受伤人数三项指标占比较高,其中平直路段三项指标分别占 42.25%、28.80% 和 35.41%,一般弯坡路段三项指标分别占 26.20%、37.20% 和 32.67%。

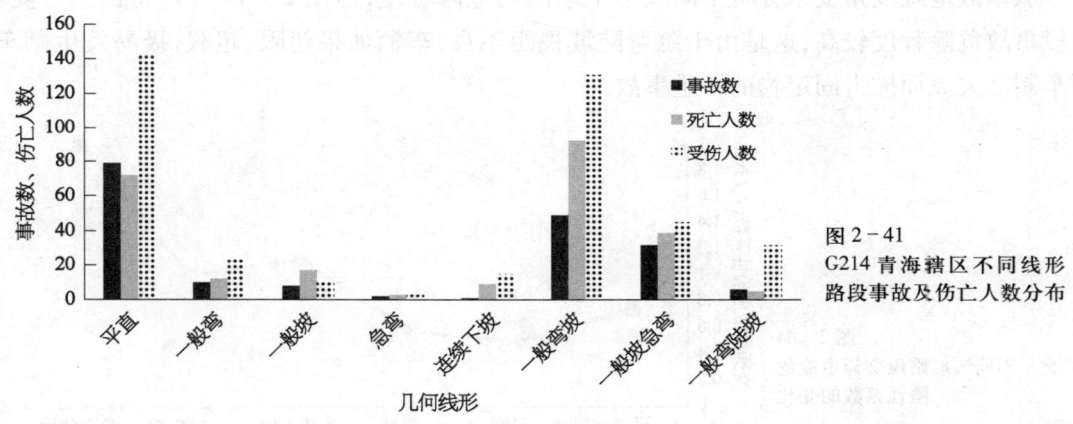

图 2-41 G214 青海辖区不同线形路段事故及伤亡人数分布

如图 2-42 所示,从交通事故危险性系数的统计来看,弯坡路段的交通事故危险性系数明显高于平直路段,特别是连续下坡路段的交通事故危险性系数处于一个较高的水平。

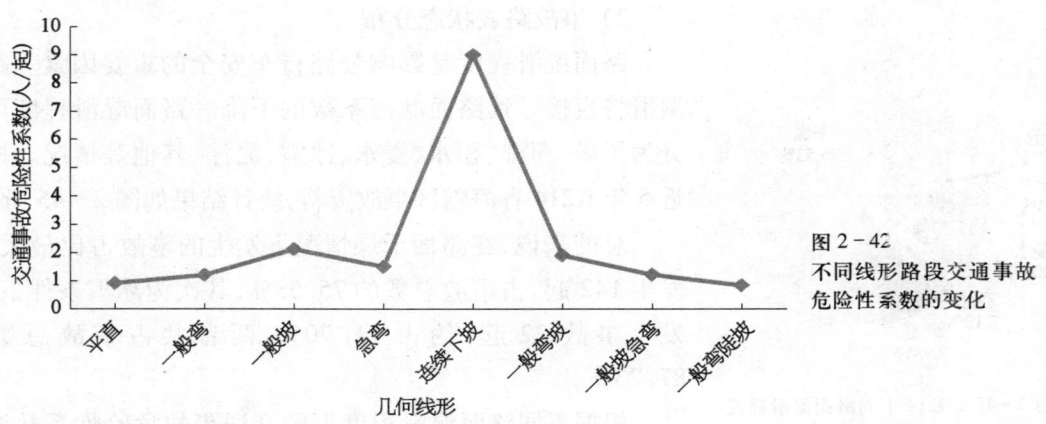

图 2-42 不同线形路段交通事故危险性系数的变化

G109 青海辖区不同线形路段事故分布如图 2-43 所示。可以看出,平直路段及连续下坡路段事故率较高,平直路段三项指标分别为 85.08%、84.89% 和 83.25%。

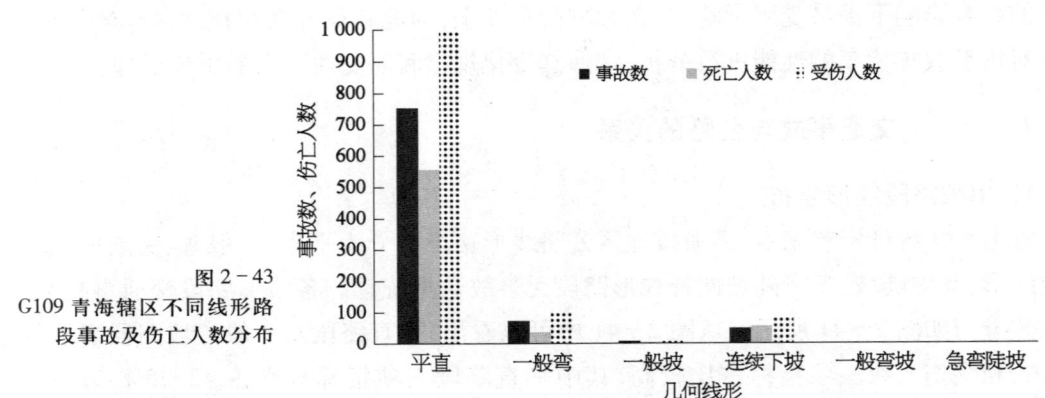

图 2-43 G109 青海辖区不同线形路段事故及伤亡人数分布

从事故危险度角度来分析不同线形下事故的危险程度,由图 2-44 可以得出急弯陡坡路段事故危险程度较高,这是由于急弯陡坡视距不良,车辆如果超限、超载,极易发生翻车、刹车制动失灵而撞击固定物的严重事故。

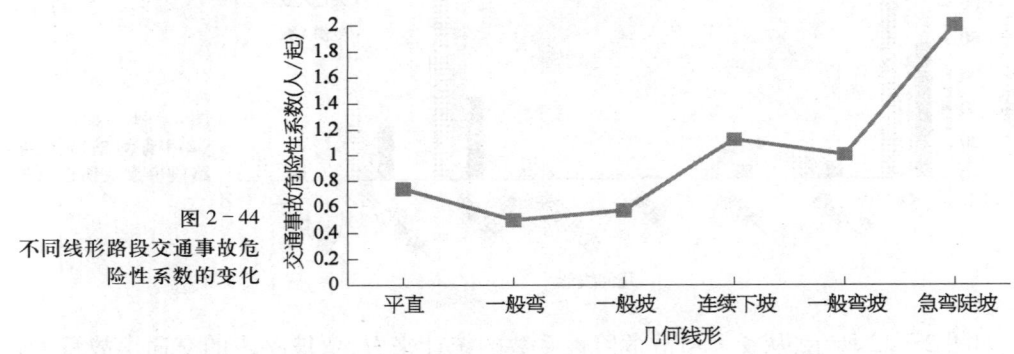

图 2-44 不同线形路段交通事故危险性系数的变化

2) 事故路表状态分布

路面湿滑程度是影响公路行车安全的重要因素。路面湿滑将直接导致路面摩擦系数的下降。路面湿滑程度可以分为干燥、潮湿、积水、漫水、冰雪、泥泞、其他等情况。根据近 5 年 G214 青海辖区事故资料,统计结果如图 2-45 所示。

总的来说,在路面干燥情况下发生的事故占比最大,共发生 142 起,占事故总数的 75.53%,其次为冰雪条件下,共发生事故 22 起,约占 11.70%,两者共占事故总数的 87.23%。

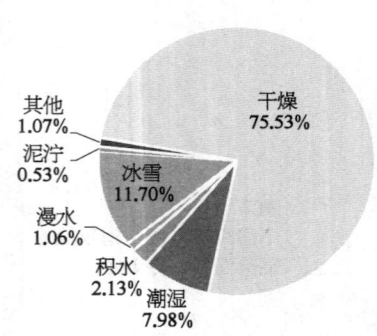

图 2-45 G214 不同路面湿滑程度下的事故比例分布

根据不同路面湿滑程度下的交通事故危险性系数统计(图 2-46),可以看出漫水状态下事故危险度较高,达到 2.5 人/起,其余路面状态危险度大体相似。

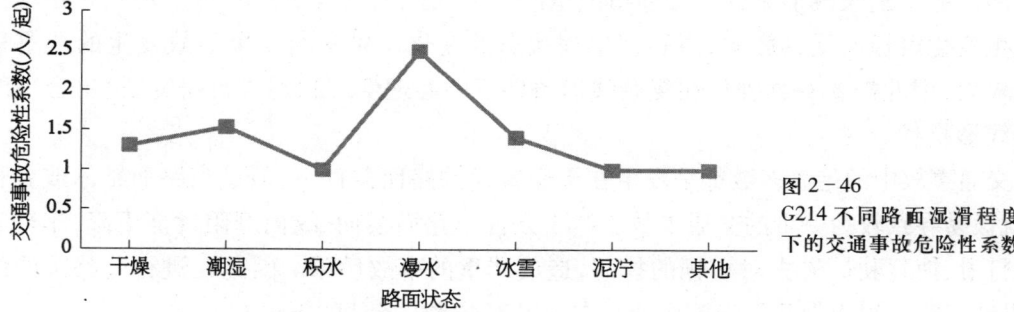

图 2-46
G214 不同路面湿滑程度
下的交通事故危险性系数

根据近 5 年 G109 青海辖区发生在各种路表状态下的交通事故统计,结果如图 2-47 所示。

总的来说,干燥条件下事故发生率较高,占事故总数的 87.80%,其次为潮湿条件下,两者共占事故总数的 94.81%。

从事故危险性系数来看(图 2-48),除去"其他"路面状态,冰雪条件下事故的危险程度最高,这是由于冰雪条件下,车辆和路面的附着系数降低,易发生侧滑、翻车、制动距离过长等极其危险的交通事故。

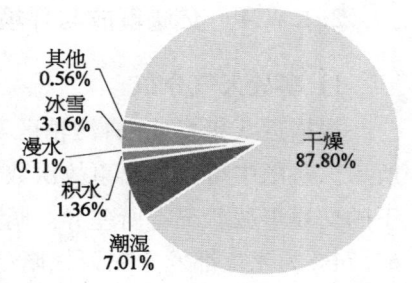

图 2-47 G109 不同路面湿滑程度下的事故比例分布

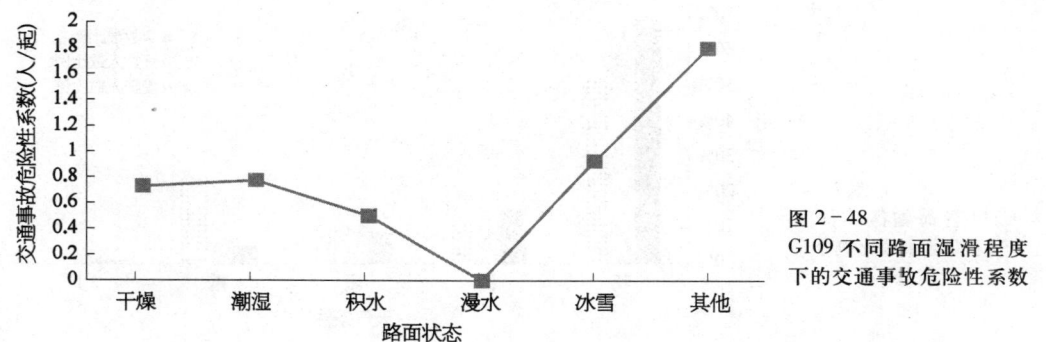

图 2-48
G109 不同路面湿滑程度
下的交通事故危险性系数

3) 交通事故中道路影响因素分析

根据交通事故中道路状态的分析结果,平直路段的交通事故数量最多,但急弯陡坡条件下造成的交通事故危险程度较高。高海拔地区公路线形总体上较为顺直,有的路段甚至有连续 10 km 的长直线,再加上公路沿线较为贫瘠、景观单调,长时间行驶时很容易造成驾驶员疲劳驾驶。另外在长直线路段行驶时也极易导致驾驶员超速行驶,从而引发事故。平直路段交通事故分布最多,说明平顺、单调的道路线形条件是导致超速、疲劳驾驶的一个重要诱因。而当线形条件较为复杂时,驾驶员一般需要进行大幅度的转向操作以及频繁的制动、加速,从而对驾驶员身体负荷产生较大影响,需要身体通过加快心率给全身提供更多的体能。复杂线形条件下交通事故危险程度大说明驾驶员的心理生理状态在道路条件发生变化时极易受到影响,而心理生理状态的变化又对交通安全事故发生的严重程度影响较大,因此需要对驾驶员在复杂线形条件下的心理生理状态进行研究,提出合理的平纵面线形指标。

交通事故中的绝大多数都是发生在干燥普通的路面条件下,但是当路面结冰或者积雪时,就极易导致较为严重的交通事故。冰雪条件下路面横向、纵向摩阻性能下降,车辆容易出现打滑,使驾驶员失去对车辆的控制,造成严重的事故后果。因此在进行公路圆曲线半径、纵坡、超高、视距等几何指标设计时应考虑积雪冰冻条件的影响。

2.1.4.4 交通事故与环境的关系

1) 事故天气分布

根据近5年G214青海辖区发生在各种天气下的188起交通事故统计,结果如图2-49所示。从图中可以看出事故次数比例和伤亡人数比例具有相同的分布特征。不同气候条件下的交通事故状况有所差异。晴天和非晴天事故的比例为130∶58。将近69.15%的事故和65.74%的死亡都发生在天气晴好的条件下。晴天这样的气候条件在一年中所占的比例最高,发生的事故次数也就较高。

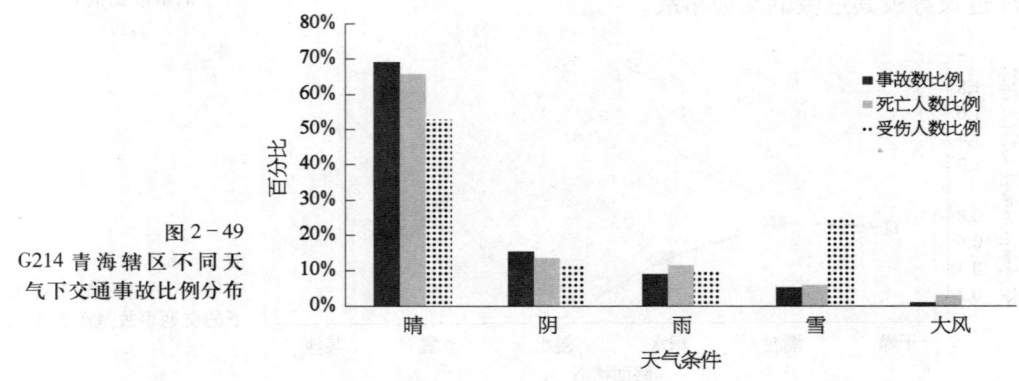

图2-49 G214青海辖区不同天气下交通事故比例分布

在晴天,因驾驶条件良好,车速较快,且驾驶员的随意性较大,所以一旦发生紧急状况,难以采取一定措施避免碰撞。由于碰撞能量大,不可避免地将会造成严重的事故伤亡。

根据近5年G109青海辖区发生在各种天气下的885起交通事故统计,结果如图2-50所示。从图中可以看出,事故次数比例和伤亡人数比例具有相同的分布特征,不同气候条件下的交通事故状况有所差异。晴天和非晴天事故的比例为707∶178。将近79.89%的事故和80.15%的死亡都发生在天气晴好的条件下。

G109晴天的气候条件在一年中所占的比例最高,发生的事故次数也就较高。从事故危险性系数来分析其不同天气下的事故严重程度如图2-51所示。由图可知,在雾和大风天气状态下,事故危险度较高,平均每起事故死亡1人。雾天能见度较低,影响驾驶员的视距,

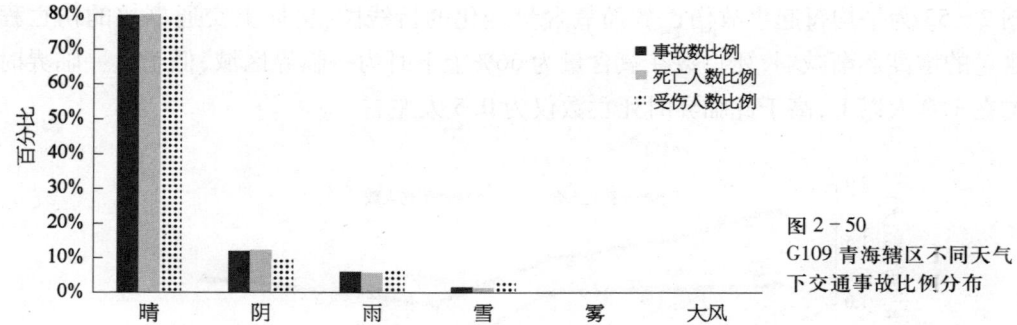

图 2-50 G109 青海辖区不同天气下交通事故比例分布

极易发生危险事故,而大风天气对行车安全的影响主要体现在对行车稳定性的影响,特别是侧风,易导致车辆的滑移,危及行车安全。

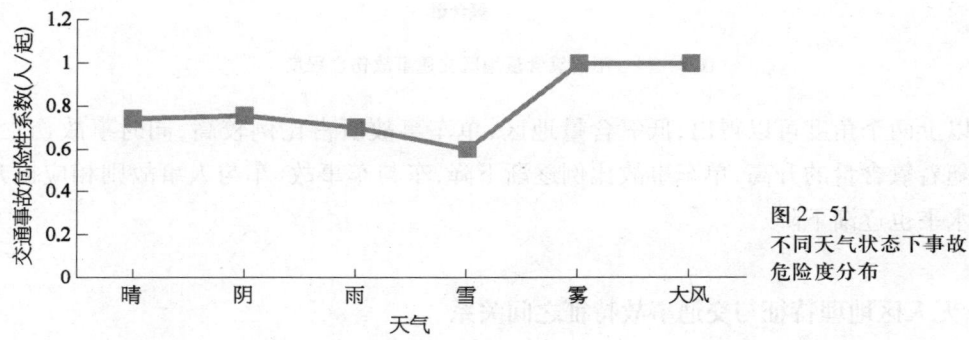

图 2-51 不同天气状态下事故危险度分布

2) 不同氧含量与交通事故类型的积聚性特点

氧含量的高低主要与当地海拔、气候及植被覆盖有关,故其区域性特征明显。氧含量作为环境因素,尽管不是事故产生的主要影响因素,但氧含量的高低对驾驶员状态及机动车性能的影响较大,致使交通事故更易发生;同时氧含量对交通环境也产生影响,在氧含量较低处,人类居住环境差,通常下人烟稀少,交通量低。故不同氧含量区域会与事故特征分布具有一定的相关性。

图 2-52 为不同氧含量地区交通事故形态组成的变化,从图中可明显看出,单车事故所占比例随着氧含量的增加,逐渐降低;车与车事故、车与人事故整体上都呈现增长趋势。

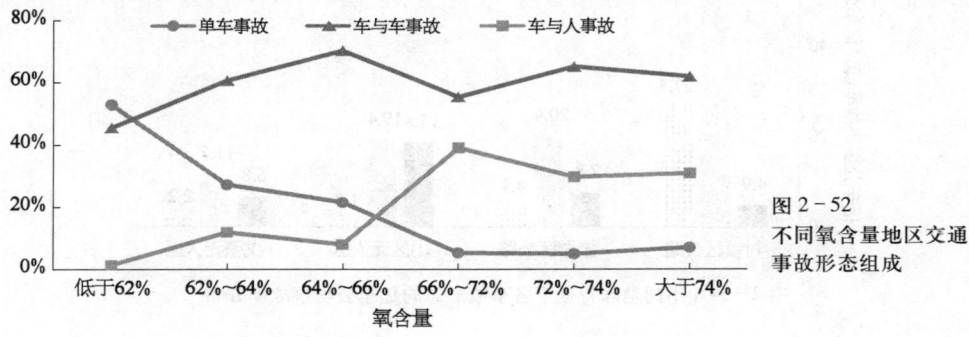

图 2-52 不同氧含量地区交通事故形态组成

图 2-53 为平均每起事故伤亡数随氧含量变化的折线图,整体上交通事故的伤亡程度随氧含量的增高逐渐减弱,死亡数在氧含量为 66% 上下时为一临界区域,低于这一临界时死亡数均在 1.0 人以上,高于此临界时死亡数仅为 0.5 人左右。

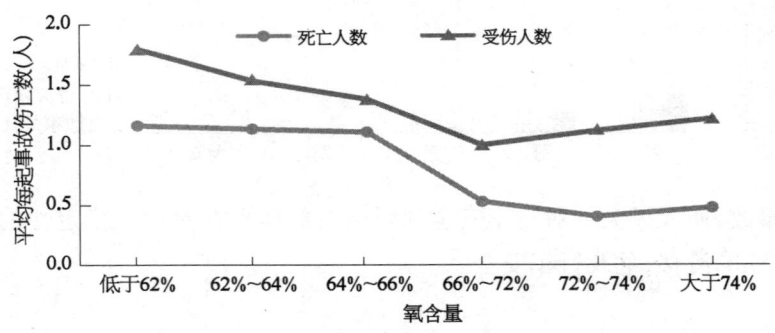

图 2-53　不同氧含量地区交通事故伤亡程度

由以上两个角度可以得出,低氧含量地区,单车事故所占比例较高,同时事故伤亡程度严重。随着氧含量的升高,单车事故比例逐渐下降,车与车事故、车与人事故则相应提升,事故伤亡水平也逐渐下降。

3) 无人区地理特征与交通事故特征之间关系

该部分主要依据所调查的数据,对高海拔地区不同地理特征下的交通事故特征进行分析、总结。以下主要从亿车公里事故率和伤亡程度两方面进行分析。

如图 2-54 所示,村镇区公路的亿车公里事故率远高于其他三种地区,与前文分析保持一致,其中机动车之间的事故率是其他三种地区的 3 倍甚至更多,机动车与行人的事故率则达到 6 倍以上,单车事故率较低;其余三种非村镇区的公路,亿车公里事故率较为相似,但山区无人区路段通常路侧环境差、峭壁、悬崖及较多的纵坡路段均易造成侧翻、碰撞事故,图中呈现的单车事故、多车事故均较突出,旅游区多车事故略高于山区无人区,车与人事故与山

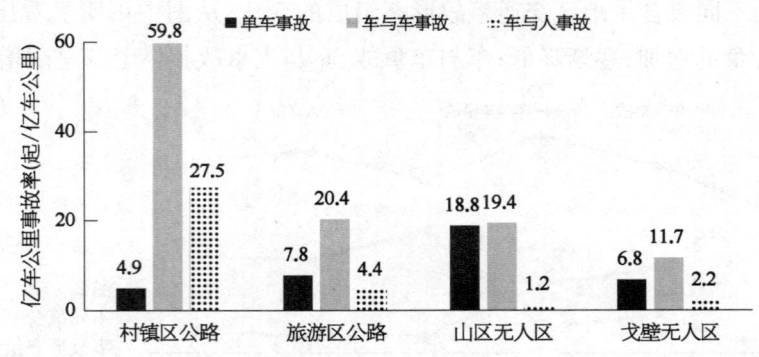

图 2-54　不同地理特征下各事故形态的亿车公里事故率分布

区无人区相比则较为突出。戈壁无人区因其路侧环境单一、横向干扰少、交通量少等特点，事故率均处于较低水平。

从图2-55可以看出，村镇区公路的死亡水平仅为其他地区的1/3或更少，村镇地区交通混杂，流量大，事故基数大，简单磕碰事故多。山区无人区伤亡程度最为严重，平均每起事故的死亡人数达到1.8。图中曲线表示超速导致的事故占总事故的比例，数据可以呈现出平均伤亡数与超速事故比例的正相关性。

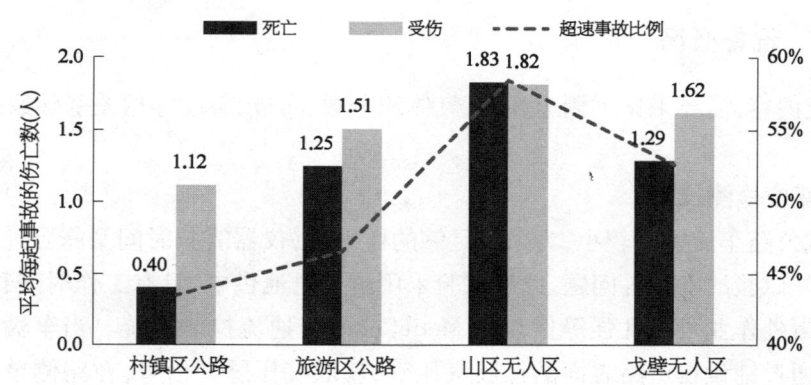

图2-55 不同地理特征下的事故伤亡程度

通过以上分析，村镇路段公路的特征与前文保持一致，高事故率、车车事故及车人事故均突出。无人区地区路段，事故特点具有明显的地形区域特点，路侧环境、横向干扰是其事故的主要影响因素，但无人区地区的事故均呈现较为严重的伤亡程度。

4）交通事故中环境影响因素分析

从不同天气条件下交通事故的分布结果来看，绝大多数交通事故发生在晴好天气，各类天气条件下交通事故的危险程度差异性不大，雾天和大风天气略高。交通事故的发生类型及其严重性和氧含量有相关性，低氧含量地区，单车事故所占比例较高，同时事故伤亡程度严重，说明低压缺氧环境对驾驶员和车辆自身影响较大，易导致驾驶员因自身驾驶状态或者车辆性能发生交通事故。

不同的交通环境交通事故数量和严重程度也不同。村镇区交通事故数量多，但山区、无人区伤亡程度严重，这与车辆的行驶速度有一定关系。山区、无人区人烟稀少，环境条件恶劣，驾驶员普遍都有快速通过的要求，因此行车速度较快，容易发生超速，而超速导致的交通事故严重性较高，因此这类地区的交通事故严重性高。

综上所述，从交通事故的空间、原因、形态等分析得到了青藏地区G109、G214公路的交通事故总体变化规律，并分别确定了人、车、路、环境四要素与交通事故的关系，得到了影响交通事故发生的主要因素。

2.2 高海拔特殊环境下交通流运行特性

2.2.1 基础数据采集情况

2.2.1.1 设备概况

根据研究内容,需要采集车辆速度、氧气体积分数、海拔、温度等相关基础数据。

1) 车辆速度检测仪器

由于青藏公路车流密度较小,为采集足够的样本量,仪器需长时间暴露野外。为保证仪器的供电、野外试验的安全等问题,此次试验采用由干电池供电,具有工作时间长、无须实时接驳计算机、野外作业可靠性强等优点的 MetroCount 交通流检测系统。当车辆驶过检测断面时,该系统通过铺设在道路表面的橡胶气压管,获取气压脉冲信号,在路侧单元中形成车轴电信号,实现对交通流信息的实时检测。检测到的数据包含驶过断面的每一车辆的信息,如到达的日期、时间、最大轴距、车速、车头时距、时间间距、轴组数、轴数、车型等。

2) 高海拔环境检测仪器

为了得出检测断面的氧含量数据,使用手持 GPS 记录仪、手持气体检测仪(图 2-56)、温度计,检测试验地点的海拔、氧气体积浓度和温度。

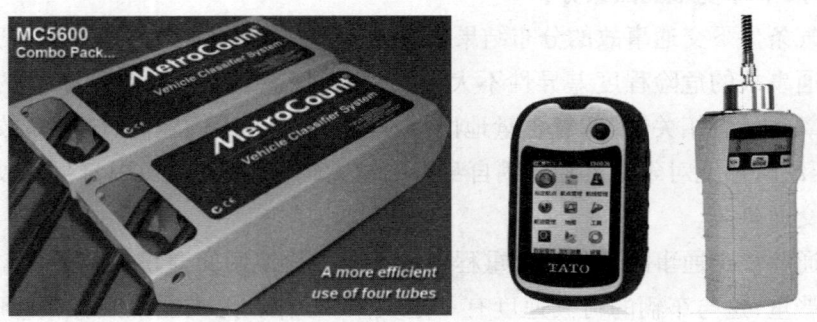

图 2-56 MetroCount 交通流检测系统、GPS 和气体检测仪

气体检测仪测得的数据为氧气的体积分数,即单位体积空气中氧气的体积数。在高海拔地区,由于空气稀薄,由气体检测仪所测得的氧气体积分数不能反映高海拔地区的氧含量的高低。通过气体的体积分数与质量浓度换算公式、拉普拉斯公式,运用测得的氧气体积分数、海拔等数据,计算出能够反映氧含量高低的氧气质量浓度:

$$C_{\mathrm{m}} = \frac{N}{22.4} \times 10^{-6} \times \frac{273.15}{273.15 + T} \times \frac{p_1}{p_2} \quad (2-5)$$

$$Z_2 - Z_1 = 18\,410 \times \left(1 + \frac{T}{273.15}\right) \times \lg \frac{p_1}{p_2} \quad (2-6)$$

上二式中　C_{m}——氧气质量浓度；

　　　　　N——气体的分子量，此处取氧气的分子量32；

　　　　　T——气温；

　　　　　p_1，p_2——气压，p_2 取标准大气压；

　　　　　Z_1，Z_2——海拔，Z_1 此处为检测断面实测海拔，Z_1 取海平面。

下文中以检测断面质量浓度与平原标准空气中氧气质量浓度的百分比作为研究中所用的氧含量值。

2.2.1.2　数据概况

对 G214、G109 部分路段进行两次（共 23 d）数据调研，完成了 G214 共和—玛多段、G109 民和—都兰段（包括 G6 湟源—倒淌河段）、G109 格尔木—拉萨段的道路属性数据、交通流特征数据、交通环境数据及交通事故等数据的采集工作，调查点 32 个，调查断面 91 个；其中，道路属性数据包括道路线形、横纵坡、断面间距，交通流特征数据包括 MetroCount 检测的数据，例如速度、流量、车型、车头间距、轴距等，交通环境数据包括限速情况、海拔、氧含量。数据采集概况见表 2-1。

表 2-1　数据采集概况

国道	区段	路线长度	调查点	观测断面	海拔范围（m）	车辆样本数（个）
G214	共和—玛多	342	8	20	2 911~4 378	33 882
G109	民和—都兰（含 G6 湟源—倒淌河）	534	10	28	1 800~3 563	132 917
G109	格尔木—拉萨	1 162	14	43	3 300~5 231	119 094

2.2.2　交通量及其组成分析

2.2.2.1　交通量数据采集情况

为研究青藏地区公路交通量分布与组成特点，课题组搜集了青藏地区 G109（青藏公路）以及 G317（川藏公路）交通量数据，由于 G109 交通量在高海拔地区交通量较大且数据较为完整，因此主要针对 G109 进行分析。重点收集了 G109 乃吉沟检查站、五道梁段部、安多检查站、西郊检查站 2012—2014 年交通量及交通组成等基础资料。基础资料见表 2-2、表 2-3。

表 2-2 安多检查站连续式观测站 2014 年 10 月 24 h 交通量样本数据

填报单位：青藏公路分局　　　　　　　　　　　　　　　　　观测时间：2014 年 10 月 25 日

时间	机动车									微货	摩托	混合车辆合计
	汽车						拖拉机		合计			
	小货	中货	大货	小客	大客	拖挂车	小拖	大拖				
21:00—22:00	9	6	0	50	0	20	0	0	85	0	12	97
22:00—23:00	4	0	1	43	0	27	0	0	75	0	11	86
23:00—0:00	5	1	3	45	0	16	0	0	70	0	10	80
0:00—1:00	1	1	0	15	0	30	0	0	47	0	8	55
1:00—2:00	5	3	0	20	0	33	0	0	61	0	5	66
2:00—3:00	0	4	0	9	0	42	0	0	55	0	3	58
3:00—4:00	4	4	3	4	0	43	0	0	58	0	2	60

……

表 2-3 G109 2012 年第一季度年平均日交通量

路线编号	观测里程 (km)	年平均日交通量(辆/日)														行驶量 (万车公里/d)	适应交通量 (辆/d)	交通拥挤度
		机动车		汽车								摩托车	拖拉机					
		当量数合计	自然数合计	当量数合计	自然数合计	小型货车	中型货车	大型货车	特大货车	集装箱车	中小客车	大客车		当量数合计	自然数合计			
甲	1	2	3	4	5	6	7	8	9	10	11	12	13	14	15	16	17	18
G109	76.874	3 215	1 678	2 822	1 550	275	150	207	194	53	587	84	40	353	88	173.003 7	15 000	0.21

2.2.2.2 交通量的分析

交通量是研究公路交通情况及其组成变化规律的重要基础数据。交通量时刻在变化，在表达方式上通常取某一时间段内的平均值作为该时间段的代表交通量。按平均值所取时间段的长度计，常用的平均交通量包括年平均日交通量（AADT）、月平均日交通量（MADT）以及周平均日交通量（WADT）。其中，年平均日交通量在公路工程中是一项极其重要的控制性指标，其计算公式为

$$\text{AADT} = \frac{1}{365}\sum_{i=1}^{365} Q_i$$

式中　Q_i——各规定时间段内的日交通量（辆/d）。

通过汇总青藏公路 2012—2014 年各季度以及各月的平均日交通量数据和 24 h 观测数据，可以得到各年分车型年平均日交通量数据（表 2-4）。该数据可以反映出青藏公路近三年的交通量及其交通组成的时间分布变化规律情况。

表 2-4　青藏公路 2012—2014 年年平均日交通量　　　　　　　　　（辆/d）

年份 （年）	汽车（辆/d）									摩托车自然数	拖拉机小计		机动车合计	
	小型货车	中型货车	大型货车	特大货车	集装箱车	中小客车	大客车	汽车小计			当量数	自然数	自然数	当量数
								自然数	当量数					
2012	315	174	281	454	59	522	66	1 869	4 087	71	345	86	2 027	4 504
2013	244	169	196	439	40	792	41	1 922	3 854	120	68	17	2 059	4 042
2014	207	169	193	493	29	955	58	2 105	4 171	152	29	7	2 264	4 352

从表 2-4 可以得到连续三年的日平均交通量的分布规律，除此以外，还可以进一步分析得到每季度平均日交通量的变化规律以及 24 h 平均交通量的变化规律。每季度平均日交通量以连续三年的交通量（自然数）平均计算，24 h 交通量以 2014 年的交通量（自然数）平均计算，最后得到如图 2-57 所示交通量分布。

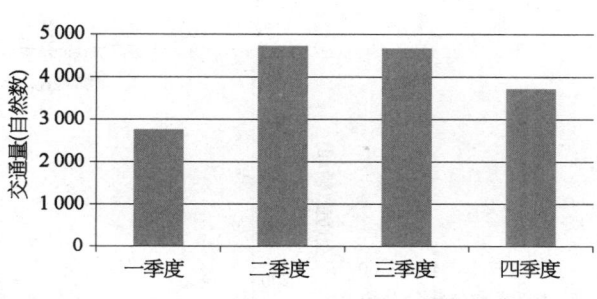

图 2-57　青藏公路各季度交通量分布

图 2-58 中数据主要来自 G109 沿线的乃吉沟检查站、五道梁段部、安多检查站以及西郊检查站，根据各检查站观测区域内的年平均日交通量，可以得出青藏公路交通量及其组成的总体空间分布特点。图 2-59 为 2014 年青藏公路各检查站交通量分布。

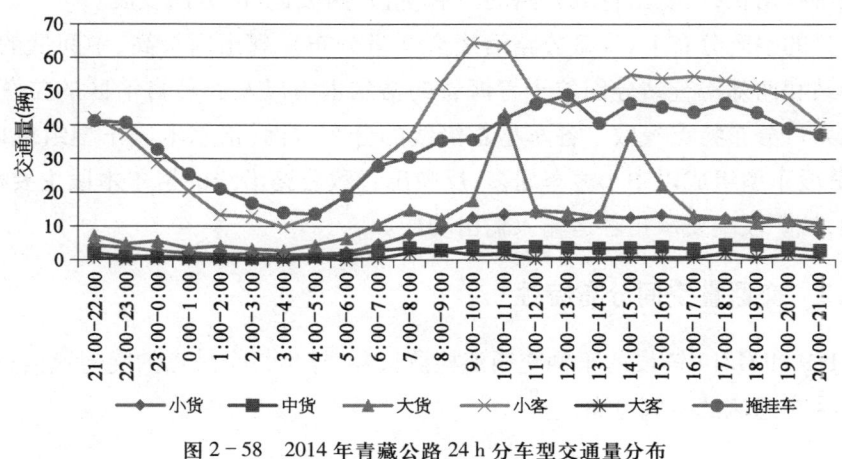

图 2-58　2014 年青藏公路 24 h 分车型交通量分布

进一步分析各路段交通组成的分布规律，可以得到如图 2-60 所示的分路段分车型交通量组成分布。

根据以上图表分析结果，从交通量的时间分布上，可以看出 G109 近三年的交通量总体呈现上升趋势，各车型中客货车呈现逐年增长趋势，年平均增长率在 6.2% 左右，拖拉机等农

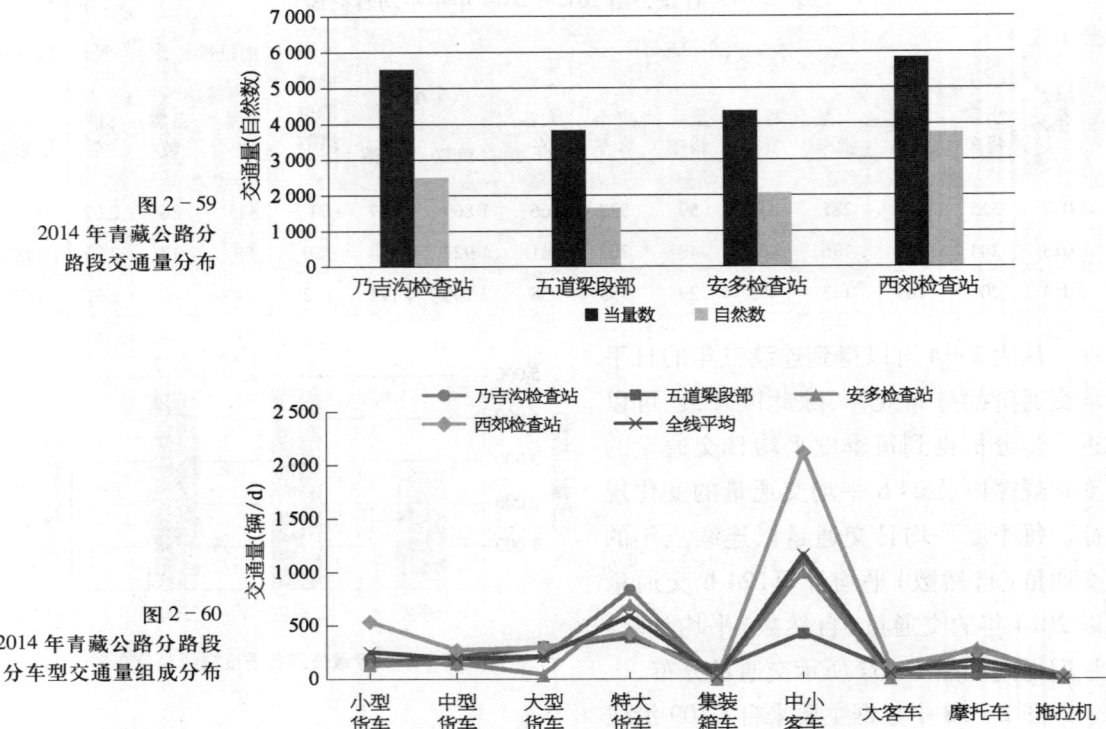

图 2-59 2014 年青藏公路分路段交通量分布

图 2-60 2014 年青藏公路分路段分车型交通量组成分布

用车辆逐年减少,反映出青藏公路的主导车型向着更加快速化、机动化方向发展。各车型的交通量变化方面,青藏公路上目前的主导车型是中小客车以及特大货车,且只有这两种车型的数量呈现持续增长,反映出青藏公路的车辆朝着"两极化"的方向发展。

从交通量的空间分布上,青藏公路沿线交通量分布呈现出两头高、中间低的特点,其中乃吉沟检查站和西郊检查站分别位于青海省的格尔木市以及西藏自治区的拉萨市,这与公路沿线区域人口分布特点一致。各车型在沿线的分布方面,格尔木段车型组成以特大货车居多,而拉萨段车型组成以中小客车居多,反映出青藏公路沿线的格尔木段主要承担货运输入输出功能,拉萨段主要承担客运输入输出功能。

2.2.2.3 交通量空间分布特性

根据 G109 和 G214 铺设的车辆交通流检测仪器,导出每个桩点的交通流信息,分别做出 G109 和 G214 交通流的空间分布图。

1) G109 交通量空间分布

G109 沿线共铺设有 24 个桩点,其中两个桩点的仪器出现故障,所以有 22 个桩点的数据是有效的。根据这 22 个桩点的交通量信息做出 G109 交通量空间分布图,如图 2-61 所示。

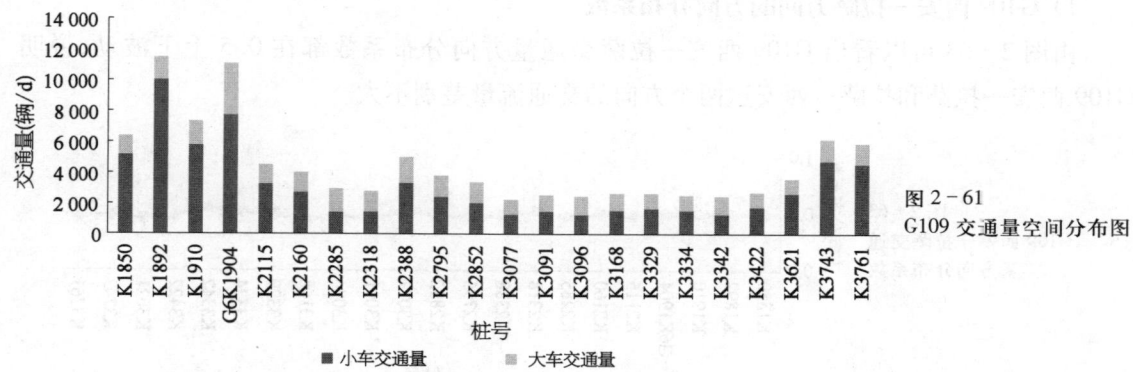

图 2-61 G109 交通量空间分布图

从图 2-61 中可以看到交通量较高的地方聚集在桩号 K1850~K1910 之间，是因为这些桩号的位置在城镇附近，K1892 穿过城镇车流量大；K1850 和 K1910 属于城镇之间，所以交通量相对较小些；K1910 地处 G214 和 G109 的分流处，属于一级路（其他点都属于二级路），双向两车道，所以交通量流量大。K2115~K3621 之间是非城镇地区，流量小，其中桩号 K2388 的流量大一些，因为此处接近都兰县城。K3743~K3761 的交通量比之前变大，是由于此处接近拉萨，车流量较多。

2) **G214 交通量空间分布**

G214 此次沿线铺设 8 个桩点，这 8 个桩点都是二级公路、双向二车道，其数据都是有效的，根据这 8 个桩点的交通量信息做出 G214 交通量空间分布图，如图 2-62 所示。

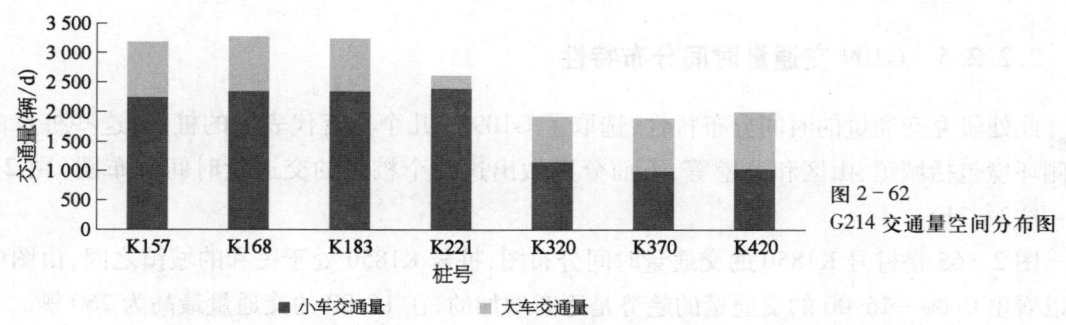

图 2-62 G214 交通量空间分布图

从图 2-62 中可以看到观测的这几个桩点的交通量的流量集中在 1 800~3 300 辆/d 之间。由图中可以看出桩号 K157~K183 之间的交通量较大，是因为其地处城镇、交通量大，而桩号 K320~K420 非城镇，所以交通量较小。

2.2.2.4 空间分布系数

根据 G109 和 G214 铺设的车辆交通流检测仪器，将交通流分为西安—拉萨和拉萨—西安两个方向，分别做出 G109 和 G214 西安—拉萨方向的方向分布系数图（图 2-63、图 2-64）。

1) G109 西安—拉萨方向的方向分布系数

由图 2-63 可以看出 G109 西安—拉萨交通量方向分布系数都在 0.5 上下波动,说明 G109 西安—拉萨和拉萨—西安这两个方向的交通流量差别不大。

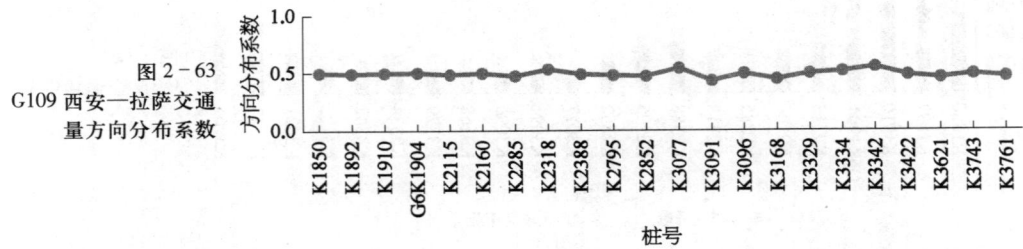

图 2-63 G109 西安—拉萨交通量方向分布系数

2) G214 西安—拉萨方向的方向分布系数

由图 2-64 中可以看出 G214 西安—拉萨交通量方向分布系数都小于 0.5,但是接近于 0.5,说明 G214 西安—拉萨和拉萨—西安这两个方向的交通流量差别不大。

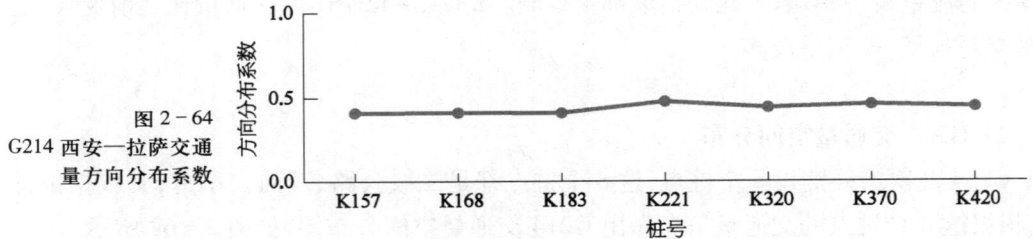

图 2-64 G214 西安—拉萨交通量方向分布系数

2.2.2.5　G109 交通量时间分布特性

此处研究交通量的时间分布特性,选取了 G109 的几个具有代表性的桩点,这些桩点的路侧环境包括城镇、山区和戈壁等,下面分别做出这几个桩点的交通量时间分布图(图 2-65～图 2-71)。

图 2-65 是桩号 K1850 的交通量时间分布图,桩号 K1850 处于民和的城镇之间,由图中可以看出 0:00—16:00 的交通量的趋势是逐渐增加的,在 16:00 的交通量最高为 260 辆。

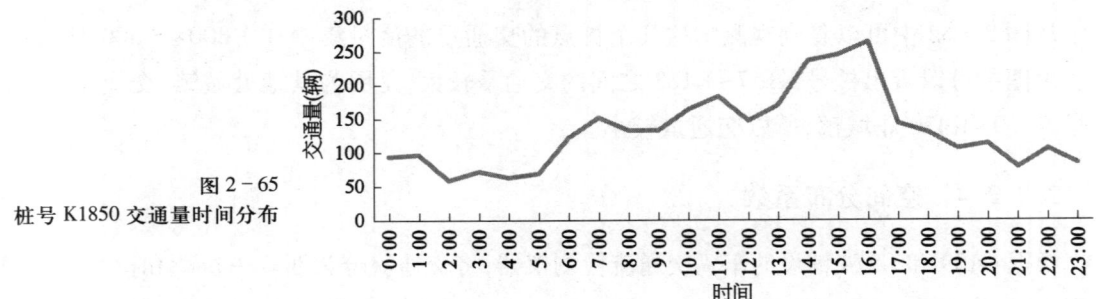

图 2-65 桩号 K1850 交通量时间分布

图 2-66 是桩号 K1892 的交通量时间分布图，桩号 K1892 处于城镇之间，由图中可以看出 0:00—5:00 的交通量在 100 辆以内，交通量很少，在 5:00—7:00 交通量急剧增加，在 7:00—20:00 交通量变化大致平缓，在 620~830 辆之间，之后交通量递减。

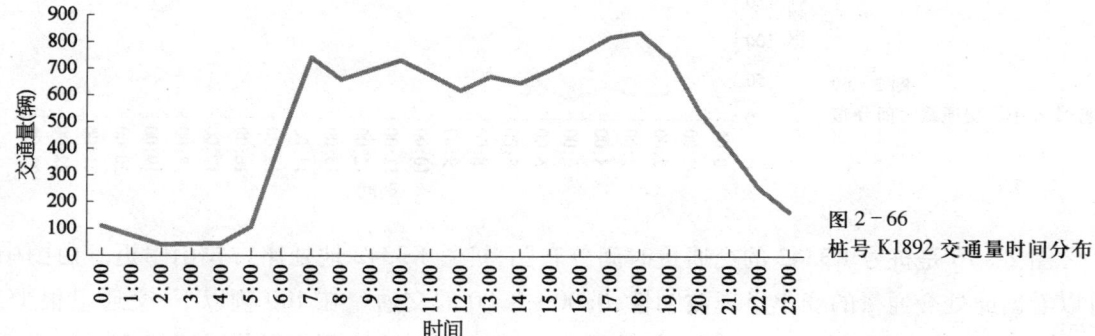

图 2-66
桩号 K1892 交通量时间分布

图 2-67 是桩号 K2115 的交通量时间分布图，桩号 K2115 地处青海湖附近，路侧是平原。由图中可以看出 0:00—6:00 的交通量在 100 辆以下，交通量很少，在 7:00—10:00 交通量增加，在 10:00—19:00 之间交通量变化大致平缓，在 250~300 辆之间，之后交通量递减。

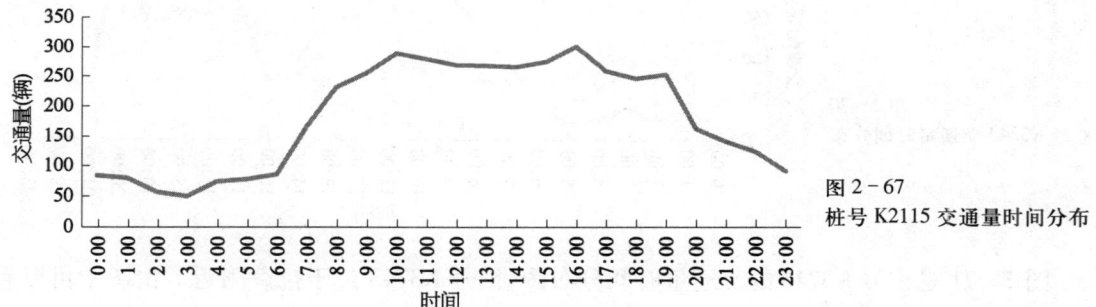

图 2-67
桩号 K2115 交通量时间分布

图 2-68 是桩号 K2285 的交通量时间分布图，桩号 K2285 在山区，非城镇。由图中可以看出此处的交通量较少，最高为 180 辆。

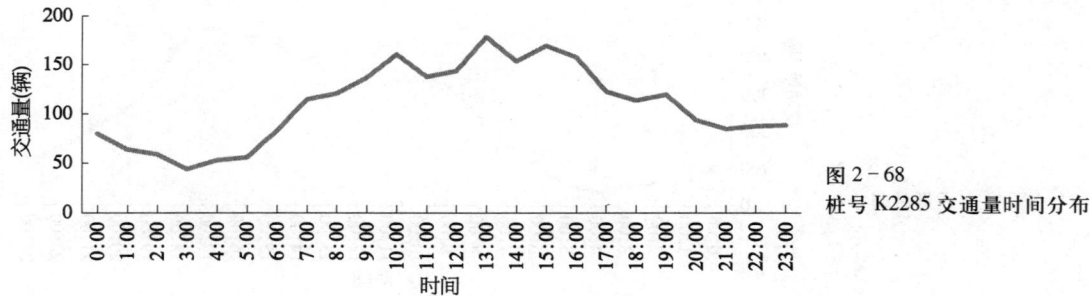

图 2-68
桩号 K2285 交通量时间分布

图 2-69 是桩号 K3168 的交通量时间分布图，桩号 K3168 地处无人区，非城镇。由图中可以看出 0:00—10:00 的交通量在 100 辆以下，交通量很少，在 10:00—18:00 交通量增加，最高为 250 辆，18:00 之后交通量递减。

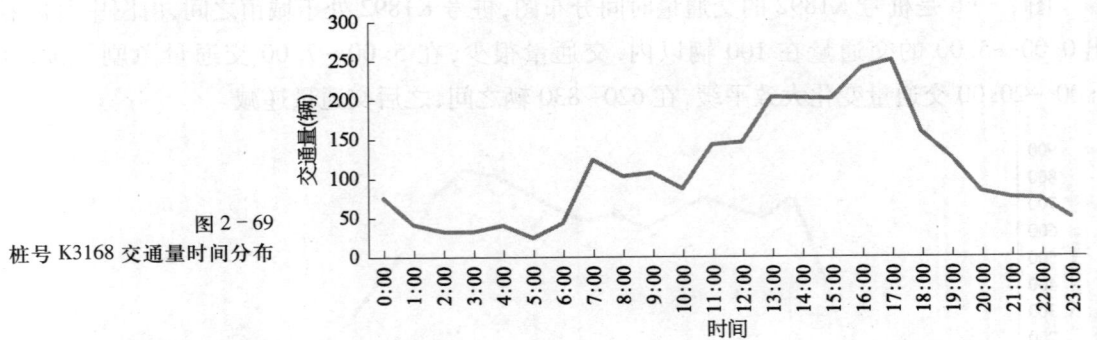

图 2-69 桩号 K3168 交通量时间分布

图 2-70 是桩号 K3342 的交通量时间分布图,桩号 K3342 地处唐古拉山附近。由图中可以看出此处交通量的变化呈现波动性,0:00—8:00 的交通量在 100 辆以下,交通量很少,8:00—10:00 交通量增加,10:00 为 200 辆,在 10:00—15:00 之间交通量下降到 70 辆,之后 15:00—20:00 交通量增加到 240 辆,之后交通量递减。

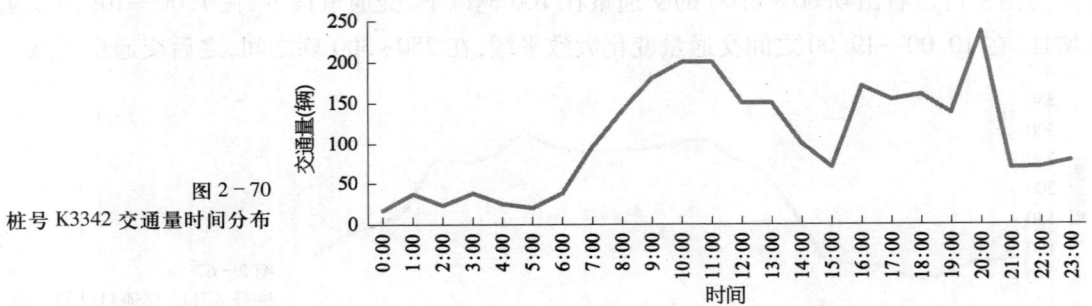

图 2-70 桩号 K3342 交通量时间分布

图 2-71 是桩号 K3743 的交通量时间分布图,桩号 K3743 位于拉萨附近。由图中可以看出此处交通量的变化呈现波动性,0:00—6:00 的交通量在 100 辆以下,交通量很少,6:00—10:00 交通量增加,达到最大为 500 辆,10:00—18:00 交通量变化平缓,之后交通量递减。

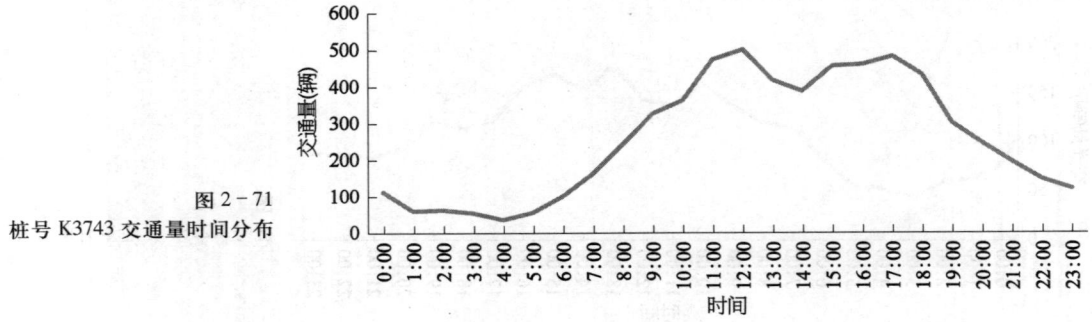

图 2-71 桩号 K3743 交通量时间分布

2.2.3 交通流行驶特性分析

高海拔地区公路建设指标普遍较高,交通量较小易使驾驶员放松警惕,且随着海拔升高驾驶员的工作负荷加大,反应时间和动作敏捷度随之降低。受寒冷天气、低压缺氧的影响,车辆燃料不完全燃烧,车辆动力性能下降。考虑高海拔地区的低氧含量、高海拔、道路线形等因素,根据采集的典型路段运行速度信息,研究高海拔低氧环境下各种线形、地形高速公路多车型的运行速度特征及变化规律,为建立多车型运行速度的分布模型提供依据。

1) 海拔与运行速度的关系

青藏公路格尔木—拉萨段小型车与大型车在平直路段的运行速度调查结果如下:格尔木—拉萨方向小型车运行速度平均在 75 km/h,大型车运行速度平均在 40 km/h;拉萨—格尔木方向小型车运行速度平均在 90 km/h,大型车运行速度平均在 70 km/h。同时各车型运行速度随海拔的升高总体呈下降趋势。

根据图 2-72 所示,青藏公路格尔木—拉萨两个方向运行速度分布的差异性较大,格尔木—拉萨方向运行速度相对较低,且同方向大、小型车的车速差总体在 20 km/h 以上(拉萨—格尔木大、小型车车速差为 35 km/h),车速差较大。这主要是由于格尔木—拉萨方向的大型车基本为满载运输,速度较低,而拉萨—格尔木方向的大型车多数为空载运输,速度较高,从而影响了该方向两种车型的运行速度较格尔木—拉萨方向明显较高。

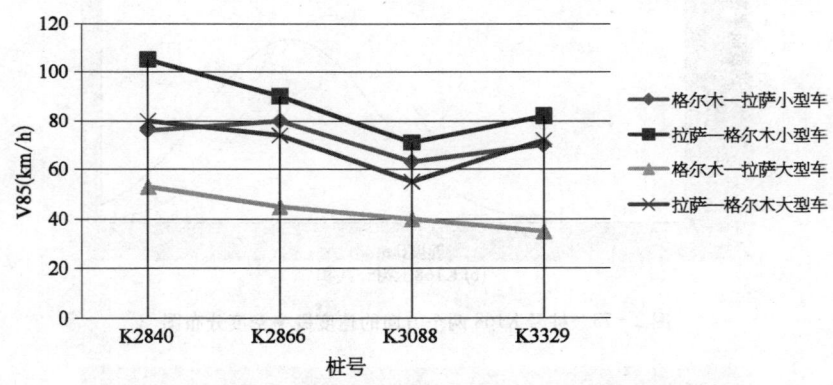

图 2-72 青藏公路格尔木—拉萨段平直段运行速度分布

2) 道路线形与运行速度的关系

图 2-73 是桩号 K168 两个方向的速度概率密度分布图,断面 K168-1 和断面 K168-2 的间距是 527 m,纵坡分别是 0.5% 和 3.1%。由图中可以看出 K168 共和—玉树方向的速度概率密度分布离散程度要大一些。K168 共和—玉树方向是上坡方向,由断面 1 到断面 2 速度分布曲线的中心轴左移;K168 玉树—共和方向是下坡方向,由断面 2 到断面 1 速度分布曲线的中心轴右移。

图 2-74 是桩号 K2285 两个方向的速度概率密度分布图,断面 K2285-1、K2285-2 和 K2285-3 的间距分别是 340 m 和 260 m,纵坡分别是 1.8%、1.5% 和 2.5%。由图中可以看出这两个方向的速度概率密度分布离散程度相似。

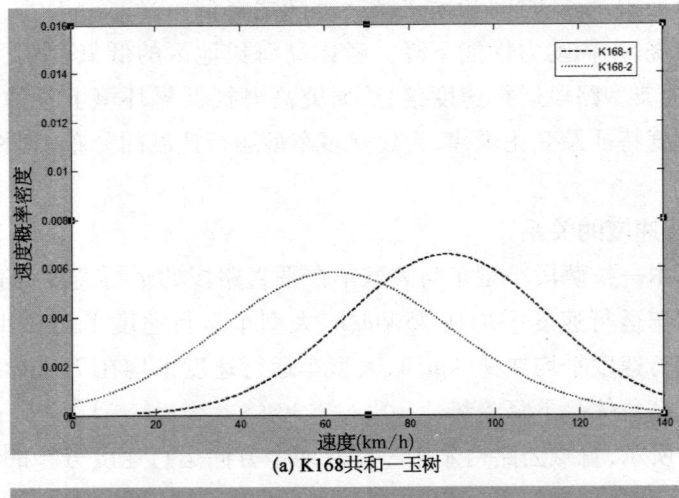

(a) K168共和—玉树

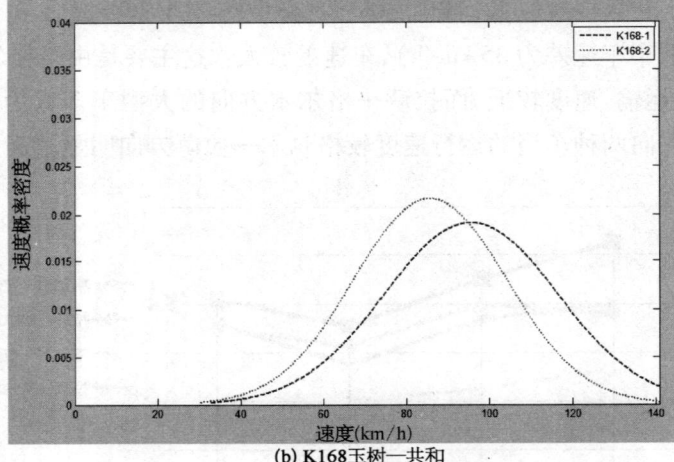

(b) K168玉树—共和

图 2-73 桩号 K168 两个方向的速度概率密度分布图

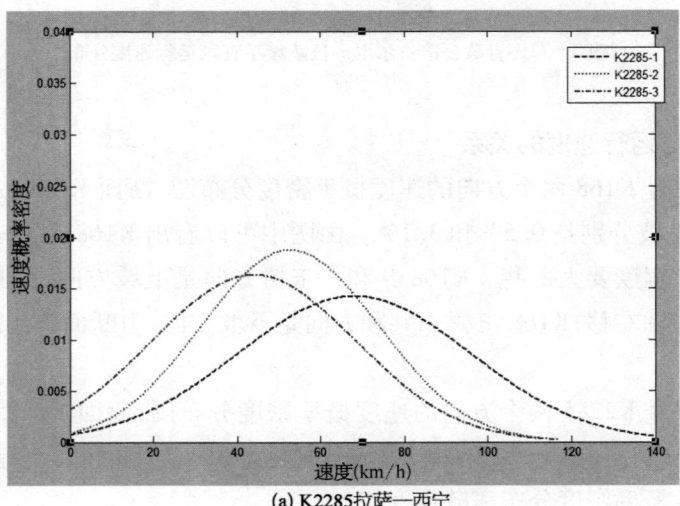

(a) K2285拉萨—西宁

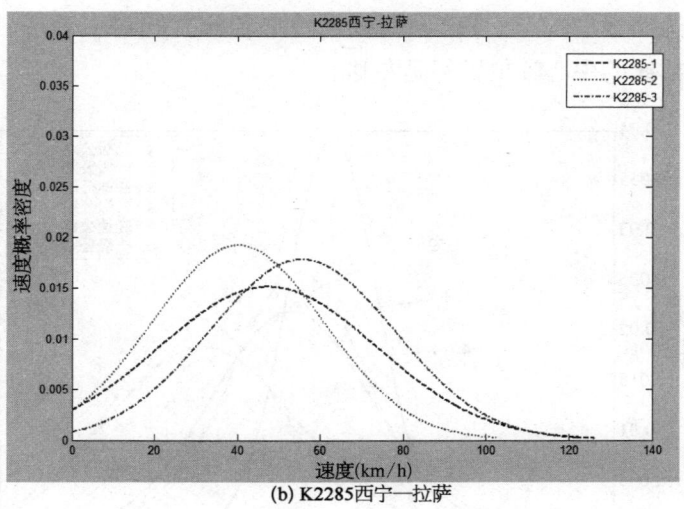

(b) K2285西宁—拉萨

图 2-74　桩号 K2285 两个方向的速度概率密度分布图

3) 道路等级与运行速度的关系

为研究不同道路等级对交通速度的影响,选取三个不同等级公路的断面速度作为研究对象:高速公路选取 K1904 调查点,双向四车道;一级公路选取 K157 调查点,双向两车道;二级公路选取 K2160 调查点,双向两车道,且这三个调查点的线形大致相同。

图 2-75 是不同道路等级对车速的影响示意图,由图中可以看出高速公路和一级公路的曲线中心轴相对二级公路的曲线中心轴右移,即高速公路和一级公路的平均速度比二级公路的速度要大。

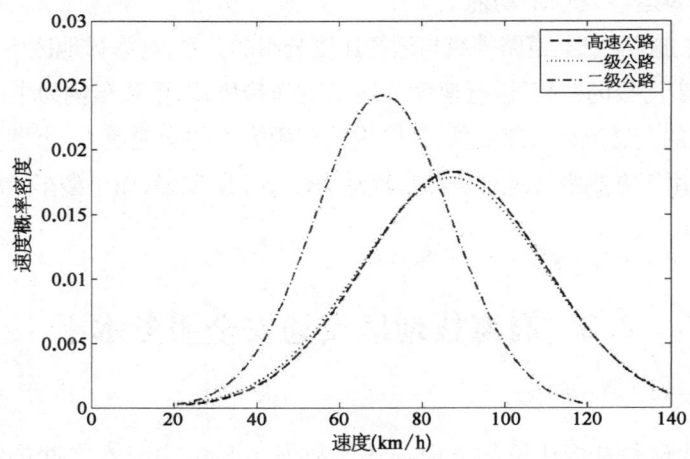

图 2-75　不同道路等级车速概率密度分布图(一)

图 2-76 是不同道路等级对大小车速度的影响示意图,由图中可以看出各等级道路的大车平均速度小于小车平均速度;高速公路和一级公路的大、小车车速分布曲线的中心轴位

置大致相同；二级道路大、小车速度分布曲线的中心轴位置相对于高速公路和一级道路的大、小车车速分布曲线的中心轴位置都是左移。

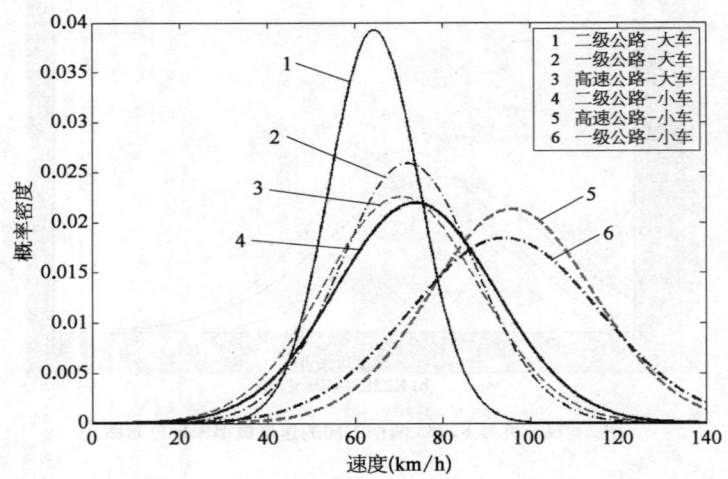

图 2-76 不同道路等级车速概率密度分布图（二）

总体上，由 G109 为代表的高海拔地区公路交通量及其组成变化规律，以及交通流行驶速度在不同道路环境条件下的分布规律，可以看出：在交通量的时间分布上，青藏公路上目前的主导车型是中小客车以及特大货车，且只有这两种车型的数量呈现持续增长，反映出青藏公路的车辆朝着"两极化"的方向发展。在交通量的空间分布上，青藏公路沿线交通量分布呈现出两头高、中间低的特点，各车型在沿线的分布方面，格尔木段车型组成以特大货车居多，而拉萨段以中小客车居多，反映出青藏公路沿线的格尔木主要承担货运输入输出功能，拉萨主要承担客运输入输出功能。

通过分析海拔、道路线形、道路等级与运行速度分布的关系，高海拔地区不同车型运行速度分布总体表现为：随着海拔的升高，运行速度总体呈下降趋势；以重载车辆为主的交通流运行速度比以轻载车辆为主的交通流运行速度低，且以重载车辆为主的交通流大、小型车车速差总体大于 20 km/h，这主要是由于在高海拔地区重载车辆动力性能下降明显，而小型车受海拔影响较小。

2.3 高海拔地区交通安全服务水平

交通事故频数预测是指从量的方面描述事故发生与影响因素之间的相互关系，揭示事故总体在一定条件下的数量特征和数量关系，科学地对事故进行统计和分析研究，把握事故产生的原因，以便合理分析事故形成机理，并据此研究事故的规律性，评价道路安全性，预测事故的发展趋势，制定事故防治及安全保障体系。

下面将采用一般化线性模型(GLM)和事件计数模型进行高海拔地区交通事故频数预测模型的研究,模型分别采用泊松回归、负二项回归、零堆积泊松回归及零堆积负二项回归对数据进行拟合。

2.3.1 路段划分方法确定

路段长度的划分是建立事故频数预测模型的第一步,直接影响到模型拟合的精度以及模型的应用效能。本次试验路段主要分布在 G109、G214,为二级公路标准,双向两车道,设计速度 60 km/h。我国双车道公路的一个特点是在公路两侧分布较多村镇,交通混杂,事故分布较非村镇路段差异性较大。目前研究中多把一条公路分成普通路段、村镇路段、交叉口路段三种形式,对不同形式分别建模,以提高模型精度和针对性。本次研究的路段,除穿越村镇的路段外,大量存在于山区、戈壁等无人区地带,这些地带人烟稀少,交叉口数量少,为充分利用所得数据,本研究将路段划分为非城镇路段和村镇路段。

1) 有序样品聚类的路段划分方法

北京工业大学钟连德在博士论文中利用有序样品聚类的方法对路段进行划分,然后进行高速公路事故预测模型的研究。他详细分析了传统的路段划分方法(定长和不定长)和有序样品聚类方法的优缺点,通过验证,发现当事故数据离散性较强时运用有序聚类分析划分路段建立的模型要优于传统路段划分方法分析建立的事故预测模型。

本研究也将把有序聚类路段划分方法的优势用于高海拔地区双车道公路非城镇路段事故预测模型的建立中,可以很好地解决高海拔地区公路非城镇路段因穿越大面积无人地带而导致的事故数据离散的问题。此次调查路段所穿越的村镇较少,可研究的村镇路段相比非城镇路段较少,却集中了大量事故,因而采用以 1 km 为统计单位的定长分段方法。

2) 最优分割的计算步骤及其计算公式

通常讲的"聚类分析"是指统计对象(元素个体)没有顺序,按一定指标进行聚类,如对学校按升学率高低进行聚类、对工厂按次品数进行分类等,这些学校、工厂之间没有顺序,谁和谁都可以分在一类,这是一般统计书中的"聚类分析"。有序样本即为按照一定顺序排列的样本,其次序不可打乱。有序样本聚类方法与一般聚类方法的区别在于各样品的"地位"不相同,最常用的是 Fisher 最优分割方法,该方法的本质是把有序样本分成 n 段,使得段内离差平方和最小、段外离差平方和最大。事故预测模型的因变量——事故指标(事故频数、伤人事故数、死亡事故数等)的空间分布就是有序样本,其按里程分布的事故指标次序是不可以打乱的。

最优分割的计算有三步,分别为极差变换、段直径矩阵、全部分割的组内离差平方和(或段直径之和)及各种分段的最优分割。

(1) 极差变换

如果原始数据矩阵为

$$X = \begin{matrix} x_{11} & x_{12} & \cdots & x_{1p} \\ x_{21} & x_{22} & \cdots & x_{2p} \\ \vdots & \vdots & & \vdots \\ x_{n1} & x_{n2} & \cdots & x_{np} \end{matrix}$$

将 X 中的元素 x_{i1} 变换为 $z_{i1} = (x_{i1} = \min\{x_{i1}\})/(\max\{x_{i1}\} - \min\{x_{i1}\})$，形成一个新的标准化的 Z 矩阵。

（2）计算段直径矩阵 D

$$d_{ij} = \sum_{\alpha=i}^{j} \sum_{\beta=1}^{p} [\bar{z}_{\alpha\beta} - \bar{z}_{\beta 1}(i,j)]^2 \quad {}_{1 \leq i \leq j \leq n} \tag{2-7}$$

其中

$$\bar{z}_{\beta}(i,j) = \frac{1}{j-i+1} \sum_{\alpha=i}^{j} z_{\alpha\beta} \tag{2-8}$$

则

$$d_{ij} = \sum_{k=i}^{j} \sum_{i=1}^{m} x_{k1}^2 - \frac{1}{j-i+1} \sum_{i=1}^{m} \left(\sum_{k=i}^{j} x_{k1} \right)^2 \tag{2-9}$$

式中　　m——变量数。

（3）计算全部分割的组内离差平方和（或段直径之和）及各种分段的最优分割

根据矩阵 D 及最优 $k-1$ 段分割计算结果，对于每一个 $m = n, n-1, \cdots, k$ 分别计算相对应的 k 段分割的组内离差平方和：

$$S_m(k; a_1(j), a_2(j), \cdots, a_{k-2}(j), j) = S_j(k-1; a_1(j), a_2(j), \cdots, a_{k-2}(j) + d(j+1, n))$$
$$(j = k-1, k, \cdots, m-1, m; n, n-1, \cdots, k)$$

找出最小值，并确定相应的最优分割点，即

$$S_m(k; a_1(m), a_2(m), \cdots, a_{k-1}(m)) = \min\{S_m(k; a_1(j), a_2(j), \cdots, a_{k-2}(j), j)\}$$

从而得到 n 个样品（$m = n$）的 k 段最优分割为

$$(x_1, \cdots, x_{a_1(n)})(x_{a_1(n)+1}, \cdots, x_{a_2(n)}), \cdots, (x_{a_{(k-2)}(n)+1}, \cdots, x_{a_{(k-1)}(n)})(x_{a_{(k-1)}(n)+1}, \cdots, x_n)$$

其中 $a_{1(n)}, a_{2(n)}, \cdots, a_{k-1(n)}$ 为最优 k 段分割点。

3) 路段划分结果统计

一条公路上发生的交通事故是不可打乱的，符合有序样品。路段内事故多发有多发的理由，事故少发有少发的原因，有序样品聚类路段划分的思想实际上是"交通事故发生频率必然有相关联的影响因素"。目前还没有成熟的软件能够实现有序聚类分析的处理,本书参考相关资料利用 R 语言聚类软件实现了有序聚类分析的程序。

路段划分个数主要考虑两方面:第一,本着实际应用的原则,平均路段长度在 3 km 左右为佳;第二,目标函数不再大幅度减小。非城镇路段中存在长距离戈壁无人区地带,个别路段长度较长。非城镇路段划分结果共 218 个路段,描述性统计见表 2-5。

表 2-5 非城镇路段描述性统计

计数	最大值	最小值	平均值	标准差
218	30	1	2.73	3.45

下面非城镇路段关于交通事故影响因素的分析和高海拔地区公路事故预测模型的建立,就以有序样品聚类方法划分的 218 条路段为研究样本。

村镇路段因事故集中,且样本路段长度较小,故采用较小统计单位的定长分段的方法,文中以 1 km 为统计单位,共得到 158 个路段单位。

从图 2-77 可以看出,所得的非城镇路段、村镇路段的事故频数分布是倾向于离散的 Poisson 和 Negative Binomial 分布的,通过置信度为 95% 的 χ^2 检验。

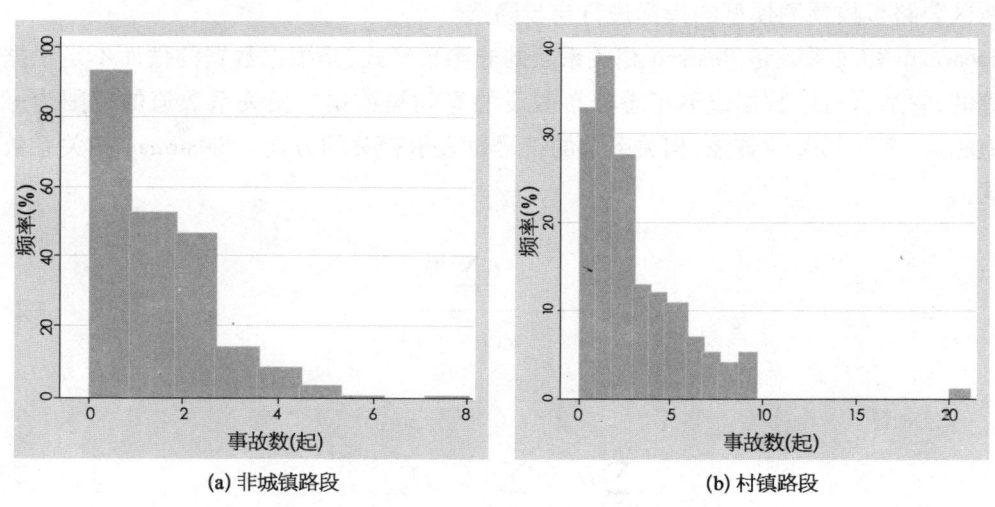

(a) 非城镇路段　　　　　　　(b) 村镇路段

图 2-77　非城镇路段和村镇路段事故频数分布图

2.3.2　交通事故影响因素分析

交通事故影响因素分析的目的在于找出道路线形、交通流、环境等与事故相关的因子,从而拟定防治措施,减少事故的频率和严重程度。同时它是建立高海拔地区公路事故预测模型的基础,影响交通事故的相关因素也是带入事故预测模型作为自变量的依据。本章选用道路线形、交通流和环境的一些变量(表 2-6),分析各变量与交通事故的相关程度,确定用于交通事故频率预测模型的自变量。

表 2-6 交通事故影响因素分析的变量

变 量	英文代号	备 注
事故数	NC	—
暴露变量	expo	年百万车公里
日交通量	AADT	—
大车比例	PT	—
方向系数	Dir	—
路侧危险等级	L_{rs}	根据路侧安全净区，划分等级
接入口密度	D_{ac}	研究路段内的接入口数量
平曲线密度	D_{hc}	半径小于 600 m 的平曲线的数量
海拔	E	研究路段内的平均海拔
氧含量	O_2	与平原标压下氧含量之比
相对海拔	E_{dif}	1 km 路段海拔之差的绝对值

分析各因素与事故之间的相关性，可以确定各因素对事故发生的影响大小，对要用于高海拔地区公路事故预测模型的指标进行初步筛选。

Spearman 相关系数是 Pearson 相关系数的非参数形式，是根据数据的秩而不是根据实际值计算的，它适合有序数据或不正态分布假设的等间隔数据。相关系数值的范围为-1~1，绝对值越大，表明相关性越强，相关系数的符号也表示相关的方向。Spearman 相关系数的计算公式为

$$r = 1 - \frac{6\sum_{i=1}^{n} D^2}{n(n^2-1)} \qquad (2-10)$$

式中

$$\sum_{i=1}^{n} D_i^2 = \sum_{i=1}^{n} (U_i - V_i)^2 \qquad (2-11)$$

这里的 (U_i, V_i) 为两变量的秩。

非城镇路段相关系数分析见表 2-7，其中 crash_expo 为单位暴露变量下的事故数，以帮助分析与路段长度无关的变量。非城镇路段中，可以看出事故数与交通量、大车比例、路侧等级、平曲数量、接入口数量均有正相关关系，其中接入口数量相关性较弱。相对海拔、路段长度与事故数成负相关，相对海拔因为平缓路段基数大，事故绝对数相对就更大，导致与事故数成负相关关系。路段长度则为研究样本中的路段长度。海拔与氧含量成负相关且相关性强，但两者与事故数相关性较弱，选择其一进入模型。村镇路段相关系数分析见表 2-8，与非城镇路段相比接入口数量的正相关性更强，路侧危险等级影响下降，大车比例则显示为负相关性。

表 2-7 非城镇路段各影响因素相关性分析结果

影响因素		L(路段长度)	crash(事故数)	crash_expo	E	E_{dif}	$O_2\%$	truck%	vol(交通量)	D_{ir}	expo	L_{rs}	D_{ae}	D_{he}
L(路段长度)	相关系数	1.000	-0.296	-0.570	-0.227	0.547	0.207	0.005	-0.212	-0.223	0.930	-0.149	-0.019	-0.163
	显著性(双尾)		0.000	0.000	0.001	0.000	0.002	0.945	0.002	0.001	0.000	0.028	0.776	0.016
crash(事故数)	相关系数	-0.296	1.000	0.875	-0.040	-0.134	0.019	0.057	0.266	0.017	-0.283	0.193	0.100	0.134
	显著性(双尾)	0.000		0.000	0.552	0.047	0.775	0.401	0.014	0.806	0.000	0.004	0.142	0.049
crash_expo	相关系数	-0.570	0.875	1.000	-0.049	-0.315	-0.013	0.170	0.353	0.026	-0.610	0.152	0.027	0.227
	显著性(双尾)	0.000	0.000		0.475	0.000	0.854	0.012	0.007	0.705	0.000	0.024	0.039	0.001
E	相关系数	-0.227	-0.040	-0.049	1.000	0.290	-0.900	-0.070	0.494	0.652	-0.060	0.320	0.007	0.270
	显著性(双尾)	0.001	0.552	0.475		0.000	0.000	0.304	0.000	0.000	0.377	0.000	0.918	0.000
E_{dif}	相关系数	0.547	-0.134	-0.315	0.290	1.000	-0.371	0.061	0.001	0.148	0.553	0.182	-0.159	0.177
	显著性(双尾)	0.000	0.047	0.000	0.000		0.000	0.371	0.987	0.029	0.000	0.007	0.019	0.009
$O_2\%$	相关系数	0.207	0.019	-0.013	-0.900	-0.371	1.000	-0.123	-0.227	-0.603	0.135	-0.327	0.131	-0.267
	显著性(双尾)	0.002	0.775	0.854	0.000	0.000		0.071	0.001	0.000	0.047	0.000	0.054	0.000
truck%	相关系数	0.005	0.057	0.170	-0.070	0.061	-0.123	1.000	-0.628	0.357	-0.225	0.105	-0.454	0.090
	显著性(双尾)	0.945	0.401	0.012	0.304	0.371	0.071		0.000	0.000	0.001	0.123	0.000	0.186
vol(交通量)	相关系数	-0.212	0.266	0.353	0.494	0.001	-0.227	-0.628	1.000	0.340	0.098	0.248	0.564	0.111
	显著性(双尾)	0.002	0.014	0.007	0.000	0.987	0.001	0.000		0.000	0.150	0.000	0.000	0.103
D_{ir}	相关系数	-0.223	0.017	0.026	0.652	0.148	-0.603	0.357	0.340	1.000	-0.126	0.453	0.055	0.110
	显著性(双尾)	0.001	0.806	0.705	0.000	0.029	0.000	0.000	0.000		0.062	0.000	0.416	0.105
expo	相关系数	0.930	-0.283	-0.610	-0.060	0.553	0.135	-0.225	0.098	-0.126	1.000	-0.079	0.182	-0.163
	显著性(双尾)	0.000	0.000	0.000	0.377	0.000	0.047	0.001	0.150	0.062		0.246	0.007	0.016
L_{rs}	相关系数	-0.149	0.193	0.152	0.320	0.182	-0.327	0.105	0.248	0.453	-0.079	1.000	0.187	0.247
	显著性(双尾)	0.028	0.004	0.024	0.000	0.007	0.000	0.123	0.000	0.000	0.246		0.006	0.000
D_{ae}	相关系数	-0.019	0.100	0.027	0.007	-0.159	0.131	-0.454	0.564	0.055	0.182	0.187	1.000	-0.131
	显著性(双尾)	0.776	0.142	0.039	0.918	0.019	0.054	0.000	0.000	0.416	0.007	0.006		0.053
D_{he}	相关系数	-0.163	0.134	0.227	0.270	0.177	-0.267	0.090	0.111	0.110	-0.163	0.247	-0.131	1.000
	显著性(双尾)	0.016	0.049	0.001	0.000	0.009	0.000	0.186	0.103	0.105	0.016	0.000	0.053	

表 2-8 村镇路段各影响因素相关性分析结果

影响因素		crash(事故数)	crash_expo	E	E_{dif}	$O_2\%$	vol(交通量)	truck%	D_{ir}	expo	L_{rs}	D_{ac}	D_{hc}
crash(事故数)	相关系数	1.000	0.935	-0.188	0.008	0.212	0.566	-0.339	-0.065	0.524	0.121	0.367	0.033
	显著性(双尾)		0.000	0.018	0.920	0.007	0.000	0.000	0.418	0.000	0.000	0.000	0.683
crash_expo	相关系数	0.935	1.000	-0.033	0.014	0.028	0.285	-0.243	-0.073	0.234	0.183	0.369	-0.023
	显著性(双尾)	0.000		0.680	0.862	0.727	0.000	0.002	0.362	0.003	0.021	0.000	0.778
E	相关系数	-0.188	-0.033	1.000	-0.074	-0.963	-0.560	0.726	0.510	-0.565	-0.399	-0.216	-0.439
	显著性(双尾)	0.018	0.680		0.357	0.000	0.000	0.000	0.000	0.000	0.000	0.006	0.000
E_{dif}	相关系数	0.008	0.014	-0.074	1.000	0.059	-0.014	0.059	0.015	-0.018	0.029	-0.001	-0.069
	显著性(双尾)	0.920	0.862	0.357		0.459	0.865	0.463	0.847	0.823	0.720	0.993	0.392
$O_2\%$	相关系数	0.212	0.028	-0.963	0.059	1.000	0.632	-0.728	-0.426	0.638	0.470	0.267	0.458
	显著性(双尾)	0.007	0.727	0.000	0.459		0.000	0.000	0.000	0.000	0.000	0.001	0.000
vol(交通量)	相关系数	0.566	0.285	-0.560	-0.014	0.632	1.000	-0.797	-0.279	0.994	0.470	0.487	0.249
	显著性(双尾)	0.000	0.000	0.000	0.865	0.000		0.000	0.000	0.000	0.000	0.000	0.002
truck%	相关系数	-0.339	-0.243	0.726	0.059	-0.728	-0.797	1.000	0.237	-0.789	-0.436	-0.404	-0.209
	显著性(双尾)	0.000	0.002	0.000	0.463	0.000	0.000		0.003	0.000	0.000	0.000	0.009
D_{ir}	相关系数	-0.065	-0.073	0.510	0.015	-0.426	-0.279	0.237	1.000	-0.281	-0.003	0.038	-0.317
	显著性(双尾)	0.418	0.362	0.000	0.847	0.000	0.000	0.003		0.000	0.965	0.635	0.000
expo	相关系数	0.524	0.234	-0.565	-0.018	0.638	0.994	-0.789	-0.281	1.000	0.465	0.463	0.270
	显著性(双尾)	0.000	0.003	0.000	0.823	0.000	0.000	0.000	0.000		0.000	0.000	0.001
L_{rs}	相关系数	0.121	0.183	-0.399	0.029	0.470	0.470	-0.436	-0.003	0.465	1.000	0.337	0.321
	显著性(双尾)	0.000	0.021	0.000	0.720	0.000	0.000	0.000	0.965	0.000		0.000	0.000
D_{ac}	相关系数	0.367	0.368924	-0.216	-0.001	0.267	0.487	-0.404	0.038	0.463	0.337	1.000	0.130
	显著性(双尾)	0.000	0.000	0.006	0.993	0.001	0.000	0.000	0.635	0.000	0.000		0.102
D_{hc}	相关系数	0.033	-0.023	-0.439	-0.069	0.458	0.249	-0.209	-0.317	0.270	0.321	0.130	1.000
	显著性(双尾)	0.683	0.778	0.000	0.392	0.000	0.002	0.009	0.000	0.001	0.000	0.102	

2.3.3 区域公路事故预测模型

1) 模型形式识别与模型评价指标

(1) 模型形式识别

通常情况下,只有当各种交通安全影响因素固定为特定取值时,交通事故数或事故率变量才服从上述的某种分布,并且这一分布的某一特征值(例如均值),将会与交通安全影响因素之间具有特定的相关关系,这种相关关系可通过统计回归方法求得。

假设影响因素的数据矩阵 x_{ij} 为自变量,而特定影响因素的向量 i 所对应的事故数 Y_i 为因变量,则其广义估计模型的概念性模型为

$$Y_i \cap \text{Prob}(\mu_i) \tag{2-12a}$$

$$\eta_i = g(x_{i1}, x_{i2}, \cdots, x_{ij}, \cdots, x_{in}) \tag{2-12b}$$

$$\mu_i = f(\eta_i) \tag{2-12c}$$

式中 μ_i——事故变量的分布 Prob 的特征值(通常为均值,见上面所述);

$g()$——过渡变量 η_i 与自变量 x_{ij} 之间建立起来的相关模型;

$f()$——关联函数,用以描述 η_i 与 μ_i 之间特定的数学关系。

式(2-12a),称为"概率分布部分"。

式(2-12c)称为"关联部分",主要是建立起事故统计特征值与过渡变量之间的数学关系,它是否有存在的必要,以及以何种数学形式出现,主要视式(2-12b)而定,也即当式(2-12b)的研究结束后,方可确定是否需要式(2-12c),以及式(2-12c)为何种形式。

这样,对于式(2-12b)的研究就成为重点和难点。

式(2-12b)称为"相关模型部分",建立事故统计特征值(例如均值)或过渡变量(在需要时)与自变量之间的相关模型。前期研究表明,事故频数分布不服从正态分布,而倾向于服从离散的泊松分布和负二项分布等概率形式,因此本研究采用广义线性回归方法建立了双车道公路的事故预测,概率分布选用当前研究比较多的分布形式:Poisson、Negative Binomial。非城镇路段中含有大量零事故路段,故还选用了加入 logit/probit 离散选择模型的零堆积泊松回归、负二项回归模型,该混合模型首先运用 logit/probit 模型对零事故进行识别,对于非零路段再进行泊松/负二项回归。

该研究通过对自变量进行描述性统计和相关分析,最终确定不相关的自变量进行建模。路段长度和交通量是影响事故数的绝对变量,许多研究都把其与其他变量分开,在模型中作 Exposure 乘积的形式,而不和其他变量作同等处理。

这样式(2-12b、c)可组合为下式:

$$\text{NC}_i = \text{expo} \times \exp\left(\beta_0 + \sum_{j=1}^{n}\beta_j x_{ij}\right) \tag{2-13}$$

式中 x_{ij}——第 i 个路段的道路环境交通属性值；

β_j——独立于事故地点 i 的模型参数系数；

expo——道路使用度，也称为交通风险暴露指数，单位是年百万车公里。

（2）模型评价指标

① 极大似然估计。极大似然估计方法被广泛用于评价 Poisson 模型、Negative Binomial 模型、ZIP、ZINB 等离散分布数据的回归模型。若总体 X 属于离散型，其分布规律 $P\{X=x\} = p(x;\theta)$，$\theta \in \Theta$ 的形式为已知，θ 为待估参数，Θ 是 θ 可能的取值范围，设 $X_1, X_2, \cdots, X_n$ 是来自 X 的样本，则 $X_1, X_2, \cdots, X_n$ 的联合分布律为

$$\prod_{i=1}^{n} p(x_i;\theta) \qquad (2-14)$$

又设 $x_1, x_2, \cdots, x_n$ 是相应于样本 $X_1, X_2, \cdots, X_n$ 的一个样本值。可知样本 $X_1, X_2, \cdots, X_n$ 取到观察值 $x_1, x_2, \cdots, x_n$ 的概率，亦即事件 $\{X_1 = x_1, X_2 = x_2, \cdots, X_n = x_n\}$ 发生的概率为

$$L(\theta) = L(x_1, x_2, \cdots, x_n;\theta) = \prod_{i=1}^{n} p(x_i;\theta),\ \theta \in \Theta \qquad (2-15)$$

这一概率随 θ 的取值变化而变化，它是 θ 的函数，$L(\theta)$ 称为样本的似然函数。而最大似然估计法，就是固定样本观察值 $x_1, x_2, \cdots, x_n$，在 θ 取值的可能范围 Θ 内挑选使似然函数 $L(x_1, x_2, \cdots, x_n;\theta)$ 达到最大的参数值 $\hat{\theta}$，作为 θ 的估计值，即取 $\hat{\theta}$ 使

$$L(x_1, x_2, \cdots, x_n;\hat{\theta}) = \max_{\theta \in \Theta} L(x_1, x_2, \cdots, x_n;\theta) \qquad (2-16)$$

这样得到的 $\hat{\theta}$ 与样本值 $x_1, x_2, \cdots, x_n$ 有关，常记为 $\hat{\theta}(x_1, x_2, \cdots, x_n)$，称为参数 θ 的极大似然估计值，而相应的统计量 $\hat{\theta}(X_1, X_2, \cdots, X_n)$ 称为参数 θ 的极大似然估计量。

根据极大似然估计方法的定义可知，获得极大似然值时的估计参数是最好的。对于极大对数似然也是一样的。因为数据是一样的，所以在不同的模型之间可以进行比较。

② Akaike 信息准则（AIC）。为日本学者赤池于 1973 年提出，广泛应用于时间序列分析中自回归阶数的确定，多重回归、广义线性回归中自变量的筛选，以及非线性回归中模型的比较和选优。AIC 的定义如下。

当模型或方程是用最小二乘法估计时，见下式：

$$\text{AIC} = n\ln\left(\frac{n-k}{n} \times MS\right) + 2k \qquad (2-17)$$

当模型或方程是用极大似然法估计时，见下式：

$$\text{AIC} = -2\ln L + 2k \qquad (2-18)$$

式中 k——模型中的自变量个数；

L——模型的极大似然函数;

n——样本个数。

MS 计算见下式:

$$MS = \sum (y - \hat{y})^2 / (n - k - 1) \qquad (2-19)$$

AIC 由两部分组成,前一部分反映了回归方程的拟合精度,其值越小越好;后一部分反映了回归中变量数的多少,即模型的复杂程度,k 也是越小越好,这一部分实际上也是对自变量个数或模型中参数个数的"惩罚"。因而,AIC 越小越好。其基本原则也是"少而精",AIC 不仅适用于样本内的观测,还适用于预测一个回归模型在样本外的表现。

除了上述介绍的两种模型评价指标外,还有 BIC、Vuong 检验统计量、似然律(LR)以及 Pseudo R^2 等各种统计量。

2) 模型的参数估计与检验

本研究采用向后剔除的回归分析法:先建立全模型,根据输出结果中相关指标的判定,每次剔除一个最不符合进入模型的变量(例如 P 值最小),直到回归方程中不再含有不符合判据的自变量为止。因此,依次去掉不符合的自变量重新进行回归,经过几个步骤,最终得出模型中的变量均对模型有贡献,每个系数都很显著。以下对两种路段分别建立模型。

(1) 非村镇路段事故预测模型

通过向后剔除的回归分析法,分别对非村镇路段进行泊松回归、负二项回归、零堆积泊松回归以及零堆积负二项回归建模。参数估计结果如图 2-78~图 2-81 所示。

```
Poisson regression                              Number of obs   =      218
                                                LR chi2(5)      =   165.44
                                                Prob > chi2     =   0.0000
Log likelihood = -350.63025                     Pseudo R2       =   0.1909

        NC |      Coef.   Std. Err.      z    P>|z|     [95% Conf. Interval]
     E_dif |  -.0198143   .0027621    -7.17   0.000    -.0252279   -.0144007
        PT |   5.003214   1.469923     3.40   0.001     2.122219    7.88421
      L_rs |   .9355271   .2464758     3.80   0.000     .4524435    1.418611
      D_ac |   .2564455    .10212      2.51   0.012     .056294     .4565971
      D_hc |   .4459533   .0788897     5.65   0.000     .2913322    .6005743
      _cons|  -3.923272   .6754544    -5.81   0.000    -5.247138   -2.599406
  ln(expo) |          1  (exposure)
```

图 2-78 泊松回归参数估计结果

图 2-78 所示为泊松回归参数估计结果,模型卡方检验的 P 值为 0.0000,即模型显著有统计学意义,相对海拔、大车比例、路侧等级、接入口密度及平曲线密度系数均显著,对模型有贡献。图 2-80 显示,alpha 的 95% 置信区间为 (0.50,1.25) 且 chibar2 = 49.21,故可在 5% 的显著性水平上拒绝过度分散参数 alpha = 0 的原假设(对应于泊松回归)。表 2-9 显示负

```
Zero-inflated Poisson regression           Number of obs    =        218
                                           Nonzero obs      =        125
                                           Zero obs         =         93

Inflation model = logit                    LR chi2(4)       =      68.23
Log likelihood   = -320.4008               Prob > chi2      =     0.0000
```

NC	Coef.	Std. Err.	z	P>|z|	[95% Conf. Interval]	
NC						
E_dif	-.0154057	.0031183	-4.94	0.000	-.0215174	-.009294
PT	4.851567	1.484666	3.27	0.001	1.941675	7.761458
L_rs	.4868504	.2506315	1.94	0.002	-.0043783	.9780791
D_hc	.3126266	.0779182	4.01	0.000	.1599096	.4653435
_cons	-2.702025	.6867791	-3.93	0.000	-4.048087	-1.355963
ln(expo)	1	(exposure)				
inflate						
_cons	-.7214386	.1845822	-3.91	0.000	-1.083213	-.3596642

Vuong test of zip vs. standard Poisson: z =   3.04 Pr>z = 0.0012

图 2-79 零堆积泊松回归参数估计结果

```
Negative binomial regression               Number of obs    =        218
                                           LR chi2(4)       =      59.81
Dispersion      = mean                     Prob > chi2      =     0.0000
Log likelihood  = -328.97285               Pseudo R2        =     0.0833
```

NC	Coef.	Std. Err.	z	P>|z|	[95% Conf. Interval]	
E_dif	-.0219955	.0034069	-6.46	0.000	-.028673	-.015318
PT	3.521492	1.824605	1.93	0.004	-.0546685	7.097653
L_rs	1.189369	.3624337	3.28	0.001	.479012	1.899726
D_hc	.3914371	.128844	3.04	0.002	.1389076	.6439667
_cons	-3.226751	.8459334	-3.81	0.000	-4.88475	-1.568752
ln(expo)	1	(exposure)				
/lnalpha	-.2334143	.2326553			-.6894103	.2225817
alpha	.7918254	.1842224			.5018719	1.249298

Likelihood-ratio test of alpha=0:   chibar2(01) =   49.21 Prob>=chibar2 = 0.000

图 2-80 负二项回归参数估计结果

二项回归 Log likelihood、AIC 及 BIC 均略优于泊松回归。图 2-79 显示零堆积泊松回归的 Vuong 检验统计量为 3.04,大于 1.96,说明该模型优于泊松回归,该模型 Log likelihood、AIC 及 BIC 检验统计量均优于负二项回归,结合非村镇路段事故均值 1.13 接近其方差值 1.33, 以及大量零事故的样本路段更适合零堆积泊松回归模型的建立。零堆积负二项回归 Vuong<1.96,chibar 值过低模型不优于负二项回归。由上所得,选择零堆积泊松回归模型对 非村镇路段进行事故预测。

```
Zero-inflated negative binomial regression      Number of obs   =      218
                                                Nonzero obs     =      125
                                                Zero obs        =       93

Inflation model = logit                         LR chi2(4)      =    48.02
Log likelihood  = -319.8415                     Prob > chi2     =   0.0000
```

NC	Coef.	Std. Err.	z	P>|z|	[95% Conf. Interval]	
NC						
E_dif	-.0158967	.0033185	-4.79	0.000	-.022401	-.0093925
PT	4.633897	1.549772	2.99	0.003	1.596399	7.671394
L_rs	.6248625	.2943191	2.12	0.034	.0480078	1.201717
D_hc	.2956929	.0863247	3.43	0.001	.1264996	.4648861
_cons	-2.749477	.7066448	-3.89	0.000	-4.134475	-1.364478
ln(expo)	1	(exposure)				
inflate						
_cons	-.7729176	.2046841	-3.78	0.000	-1.174091	-.3717441
/lnalpha	-2.855588	1.112757	-2.57	0.010	-5.036552	-.6746238
alpha	.057522	.064008			.0064961	.509348

```
Likelihood-ratio test of alpha=0: chibar2(01) =       1.12 Pr>=chibar2 = 0.1451
Vuong test of zinb vs. standard negative binomial: z =   1.84 Pr>z = 0.0326
```

图 2-81　零堆积负二项回归参数估计结果

表 2-9　非村镇路段四种分布模型统计指标对比

模　型	Log likelihood	AIC	BIC	Vuong	chibar2
Poisson	-350.63	3.27	-750.53		
NB	-328.97	3.07	-938.97		49.21
ZIP	-320.40	3.01	-1 003.57	3.04	
ZINB	-319.84	3.01	-1 005.33	1.84	1.12

零堆积泊松回归模型的非零部分表达式如下：

$$NC_i = \text{expo} \times \text{EXP}(-2.7020 + 4.8516PT + 0.4869L_{rs} + 0.3126D_{HC} - 0.0154E_{dif})\quad NC_i \sim \text{Poisson} \quad (2-20)$$

(2) 村镇路段事故预测模型

用同样的方法对村镇路段进行建模分析，四种分布模型统计指标对比见表 2-10，村镇路段零事故路段样本较少，在建模时零堆积泊松及负二项回归模型检验统计量 Vuong 的 z 检验值均小于 1.96，P 值大于 0.05，模型不显著。负二项回归模型的各项统计指标均略优于泊松回归，alpha 的 95% 置信区间为 (0.09, 0.35) 且 chibar2 = 18.42，故可在 5% 的显著性水平上拒绝过度分散参数 alpha = 0 的原假设（对应于泊松回归）。由上所得，选择负二项回归模型对村镇路段进行事故预测，模型预测结果对 expo 的累积标准残差的范围为 -7.68 到 2.26，累积标准残差之和为 1.723 7 远小于 12.57（$\sqrt{158}$），模型表现稳定，对其他变量的检验亦表现稳定。

表 2-10　村镇路段四种分布模型统计指标对比

模　型	Log likelihood	AIC	BIC	Vuong	chibar2
Poisson	−297.43	3.83	−532.82		
NB	−288.22	3.68	−684.69		18.42
ZIP	−296.61	—	—	0.48	
ZINB	−319.84	—	—	−0.00	1.12

负二项回归模型的表达式如下：

$$NC_{ti} = expo \times EXP(-18.4388 - 6.3571PT + 0.1957D_{AC} - 10.0928O_2 - 10.3742D_{ir}) \quad NC_{ti} \sim NB \tag{2-21}$$

3）安全影响因子分析

通过以上建模结果，可以计算出各个因素的事故减少因子，以体现各影响因素对高海拔地区村镇路段、非村镇路段事故的影响意义。

事故减少因子是指依据事故预测模型，一个自变量增加一个单位，其他自变量保持不变的情况下事故降低的百分比。负的事故减少因子表示当该自变量增加一个单位时，事故增加，正的则为减少。分析结果见表 2-11（因素中如氧含量、大车比例等比值形式的变量，均以 1% 作为一个单位）。在非村镇路段中，大车比例、路侧危险等级以及平曲线的密度均对事故的发生呈正向影响，其中大车比例每升高 1% 事故增加 4.97%，路侧危险等级提高一级，事故将增加 62.73%，单位路段中平曲线密度每增加 1，事故则相应增加 36.70%，相对海拔的影响程度较小。在村镇路段中，只有接入口的密度呈现较强的正向影响，每增加一个接入口，事故数量则增加 21.62%，其余因素均呈现负向影响，其中氧含量的影响受样本路段的村镇规模影响较大，在微观事故分析中影响有限（在非村镇路段中氧含量影响不显著）。大车比例每增加 1%，事故相应减少 6.16%，所调研路段是具有主要集散作用的国道，其货运车辆数量较为稳定，大车比例的升高源于小客车的混入率降低，故体现为对事故的负向影响。青海辖区 G109 主要为双向两车道设计，方向系数的提升，表现为同向车辆的增加、对向车辆的减少，有利于减少超车的风险。

表 2-11　事故减少因子统计

影响因子	非村镇路段	村镇路段
O_2		9.60%
E_{dif}	1.53%	
PT	−4.97%	6.16%
D_{ir}	/	9.85%

（续表）

影响因子	非村镇路段	村镇路段
L_{rs}	−62.73%	
D_{hc}	−36.70%	
D_{ac}		−21.62%

2.3.4 二级公路交通安全服务水平

1）事故度量方程

安全服务水平（level of service of safety，LOSS）被用于度量交通设施向交通参与者提供交通安全服务的质量好坏，既然要用来度量服务质量，就必然要求这种服务质量能够被定量化，因此安全服务水平被定义为：用来描述交通设施的交通安全状况和交通设施为交通参与者提供交通安全服务的一种质量指标。

众多研究均表明事故发生水平与路段长度和交通量（AADT）的关系最为密切。为便于安全服务水平的实际应用，本章所建立的事故均值度量方程仅考虑对事故数影响最大的两个变量：路段长度和交通量。迄今为止，交通量与道路安全性之间的非线性和非高斯关系已经达成共识。这种关系可以通过不同的模型形式来表示，而随着路段长度的增加，事故数也必然随之增加。研究分析证明将路段划分为村镇路段与非城镇路段两种，从而使事故分布易于服从泊松分布形式，因此本节研究采用泊松分布的概率形式建立事故均值度量方程，方程形式采用分布族服从泊松分布，连接函数为恒等函数的广义线性回归模型形式：

$$E(\text{crash}) = L(\beta_0 + \beta_1 X + \beta_2 X^2 + \cdots) \tag{2-22}$$

式中　$E(\text{crash})$——某路段单位时间的期望事故数；

　　　L——路段的长度（km）；

　　　X——年平均日交通量（AADT）；

　　　β_i——待估计参数。

本研究共选择样本数据为：村镇路段 158 个，非城镇路段有 218 个。

根据事故泊松分布的特性，采用极大似然法来估计事故均值度量方程中的待估参数 β_i。事故均值度量方程提供了一定长度的道路设施在一定时期内相对于一定交通量的期望事故率预测值，通过回归分析，得到如式（2-23）和式（2-24）所示的度量方程，其中，式（2-23）是非城镇路段的事故均值度量方程，式（2-24）是村镇路段的事故均值度量方程：

$$E(\text{crash}) = L \times (-26.2918 + 0.0200X - 4.72 \times 10^{-6} X^2 + 3.65 \times 10^{-10} X^3)$$
$$E(\text{crash}) \sim \text{poisson} \tag{2-23}$$

$$E(\text{crash}) = L \times (5.1842 - 0.0025X + 4.4 \times 10^{-7} X^2 - 1.89 \times 10^{-11} X^3)$$
$$E(\text{crash}) \sim \text{poisson} \tag{2-24}$$

2) 高海拔地区公路交通安全服务水平量化分级

目前研究中主要根据 σ 理论的安全服务水平划分方法,以上述事故均值度量方程的预测值作为中心线,根据实际应用原则,按照 $\pm\sigma$ 的划分准则,将高海拔地区二级公路村镇路段、非村镇路段的安全服务水平划分为四个等级,分级量化结果如图 2-82、图 2-83 所示。

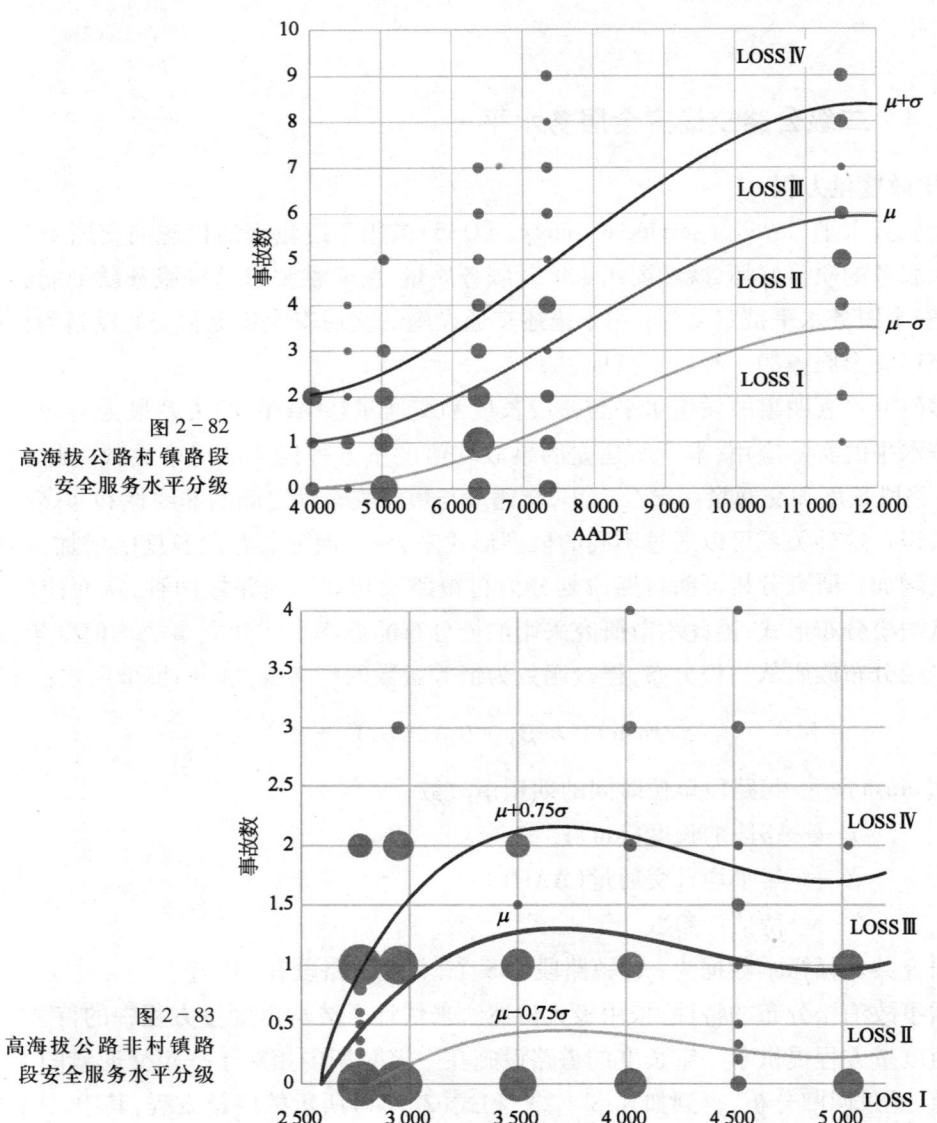

图 2-82 高海拔公路村镇路段安全服务水平分级

图 2-83 高海拔公路非村镇路段安全服务水平分级

安全服务水平等级的定性描述见表 2-12。安全服务水平Ⅰ级和Ⅱ级比期望的安全水平要好,Ⅱ级安全服务水平有降低事故的潜力,可以采取一定的安全改善措施,而Ⅰ级降低事故的潜力不大,可以不用采取安全改进措施;Ⅲ和Ⅳ级比期望的安全水平要低,需要继续挖掘影响安全水平的因素,进行安全水平改进,尤其对于Ⅳ级这类安全状况很差的情况。

表 2-12　高海拔地区公路交通安全服务水平定性描述

安全服务水平等级	交通设施安全服务水平定性描述
Ⅰ级	提供给交通参与者的安全服务质量很高,安全状况很好,事故再降低的潜力不大,维持既有水平即可
Ⅱ级	提供给交通参与者的安全服务质量高于期望水平,在维持既有水平的基础上,可以采取适当的措施进一步提高安全水平
Ⅲ级	提供给交通参与者的安全服务质量低于期望水平,事故再降低的潜力较大,须采取改善措施
Ⅳ级	提供给交通参与者的安全服务质量很低,安全状况很差,事故率再降低的潜力很大,存在很大安全隐患,亟须采取积极的改善措施

高海拔地区村镇路段公路的事故率随着交通量的不断增大而增大,当交通量增大到一定程度的时候,事故率的变化就不再明显,研究结论与实际交通运行状况完全吻合。高海拔非村镇路段公路,由于交通量整体处于较低的水平,道路服务水平高,车辆超速现象普遍,当交通量增加到一定程度,可以对车速进行有效控制,故事故率呈现下降趋势。图 2-83 中曲线尾部又呈现上升趋势,如果交通量继续增加,事故率会再一次升高,当交通量增大到一定程度的时候,事故率的变化就不再明显。

2.3.5　高速公路交通安全服务水平研究初探

1)高海拔地区高速公路现状

2011 年 5 月共和—玉树高速公路(共玉高速公路)开工仪式在青海省玉树州结古镇举行,这是在青藏高原高海拔多年冻土地区修建的首条高速公路。目前,共玉高速公路一期工程基本通车,但交通安全设施、机电设备等后期工程仍未完善,途中岔道多,车辆交替、逆向行驶严重,存在交通安全隐患,未达到高速公路的运行标准。

京藏高速公路是一条首都放射型高速公路。起点为北京,终点为西藏自治区的拉萨,途经北京、河北、内蒙古、宁夏、甘肃、青海、西藏,全长 3 718 km。该高速公路是国家高速公路网的重要组成部分。目前茶格段尚未完工,格尔木—拉萨段部分路段还未开始建设。青海境内通车路段为主线收费开放式高速公路,穿越村镇路段平交众多,存在交通安全隐患。

2)高海拔地区高速公路交通安全研究

高速公路是全封闭、多车道、具有中央分隔带且全面控制进出口、多种安全服务设施配套齐全的汽车专用公路,线形指标较好,路侧干扰少,与对向车流完全分开,较青藏公路而言,具有众多优势。鉴于目前青藏地区高速公路建设现状,多数路段尚未达到高速公路运营标准,且运营时间较短,关于高速公路的事故数据缺乏,难以支撑模型的构建。因此依据前文对青藏公路事故预测的研究成果,结合高速公路运行的特点以及高速公路事故预测模型研究的历史资料,确定模型形式。

在以往研究中,高速公路事故预测模型多采用服从负二项分布的回归模型,主要影响因素涉及是否村镇路段、是否桥区路段、平曲线平均转角、大车比例等。本章研究中,考虑到高海拔地区村镇、人口的分布,将事故预测模型分为村镇路段、非村镇路段两个模型,涉及的主要影响因素包括氧含量、相对海拔、大车比例、方向系数、路侧等级、平曲线密度、接入口密度。

此处结合高海拔公路的特点以及高速公路固有的特征,对以上主要影响因素进行筛选剔除。高速公路线形优良、设计资料详尽,故将影响因素中的曲线转角纳入,将相对海拔替换为竖曲线平均坡度,剔除方向系数这一因素。桥区路段表现为接入口的影响,故将接入口密度纳入模型,考虑到高海拔特有的环境,保留氧含量及路侧等级。其模型形式如下式所示:

$$NC = expo \times EXP(\beta_0 + \beta_1 PT + \beta_2 D_{AC} + \beta_3 O_2 + \beta_4 A_h + \beta_5 S_v) \quad (2-25)$$

其中村镇路段服从负二项分布,非村镇路段服从零堆积泊松分布。

第 3 章

高海拔地区低压缺氧环境下典型车辆动力特性

根据第 2 章交通事故、交通量及其组成的分析结果,高海拔地区公路交通事故的主要肇事车辆是小型客车和载重货车,特别是半挂牵引汽车列车危险性系数较高。因此本章通过选取青藏地区典型车辆类型为主要研究对象,分析高海拔环境产生的低气压、低氧含量对车辆发动机等车辆动力设备性能的作用原理,确定产生影响的主要因素与影响形式,建立高海拔低温低压条件下车辆动力性、制动性能变化模型,研发高海拔高寒环境中车辆性能试验系统,分析研究高海拔及高寒条件对车辆动力性能和制动性能的影响。

3.1 试验车型与试验方案

3.1.1 试验车型

3.1.1.1 青藏地区公路交通量及其组成分布

结合本书 2.2.2 节 G109 交通量及其组成在 2012—2014 年的变化情况以及 2015 年的观测结果(表 3-1),可以得出 G109 这 4 年的交通量及其交通组成的时间分布变化规律情况。

表 3-1　各调查点 2015 年年平均日交通量　　　　　　　　　　(辆)

调查点	小客	大客	小货	中货	大货	汽车列车	自然数合计	折合小客车合计
乃吉沟观测站	858	32	157	94	472	605	2 219	4 805
	1 068	21	143	149	546	726	2 653	5 737
安多交通观测站	1 214	52	169	186	689	740	3 050	6 423
	1 326	16	523	111	722	818	3 517	7 117
G317 青曲交通观测站	1 136	42	231	392	317	206	2 323	3 632
	1 463	164	192	86	640	642	3 187	6 198
堆龙德庆交通观测站	3 019	287	573	205	385	696	5 166	8 078
	2 542	252	1 154	323	434	510	5 215	7 683

根据分析结果,青藏公路各车型中客、货车呈现逐年增长趋势,年平均增长率在 7% 左右,拖拉机等农用车辆逐年减少,反映出青藏公路的主导车型向着更加快速化、机动化方向发展;从各车型的数量分析可见,青藏公路上的主导车型是中小客车和特大货车(即铰接列车),且只有这两种车型的数量呈现持续增长,反映出青藏公路的车辆朝着"两极化"的方向发展。根据各车型当量数统计,青藏公路 2012—2015 年铰接列车当量数所占比例均在 50% 左右,是除小客车以外最为典型的车型,应在纵坡设计、视距检查、超高设置等指标选取时注

重这一设计车型。

根据《公路工程技术标准》(JTG B01—2014)和《道路车辆外廓尺寸、轴荷及质量限值》(GB 1589—2016)的规定,公路设计所采用的设计车辆外廓尺寸规定见表3-2。本项目重点选取载重汽车以及铰接列车进行试验。

表3-2 设计车辆外廓尺寸 (m)

车辆类型	总长	总宽	总高	前悬	轴距	后悬
小客车	6	1.8	2	0.8	3.8	1.4
大型客车	13.7	2.55	4	2.6	6.5+1.5	3.1
铰接客车	18	2.5	4	1.7	5.8+6.7	3.8
载重汽车	12	2.5	4	1.5	6.5	4
铰接列车	18.1	2.55	4	1.5	3.3+11	2.3

注:铰接列车的轴距(3.3+11)m:3.3 m为第一轴至铰接点的距离,11 m为铰接点至最后轴的距离。

3.1.1.2 典型试验车型

1) 东风牌DFL4251A10型重型半挂牵引车(六轴车)

研究过程中针对六轴载货汽车行驶特性进行试验,其中牵引车采用东风牌DFL4251A10型重型半挂牵引车,挂车采用楚胜牌CSC9400CXY型仓栅式运输半挂车。试验车辆如图3-1所示。

图3-1
铰接列车试验车辆

(1) 试验车辆参数

东风牌DFL4251A10型重型半挂牵引车和挂车基本结构及性能参数见表3-3~表3-5。

表 3-3　重型半挂牵引车基本结构及性能参数

整备质量	8 700 kg	总质量	25 000 kg	发动机型号	东风 dCi375-30
轮胎型号	12R22.5	发动机最大扭矩	1 700 N·m	发动机最低稳定转速	700 r/min
车轮半径	0.526 m	最大输出功率	276 kW	发动机最高稳定转速	2 100 r/min
最高车速	95 km/h	最大转矩转速	1 300 r/min	额定转速	1 900 r/min
车桥速比	3.42	传动效率	89%	最大设计牵引质量	40 000 kg
长	6.96 m	宽	2.5 m	高	3.7 m

表 3-4　重型半挂牵引车各挡位传动比

挡位	1	2	3	4	5	6	7	8
传动比	14.03	11.64	9.6	7.97	6.62	5.49	4.55	3.78
挡位	9	10	11	12	13	14	15	16
传动比	3.08	2.56	2.11	1.75	1.45	1.21	1	0.83

表 3-5　挂车基本结构及性能参数

整备质量	8 300 kg	总质量	39 600 kg
轮胎型号	12R22.5	车轮半径	0.526 m

（2）试验车辆测量参数

实际总质量：$m=47\,600$ kg（包括随车人员 3 名、仪器设备 120 kg）。

（3）旋转质量换算系数

经查阅相关文献资料，考虑到车辆实际载荷、变速器各挡位传动比、主减速器传动比以及旋转质量换算系数的范围等因素，拟合后得各挡位旋转质量换算系数，见表 3-6。

表 3-6　各挡位旋转质量换算系数（一）

挡位	旋转质量换算系数 δ	挡位	旋转质量换算系数 δ
1	1.595 386 7	9	1.077 696 566
2	1.425 863 349	10	1.069 592 776
3	1.306 136 807	11	1.063 785 999
4	1.227 002 441	12	1.059 946 314
5	1.172 577 895	13	1.057 293 682
6	1.134 766 008	14	1.055 529 682
7	1.108 688 426	15	1.054 247 3
8	1.090 965 252	16	1.053 387 682

2）东风牌 DFL5311CCYAX9A 型仓栅式运输车（四轴车）

项目研究过程中针对四轴载货汽车行驶特性进行了研究，试验车辆采用东风牌

DFL5311CCYAX9A 型仓栅式运输车,试验车辆如图 3-2 所示。

图 3-2
载重货车试验车辆

（1）试验车辆参数

东风牌 DFL5311CCYAX9A 型仓栅式运输车基本结构及性能参数见表 3-7、表 3-8。

表 3-7 试验车辆基本结构及性能参数

整备质量	10 070 kg	总质量	31 000 kg	发动机型号	ISL95-340E40A
轮胎型号	12R22.5	发动机最大扭矩	1 500 N·m	发动机最低稳定转速	700 r/min
车轮半径	0.526 m	最大输出功率	245 kW	发动机最高稳定转速	1 850 r/min
最高车速	90 km/h	最大转矩转速	1 500 r/min	额定转速	1 850 r/min
车桥速比	4.44	传动效率	89%	最大设计牵引质量	31 000 kg
长	11.98 m	宽	2.3 m	高	3.9 m

表 3-8 试验车辆各挡位传动比

挡 位	1	2	3	4	5	6
传动比	12.10	9.41	7.31	5.71	4.46	3.48
挡 位	7	8	9	10	11	12
传动比	2.71	2.11	1.64	1.28	1	0.78

（2）试验车辆测量参数

实际总质量：$m=30\ 990$ kg（包括随车人员 3 名、仪器设备 120 kg）。

（3）旋转质量换算系数

经查阅相关文献资料,考虑到车辆实际载荷、变速器各挡位传动比、主减速器传动比以及旋转质量换算系数的范围等因素,拟合后得各挡位旋转质量换算系数,见表 3-9。

表3-9 各挡位旋转质量换算系数(二)

挡 位	旋转质量换算系数 δ	挡 位	旋转质量换算系数 δ
1	1.584 737 522	7	1.105 822 895
2	1.385 472 927	8	1.095 863 436
3	1.264 554 352	9	1.089 793 745
4	1.192 813 189	10	1.086 173 627
5	1.149 033 929	11	1.083 975 107
6	1.122 237 061	12	1.082 626 517

3.1.2 试验方案

为了准确获得不同海拔下发动机使用外特性曲线和发动机制动特性曲线,在试验地点选择路面纵坡≤1.5%作为试验路段,选择变速器挡位为4挡、5挡、6挡、7挡、8挡、9挡,在试验路段上进行往返试验,以减小道路坡度、风向、风速等因素的影响。试验过程中,采用英国Racelogic公司生产的RLVB3iSL-RTK型车速传感器采集车辆行驶车速;采用英国牛津科技公司生产的RT3100型惯性导航系统采集道路坡度;采用加拿大ISAAC公司生产的SENST2型位移传感器采集加速踏板行程;为了提高车速和道路坡度采集精度,采用RLVBBS4RG型差分基站以提高卫星定位精度。具体海拔见表3-10,具体仪器设备信息见表3-11。

表3-10 试验地点海拔

试验地点	西宁	共和	兴海	玉树	玛多
标称海拔(m)	2 300	2 890	3 638	4 188	4 545

表3-11 仪器设备信息

序号	设备名称	型号	数量	精度	产地及公司
1	车速传感器	RLVB3iSL-RTK	1	0.1 km/h	英国Racelogic
2	惯性导航系统	RT3100	1	0.04°	英国牛津科技
3	位移传感器	SENST2	1	0.25%F.S	加拿大ISAAC
4	差分基站	RLVBBS4RG	1	2 cm	英国Racelogic

3.1.3 试验地点及环境状况

选择的试验地点、天气情况及气温情况在表3-12中列出。

表 3-12 试验地点、天气及气温情况

序 号	试验地点	天 气	温度(℃)
1	西宁	晴	24
2	共和	阴	20
3	兴海	阴	13
4	玛多	阴	10
5	玉树	多云	3

3.2 高原地区车辆动力特性原理

3.2.1 车辆行驶动力原理

汽车驱动力是汽车发动机通过燃烧燃料产生能量而产生的克服阻力并使汽车向前行驶的力。汽车发动机产生扭矩,经传动系统传至驱动轮上的转矩对地面产生了圆周力,而地面对车轮的反作用力即为驱动汽车的驱动力(图 3-3)。汽车驱动力的计算公式如下:

$$F_t = \frac{T_t}{r} = \frac{T_{tq} i_g i_0 \eta_T}{r} \quad (3-1)$$

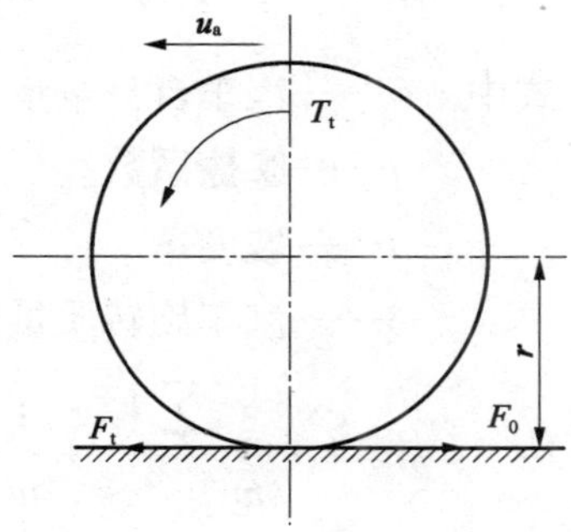

式中 T_t——作用于驱动轮上的转矩(N·m);
T_{tq}——发动机有效转矩(N·m);
i_0——主减速器的传动比;
i_g——变速器的传动比;
η_T——传动系的机械效率,大货车一般取 0.82~0.85;
r——轮胎滚动半径(一般可以约等于静止状态下轮胎半径,单位:m)。

图 3-3 力学分析示意图

发动机外特性确定了发动机输出扭矩和转速的关系,经过传动系到达车轮后,则可以表示为驱动力与车速间的关系,这样的关系即可以用汽车的牵引力特性图(驱动力图)表示(图 3-4)。

根据力学分析,驱动力等于行驶阻力之和:

$$F_t = \sum F = F_f + F_w + F_i + F_j \quad (3-2)$$

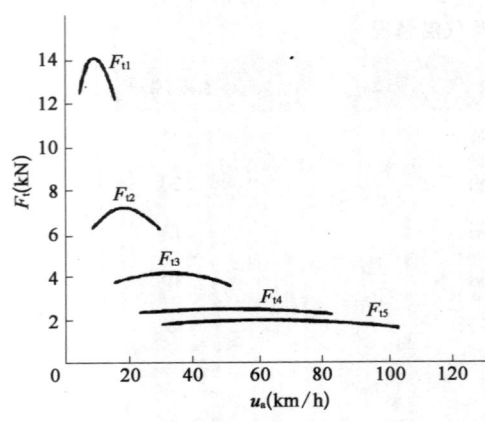

图 3-4 NKR552/555 型号货车牵引力特性图

式中 F_t——驱动力(N);
$\sum F$——行驶阻力之和(N);
F_f——滚动阻力(N);
F_w——空气阻力(N);
F_i——坡度阻力(N);
F_j——加速阻力(N)。

其中滚动阻力
$$F_f = Gf \tag{3-3}$$

空气阻力
$$F_w = \frac{C_D A}{21.15G} u_a^2 \tag{3-4}$$

坡度阻力
$$F_i = Gi \tag{3-5}$$

加速阻力
$$F_j = \delta m \frac{du}{dt} \tag{3-6}$$

式中 G——汽车自身重量(kg)。
f——摩擦系数。
i——坡度。
δ——汽车旋转质量换算系数。

$$\delta = 1 + \frac{1}{m}\frac{\sum I_w}{r^2} + \frac{1}{m}\frac{I_f i_g^2 i_0^2 \eta_T}{r^2}, I \text{ 为转动惯量(飞轮}(I_f)\text{与车轮}(I_w)\text{的转动惯量)}; \delta \text{ 可按}$$

照经验公式进行估算:
$$\delta = 1 + \delta_1 + \delta_2 i_g^2, \delta_1 \approx \delta_2 = 0.03 \sim 0.05$$

C_D——空气阻力系数。
A——汽车迎风面积(m^2)。
u_a——车速(km/h)。

故牵引力计算公式如下:
$$F_t = Gf + Gi + \delta m \frac{du}{dt} + \frac{C_D A}{21.15} u_a^2 \tag{3-7}$$

将汽车牵引力减去空气阻力即为剩余牵引力。剩余牵引力代表汽车克服路面摩擦阻力、加速阻力以及坡度阻力所需要的力,其除以自重即为汽车动力因数。汽车动力因数是汽车牵引性能的主要指标,其值越大则汽车加速、爬坡和克服道路阻力的能力越大。汽车动力因数 D 的表达式如下:

$$D = \frac{Gf + Gi + \delta m \dfrac{du}{dt}}{G} = \frac{T_{tq} i_g i_0 \eta_T}{rG} - \frac{C_D A}{21.15G} u_a^2 \quad (3-8)$$

通过汽车牵引力及空气阻力的计算,可以得到汽车的动力特性图(图3-5)。为计算最高车速,可认为阻力仅由滚动阻力和空气阻力组成。通过以上公式,计算达到力平衡状态下的汽车速度。如须计算给定坡度下的最高车速,则认为阻力由滚动阻力、空气阻力及坡度阻力组成(在坡度 i 给定的条件下),通过等式计算得到最高车速。

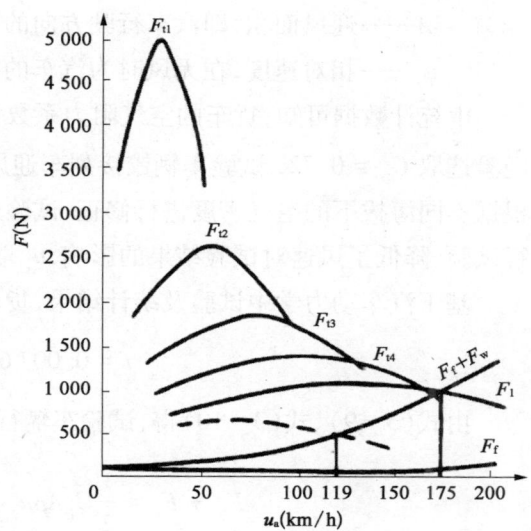

图3-5 汽车牵引力与阻力关系图

3.2.2 车辆行驶阻力原理

车辆正常行驶过程中,始终受到空气阻力和滚动阻力,但由于空气阻力受车速的影响较大,所以车速较低时,滚动阻力所占比例较大;车速较高时,空气阻力所占比例较大。获得空气阻力和滚动阻力的方法主要有两种:第一种是试验法,第二种是理论计算法。考虑到试验过程主要处于海拔较高地段,并且试验路段坡度较大,而试验法要求平直道路长度较长,且试验结果受外界因素影响较大,只有在试验场可以采用,因此试验法不适用于在实际道路上测试空气阻力和滚动阻力。下面以汽车动力学为理论指导,通过理论计算法获得空气阻力和滚动阻力模型。

1) 空气阻力和滚动阻力

由汽车动力学可知,在汽车行驶车速范围内,空气阻力的数值通常与气流相对速度的动压力 $\dfrac{1}{2}\rho u_r^2$ 成正比,即

$$F_w = \frac{1}{2} C_D A \rho u_r^2 \quad (3-9)$$

式中 C_D——空气阻力系数,一般讲应是雷诺数 Re 的函数,在车速较高、动压力较高而相应气体的黏性摩擦较小时,C_D 将不随 Re 而变化;

ρ——空气密度,一般 $\rho = 1.2258\ \text{kg/m}^3$;

A——迎风面积,即汽车行驶方向的投影面积(m^2);

u_r——相对速度,在无风时为汽车的行驶车速(m/s)。

由统计数据可知,货车的空气阻力系数为 $C_D = 0.6 \sim 1.0$,结合试验车辆的外形参数和经验选取 $C_D = 0.72$,试验车辆铰接列车迎风面积为 $A = 7.14\ m^2$(载重货车 $A = 6.98\ m^2$);ρ 根据不同海拔下的空气密度进行修正;试验过程中风速相对车速很小,且在正反两个方向进行试验,降低了风速对试验结果的影响,u_r 取值为车速 u_a。

基于汽车动力学中试验及统计结果,货车滚动阻力系数经验公式为

$$f = 0.0076 + 0.000056 u_a \tag{3-10}$$

由式(3-9)、式(3-10)得,试验车辆行驶过程中空气阻力和滚动阻力与车速的关系为

$$F_w + F_f = \frac{1}{2} C_D A \rho u_r^2 + mgf = \frac{1}{2} C_D A \rho u_a^2 + mgf \tag{3-11}$$

2)不同海拔下空气阻力和滚动阻力的确定

随着海拔的增加,大气压、空气密度和大气温度都会发生一定的变化,且这些参数之间存在着特定的关系。通过理论和试验的方式掌握这些参数的变化规律,能够更好地分析和理解它们对整车行驶阻力的影响。

由大气科学原理和测试经验可知,大气压与海拔、大气温度和天气状况有关。汽车相关道路试验需要在天气晴朗时进行,所以可忽略天气状况的影响。在大气的实际温度变化范围内,温度变化对大气压的影响较小,相同海拔下测量得到的大气压随温度增加略微变大,但变化很小,可忽略温度对压力的影响。

大气压与海拔间的关系为

$$P_H = 1013.25 \times \left(1 - \frac{0.0065 H}{288.15}\right)^{5.255} \tag{3-12}$$

式中 P_H——海拔 H 处的大气压(hPa);

H——海拔(m)。

空气密度与大气压和温度都有关系,根据气体状态方程可推导出

$$\rho = \frac{P_H M}{R(273.15 + T)} = \frac{28.98 P_H}{8.314 \times 10 \times (273.15 + T)} \tag{3-13}$$

式中 ρ——空气密度(g/L);

M——空气摩尔质量,$M = 28.98$ g/mol;

R——比例常数,$R = 8.314$ J/(mol·K);

T——空气温度(℃)。

由此得到不同海拔下大气压和空气密度,见表 3-13。

表 3-13　不同海拔试验区域的大气压和空气密度

序　号	海拔(m)	大气压(×10² Pa)	空气密度(g/L)
1	0	1 013.25	1.225 706
2	2 300	765.820 2	0.898 337
3	2 890	710.990 1	0.845 4
4	3 638	646.090 8	0.787 024
5	4 188	601.501 8	0.740 472
6	4 545	573.917 9	0.711 541

根据式(3-13)与表 3-13,可以计算出不同海拔地区的空气阻力、滚动阻力与车速的关系如下式,系数值见表 3-14、表 3-15。

$$F_\mathrm{f} + F_\mathrm{w} = a_{FfFw} u_a^2 + b_{FfFw} u_a + c_{FfFw} \tag{3-14}$$

表 3-14　铰接列车各海拔下空气阻力系数和滚动阻力系数

试验地点	海拔(m)	a_{FfFw}	b_{FfFw}	c_{FfFw}
西　宁	2 300	0.178 170 172	26.122 88	3 545.248
共　和	2 800	0.167 671	26.122 88	3 545.248
兴　海	3 500	0.156 093 093	26.122 88	3 545.248
玛　多	4 200	0.141 122 298	26.122 88	3 545.248
玉　树	4 600	0.146 860 28	26.122 88	3 545.248

表 3-15　载重货车各海拔下空气阻力系数和滚动阻力系数

试验地点	海拔(m)	a_{FfFw}	b_{FfFw}	c_{FfFw}
西　宁	2 300	0.174 177 563	17.007 31	2 308.135
共　和	2 890	0.163 913 667	17.007 31	2 308.135
兴　海	3 638	0.152 595 209	17.007 31	2 308.135
玛　多	4 188	0.137 959 894	17.007 31	2 308.135
玉　树	4 600	0.143 569 293	17.007 31	2 308.135

3.2.3　基于海拔的动力和阻力折减原理

根据前述研究成果,在高海拔地区车辆的发动机转矩以及空气阻力受到氧含量及空气密度的下降而降低。本节通过分析发动机转矩以及空气阻力随着海拔升高的折减规律,建立相应模型,为研究高海拔地区车辆驱动力和行驶阻力关系模型奠定基础。

1) 基于海拔的空气阻力折减分析

（1）汽车空气阻力公式

根据相关资料，风阻的理论公式为

$$F_w = \frac{1}{2} A C_D \rho_a u^2 \quad (3-15)$$

式中 A——迎风面积（m^2）；
$\quad C_D$——空气阻力系数，与大货车流线型有关；
$\quad \rho_a$——空气密度（kg/m^3）；
$\quad u$——大货车与空气相对速度，近似为大货车行驶速度（m/s）。

在"高速公路纵坡设计方法和关键指标研究"中，试验车型为东风天龙 DFL4251A9，相关参数取值如下：

$A = 7\ m^2$；
$C_D = 0.9$（注：《道路勘察设计》（张雨化）中空气阻力系数，载重车为 0.6~1.0）；
$\rho_a = 1.2258\ kg/m^3$。

将速度单位换算为 km/h，则公式为

$$F_w = \frac{A C_D \rho_a v^2}{2 \times 3.6^2} = \frac{A C_D \rho_a v^2}{25.92}$$

据此可以计算相关风阻引起的加速度：

$$a_w = \frac{F_w}{m} = \frac{A C_D \rho_a v^2}{25.92 m} = \frac{7 \times 0.9 \times 1.2258 \times v^2}{25.92 \times 56000} = 5.3 \times 10^{-6} v^2 \quad (3-16)$$

式中 v——大货车与空气相对速度，近似为大货车行驶速度（km/h）。

（2）空气密度与海拔关系

标准状况下，大气密度为 $\rho_0 = 1.293\ kg/m^3$。根据相关资料空气密度与海拔有如表 3-16 所示的关系。进行拟合如图 3-6 所示。

表 3-16 不同海拔空气密度与海拔

海拔（m）	0	1000	2000	2500	3000	4000	5000
相对大气压	1	0.881	0.774	0.724	0.677	0.591	0.514
相对空气密度	1	0.903	0.813	0.77	0.73	0.653	0.583

大气相对密度计算公式为

$$k_\rho = 1 - 1.0028 \times 10^{-4} H + 3.3795 \times 10^{-9} H^2 \quad (3-17)$$

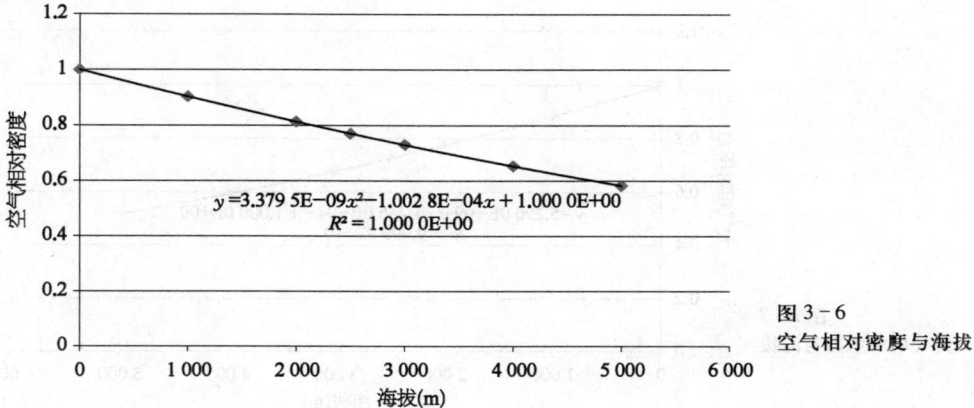

图 3-6 空气相对密度与海拔

式中 H——海拔(m)。

比如海拔 5 000 m,大气相对密度为

$$k_\rho = 1 - 1.002\,8 \times 10^{-4} \times 5\,000 + 3.379\,5 \times 10^{-9} \times 5\,000^2 = 0.583$$

空气密度计算如下:

$$\rho_a = k_\rho \rho_0 = 1.293 \times (1 - 1.002\,8 \times 10^{-4}H + 3.379\,5 \times 10^{-9}H^2) \quad (3-18)$$

按照此公式,$\rho_a = 1.225\,8\ \text{kg/m}^3$ 相应的海拔为 527.65 m。

(3) 基于海拔的空气阻力折减系数

相对于与海拔 0 m 的大气相对密度为

$$k_\rho = 1 - 1.002\,8 \times 10^{-4} \times 5\,000 + 3.379\,5 \times 10^{-9} \times 5\,000^2 = 0.583$$

而实际计算时,相对于通常海拔(527.65 m)的系数更有意义。空气相对密度(相对于海拔 527.65 m)系数计算公式为

$$k_a = \frac{1 - 1.002\,8 \times 10^{-4}H + 3.379\,5 \times 10^{-9}H^2}{1 - 1.002\,8 \times 10^{-4} \times 527.65 + 3.379\,5 \times 10^{-9} \times 527.65^2}$$

$$= \frac{1 - 1.002\,8 \times 10^{-4}H + 3.379\,5 \times 10^{-9}H^2}{0.948} \quad (3-19)$$

式中 H——海拔(m)。

2) 基于海拔的发动机转矩折减分析

(1) 空气含量与海拔关系

大气中氧含量与大气压成正比,因此,相对大气压与海拔的关系就是相对大气氧含量与海拔的关系。根据表 3-16,拟合如图 3-7 所示。

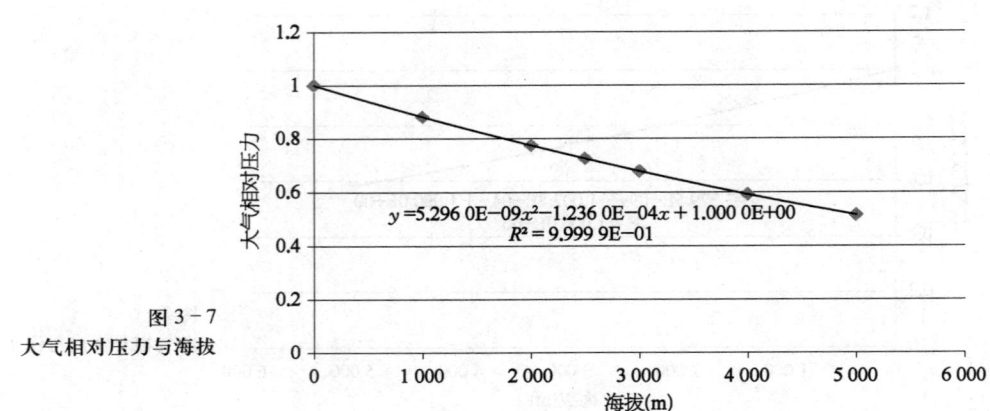

图3-7 大气相对压力与海拔

大气相对压力(氧气相对含量)计算公式为

$$k_{O_2} = 1 - 1.2360 \times 10^{-4}H + 5.2960 \times 10^{-9}H^2$$

式中 H——海拔(m)。

(2)基于海拔的汽车转矩折减系数

① 自然吸气。相对于与海拔0 m的大气相对压力(氧气相对含量)为

$$k_{O_2} = 1 - 1.2360 \times 10^{-4}H + 5.2960 \times 10^{-9}H^2$$

而实际计算时,相对于通常海拔(527.65 m)的系数更有意义。大气相对压力(氧气相对含量)(相对于海拔527.65 m)系数计算公式为

$$k_p = \frac{1 - 1.2360 \times 10^{-4}H + 5.2960 \times 10^{-9}H^2}{1 - 1.2360 \times 10^{-4} \times 527.65 + 5.2960 \times 10^{-9} \times 527.65^2}$$

$$= \frac{1 - 1.2360 \times 10^{-4}H + 5.2960 \times 10^{-9}H^2}{0.93626} \quad (3-20)$$

式中 H——海拔(m)。

② 中冷增压。中冷增压发动机转矩折减系数(相对于海拔0 m)为

$$k_p = 1 - 7.6238 \times 10^{-5}H$$

相对于通常海拔(527.65 m)发动机转矩折减系数可按下式计算:

$$k_p = \frac{1 - 7.6238 \times 10^{-5}H}{1 - 7.6238 \times 10^{-5} \times 527.65} = \frac{1 - 7.6238 \times 10^{-5}H}{0.95977} \quad (3-21)$$

式中 H——海拔(m)。

3.3 发动机外特性

3.3.1 发动机外特性的试验及计算过程

发动机外特性计算步骤如下：

第一步：对试验车辆在各挡位（4挡、5挡、6挡、7挡、8挡、9挡）下进行全油门加速试验，试验过程中记录车速、道路坡度等随时间变化的数据，根据车速 u_a(km/h) 与时间 t(s) 的原始数据绘制车速-时间关系曲线图，并剔除异常点。同时，由于试验地点为高海拔路段，一般道路均有坡度，为了保证发动机外特性曲线的平滑性，在试验数据处理过程中忽略整个试验过程中试验路段的坡度变化，将试验过程中的平均坡度代入计算坡度阻力，即

$$F_i = mg \frac{i}{\sqrt{i^2 + 1}} \tag{3-22}$$

第二步：对车速 u(m/s) 与时间 t(s) 进行三次多项式函数拟合，求得车速 u(m/s) 与时间 t(s) 关系式，即

$$u = at^3 + bt^2 + ct + d \tag{3-23}$$

第三步：对车速 u 求导得到加速度 $\frac{du}{dt}$(m/s²) 与时间 t(s) 关系式，即

$$\frac{du}{dt} = 3at^2 + 2bt + c \tag{3-24}$$

第四步：根据加速度 $\frac{du}{dt}$(m/s²) 与时间 t(s) 的关系、速度 u_a(km/h) 与时间 t(s) 的关系，可得加速度 $\frac{du}{dt}$(m/s²) 与速度 u_a(km/h) 的关系曲线，然后对加速度 $\frac{du}{dt}$(m/s²) 与速度 u_a(km/h) 进行二次多项式拟合，得到加速度 $\frac{du}{dt}$(m/s²) 与车速 u_a(km/h) 的关系式，根据 $F_j = \delta m \frac{du}{dt}$ 可以得到加速阻力与车速的函数关系式，即

$$F_j = \delta m \frac{du}{dt} = \delta m (a_{Fj} u_a^2 + b_{Fj} u_a + c_{Fj}) \tag{3-25}$$

第五步：将加速阻力 F_j、滚动阻力、空气阻力 $F_f + F_w$ 和坡度阻力 F_i 相加得到驱动力 F_t，即可得驱动力 $F_t(N)$ 与车速 $u_a(km/h)$ 关系式，即

$$F_t = F_j + F_f + F_w + F_i = \delta m \frac{du}{dt} + (F_f + F_w) + mg \frac{i}{\sqrt{i^2+1}}$$

$$= \delta m(a_{Fj} u_a^2 + b_{Fj} u_a + c_{Fj}) + (a_{FfFw} u_a^2 + b_{FfFw} u_a + c_{FfFw}) + \left(mg \frac{i}{\sqrt{i^2+1}}\right) \quad (3-26)$$

第六步：计算发动机转矩与转速外特性关系式。

将车速转换成转速，转换公式如下式所示：

$$u_a = \frac{0.377rn}{i_g i_0} \quad (3-27)$$

将驱动力转换成发动机驱动转矩，转换公式如下式所示：

$$T = \frac{F_t r}{i_g i_0 \eta_T} \quad (3-28)$$

将式（3-26）带入式（3-28），得发动机转矩与转速关系式：

$$T = \frac{\delta m(a_{Fj} u_a^2 + b_{Fj} u_a + c_{Fj}) + (a_{FfFw} u_a^2 + b_{FfFw} u_a + c_{FfFw}) + \left(mg \frac{i}{\sqrt{i^2+1}}\right)}{i_g i_0 \eta_T} r$$

$$= \frac{\delta m \left[a_{Fj}\left(\frac{0.377rn}{i_g i_0}\right)^2 + b_{Fj}\left(\frac{0.377rn}{i_g i_0}\right) + c_{Fj}\right] + \left[a_{FfFw}\left(\frac{0.377rn}{i_g i_0}\right)^2 + b_{FfFw}\left(\frac{0.377rn}{i_g i_0}\right) + c_{FfFw}\right] + \left(mg \frac{i}{\sqrt{i^2+1}}\right)}{i_g i_0 \eta_T} r$$

$$= \left[(\delta m a_{Fj} + a_{FfFw}) \frac{0.377^2 r^3}{i_g^3 i_0^3 \eta_T}\right] n^2 + \left[(\delta m a_{Fj} + a_{FfFw})\left(\frac{0.377 r^2}{i_g^2 i_0^2 \eta_T}\right)\right] n + \left(\frac{\delta m c_{Fj} + c_{FfFw} + mg \frac{i}{\sqrt{i^2+1}}}{i_g i_0 \eta_T} r\right)$$

$$(3-29)$$

第七步：同一海拔地区发动机转矩与转速外特性曲线的平均。

同一海拔地区，首先得到一个挡位下的多组数据，再把同一挡位的数据曲线删除异常数据后进行平均得到该挡位下的发动机转矩与转速特性曲线，最后再把同一海拔的不同挡位曲线进行平均得到一定海拔下的发动机转矩与转速外特性曲线。进而得到五种海拔下发动机转矩与转速外特性曲线试验及分析结果。

3.3.2 不同海拔下发动机外特性比较

1) 六轴铰接列车

不同海拔下六轴铰接列车发动机外特性曲线如图 3-8 所示,关系式见式(3-30)~式(3-34)。

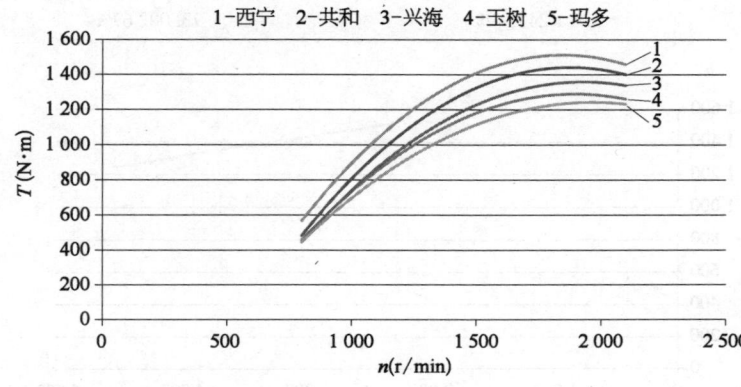

图 3-8 不同海拔下铰接列车发动机特性曲线对比图

西宁(海拔 2 300 m)发动机使用外特性关系式如下:

$$T = -8.607\ 974 \times 10^{-4} n^2 + 3.180\ 009 \times 10^0 n - 1.425\ 276 \times 10^3 \quad (3-30)$$

共和(海拔 2 890 m)发动机使用外特性关系式如下:

$$T = -8.271\ 719 \times 10^{-4} n^2 + 3.103\ 933 \times 10^0 n - 1.470\ 650 \times 10^3 \quad (3-31)$$

兴海(海拔 3 638 m)发动机使用外特性关系式如下:

$$T = -7.170\ 240 \times 10^{-4} n^2 + 2.765\ 362 \times 10^0 n - 1.307\ 850 \times 10^3 \quad (3-32)$$

玉树(海拔 4 188 m)发动机使用外特性关系式如下:

$$T = -6.930\ 665 \times 10^{-4} n^2 + 2.627\ 628 \times 10^0 n - 1.201\ 803 \times 10^3 \quad (3-33)$$

玛多(海拔 4 545 m)发动机使用外特性关系式如下:

$$T = -5.858\ 343 \times 10^{-4} n^2 + 2.303\ 183 \times 10^0 n - 1.021\ 282 \times 10^3 \quad (3-34)$$

不同海拔下铰接列车发动机最大转矩对比见表 3-17。最大驱动转矩随海拔变化的关系如图 3-9 所示。

表 3-17 不同海拔下铰接列车发动机最大转矩对比

海拔(m)	最大转矩(N·m)	最大转矩比
0	1 700	100%
2 300	1 511.659	88.921 57%

(续表)

海拔(m)	最大转矩(N·m)	最大转矩比
2 890	1 441.199	84.776 1%
3 638	1 358.457	79.909 11%
4 188	1 288.712	75.806 26%
4 545	1 242.429	73.082 67%

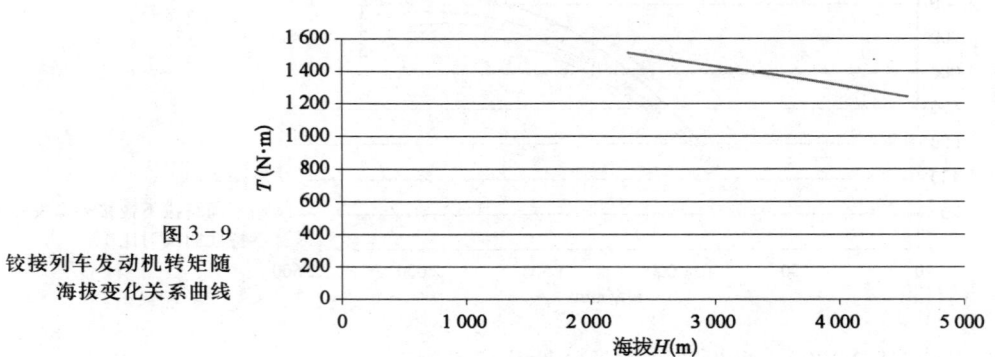

图 3-9 铰接列车发动机转矩随海拔变化关系曲线

2) 四轴载重货车

2 300 m、2 890 m、3 638 m、4 188 m、4 545 m 五个海拔下,载重货车发动机外特性曲线如图 3-10 所示,关系式见式(3-35)~式(3-39)。

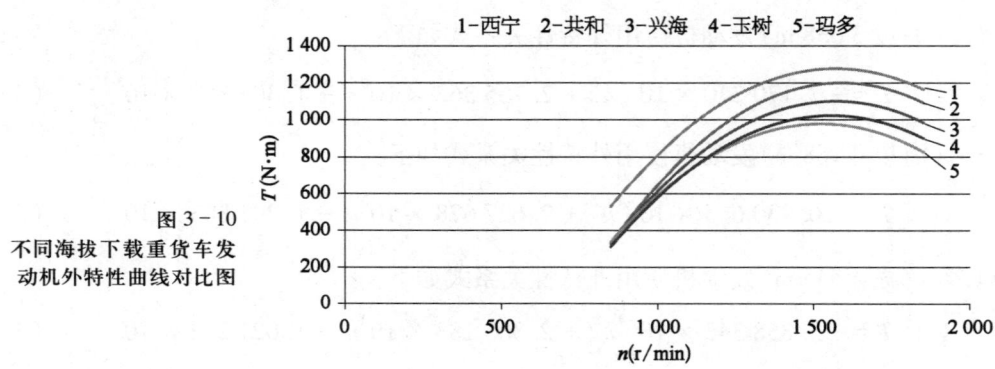

图 3-10 不同海拔下载重货车发动机外特性曲线对比图

西宁(海拔 2 300 m)发动机使用外特性关系式如下:

$$T = -1.446\,873 \times 10^{-3} n^2 + 4.541\,418 \times 10^0 n - 2.286\,501 \times 10^3 \quad (3-35)$$

共和(海拔 2 890 m)发动机使用外特性关系式如下:

$$T = -1.598\,071 \times 10^{-3} n^2 + 5.076\,007 \times 10^0 n - 2.830\,965 \times 10^3 \quad (3-36)$$

兴海(海拔 3 638 m)发动机使用外特性关系式如下:

$$T = -1.488\,408 \times 10^{-3} n^2 + 4.674\,565 \times 10^0 n - 2.571\,938 \times 10^3 \quad (3-37)$$

玉树(海拔 4 188 m)发动机使用外特性关系式如下:

$$T = -1.428\,507 \times 10^{-3} n^2 + 4.445\,911 \times 10^0 n - 2.437\,557 \times 10^3 \quad (3-38)$$

玛多(海拔 4 545 m)发动机使用外特性关系式如下:

$$T = -1.412\,456 \times 10^{-3} n^2 + 4.300\,680 \times 10^0 n - 2.297\,679 \times 10^3 \quad (3-39)$$

不同海拔下载重货车发动机最大转矩对比见表 3-18。最大转矩随海拔变化关系如图 3-11 所示。

表 3-18 不同海拔下载重货车发动机最大转矩对比

海拔(m)	最大转矩(N·m)	最大转矩比
0	1 500	100%
2 300	1 277.121	85.139 6%
2 890	1 199.807	79.986 02%
3 638	1 098.338	73.222%
4 188	1 021.669	68.110 45%
4 545	975.997 1	65.068 12%

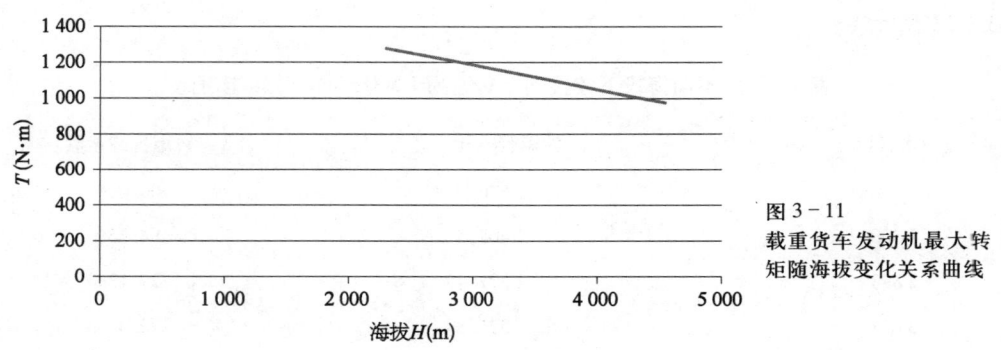

图 3-11 载重货车发动机最大转矩随海拔变化关系曲线

3.3.3 发动机转矩折减系数分析

1) 六轴铰接列车

为了研究不同海拔处六轴铰接列车发动机定转速下转矩的折减系数,考虑到 0 m 海拔地区的局限性和试验路段限制,0 m 海拔处的发动机外特性曲线由厂家提供。发动机厂家提供的发动机使用外特性如图 3-12 所示,转速与转矩对应关系见表 3-19。

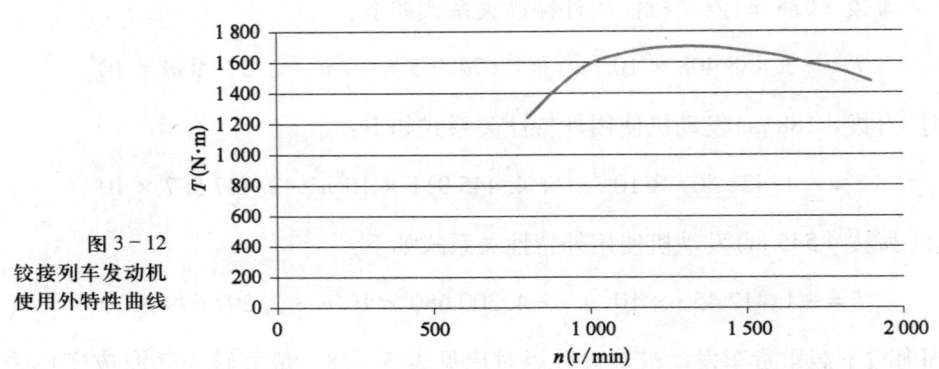

图 3-12 铰接列车发动机使用外特性曲线

表 3-19　铰接列车发动机转速转矩对照

转速(r/min)	转矩(N·m)	转速(r/min)	转矩(N·m)
800	1 241	1 400	1 695
900	1 437	1 500	1 670
1 000	1 589	1 600	1 641
1 100	1 653	1 700	1 591
1 200	1 689	1 800	1 544
1 300	1 700	1 900	1 475

由表 3-19 可知,在海拔为 0 m 时,转速为 1 500 r/min 铰接列车发动机转矩为 1 670 N·m。铰接列车转速为 1 500 r/min 时,不同海拔下转矩对比见表 3-20,转矩随海拔变化关系如图 3-13 所示。

表 3-20　不同海拔下铰接列车转速为 1 500 r/min 时转矩对比

海拔(m)	转矩(N·m)	转矩折减系数
0	1 670	100.00%
2 300	1 408.57	84.35%
2 890	1 321.45	79.13%
3 638	1 226.89	73.47%
4 188	1 180.24	70.67%
4 545	1 115.36	66.79%

2) 四轴载重货车

为了研究不同海拔处四轴载重货车发动机定转速下转矩的折减系数,考虑到 0 m 海拔地区的局限性和试验路段限制,0 m 海拔处的发动机外特性曲线由厂家提供,发动机厂家提供的发动机使用外特性如图 3-14 所示,转速与转矩对应关系见表 3-21。

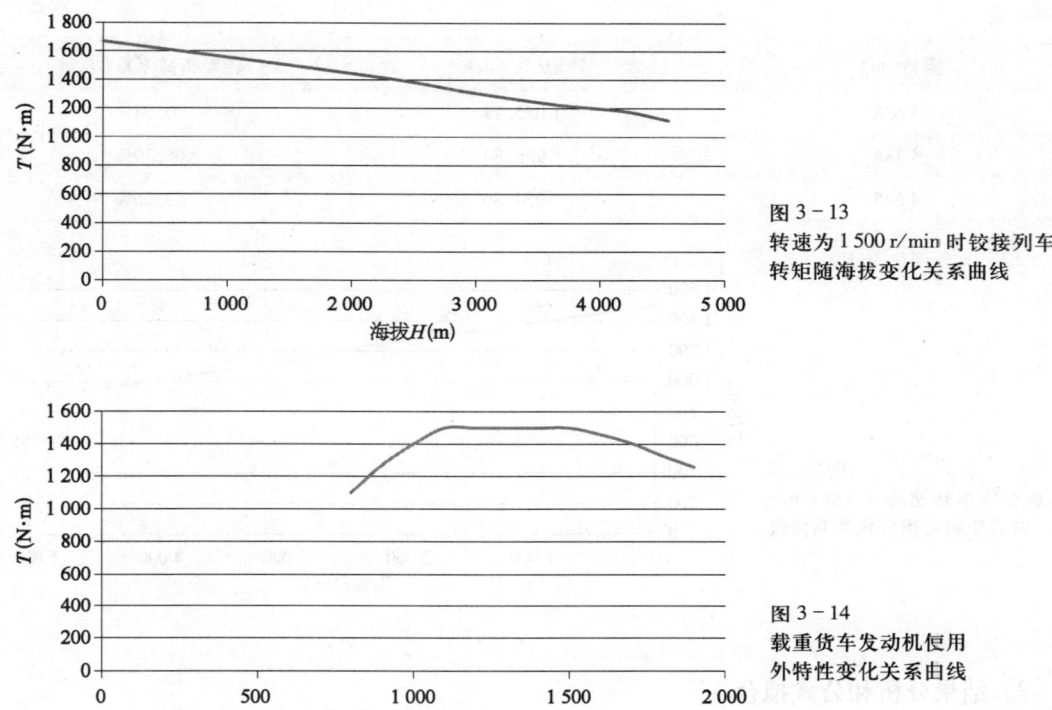

图 3-13 转速为 1 500 r/min 时铰接列车转矩随海拔变化关系曲线

图 3-14 载重货车发动机侹用外特性变化关系由线

表 3-21 载重货车发动机转速转矩对照

转速(r/min)	转矩(N·m)	转速(r/min)	转矩(N·m)
800	1 100	1 400	1 500
900	1 270	1 500	1 500
1 000	1 400	1 600	1 460
1 100	1 500	1 700	1 405
1 200	1 500	1 800	1 327
1 300	1 500	1 900	1 258

由表 3-21 可知,在海拔为 0 m 时,转速 1 400 r/min 时载重货车发动机转矩为 1 500 N·m。

载重货车转速为 1 400 r/min 时,不同海拔下转矩对比见表 3-22,转矩随海拔变化关系曲线如图 3-15 所示。

表 3-22 不同海拔下载重货车转速 1 400 r/min 时转矩对比

海拔(m)	转矩(N·m)	转矩折减系数(%)
0	1 500	100.00%
2 300	1 235.61	82.37%
2 890	1 143.23	76.22%

(续表)

海拔(m)	转矩(N·m)	转矩折减系数(%)
3 638	1 055.17	70.34%
4 188	986.84	65.79%
4 545	954.86	63.66%

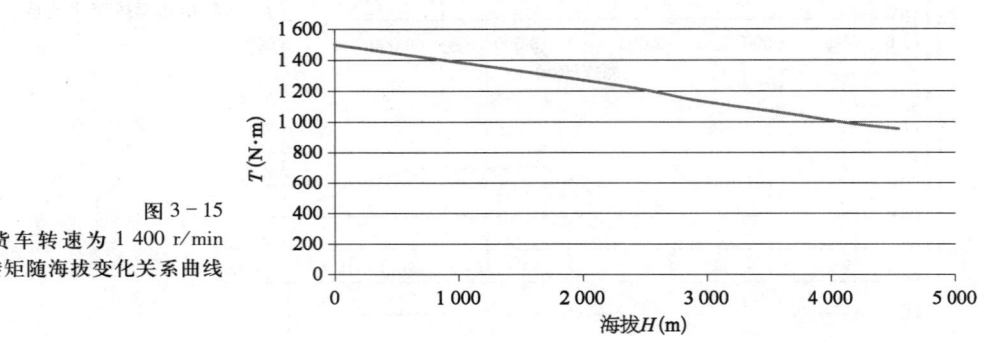

图 3-15 载重货车转速为 1 400 r/min 时转矩随海拔变化关系曲线

3) 结果分析和公式拟合

将六轴铰接列车试验车和四轴载重货车试验车的折减系数汇总,见表 3-23。

表 3-23 两种试验车型发动机转矩折减系数汇总

海拔(m)	六轴车折减系数(%)	四轴车折减系数(%)	差量	相对差量
0	1.000	1.000	0.000	0.00%
2 300	0.844	0.824	0.020	2.35%
2 890	0.791	0.762	0.029	3.68%
3 638	0.735	0.703	0.031	4.26%
4 188	0.707	0.658	0.049	6.91%
4 545	0.668	0.637	0.031	4.69%

从表 3-23 可见,两种试验车型相应的折减系数相差不大,支持增压中冷类发动机可拟合统一成一种发动机转矩折减公式的构想,而折减率的差异有以下两个原因:第一,所有试验均无法避免产生一定的误差;第二,虽然都属于增压中冷类发动机(共性),但依然存在一定的个体差异(个性)。

采用两种试验车型的折减系数,拟合如图 3-16 所示。

相应公式如下:

$$k_p = 1 - 7.623\,8 \times 10^{-5} H \tag{3-40}$$

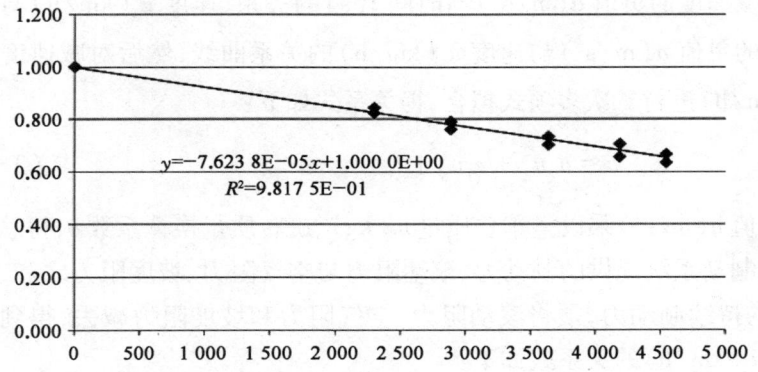

图 3-16
两种试验车型不同海拔
发动机转矩折减系数

相对于通常海拔(527.65 m)发动机转矩折减系数可计算如下:

$$k_p = \frac{1 - 7.6238 \times 10^{-5} H}{1 - 7.6238 \times 10^{-5} \times 527.65} = \frac{1 - 7.6238 \times 10^{-5} H}{0.95977} \qquad (3-41)$$

式中　H——海拔。

3.4　发动机制动特性

3.4.1　发动机制动特性试验及计算过程

发动机制动特性计算步骤如下:

第一步,对试验车辆各挡位(4挡、5挡、6挡、7挡、8挡、9挡)进行发动机制动道路试验,试验过程中记录车速、距离随时间变化的数据,根据车速u_a(km/h)与时间t(s)的原始数据绘制车速-时间关系曲线图,并将异常点剔除;同时,由于试验地点为高海拔路段,一般道路均有坡度,为了保证发动机制动特性曲线的平滑性,在试验数据处理过程中忽略整个试验过程中试验路段的坡度变化,将试验过程中的平均坡度代入计算坡度阻力公式(3-5)。

第二步,对车速u(m/s)与时间t(s)进行三次多项式函数拟合,求得车速u(m/s)与时间t(s)关系式如下所示:

$$u = a_1 t^3 + b_1 t^2 + c_1 t + d_1 \qquad (3-42)$$

第三步,对车速u求导得到减速度a'(m/s²)与时间t(s)关系式如下所示:

$$a' = 3a_1 t^2 + 2b_1 t + c_1 \qquad (3-43)$$

第四步,将式(3-43)左右两边同乘以-1,可得减速度的负值$a = -a'$(m/s²)与时间

$t(s)$的函数关系式,根据减速度的负值$a(m/s^2)$与时间$t(s)$的关系、速度$u_a(km/h)$与时间$t(s)$的关系,可得减速度的负值$a(m/s^2)$与速度$u_a(km/h)$的关系曲线,然后对减速度的负值$a(m/s^2)$与速度$u_a(km/h)$进行二次多项式拟合,得关系式如下:

$$a = d_1 u_a^2 + e_1 u_a + f_1 \tag{3-44}$$

第五步,将减速度负值$a(m/s^2)$乘以整车总质量$m(kg)$、旋转质量换算系数δ,得总阻力$F_{b\_total}(N)$,总阻力是持续制动系统提供的制动力、滚动阻力与空气阻力、坡度阻力之和,为了计算持续制动系统提供的持续制动力,须将滚动阻力、空气阻力和坡度阻力减去,得到持续制动力$F_{brake}(N)$与车速$u_a(km/h)$的关系式如下:

$$\begin{aligned} F_{brake} &= F_{b\_total} - F_w - F_f - F_i \\ &= (\delta m d_1 - a_{FfFw})\left(\frac{0.377nr}{i_g i_0}\right)^2 + (\delta m e_1 - b_{FfFw})\left(\frac{0.377nr}{i_g i_0}\right) + (\delta m f_1 - c_{FfFw}) - mg\frac{i}{\sqrt{i^2+1}} \end{aligned}$$

$$(3-45)$$

第六步,计算持续制动力矩与转速关系式。

将车速转换成转速,转换公式如下:

$$u_a = \frac{0.377rn}{i_g i_0} \tag{3-46}$$

将持续制动力转换成持续制动系统提供的持续制动力矩,转换公式如下:

$$T_b = \frac{F_{brake} r \eta_T}{i_g i_0} \tag{3-47}$$

将式(3-45)带入式(3-47),得到持续制动力矩与转速关系式如下:

$$T_b = \frac{\left[(\delta m d_1 - a_{FfFw})\left(\frac{0.377nr}{i_g i_0}\right)^2 + (\delta m e_1 - b_{FfFw})\left(\frac{0.377nr}{i_g i_0}\right) + \left(\delta m f_1 - c_{FfFw} - mg\frac{i}{\sqrt{i^2+1}}\right)\right] r \eta_t}{i_g i_0}$$

$$(3-48)$$

3.4.2 不同海拔下发动机制动特性比较

1) 六轴铰接列车

不同海拔下,发动机制动特性曲线如图3-17所示。关系式见式(3-49)~式(3-53)。西宁(海拔2 300 m)发动机制动转矩—转速关系式如下:

$$T_b = -1.909\,542 \times 10^{-5} n^2 + 1.348\,711 \times 10^{-1} n + 6.226\,588 \times 10^1 \tag{3-49}$$

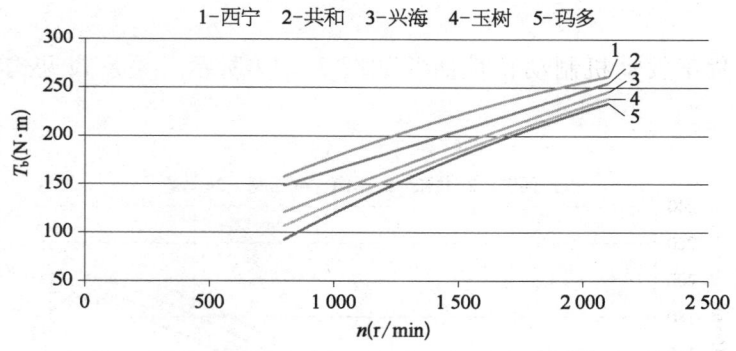

图 3-17 不同海拔下铰接列车发动机制动特性曲线对比图

共和(海拔 2 890 m)发动机制动转矩—转速关系式如下:

$$T_b = 8.375\,532 \times 10^{-7} n^2 + 7.912\,300 \times 10^{-2} n + 8.467\,711 \times 10^1 \quad (3-50)$$

兴海(海拔 3 638 m)发动机制动转矩—转速关系式如下:

$$T_b = -6.257\,424 \times 10^{-6} n^2 + 1.138\,641 \times 10^{-1} n + 3.392\,294 \times 10^1 \quad (3-51)$$

玉树(海拔 4 188 m)发动机制动转矩—转速关系式如下:

$$T_b = -1.394\,100 \times 10^{-5} n^2 + 1.415\,179 \times 10^{-1} n + 2.449\,807 \times 10^0 \quad (3-52)$$

玛多(海拔 4 545 m)发动机制动转矩—转速关系式如下:

$$T_b = -2.414\,649 \times 10^{-5} n^2 + 1.784\,187 \times 10^{-1} n - 3.472\,807 \times 10^1 \quad (3-53)$$

不同海拔下铰接列车发动机最大转矩对比见表 3-24。最大制动转矩随海拔变化的关系如图 3-18 所示。

表 3-24 不同海拔下铰接列车发动机最大转矩对比

海拔(m)	最大转矩(N·m)	海拔(m)	最大转矩(N·m)
2 300	261.284 4	4 188	238.157 5
2 890	254.529	4 545	233.465 1
3 638	245.442 3		

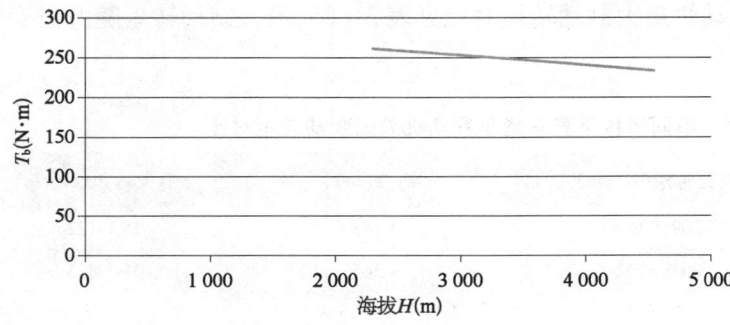

图 3-18 铰接列车制动转矩随海拔变化关系曲线

2) 四轴载重货车

不同海拔下,四轴载重货车发动机制动特性曲线如图 3-19 所示。关系式见式(3-54)~式(3-58)。

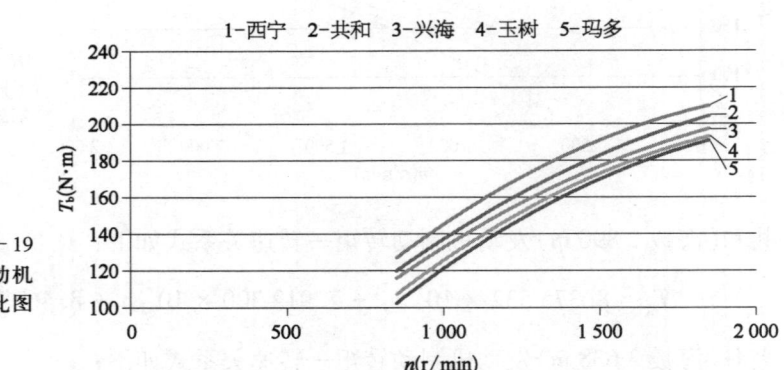

图 3-19 不同海拔下载重货车发动机制动特性曲线对比图

西宁(海拔 2 300 m)发动机制动转矩特性关系式如下:

$$T_b = -4.439\,419 \times 10^{-5} n^2 + 2.028\,263 \times 10^{-1} n - 1.336\,312 \times 10^1 \quad (3-54)$$

共和(海拔 2 890 m)发动机制动转矩特性关系式如下:

$$T_b = -3.512\,198 \times 10^{-5} n^2 + 1.792\,358 \times 10^{-1} n - 7.050\,808 \times 10^0 \quad (3-55)$$

兴海(海拔 3 638 m)发动机制动转矩特性关系式如下:

$$T_b = -3.452\,823 \times 10^{-5} n^2 + 1.745\,952 \times 10^{-1} n - 7.512\,564 \times 10^0 \quad (3-56)$$

玉树(海拔 4 188 m)发动机制动转矩特性关系式如下:

$$T_b = -4.255\,862 \times 10^{-5} n^2 + 2.007\,797 \times 10^{-1} n - 3.266\,302 \times 10^1 \quad (3-57)$$

玛多(海拔 4 545 m)发动机制动转矩特性关系式如下:

$$T_b = -4.257\,117 \times 10^{-5} n^2 + 2.033\,151 \times 10^{-1} n - 3.955\,959 \times 10^1 \quad (3-58)$$

不同海拔下载重货车发动机最大制动转矩对比见表 3-25,最大制动转矩随海拔变化的关系曲线如图 3-20 所示。

表 3-25 不同海拔下载重货车发动机最大制动转矩对比

海拔(m)	最大转矩(N·m)	海拔(m)	最大转矩(N·m)
2 300	209.926 4	4 188	193.122 6
2 890	204.330 5	4 545	190.873 5
3 638	197.315 6		

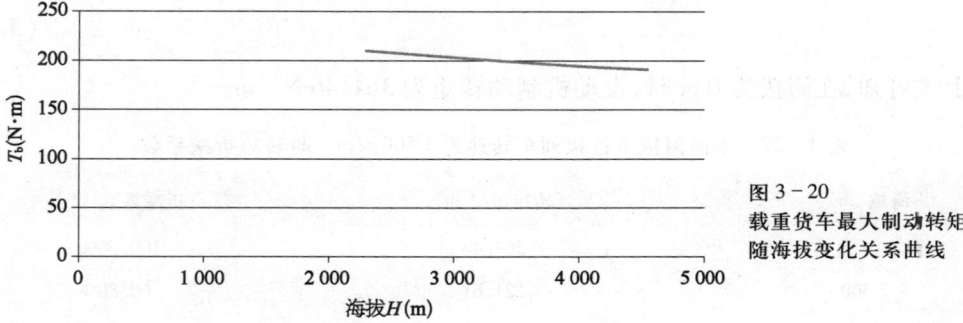

图 3-20
载重货车最大制动转矩
随海拔变化关系曲线

3.4.3 发动机制动转矩折减系数分析

1) 六轴铰接列车

为了研究不同海拔处铰接列车发动机定转速下制动转矩的折减系数,考虑到 0 m 海拔地区的局限性和试验路段限制,本项目拟根据 5 个海拔下发动机制动转矩的拟合公式计算获得 0 m 海拔处发动机制动转矩,以此计算发动机制动转矩折减系数(表 3-26、图 3-21、表 3-27)。

表 3-26　不同海拔下铰接列车转速为 1 500 r/min 时转矩对比

海拔(m)	转矩(N·m)	海拔(m)	转矩(N·m)
2 300	221.61	4 188	183.36
2 890	205.25	4 545	178.57
3 638	190.64		

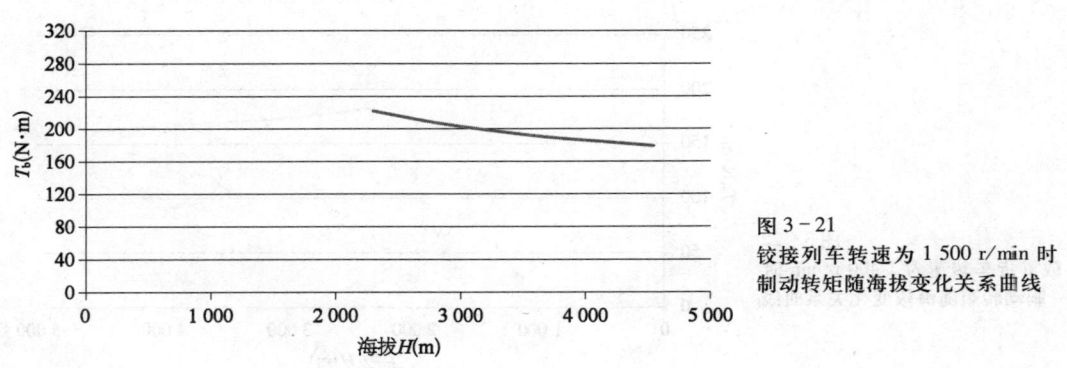

图 3-21
铰接列车转速为 1 500 r/min 时
制动转矩随海拔变化关系曲线

将不同海拔下,转速为 1 500 r/min 时对应的转矩进行拟合,得到海拔与制动转矩关系式如下:

$$T_b = -1.425\,456 \times 10^{-9}H^3 + 1.920\,742 \times 10^{-5}H^2 - 9.873\,340 \times 10^{-2}H + 3.644\,617 \times 10^2$$
(3-59)

由上式可知,在海拔为 0 m 时,发动机制动转矩为 364.46 N·m。

表 3-27 不同海拔下铰接列车转速为 1 500 r/min 时转矩折减系数

海拔(m)	转矩(N·m)	折减系数(%)
0	364.46	100.00%
2 300	221.61	60.80%
2 890	205.25	56.32%
3 638	190.64	52.31%
4 188	183.36	50.31%
4 545	178.57	49.00%

2) 四轴载重货车

为了研究不同海拔处载重货车发动机定转速下制动转矩的折减系数,考虑到 0 m 海拔地区的局限性和试验路段限制,本项目拟根据五个海拔下发动机制动转矩的拟合公式计算获得 0 m 海拔处发动机制动转矩,以此计算发动机制动转矩折减系数(表 3-28、图 3-22、表 3-29)。

表 3-28 不同海拔下载重货车转速为 1 400 r/min 时转矩对比

海拔(m)	转矩(N·m)	海拔(m)	转矩(N·m)
2 300	183.58	4 188	165.01
2 890	175.04	4 545	161.64
3 638	169.25		

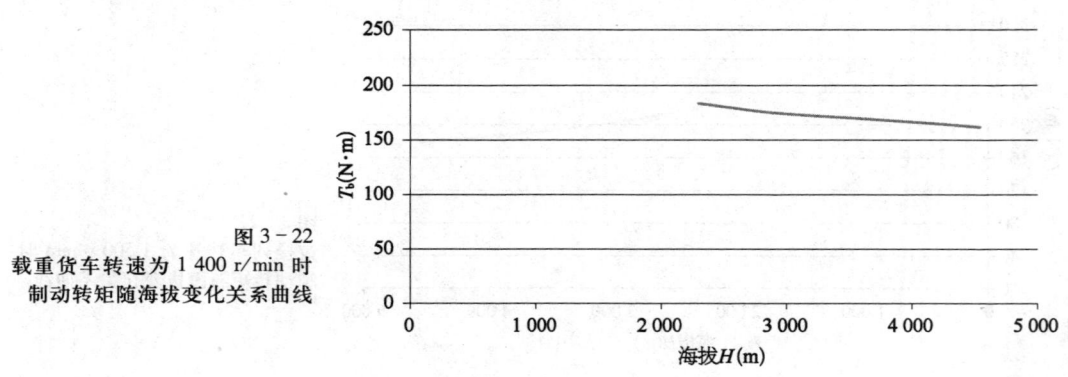

图 3-22 载重货车转速为 1 400 r/min 时制动转矩随海拔变化关系曲线

将不同海拔下,载重货车转速为 1 400 r/min 时对应的转矩进行拟合,得到制动转矩与海拔之间的关系式为

$$T_{\text{b}} = -2.185\,247 \times 10^{-9}H^3 + 2.401\,868 \times 10^{-5}H^2 - 9.465\,114 \times 10^{-2}H + 3.007\,888 \times 10^2$$
(3-60)

由上式可知,在海拔为 0 m、转速 1 400 r/min 时发动机制动转矩为 300.78 N·m。

表 3-29 不同海拔下载重货车转速为 1 400 r/min 时转矩折减系数

海拔(m)	转矩(N·m)	折减系数(%)
0	300.78	100.00%
2 300	183.58	61.03%
2 890	175.04	58.20%
3 638	169.25	56.27%
4 188	165.01	54.86%
4 545	161.64	53.74%

3) 结果分析和公式拟合

将六轴试验车和四轴试验车的折减系数汇总,见表 3-30。

表 3-30 两种试验车型发动机制动转矩折减系数汇总

海拔(m)	六轴车折减系数(%)	四轴车折减系数(%)	差量	相对差量
0	1.000	1.000	0.000	0.00%
2 300	0.608	0.610	-0.002	-0.38%
2 890	0.563	0.582	-0.019	-3.34%
3 638	0.523	0.563	-0.040	-7.57%
4 188	0.503	0.549	-0.046	-9.04%
4 545	0.490	0.537	-0.047	-9.67%

与发动机转矩类似,两种试验车型发动机制动转矩相应的折减系数相差也不大,支持拟合统一的发动机制动转矩折减公式的构想。

采用两种试验车型的折减系数拟合如图 3-23 所示。相应公式如下:

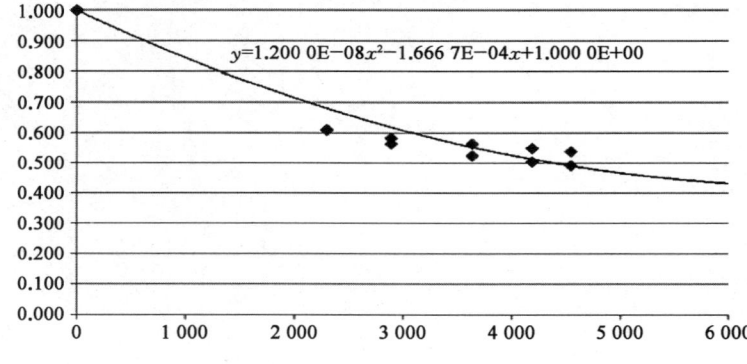

图 3-23 不同海拔下两种试验车型发动机制动转矩折减系数

$$k_\mathrm{p} = 1 - 1.666\,7 \times 10^{-4} H + 1.200\,0 \times 10^{-8} H^2 \qquad (3-61)$$

相对于通常海拔(527.65 m),发动机制动转矩折减系数可计算如下:

$$k_\mathrm{p} = \frac{1 - 1.666\,7 \times 10^{-4} H + 1.200\,0 \times 10^{-8} H^2}{1 - 1.666\,7 \times 10^{-4} \times 527.65 + 1.200\,0 \times 10^{-8} \times 527.65^2}$$

$$= \frac{1 - 1.666\,7 \times 10^{-4} H + 1.200\,0 \times 10^{-8} H^2}{0.915\,40} \qquad (3-62)$$

式中 H——海拔。

通过青藏公路沿线 2 300 m(西宁)、2 890 m(共和)、3 638 m(兴海)、4 188 m(玉树)、4 545 m(玛多)五个海拔,进行了六轴铰接列车(功率重量比 5.6 kW/t)和四轴载重货车(功率重量比 8.3 kW/t)满载状态下加速行驶试验以及发动机制动减速行驶试验,获得了各海拔下发动机外特性曲线,由曲线可知,随着海拔的增加发动机转矩下降,最大转矩减小,海拔与发动机转矩呈递减趋势。随着海拔的增加发动机制动转矩特性下降,最大制动转矩减小,海拔与发动机制动转矩呈递减趋势。

针对高海拔地区两种试验车型的行驶特性,建立了不同海拔下两种试验车型满载状态发动机外特性模型、发动机制动特性模型,以及发动机驱动转矩随海拔变化模型、发动机制动转矩随海拔变化模型。研究建立的试验模型能够准确地反映功率重量比为 8.3 kW/t 载货汽车在不同海拔下的上坡能力和下坡能力,研究结果具有实际应用意义和研究价值,为公路设计和建设部门在高海拔地区进行线型设计时坡道坡度的选择提供了试验和理论依据,并且为重型货车驾驶员在高海拔地区连续下坡道路上安全行驶提供了技术指导。

第4章

高海拔地区低压缺氧环境下驾驶员心理生理变化特性

本章根据高海拔地区交通运营环境对驾驶员的影响,选取在青藏高原公路上不同驾驶经验的机动车驾驶员,通过驾驶模拟试验及实车试验,采集驾驶员在不同海拔(3 000~5 000 m)的心率、眼动、肌电、血氧饱和度等指标。经分析筛查、选取试验过程中易监测、受个体差异影响较小的心率指标为研究对象,分析高海拔低氧环境下驾驶员的感知与操作能力、疲劳特性等的变化规律,建立低氧环境下驾驶员心率变化模型及驾驶疲劳模型,为提出驾驶员心理生理状态影响公路几何设计指标、参数及服务设施合理间距提供依据。

4.1 低氧环境下驾驶员的感知与操作能力

4.1.1 试验方案设计

4.1.1.1 驾驶员反应能力试验方案

1) 移动式驾驶模拟平台

试验采用中交一公院开发的基于纬地漫游系统移动式驾驶模拟器(图4-1)。模拟器内置场景与G109青藏线K2866~K3450一致,路线全长584 km。

图4-1 驾驶模拟试验现场

2) 反应速度测试软件

利用手机APP"反应速度测试"功能模块测试驾驶员反应时间(图4-2)。通过点触方块中间开始,等到方块的背景颜色改变时立即再点一次,软件会显示该次试验被试者花费的反应时间。该软件测量的是从方块背景颜色改变到被试者点击手机屏幕这段时间,属于简单反应时间,但基本满足试验需求。

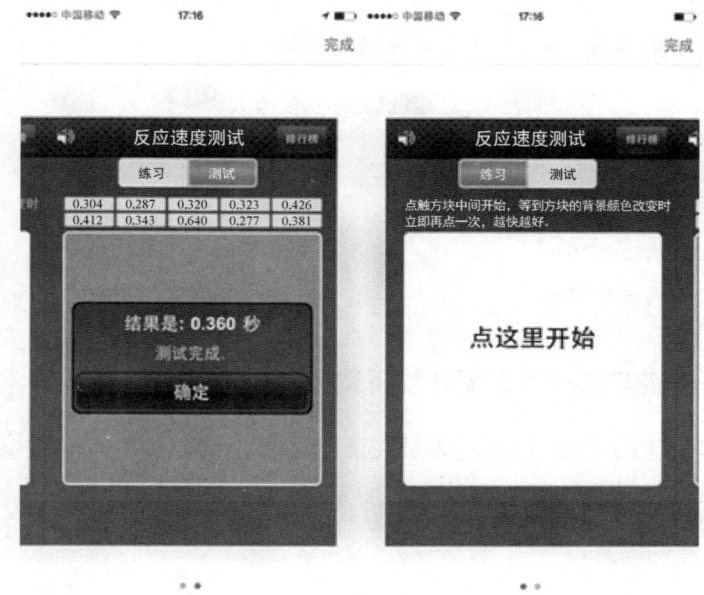

图 4-2　反应速度测试软件

3) 试验地点

试验选择三处海拔不同的地点,分别为纳赤台(海拔 3 540 m)、西大滩(海拔 4 150 m)和沱沱河(海拔 4 533 m)。

4) 试验驾驶员

试验驾驶员选择驾驶经验较为丰富的外地驾驶员,驾驶证 C 照以上,考虑到试验的特殊性和方便性,被试驾驶员选择以男性为主,年龄 20~50 岁,驾龄 5 年以上,无心血管疾病,以保证驾驶行为更加趋近于实际情况。

5) 试验方案

试验步骤如下:

① 准备工作。测试驾驶模拟器运行正常,各试验仪器调试完毕,对被试者做试验基本流程及原理、测试仪器使用以及注意事项的讲解,并做好记录准备。

② 被试者填写驾驶员信息登记表,测试试验前反应时间并记录。当前被试者上驾驶模拟器就位,仪器调试校准完毕即可开始试验。其余被试者坐在旁边安静等待。

③ 被试者起动试验车辆从起点出发,开车 2~2.5 h,停止并关闭各试验仪器,存储各测试仪器数据,确保试验数据没有因仪器问题造成缺失或异常,再次测试被试者反应时间,并让被试者填写试验反馈表,一次试验完成,换第二名被试者进行试验,直至所有被试者完成试验。

6) 试验样本量

最终各试验地点采集到的被试者样本数量见表 4-1。

表 4-1 各试验地点试验人数

试 验 地 点	人 数
纳赤台（海拔 3 540 m）	10
西大滩（海拔 4 150 m）	9
沱沱河（海拔 4 533 m）	9

4.1.1.2 基于实车试验的低氧环境下驾驶员心理生理数据采集

采用现场实车试验的方式，记录驾驶员在试验过程中的心理生理相关参数，提出能够显著及客观地表征车辆驾驶员心理生理状态的测量指标。

1) 试验仪器

（1）多导电生理记录仪

本试验采用的是美国 Biopac 公司 MP150 型多导电生理记录仪（16 通道）（图 4-3）。该系统由 MP150 主机、放大器、换能器、核磁环境下工作的生物电导线及滤波器等组成。

图 4-3 M150 型多导电生理记录仪

本实车试验选用的放大器为 ECG100C 心电放大器，用于采集驾驶员心率变化。

（2）动态 GPS

本试验采用天宝 Trimble SPS351 信标机，用于采集试验车辆实时三维位置、海拔及车速。

（3）试验车辆

试验车辆根据试验路段近5年事故资料分析及现场实际车型构成,选择丰田RAV4微型多功能越野车(4.265 m×1.785 m×1.705 m)。

2) 试验路段

该路段(图4-4)起点纳赤台,海拔3 540 m,终点昆仑山口,海拔4 776 m,桩号K2828~K2893,全长64.7 km,二级公路,双向行驶且无中央分隔带,设计车速60~80 km/h。

图4-4 纳赤台—昆仑山口路段示意图

3) 试验驾驶员

试验驾驶员选择驾驶经验较为丰富的外地驾驶员,驾驶证C照以上,考虑到试验的特殊性和方便性,被试驾驶员选择以男性为主,年龄20~50岁,驾龄5年以上,无心血管疾病,以保证驾驶行为更加趋近于实际情况。

4.1.2 驾驶员反应能力变化特性

1) 影响因素及指标选取

通过对国内外研究文献的总结,高海拔地区驾驶员感知与操作能力主要影响因素包括海拔(单位：m)、驾驶员年龄以及驾驶时间(单位：h)。

2) 海拔与驾驶员反应时间关系

将三个海拔试验地点驾驶员进行驾驶模拟试验前初始反应时间绘制成箱型图(图4-5),除去个别异常值,驾驶员反应时间随海拔升高而增加,从海拔3 540 m到4 150 m反应时间增长约29%,从海拔4 150 m到4 533 m反应时间约增长26%。

3) 驾驶员年龄与反应时间关系

将被试者根据年龄分为30岁以下、30~40岁、40~50岁和50岁以上四组,绘制与驾驶

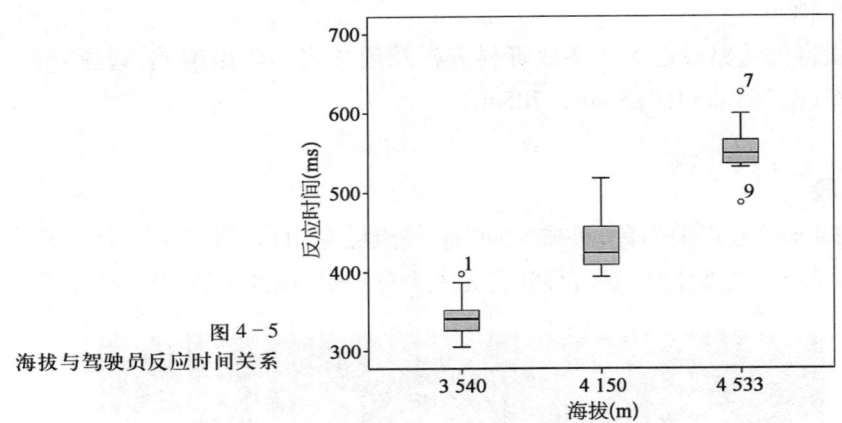

图 4-5 海拔与驾驶员反应时间关系

员初始反应时间关系图(图4-6),通过比较发现,在同一海拔下不同年龄段驾驶员反应时间有所差异,年龄较大的被试者初始反应时间略大于年龄较小的被试者,但是并不明显。

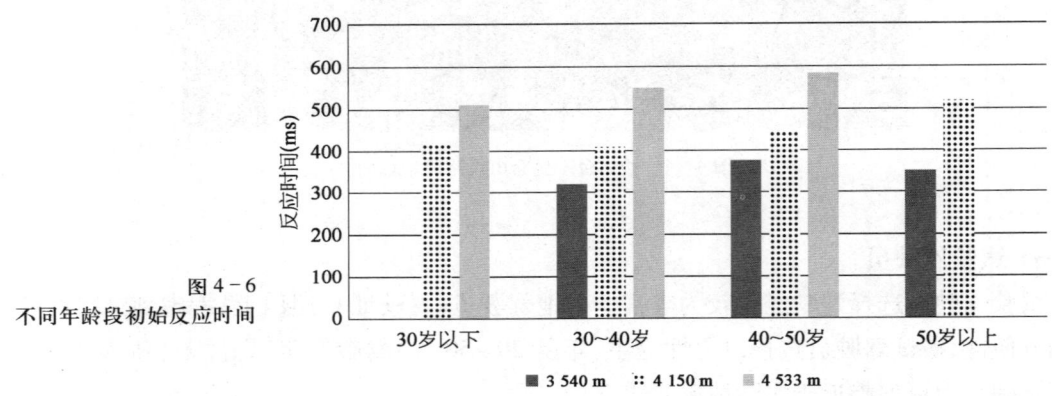

图 4-6 不同年龄段初始反应时间

4) 驾驶时长与反应时间差关系

将驾驶员进行驾驶模拟试验后测得的反应时间与试验前反应时间差值作为其反应时间差 $\Delta t(\mathrm{ms})$,驾驶员驾驶时间分为 $1\sim1.5\,\mathrm{h}$、$1.5\sim2\,\mathrm{h}$ 和 $2\sim2.5\,\mathrm{h}$ 三组,绘制驾驶时长与反应时间差关系图,如图 4-7 所示。

从图 4-7 中得出三点结论:① 当驾驶时间为 $1\sim1.5\,\mathrm{h}$ 时,驾驶员反应时间受驾驶时间的影响微弱,有的被试者表现出反应变快的现象。② 当驾驶时间为 $1.5\sim2\,\mathrm{h}$ 时,驾驶员反应时间平均延长 70 ms;驾驶时间 $2\sim2.5\,\mathrm{h}$,反应时间平均延长 133 ms。③ 驾驶时间大于 $1.5\,\mathrm{h}$ 时,高海拔处驾驶员反应时间间隔要大于低海拔处驾驶员反应时间间隔,表明海拔越高,驾驶员心理生理负荷越大,长时间驾驶更易引起疲劳。

4.1.3 复杂线形条件下驾驶员心率变化特性

根据研究发现,驾驶员在高海拔地区行车时,特别是通过平纵线形条件复杂的路段时,

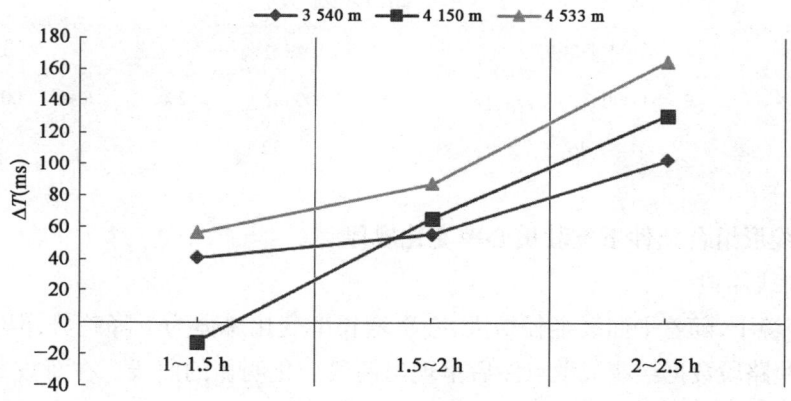

图 4-7 驾驶时长与反应时间关系

车速普遍相比低海拔地区要低。下面将针对高海拔地区道路线形指标，结合驾驶员心理生理特性、海拔环境因素以及行车速度变化特征，研究高海拔地区复杂线形条件下驾驶员心率变化规律并建立相应的数学分析模型，为研究满足驾驶员感知与操作能力的平纵面线形指标提供依据。

1）影响因素及指标选取

通过对国内外研究文献的总结，可以得出车辆在高原地区行驶时，海拔、道路线形以及车辆行驶速度都会对驾驶员心理生理产生影响，其中驾驶员心理生理指标选取的是心率增长率，原因有二：① 心率变化指标本身最能表现驾驶员在行车过程中的紧张程度，同时该指标在采集过程中受外界干扰相对较小，数据精度可靠，方便后期进行模型分析；② 由于每个人平静状态下初始心率不同，大小差异最大可达 20 次/min 以上，直接使用驾驶员驾驶过程中实时的心率值对最终研究结果有所影响，因此采用心率增长率作为最终用于评价驾驶员紧张程度变化的指标，其计算方法如下：

$$N = \frac{n' - n}{n} \times 100\% \tag{4-1}$$

式中　N——驾驶员在行车过程中某一时刻的瞬时心率增长率；
　　　n'——驾驶员在行车过程中某一时刻的瞬时心率；
　　　n——驾驶员静态时平均心率。

2）路段线形划分

参考《公路项目安全性评价指南》(2004 版)中对路段线形划分标准，同时结合高海拔地区道路实际线形指标大小，将平曲线半径 1 000 m、纵坡±2% 作为线形划分临界值，最终得到路段 K2828~K2893 平曲线段、纵坡段和弯坡组合段数量，见表 4-2。

表 4-2 路 段 划 分

路段类型	平曲线段	纵坡段	弯坡组合段
线形指标	$R \leqslant 1\,000\text{ m}, |i| \leqslant 2\%$	$R > 1\,000\text{ m}, |i| > 2\%$	$R \leqslant 1\,000\text{ m}, |i| > 2\%$
数　量	46	22	49

3）不同线形组合条件下驾驶员心率变化规律

（1）平曲线路段

在高原环境下，随着平曲线半径增大，心率增长率变化总体为下降趋势，但与平原地区不同的是，该试验路段数据绘制成散点图后呈现出两段变化明显的曲线。在海拔 3 567~3 957 m 和海拔 4 100~4 709 m 处心率增长率和平曲线半径呈负相关变化。海拔 3 567~3 957 m 区间内，随着半径增大，心率增长率从 22.31% 下降至 17.38%，降幅约 22.1%（图 4-8）；而海拔 4 100~4 709 m 区间内，心率增长率从 35.47% 下降至 29.23%，降幅约 17.6%（图 4-9）。

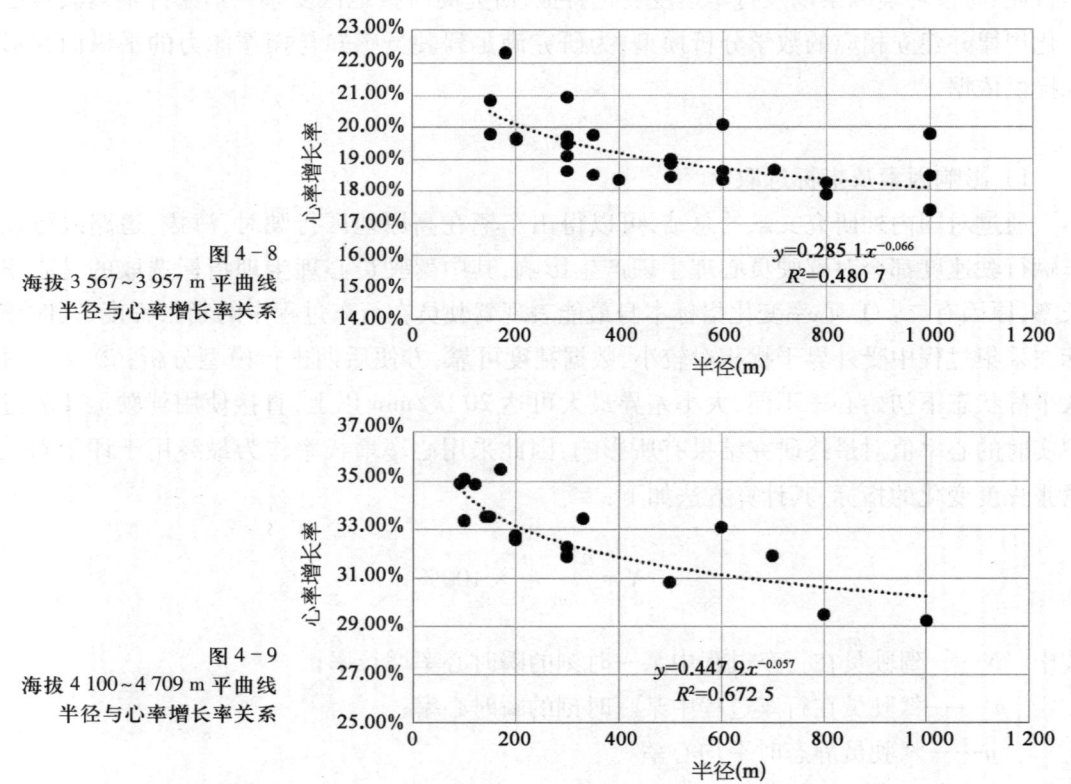

图 4-8 海拔 3 567~3 957 m 平曲线半径与心率增长率关系

图 4-9 海拔 4 100~4 709 m 平曲线半径与心率增长率关系

从图 4-8、图 4-9 中还发现部分相同半径大小对应纵坐标值大小具有明显差异，其原因主要仍是受海拔的影响，现选取样本点最多的平曲线半径同为 300 m 时的心率变化率值，绘制成图 4-10。

从图 4-10 可以看出在平曲线半径相同情况下，海拔成为影响心率增长率的主要因素，

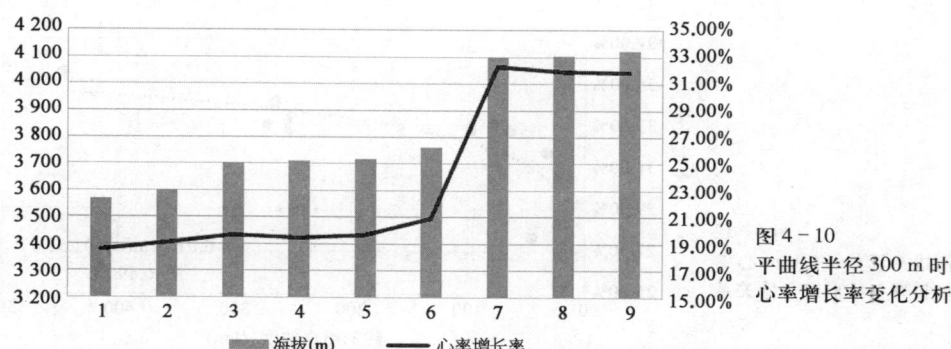

图4-10 平曲线半径300 m时心率增长率变化分析

由于样本点数量过少关系,难以拟合成相应统计方程,但总体趋势和之前心率变化率与海拔关系分析相一致。

(2) 弯坡组合段

根据对已有相关研究总结,从定性上分析,平曲线半径越小,纵坡越大,弯坡组合段上行车越危险。因此以$|i/R|$的形式表征驾驶员在线形组合路段上的行车状态,计算式如下:

$$W = |i/R| \qquad (4-2)$$

式中　W——线形组合值;

　　　i——纵坡(%);

　　　R——平曲线半径(km)。

从图4-11、图4-12可以看出,随着线形组合值的增大,心率增长率呈缓慢增长的趋势,两条曲线的拟合度分别为0.221 6和0.490 1,拟合度比较低,其原因有二:① K2828~K2893段中弯坡组合段较少,导致能采集到的样本点过少,因此统计规律不够明显;② 图4-11中存在一样本点(421.33,19.12%),由于该点所处海拔较低以至于虽然该点线形组合值很大,但心率增长率反而较低。

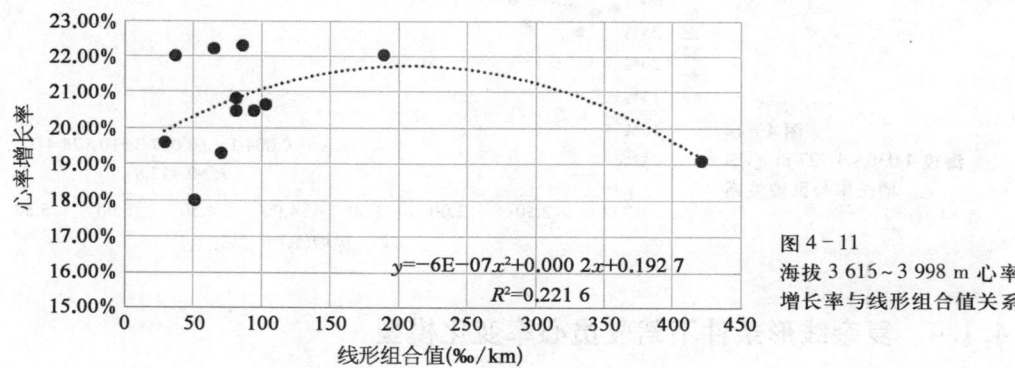

图4-11 海拔3 615~3 998 m 心率增长率与线形组合值关系

(3) 纵坡路段

从图4-13、图4-14可以看出,在海拔3 613~4 020 m和海拔4 036~4 727 m处心率增

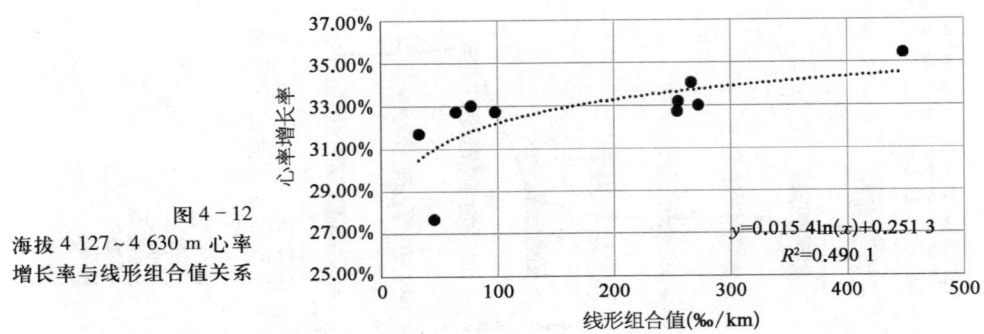

图 4-12 海拔 4 127~4 630 m 心率增长率与线形组合值关系

长率和纵坡呈正相关变化,海拔 3 613~4 020 m 区间内,随着纵坡增大,心率增长率从 17.9% 上升至 27.1%,涨幅约 51.4%,而海拔 4 036~4 727 m 区间内,心率增长率从 24.7% 上升至 37.36%,涨幅约 51.25%;通过线形拟合发现心率增长率和平曲线半径基本呈二次抛物线关系,拟合度分别为 0.545 1 和 0.413 9。

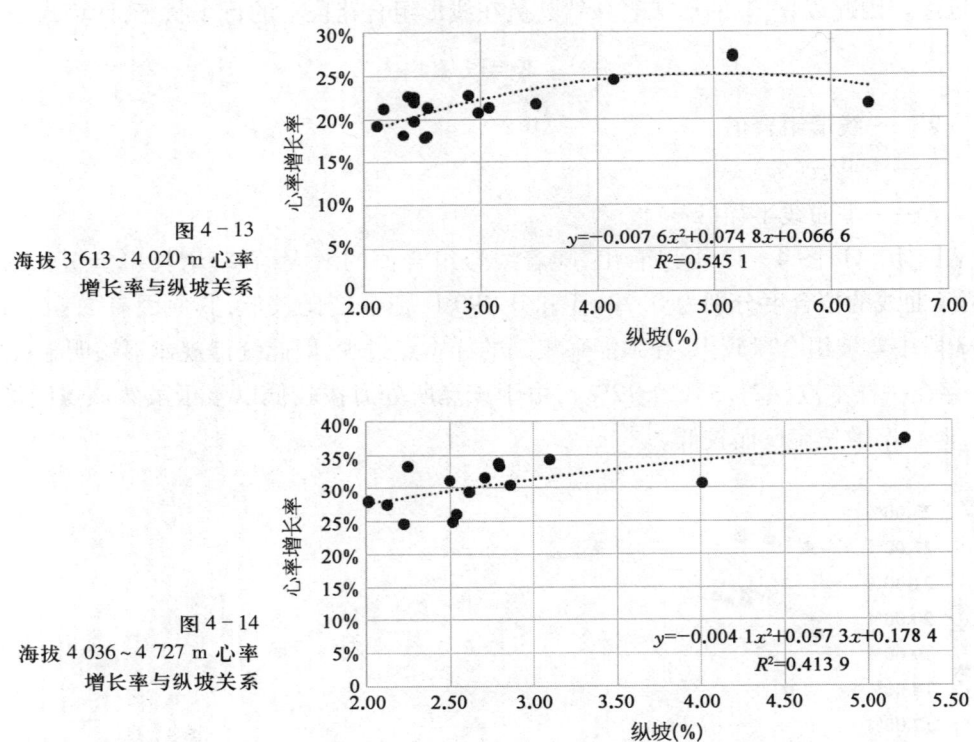

图 4-13 海拔 3 613~4 020 m 心率增长率与纵坡关系

图 4-14 海拔 4 036~4 727 m 心率增长率与纵坡关系

4.1.4 复杂线形条件下驾驶员心率变化模型

通过双因素和多因素变量分析,得到影响心率增长率与各影响因素指标变化趋势和偏相关性大小,下一步根据不同线形路段和海拔区间进行模型分析。

1) 平曲线路段

通过对心率增长率 N、海拔 M、半径 R 和车速 V 偏相关分析,发现心率增长率与海拔、半径和车速线性关系并不明显,但根据双因素变量分析的结果,$M-N$ 近似呈正幂函数变化,$V-N$ 和 $R-N$ 近似呈负幂函数变化,考虑到易于转化成线形回归分析并尽量符合客观实际,假设四参数之间的非线性关系模型如下:

$$N = b_0 \frac{M^{b_3}}{V^{b_1} R^{b_2}} \tag{4-3}$$

式中　　N——心率增长率(%);

M——海拔(m);

V——车速(km/h);

R——平曲线半径(m);

b_0,b_1,b_2,b_3——待定系数。

通过 SPSS 软件计算,得到 $b_0 = 2.575 \times 10^{-5}$,$b_1 = 0.174$,$b_2 = 0.002$,$b_3 = 1.177$,代入式(4-3)可得

$$N = 2.575 \times 10^{-5} \frac{M^{1.177}}{V^{0.174} R^{0.002}} \quad M \in (3567, 3957) \tag{4-4}$$

模型拟合度(R 方)为 0.701,调整后拟合度 0.662,F 检验 Sig 值<0.05,显著性良好,t 检验显示 M、V、R 三变量中 M 显著性较大,说明海拔对心率增长率的影响比线形和车速要大得多。

同样,对海拔 4100~4709 m 区间进行模型计算,得到 $b_0 = 0.0382$,$b_1 = -0.012$,$b_2 = 0.052$,$b_3 = 0.284$,代入式(4-3)可得

$$N = 0.0382 \frac{M^{0.284}}{V^{-0.012} R^{0.052}} \quad M \in (4100, 4709) \tag{4-5}$$

模型拟合度(R 方)为 0.741,调整后拟合度 0.690,F 检验 Sig 值<0.05,显著性良好,t 检验显示 M、V、R 三变量中 M 显著性较大,说明海拔对心率增长率的影响比线形和车速要大得多。

为了更直观分析,将 $V = 80$ km/h 代入式(4-4)和式(4-5),利用 Matlab 绘制 N-M-R 三维曲面图,如图 4-15、图 4-16 所示。

从图 4-15、图 4-16 可以清楚地看出,当驾驶员以设计车速在平曲线路段行驶时,受海拔和平曲线半径同时影响,海拔越高,曲线半径越小,心率增长率越大。

2) 弯坡组合路段

通过对心率增长率 N、海拔 M、线形组合值 W 和车速 V 偏相关分析,发现海拔 3616~

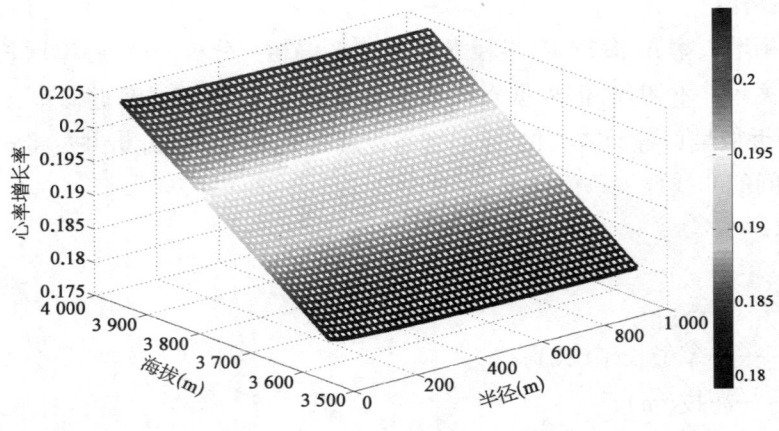

图 4-15 海拔 3 567~3 957 m N-M-R 关系图

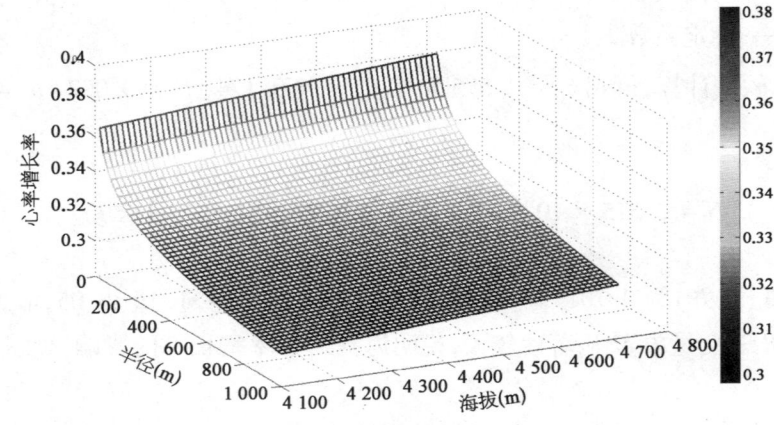

图 4-16 海拔 4 100~4 709 m N-M-R 关系图

3 998 m 区间内心率增长率与线形组合值和车速线性关系并不明显,但根据双因素变量分析的结果,M-N 近似呈线性变化,V-N 和 W-N 近似呈二次多项式函数变化,因此假设四参数之间的非线性关系模型如下:

$$N = aW^2 + bW + cV^2 + dV + e + fM \tag{4-6}$$

式中　　N——心率增长率(%);

M——海拔(km);

V——车速(km/h);

W——线形组合值(‰/km);

a,b,c,d,e,f——待定系数。

通过 SPSS 软件内非线性拟合工具进行求解,得到

$$a = -1.224 \times 10^{-5},\ b = 0.008,\ c = -0.001,\ d = 0.166,\ e = -30.258,\ f = 11.472$$

代入式(4-6),得到最终模型公式(4-7):

$$N = -1.224 \times 10^{-5} W^2 + 0.008W - 0.001V^2 + 0.166V + 11.472M - 30.258$$
$$M \in (3616, 3998) \tag{4-7}$$

模型拟合度(R方)为0.847,拟合度较好。

而根据海拔4 127~4 630 m 双因素变量分析和多因素变量分析得到,心率增长率与线形组合值、海拔和车速相关性、偏相关性均较高,具有良好的线性相关性,因此假设四参数之间的线性关系模型如下:

$$N = aW + bV + cM + d \tag{4-8}$$

式中　　N——心率增长率(%);

　　　　W——线形组合值(‰/km);

　　　　V——车速(km/h);

　　　　M——海拔(km);

a,b,c,d——待定系数。

通过 SPSS 软件内多元线性回归进行求解,得到

$$a = 0.008, b = 0.025, c = 11.463, d = -22.317$$

代入式(4-8)得到模型公式(4-9):

$$N = -22.317 + 0.008W + 11.463M + 0.025V \quad M \in (4127, 4630) \tag{4-9}$$

模型拟合度(R方)为0.952,调整后拟合度0.928,F检验 Sig 值<0.05,显著性良好,t检验显示 M、V、W三变量中 M 显著性较大,说明海拔对心率增长率的影响比线形和车速要大。

为了更直观分析,将 $V = 80$ km/h 代入式(4-7)和式(4-9),利用 Matlab 绘制 N-M-W三维曲面图,如图4-17、图4-18所示。

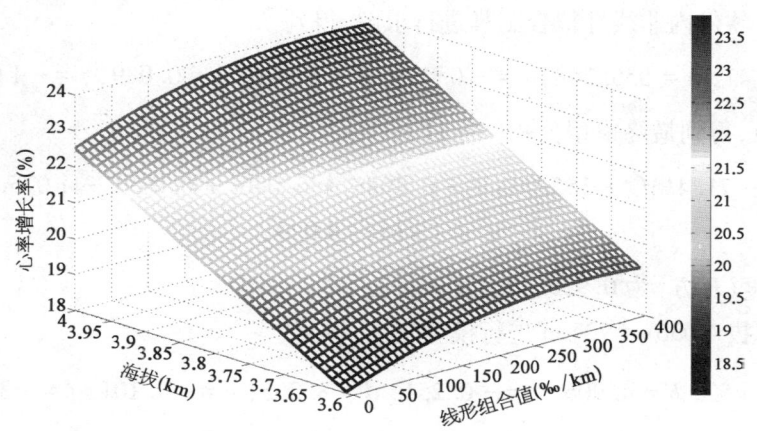

图4-17　海拔3 616~3 998 m N-M-W关系图

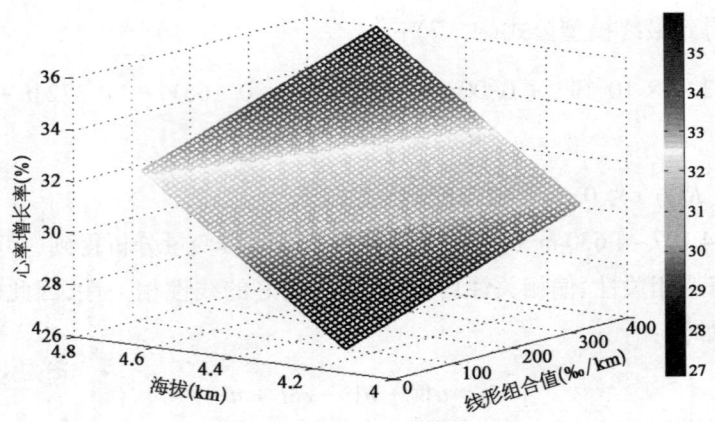

图 4-18　海拔 4 127~4 630 m N-M-W 关系图

从图 4-17、图 4-18 可以清楚地看出,当驾驶员以设计车速在弯坡组合路段行驶时,受海拔和线形组合值同时影响,海拔越高,线形组合值越大,心率增长率越大。

3) 纵坡路段

通过对心率增长率 N、海拔 M、纵坡 i、坡长 L 和车速 V 偏相关分析,发现坡长与心率增长率的关系微弱,因此在建模过程中将该因素剔除。根据双因素变量分析的结果,M-N 和 i-N 近似呈二次抛物线变化,V-N 近似呈线性变化,因此假设四参数之间的非线性关系模型为式(4-10):

$$N = aM^2 + bM + ci^2 + di + eV + f \qquad (4-10)$$

式中　　N——心率增长率(%);

M——海拔(km);

V——车速(km/h);

i——纵坡(%);

a,b,c,d,e,f——待定系数。

通过 SPSS 软件内非线性拟合工具进行求解,得到

$$a = -71.41, b = 555.248, c = -0.498, d = 6.026, e = 0.089, f = -1075.498$$

代入式(4-10),得到最终模型公式(4-11):

$$N = -71.41M^2 + 555.248M - 0.498i^2 + 6.026i + 0.089V - 1075.498$$
$$M \in (3613, 4020) \qquad (4-11)$$

模型拟合度(R 方)为 0.939,拟合度较好。

同样,对海拔 4 036~4 727 m 进行模型建立,得到

$$a = 0.652, b = 4.906, c = -0.251, d = 3.255, e = -0.101, f = -3.503$$

代入式(4-10),得到最终模型公式(4-12):

$$N = 0.652M^2 + 4.906M - 0.251i^2 + 3.255i - 0.101V - 3.503 \qquad M \in (4\,036, 4\,727) \tag{4-12}$$

模型拟合度（R方）为0.957，拟合度较好。

总体上，驾驶员反应时间、心率变化特征指标对于驾驶员在高海拔地区低压缺氧环境下驾驶过程中的感知与操作能力、心理生理状态变化，可以很好地表征出其规律。

针对不同海拔试验地点采集得到的驾驶员反应时间数据进行分析可以发现：海拔、驾驶时间都会对驾驶员的反应能力有所影响，驾驶员年龄影响表现不是非常明显；通过在不同海拔进行实车试验，采集驾驶员心率变化情况，分别建立平曲线段、弯坡组合段、纵坡段驾驶员心率变化模型，且模型拟合度较高。

4.2　低氧环境下驾驶员的疲劳特性

高海拔地区氧含量低，与平原地区相比较驾驶员更容易进入疲劳状态。为了得出驾驶员在高海拔地区的疲劳特性，在三个不同海拔地点进行了驾驶模拟试验，采集驾驶员心理生理变化状态，分析研究驾驶员在不同海拔条件下的疲劳特性。

4.2.1　试验方案设计

1）试验地点

青藏公路沿线格尔木海拔约为2 800 m，之后从西大滩至拉萨方向，平均海拔在4 000 m以上，沿线的海拔分布如图4-19所示。

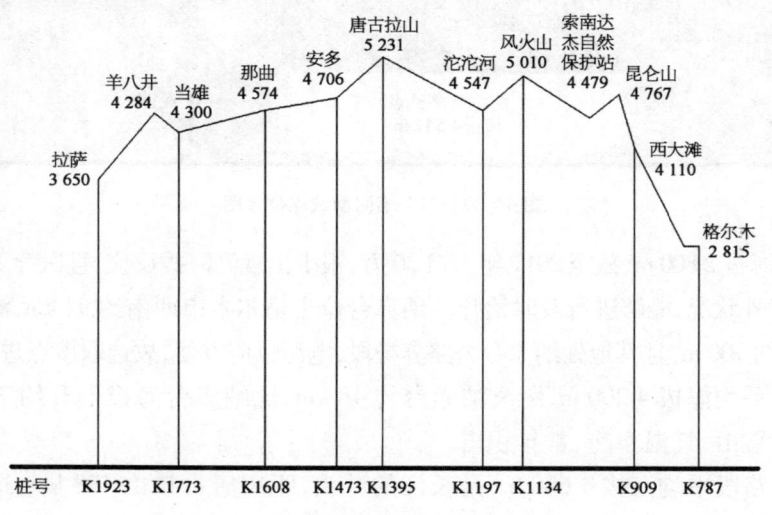

图4-19　G109沿线海拔变化图（西宁—拉萨）

在青藏公路格尔木—拉萨段,海拔 3 000~4 000 m 的里程不足 200 km,高海拔范围主要集中在 4 000~5 000 m。为了研究海拔对驾驶员疲劳状态的影响,从格尔木至唐古拉山段沿 G109 依次选取三个不同海拔地点进行测试,分别为:纳赤台,平均海拔 3 500 m;西大滩,平均海拔 4 200 m;沱沱河,平均海拔 4 600 m。三个不同测试点的具体分布位置如图 4-20 所示。

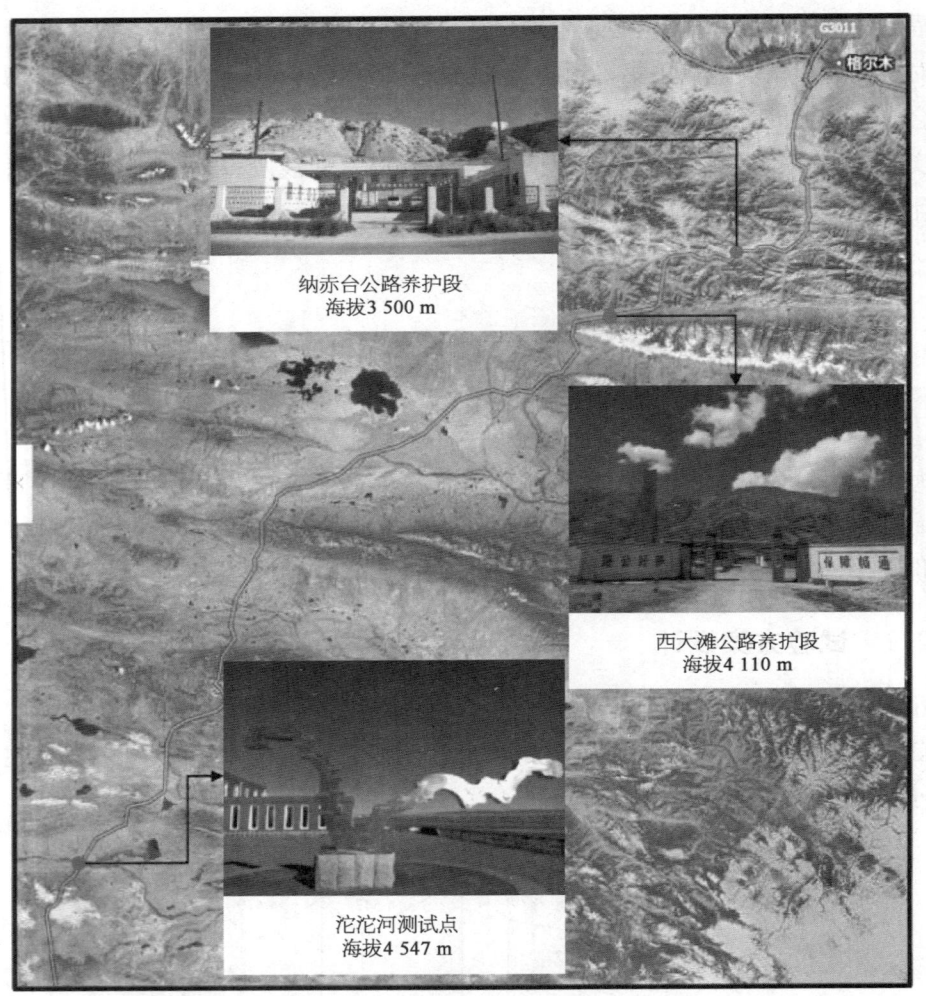

图 4-20 三个不同测试点位置图

格尔木市海拔 2 800 m,截至 2011 年人口 30 万,很少出现高海拔反应,且医疗卫生条件相对较好,即使出现意外状况,能够进行及时治疗。纳赤台位于格尔木市西南约 94 km,海拔约 3 500 m,比格尔木上升约 700 m,且其地处纳赤台公路养护段,电源供应方便,故选取该点进行模拟测试。

西大滩段平均海拔 4 200 m,距离纳赤台约 48 km,比纳赤台海拔上升约 700 m。西大滩附近有玉珠峰雪山,气温寒冷、常年积雪。

沱沱河镇路段平均海拔 4 600 m,是长江的源头,距离唐古拉山 178 km,这里空气稀薄,是青藏公路沿线气候最恶劣、高原反应最严重的地方之一。

2) 试验设备

本试验采用美国 Biopic 公司生产的 MP150 无线生理记录及分析系统,心率的采样频率为 2 000 Hz。可以采集心电、脑电、肌电、眼电、血氧饱和度等心理生理指标。数据采集贴片粘贴位置如图 4-21 所示,数据采集软件界面如图 4-22 所示。

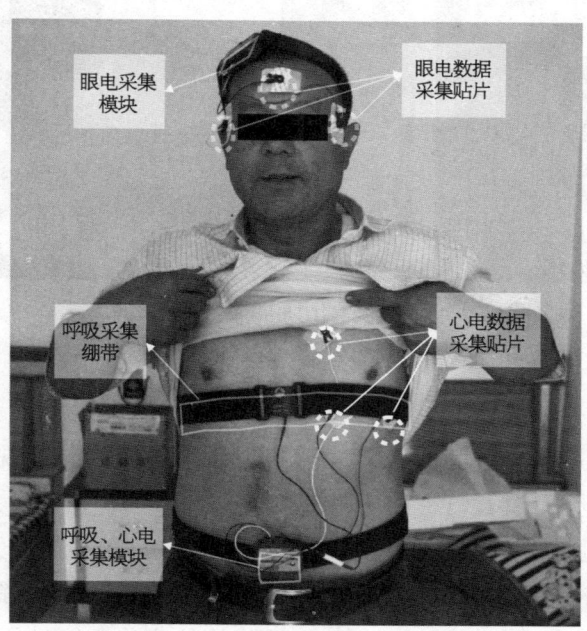

图 4-21 数据采集贴片粘贴位置

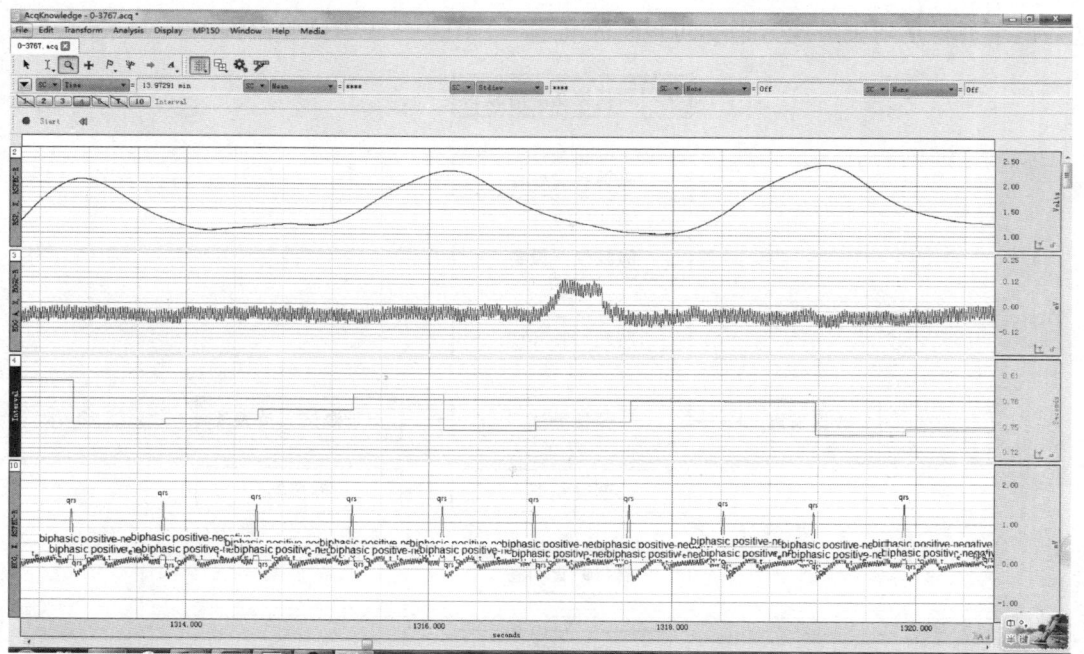

图 4-22 数据采集软件界面

仿真模拟设备由 3D 显示屏幕、方向盘、油门刹车、挡位、座椅等组成,模拟器可根据油门的深浅产生不同的声音,尽可能地模拟真实驾驶环境(图 4-23)。

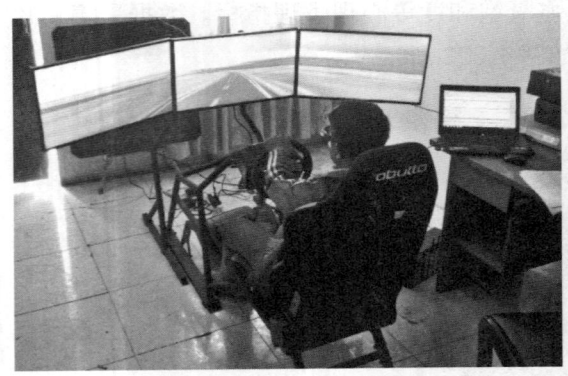

图 4-23 驾驶员模拟测试场景

3) 试验方案及流程

为了充分体现驾驶员的疲劳状态,测试时间保持在 2 h 左右,如果驾驶员出现非常困乏、头昏甚至呕吐的情况、无法继续进行试验,可提前终止试验。

在测试过程中,工作人员对被测试人员的相关细节进行详细记录,尤其是疲劳过程中出现的典型现象,如打哈欠、流眼泪、打盹、车辆压线行驶以及开出路外等,此外还需要对驾驶员聊天、打电话、抽烟等进行记录,每次试验结束之后,对驾驶员的疲劳程度进行问卷调查,这些记录资料是驾驶员疲劳程度的判断标准之一。图 4-24 为试验流程图。

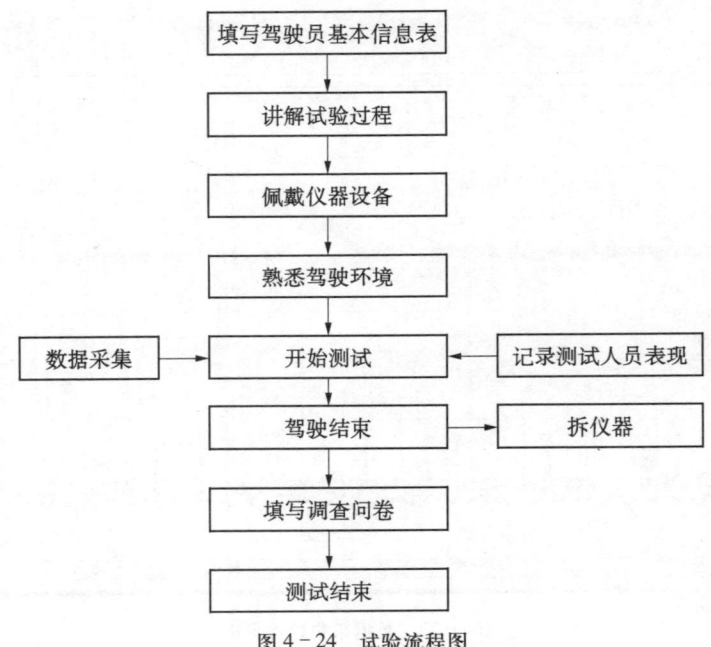

图 4-24 试验流程图

4.2.2 不同海拔条件下的驾驶疲劳特性

1) 评价指标

由于不同驾驶员的身体素质存在较大的差异性,对疲劳的抵抗能力也有所区别,为了克服不同驾驶员本身心跳速率的差异性,采用心跳间隔变化率来表征不同驾驶员的心率变化情况。以前 10 min 的平均心跳间隔作为清醒状态的心跳间隔,其计算方法如下:

$$R_i = \frac{T_i - T_{10}}{T_{10}} \tag{4-13}$$

式中 R_i——第 i 时间段的平均心跳间隔变化率;

T_{10}——前 10 min 的心跳平均间隔(s);

T_i——第 i 时间段心跳平均间隔(s)。

由前文分析可得,采用 120 s 为间隔进行计算。

2) ROC 曲线介绍

受试者工作特征(receiver operator characteristic,ROC)曲线,最初用于评价雷达性能,又称为接收者操作特性曲线。用 ROC 曲线描述和评价目标检测算法的准确性,适用于二分类情况,即判别结果只有"是"和"不是"两种结果。通过文献检索发现,ROC 曲线在医学领域具有广泛的应用,能够很好地确定不同指标的判别阈值(表 4-3)。

表 4-3 比较矩阵(诊断指标>分界点为异常)

"金标准"结果	异常	正常	总例数
诊断指标>分界点	a	b	$a+b$
诊断指标<分界点	c	d	$c+d$
总例数	$m=a+c$	$n=b+d$	$m+n$

注:a、b、c、d 为例数。

灵敏度(se) = a/m;特异度(sp) = d/n;准确率(AC) = $(a+d)/(m+n)$;Youden 指数(Yi) = $a/m - b/n$;阳性概率比(LR +) = a/b;阴性概率比(LR −) = c/d。

ROC 曲线是以灵敏度为纵坐标、以"1-特异度"为横坐标所画的曲线,灵敏度与特异度随诊断变量(指标)分界点的值而变化。针对 ROC 曲线分析方法有以下几点说明:

ROC 曲线的位置和形状决定检测算法的识别能力。ROC 空间的每个作用点都是灵敏度和特异度的组合,如图 4-25 所示。当阈值取在直线 AB 上(例如点 C)时,表

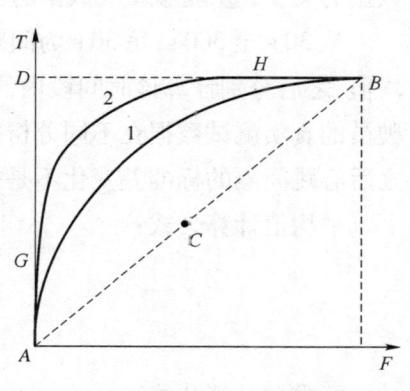

图 4-25 ROC 曲线示意图

示判断结果为灵敏度和特异度完全相同,各占50%,无实际意义;阈值取在直线 AD 或者 DB 上时,说明特异度为1或者灵敏度为1,判别准确度最高,样本之间无重叠区域;阈值取在曲线 GH 上时,表示采用该阈值判断时,样本之间存在重叠区域。越靠近 ROC 曲线左上方的判别阈值,其样本重叠区域越小,表示其判别性能越好。

ROC 曲线下的面积(记为 S)是综合评价判别算法的二维直观描述,S 反映了阈值的准确性,S 取值范围为 0.5~1.0。S 取 0.5~0.7 时,表示准确性较低;S 取 0.7~0.9 时,准确性为中等;S > 0.9 时,表示准确性较高。ROC 曲线的另一个潜在作用是确定最佳判别阈值。针对某种判别方法,ROC 曲线上包含所有灵敏度和特异度的组合,越靠近左上方的点表示其判别效果越好。在应用中,可以选择曲线上尽量靠近左上方的 Y 指数:

$$\text{Youden 指数} = \text{灵敏度} + \text{特异度} - 1 \tag{4-14}$$

在医学领域,当患者和非患者指标重叠较多时,同样存在一定的漏诊率和误诊率,也就是错判,因此单凭一个切点诊断患者和非患者显然是武断的,有必要对可疑值范围进行探讨,它应该是患者和非患者的重叠区域。同时在患者和非患者分布重叠处设定两个诊断点,这样把阳性者和阴性者两个分布划为三个范围,即阳性、可疑和阴性范围。

3)测试时间长度的选取

关于测试时间长度的选取,至少需要驾驶员出现疲劳状态,例如某测试人员 A2 的测试数据,测试时间长度为 3 h,但是在 2 h 之后出现了抗疲劳的现象,驾驶员由疲劳状态转为清醒状态。所以测试时间长度的确定,必须保证两点:第一必须出现疲劳的现象;第二如果时间过长就会出现抗疲劳的现象,为了避免该现象的出现,则在试验的过程中须对驾驶员的驾驶状态进行实时的观测。

4)分析单元时长的选取

分析间隔的选取需要遵循以下三点原则:① 反映数据变化的细节;② 不凸显某一时刻数据的突变;③ 能够反映数据的整体变化趋势。

从 30 s 至 300 s,每 30 s 为间隔,共分为 10 组不同的数据,分别计算不同心跳间隔下的平均值,之后分别计算该时间段内的标准差,将该心跳间隔绘制成曲线图。图 4-26 为一名驾驶员的真实测试数据在不同分析间隔下的标准差。由图 4-26 可看出,在分析间隔为 120 s 之后心跳间隔的标准差变化不是很明显,故将分析间隔定为 120 s。

平均值计算公式:

$$\bar{R} = \frac{R_1 + R_2 + \cdots + R_n}{n} \tag{4-15}$$

标准差计算公式:

$$\delta = \sqrt{\frac{1}{n}\sum_{i=1}^{n}(R_i - \bar{R})^2} \qquad (4-16)$$

式中 $\bar{R}$——心跳间隔平均值(s)；

R_i——第 i 次的心跳间隔(s)；

n——心跳次数；

δ——标准差。

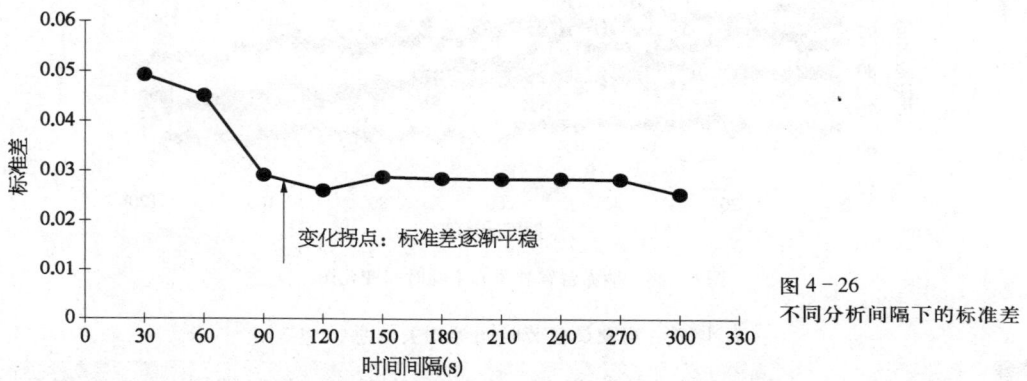

图 4-26 不同分析间隔下的标准差

采用不同的时间间隔长度，分别为 30 s、60 s、120 s、300 s 与 600 s 对心跳间隔进行计算，以 A 驾驶员的心跳数据为例，绘制曲线图如图 4-27 所示。

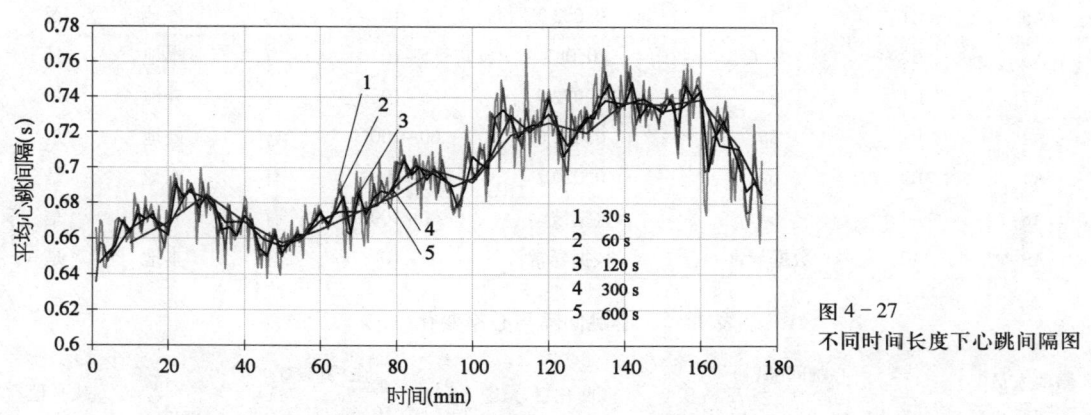

图 4-27 不同时间长度下心跳间隔图

由图 4-27 可以看出，以 30 s 为间隔的曲线图波动幅度较大，以 600 s 为间隔的曲线图最为平缓。但如果以 600 s 时长为分析单元，一方面数据量会偏少，即使是 1 h 的测试时长，才会产生 6 个测试数据；另一方面，疲劳判定结果范围较广，其测试精度会降低，无法判定疲劳状态出现在这 10 min 的前部或者后部。关于分析时间间隔的选取，需要既能反映 RR 间期变化的细节，而又不至于凸显某些随机波动，并且能够反映数据的整体变化规律。综合以上分析，最终采用 120 s 为间隔进行相关计算。

5) 驾驶员心跳数据分析

三个不同海拔的心跳数据分析结果如下。

(1) 纳赤台心跳数据分析

图 4-28 中 A1 与 A6 为本地驾驶员,祖祖辈辈在高原上的生活使其适应了高寒缺氧的环境,其心率的变化也与非本地驾驶员表现出明显的差异性,具体信息见表 4-4、表 4-5。

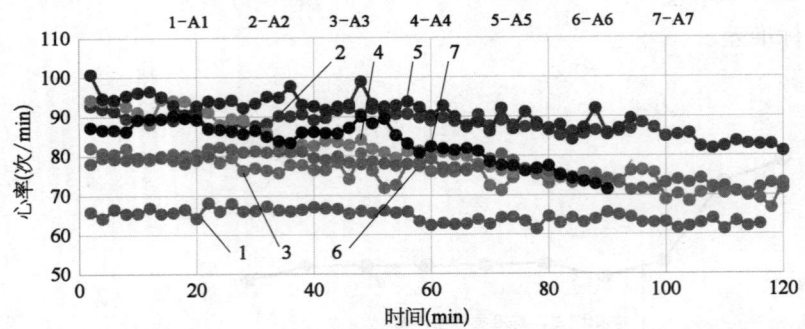

图 4-28 纳赤台驾驶员心率随时间变化图

表 4-4 驾驶员疲劳时间等相关信息(一)

测试人员编码	驾照类型	临界点对应的疲劳时间点(min)	最佳临界点(心跳间隔变化率)	驾驶里程(万公里)	有无高海拔驾驶经历	本地/外地	是否为职业驾驶员
A3	C1	68	0.089 5	5~10	无	外地	否
A4	A2	28	0.068 1	100 以上	有	本地	是
A5	C1	58	0.052 3	5~10	无	外地	否
A6	B2	97.6	0.087	5~10	有	本地	是
A7	C1	61	0.072 9	5~10	有	外地	是
A2	B1	88	0.082 6	60~100	有	外地	是
A1	B2	69	0.020 2	0~5	有	本地	是
A8	A2	64	数据波动	60~100	有	外地	是
A9	A2	数据异常	数据异常	5~10	有	本地	是

表 4-5 心跳间隔与心率变化(一)

测试人员编码	心跳间隔(s)		变化百分比	心率(次/min)		减少值
	前 10 min	后 10 min		前 10 min	后 10 min	
A3	0.74	0.86	15.3%	80.9	70.2	10.7
A4	0.64	0.80	24.2%	93.2	75.1	18.2
A5	0.62	0.68	9.1%	96.3	88.2	8.0
A7	0.69	0.81	17.7%	87.3	74.1	13.1
A6	0.76	0.84	10.6%	79.1	71.6	7.6
A2	0.66	0.73	10.4%	91.3	82.7	8.6
A1	0.92	0.96	4.5%	65.6	62.8	2.8

由表 4-5 可以看出,A4 的心跳间隔变化最大,由于此被测试人员前一晚未睡眠,故很快表现出疲劳状态,A3 的测试时间是凌晨,所以也表现出较大的心跳间隔变化百分比。在高海拔环境下,在驾驶员进入疲劳状态之后,其心跳间隔增加值约为 10%。

(2) 西大滩心跳数据分析

西大滩被测试人员的心率变化如图 4-29 所示。

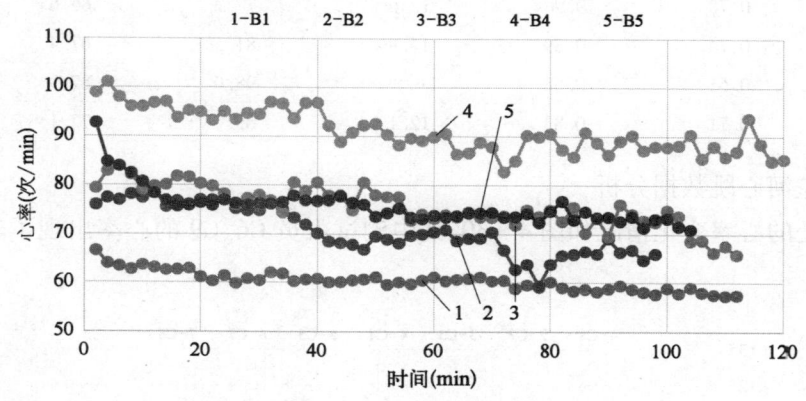

图 4-29 西大滩驾驶员心率随时间变化图

B1 为本地驾驶员,故其心跳速率明显缓于其他测试人员,驾驶员的相关信息见表 4-6。

表 4-6 驾驶员疲劳时间等相关信息(二)

编号	测试人员编码	驾照类型	时间点(min)	最佳临界点(心跳间隔变化率)	驾驶里程(万公里)	有无高海拔驾驶经历	民族	是否为职业驾驶员
1	B1	A2	69.0	0.077	100 以上	有	藏	是
2	B2	A2	57.0	0.081	100 以上	有	汉	是
3	B3	A2	73.8	0.110	100 以上	有	汉	是
4	B4	C1	60.0	0.084	0~5	有	汉	否
5	B5	A2	70.0	0.152	10~30	有	汉	是
6	B7	C1	54.0	—	5~10	有	汉	是
7	B6	A2	66.0	—	60~100	有	藏	是
8	B9	C1	40.0	—	小于 1	无	汉	否
9	B8	C1	41.7	—	5~10	有	汉	否

注:B6、B7、B8 以及 B9 测试人员心跳数据波动,仅做定性分析,不做定量分析。

由表 4-6 可以看出职业驾驶员表现出更强的抗疲劳特性,出现的疲劳时间点较为推后。

在表 4-7 中,B1 为本地驾驶员,世世代代在高原上生活,适应了高海拔低压缺氧的环境,疲劳前后其心率的减少值仅为 6.2 次/min,前 10 min 的心跳次数以及后 10 min 的心跳次数也是最小的。测试员 B3 在疲劳点的心跳间隔变化百分比最大,B3 为职业驾驶员,常年行驶在青藏公路上,表现出更强的抗疲劳性;B4 为非职业驾驶员,经常驾驶车型为小型车,长期生活在平原地区,表现出疲劳状态时,其心跳间隔变化率为 6.8%,并且其前 10 min 的平均心跳速率为 98 次/min,是这五名测试人员中最高的。

表 4-7 心跳间隔与心率变化(二)

测试人员编码	心跳间隔(s)		变化百分比	心率(次/min)		减少值(次/min)
	前 10 min	后 10 min		前 10 min	后 10 min	
B1	0.94	1.04	9.6%	64.1	57.9	6.2
B2	0.78	0.90	12.0%	77.2	66.6	10.6
B3	0.74	0.89	14.9%	81.5	67.4	14.1
B4	0.61	0.68	6.8%	98.0	87.9	10.1
B5	0.71	0.83	12.1%	85.0	72.1	12.9

(3)沱沱河心跳数据分析

沱沱河处的心率变化情况如图 4-30,其中测试人员 C6、C9 的心率出现了较大波动,暂时不做分析。

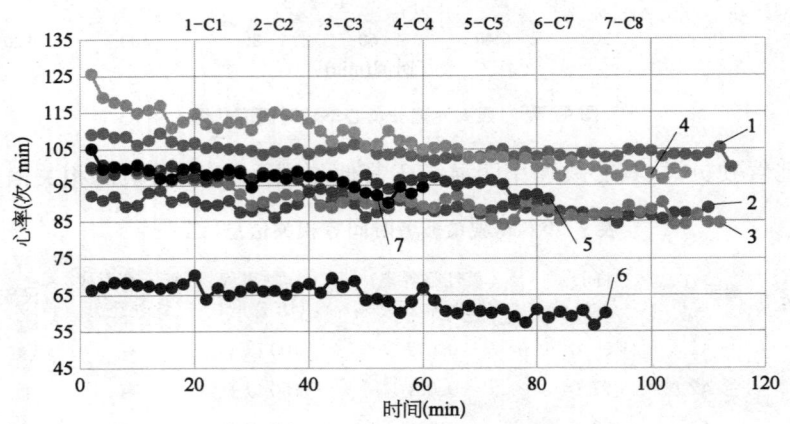

图 4-30 沱沱河驾驶员心率随时间变化图

由于被测试人员 C6 与 C9 心跳数据有波动,故在表 4-8 中未进行统计。由表 4-8 可以看出与非职业驾驶员相比,职业驾驶员具有更强的抗疲劳特性。

表 4-8 驾驶员疲劳时间等相关信息(三)

编号	测试人员编码	驾照类型	疲劳时间点(min)	最佳临界点(心跳间隔变化率)	驾驶里程(万公里)	有无高海拔驾驶经历	民族	是否为职业驾驶员
1	C3	A2	70	0.115	100 以上	有	汉	是
2	C4	B2	56.8	0.126	0~5	有	汉	否
3	C8	B2	41	0.048	10~30	有	汉	是
4	C5	C1	34	0.039	0~5	无	汉	否
5	C7	A2	68	0.083	0~5	有	汉	是
6	C1	A2	49	0.038	30~60	有	汉	否
7	C2	C1	32	0.018	5~10	有	汉	否

由于被测试人员 C6 与 C9 心跳数据有波动,故在表 4-9 中未进行统计。被测试驾驶员 C4 属于外地非职业驾驶员,且经常驾驶车型为小型车,其前 10 min 与后 10 min 的心跳间隔变化最大为 16.88%,每分钟的心跳次数减少值为 20.5 次/min。总体来说,前后 10 min 的心跳间隔变化百分比表现出一定的差异性,但大部分被测试驾驶员的前 10 min 与后 10 min 的心率减少值在 10 次以内。需要说明的是,这里的测试环境处于高原缺氧状态,所以其测试结果可能与平原地区有一定的区别。

表 4-9 心跳间隔与心率变化(三)

测试人员编码	心跳间隔(s)		变化百分比	心率(次/min)		减少值
	前 10 min	后 10 min		前 10 min	后 10 min	
C3	0.61	0.70	13.19%	98.8	84.9	13.9
C4	0.50	0.61	16.88%	118.9	98.5	20.5
C8	0.59	0.65	8.22%	101.1	92.8	8.3
C5	0.60	0.65	7.41%	99.7	92.3	7.4
C7	0.89	1.01	12.47%	67.8	59.3	8.4
C1	0.55	0.58	4.81%	108.3	103.1	5.3
C2	0.66	0.69	4.11%	90.8	87.1	3.7

(4)数据统计结果

由于本地驾驶员的心跳数据与外地驾驶员表现出明显的差异性,故这里只分析外地驾驶员在驾驶模拟器中的疲劳时间,具体统计结果见表 4-10,该表中的数据只统计了已经进行了 ROC 曲线分析的数据,未进行 ROC 曲线分析的数据由于不同原因,如打电话等影响,心跳数据出现波动,不具有规律性,故在不同海拔点的平均疲劳时间统计中,暂不将该类数据统计进来。

表 4-10 驾驶员疲劳时间统计

地 点	疲劳时间(min)
纳赤台	68.8
西大滩	65.2
沱沱河	50.1

由表 4-10 可以看出,随着海拔的增加,疲劳时间点出现得越早。

4.2.3 不同海拔条件下的驾驶疲劳模型

一般将驾驶疲劳的结果划分为疲劳或者清醒,影响驾驶疲劳的可能因素为海拔、驾驶时间长度、驾驶员类别等,其中驾驶员类别为离散变量。驾驶疲劳的结果一般情况下因变量为定类变量或定序变量,则普通的线形回归方法不再适用。因此,采用二元 Logit 模型建立驾驶员在不同海拔条件下的疲劳模型,二元 Logit 模型的原理以及模型建立的结果介绍如下。

1) 模型介绍

二元 Logit 模型的原理以及相关推导过程介绍如下。

假设应变量 Y 的结果仅为 0 或 1,即

$$Y = \begin{cases} 1, \text{发生} \\ 0, \text{未发生} \end{cases}, \text{自变量}\ X_1, X_2, \cdots, X_n \tag{4-17}$$

在 n 个自变量作用下发生与未发生的概率记为

$$\begin{aligned} &\text{发生}: P_i = P_i(Y = 1 \mid X_1, X_2, \cdots, X_n),\ 0 \leqslant P_i \leqslant 1 \\ &\text{未发生}: 1 - P_i,\ 0 \leqslant P_i \leqslant 1 \end{aligned} \tag{4-18}$$

将发生与未发生的概率进行以下变换,令

$$\pi_i = \frac{P_i}{1 - P_i},\ i = 1, 2, \cdots, n \tag{4-19}$$

则二元 Logit 模型为

$$\text{logit}(P_i) = \ln\left(\frac{P_i}{1 - P_i}\right) = \eta_i,\ i = 1, 2, \cdots, n \tag{4-20}$$

变换后 P_i 的取值范围仍然为 0~1,但是 $\text{Logit}(P_i)$ 的取值范围是 $(-\infty, +\infty)$,克服了概率取值超出 [0, 1] 区间的问题。

将 η_i 可以进一步表示为一组自变量的线性组合:

$$\eta_i = \beta_0 + \beta_1 x_{11} + \cdots + \beta_k x_{ik} = \beta_0 + \sum_{k=1}^{k} \beta_k x_{ik},\ i = 1, 2, \cdots, n \tag{4-21}$$

反推出概率 P_i 的计算公式为

$$\frac{P_i}{1 - P_i} = \exp\left(\beta_0 + \sum_{k=1}^{k} \beta_k x_{ik}\right),\ i = 1, 2, \cdots, n \tag{4-22}$$

$$P_i = \frac{\exp\left(\beta_0 + \sum_{k=1}^{k} \beta_k x_{ik}\right)}{1 + \exp\left(\beta_0 + \sum_{k=1}^{k} \beta_k x_{ik}\right)},\ i = 1, 2, \cdots, n \tag{4-23}$$

Logit 模型的回归参数采用最大似然估计法进行估计。

2) 模型建立

根据上文分析初步选取驾驶时间长度(T)、海拔(H)、驾驶员类型(N)以及心跳间隔变化率(B)这四个变量建立二元 Logit 模型:

$$\ln\left[\frac{P(Y=1)}{1-P(Y=1)}\right] = \beta_0 + \beta_1 T + \beta_2 H + \beta_3 N + \beta_4 B \quad (4-24)$$

式中　$P(Y=1)$——驾驶员疲劳的概率;

　　　β_0——常数;

$\beta_1, \beta_2, \beta_3, \beta_4$——自变量系数;

　　　T——时间长度(min);

　　　H——海拔,在本书中依据测试点将海拔分为三段;

　　　N——驾驶员类型,在本书中仅分为本地驾驶员 $N=1$ 与外地驾驶员 $N=0$;

　　　B——心跳间隔变化率,每 2 min 采集一个数据。

关于回归系数的解释,由于以上驾驶疲劳模型对因变量进行了非线性的 Logit 转换,会造成自变量对模型中因变量的影响是非线性的,因此针对线性回归系数的解释方式在本模型中不适用。在其他自变量不变的情况下,某一自变量 X_j 改变一个单位,因变量对应的发生比率改变 $\exp(\beta_j)$ 个单位。这里发生比率(odds)被定义为出现某一结果的概率与出现另一结果的概率之比(ratio)。用 P 表示成功的概率,$1-P$ 表示失败的概率,那么成功的发生比率就是比值 $P/(1-P)$。那么 $\exp(\beta_j)$ 表示一个群体相对于另一个群体"成功"经历某个事件的相对发生比率,也就是不同群体的发生比率之比。

在本书中将驾驶员类型分为两类——本地与非本地驾驶员,职业类型分为两类——职业与非职业驾驶员,海拔分为三类。这三种参数均为虚拟变量,一般来说如果一个虚拟变量含有 m 个类别,则需引入 $m-1$ 个虚拟变量即可,在模型参数标定的过程中需要对虚拟变量进行编码,其中海拔的三个类别中,将测试点 A 设置为参照类,具体编码结果见表 4-11。

表 4-11　虚拟变量编码

虚拟变量		参数编码	
		(1)	(2)
测试点	测试点 A	0	0
	测试点 B	1	0
	测试点 C	0	1
驾驶员类型	外地驾驶员	0	
	本地驾驶员	1	

模型系数的综合检验见表 4-12。

表4-12　模型系数的综合检验

项目		卡方	df	Sig.
步骤1	步骤	562.270	5	0.000
	块	562.270	5	0.000
	模型	562.270	5	0.000

表4-12中的概率值为0.000,小于显著性水平0.05,可见模型显著,所建模型有意义。

3) 模型结果分析

由表4-13可以看出,所有变量均小于0.05的显著水平。在变量系数中,只有驾驶员类型的系数为负值,其他均为正值。即时间越长、心跳间隔变化率越大、海拔越高,越容易出现疲劳状态,外地驾驶员更容易疲劳。模型系数的分析结果也与实际的数据分析结果相一致。

表4-13　方程中的变量

	变量	B	S.E.	Wald	df	Sig.	Exp(B)
步骤1ª	时间长度	0.157	0.02	88.84	1.00	0.00	1.17
	海拔			63.56	2.00	0.00	
	海拔(1)	1.290	0.44	8.43	1.00	0.00	3.6
	海拔(2)	4.669	0.60	59.77	1.00	0.00	106.59
	心跳间隔变化率	0.149	0.05	9.35	1.00	0.00	1.16
	驾驶员类型(1)	-2.790	0.51	30.08	1.00	0.00	0.06
	常量	-13.987	1.33	110.69	1.00	0.00	0.00

注：a. 在步骤1中输入的变量：时间长度,心跳间隔变化率,海拔,驾驶员类型。
　　B 为最终模型参数估计值;
　　S.E. 为相应的标准误差;
　　Wald 为回归系数与标准误差比值的平方;
　　df 为自由度;
　　Sig. 为显著性水平,一般取置信水平0.05作为判断自变量是否显著的标准;
　　Exp(B)为回归系数B值进行指数运算的结果。

关于对变量系数的解释,时间长度的系数值是0.157,Exp(0.157)=1.17,即时间长度每增加一个单位,疲劳的发生比率将是原来的1.17倍。心跳间隔变化率的系数为0.149,Exp(0.149)=1.16,即心跳间隔变化率每增加1%,疲劳的发生比率将是原来的1.209倍。

对于海拔,该模型中以测试点A为参照,测试点B、C相对于测试点A的疲劳发生比率分别为3.63与106.59,在测试点C比测试点A更容易发生疲劳。

总体来看,时间长度与海拔这两个变量Wald检验值较大,并且其Sig.值小于0.05,说明这两个因素对驾驶员疲劳具有重要的影响,其中时间长度的Wald检验值最大,其影响程度最大。

根据以上数据的分析结果,可以得出在不同情况下驾驶员疲劳的 Logit 模型。在测试点 A、B、C 的疲劳模型如下。

测试点 A 的 Logit 模型:

$$\ln\left[\frac{P(Y=1)}{1-P(Y=1)}\right] = 0.157T + 0.149B - 2.790N - 13.987 \quad (4-25)$$

测试点 B 的 Logit 模型:

$$\ln\left[\frac{P(Y=1)}{1-P(Y=1)}\right] = 0.157T + 0.149B - 2.790N - 12.697 \quad (4-26)$$

测试点 C 的 Logit 模型:

$$\ln\left[\frac{P(Y=1)}{1-P(Y=1)}\right] = 0.157T + 0.149B - 2.790N - 9.318 \quad (4-27)$$

式中　$N=0$,外地驾驶员;
　　　$N=1$,本地驾驶员。

其他变量的含义与上文相同。由以上公式,可以反推出测试点 A 的疲劳概率:

$$P(Y=1) = \frac{\exp(0.157T + 0.149B - 2.790N - 13.987)}{1 + \exp(0.157T + 0.149B - 2.790N - 13.987)} \quad (4-28)$$

由以上公式,可以反推出测试点 B 的疲劳概率:

$$P(Y=1) = \frac{\exp(0.157T + 0.149B - 2.790N - 12.697)}{1 + \exp(0.157T + 0.149B - 2.790N - 12.697)} \quad (4-29)$$

由以上公式,可以反推出测试点 C 的疲劳概率:

$$P(Y=1) = \frac{\exp(0.157T + 0.149B - 2.790N - 9.318)}{1 + \exp(0.157T + 0.149B - 2.790N - 9.318)} \quad (4-30)$$

以上公式中变量的含义与上文相同。

外地驾驶员($N=0$)的疲劳变化曲面如图 4-31 所示。

本地驾驶员($N=1$)的疲劳变化曲面如图 4-32 所示。

在高海拔地区临界点处心跳间隔变化率主要集中在 6%~9%,约占总数的 47.4%,故取心跳间隔变化率 7.5%,对于外地驾驶员($N=0$)和本地驾驶员($N=1$),分别计算其在两个测试点处的疲劳概率,绘制曲线图如图 4-33 所示。

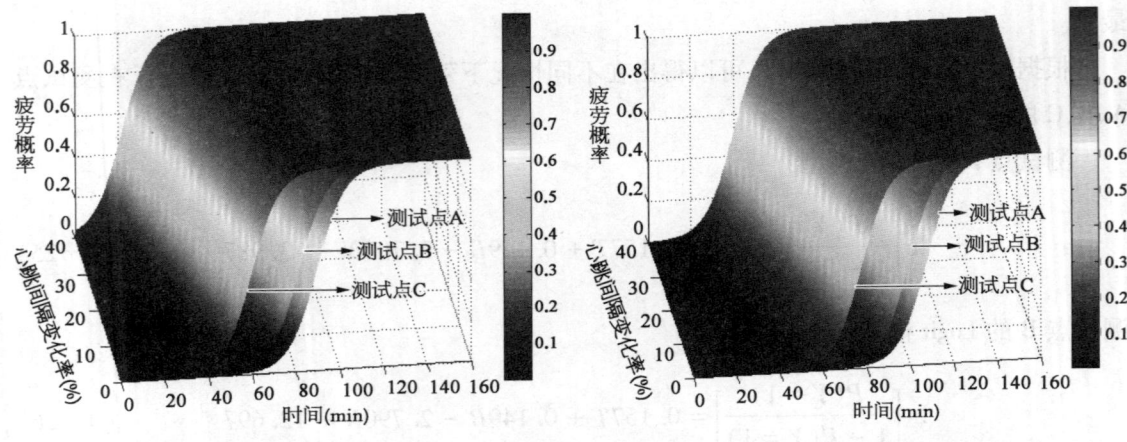

图 4-31 外地驾驶员疲劳变化曲线　　　　图 4-32 本地驾驶员疲劳变化曲线

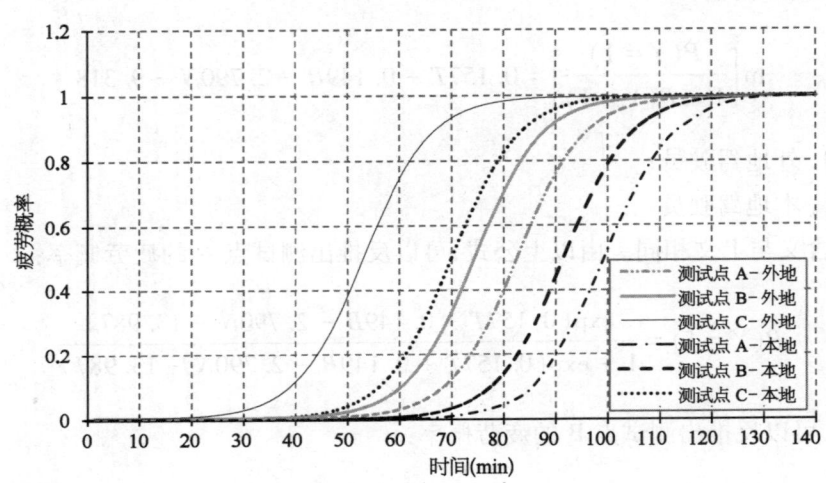

图 4-33 外地驾驶员与本地驾驶员疲劳曲线对比

根据图 4-33 可以看出随着时间的增加疲劳概率增加,海拔越高,疲劳时间点出现得越早,且外地驾驶员与本地驾驶员表现出明显的差异性,本地驾驶员具有更强的抗疲劳特性。

分别取外地驾驶员疲劳概率为 15% 与 85%,即驾驶员达到疲劳的程度为 15% 与 85%,其对应的时间点见表 4-14。

表 4-14 驾驶员疲劳时间点

测 试 点	疲劳时间点(min)	
	疲劳程度 15%	疲劳程度 85%
测试点 A	71	92
测试点 B	63	85
测试点 C	41	63

在三个不同海拔地点进行实地模拟测试,记录被测试驾驶员心理生理数据变化情况及驾驶员实际表现状态,以 2 min 为分析单元开展相关数据分析,采用在医学上广泛使用的 ROC 曲线逐一确定每位驾驶员的疲劳阈值。

驾驶疲劳特性研究成果表明:随着海拔的增加驾驶员出现的疲劳时间点逐渐提前,以青藏公路为例,沱沱河处的疲劳时间点明显提前于西大滩与纳赤台,因为沱沱河处于青藏高原的腹地,氧含量少,气候条件相对于前者更为恶劣。同时,通过对心跳数据变化规律分析,结合时间长度、海拔、驾驶员类别、心跳间隔变化率这四个因素,利用二元 Logit 模型,成功建立了不同海拔条件下不同类型驾驶员的疲劳模型。

第5章

高海拔地区高速公路运行速度模型

根据高原低压缺氧环境车辆性能的研究结果可知,机动车的动力性能在高海拔地区每上升1 000 m动力性下降7%~8%,说明在高海拔地区车辆动力性主要是受公路纵断面线形的影响。在高海拔地区,平面线形虽然会一定程度上影响驾驶员的感知与操作能力,但根据第4章的研究结果,平面线形指标对驾驶员感知与操作能力影响较小,并且高速公路平面线形指标总体较高,所以在研究高海拔地区高速公路运行速度模型时,应重点考虑纵断面线形对车辆行驶速度的影响。因此本章根据车辆动力性能的折减规律,通过分析公路在不同海拔某一实际纵坡的平衡速度,得到在通常海拔(受海拔因素影响较小)地区具有相同平衡速度的纵坡即等效坡度,提出运行速度模型中纵坡的修正模型。同时以现有高海拔地区高等级公路(拉萨—林芝高等级公路、拉萨—贡嘎机场专用公路)为调研对象,分别采集直线段、曲线段、纵坡段、弯坡段等路段典型特征断面的运行速度数据,结合现行《公路项目安全性评价规范》的运行速度模型以及高海拔纵坡修正模型,对模型的精度进行验证分析,从而提出高原高速公路两种典型车型的运行速度分布预测模型。本章的研究内容为高海拔地区高速公路设计速度分段技术等安全设计方法的研究提供依据。

5.1 代表车型

5.1.1 小型车代表车型

小型车以上海大众速腾2012款1.6手动时尚型为研究车型。主要参数如下。

整备质量1 275 kg,满载质量1 650 kg,计算车重1 500 kg。

发动机型号:EA111,排量1.6 L,最大功率为P_{max} = 77 kW(5 600 r/min),最大扭矩为T_{tgmax} = 155 N·m(3 500 r/min)。

变速器型号:MQ200;主减速比:4.235;前进挡传动比:1挡为3.769,2挡为2.095,3挡为1.433,4挡为1.079,5挡为0.851;传动效率:η_T = 0.90。

变速器具体参数见表5-1。

表5-1 变速器具体参数

型 号	MQ200-5F		
挡位数	5挡	主传减速比	4.235
传动效率	90%	1挡	3.769
最高挡传动比	3.545	2挡	2.095
重 量	33.5 kg	3挡	1.433
车速表传动比	13∶22	主传比 4挡	1.079
外换挡机构形式	拉锁式	5挡	0.851
承受最大扭矩	200 N·m	倒挡	3.182

注:轮胎型号205/55/R16,轮胎半径r = 0.306 m。

5.1.2 大型车代表车型

大型车以东风天龙牵引车 DFL4251A9+罐式半挂东岳 CSQ9401GYY 组合为研究车型。主要参数如下。

整备质量 8 500 kg,准牵引总质量 40 000 kg,标准计算车重 28 000 kg。

迎风面积:$A = 7 \text{ m}^2$。

车轮半径:$R = 0.537\ 75 \text{ m}$。

发动机最大功率(转速):250 kW(1 900 r/min)。

发动机最大扭矩(转速):1 500 N·m(1 200 ~ 1 300 r/min)。

车桥速比(主减速比):$i_0 = 4.1$。

各挡位传动比和旋转质量换算系数 δ 见表 5-2。

表 5-2 挡位传动比和旋转质量换算系数

挡 位	1	2	3	4	5	6	7
传动比	12.1	9.41	7.31	5.71	4.46	3.48	2.71
换算系数	1.594 7	1.381 1	1.241 1	1.158 6	1.107 9	1.076 9	1.057 3
挡 位	8	9	10	11	12	R1	R2
传动比	2.11	1.64	1.28	1.0	0.78	11.56	2.59
换算系数	1.044 5	1.037 1	1.032 2	1.028 0	1.024 8	—	—

制动器相关参数如下:

配备个数:12 个;

制动鼓质量:$m_g = 80.05 \text{ kg}$;

制动鼓比热容:$c_g = 482 \text{ J/(kg·℃)}$;

制动鼓外表面积 $A_g = 0.39 \text{ m}^2$。

5.2 动力和阻力折减对车辆行驶速度的影响

平衡速度是指在相应挡位、油门力度、纵坡、海拔等行驶条件下,汽车失去加速能力所对应的速度。其特征是汽车加速阻力为零,即汽车行驶方程中行驶动力等于行驶阻力。本节重点研究车辆平衡速度受海拔的影响规律,建立相应的计算模型。

根据汽车行驶受力平衡方程,当汽车失去加速能力时,加速阻力 $F_j = 0$。于是汽车受力平衡方程可简化为

$$F_t = F_i + F_w + F_f \qquad (5-1)$$

代入驱动力和阻力的表达式,得

$$\frac{\eta_T k_P k_T T_{tq} i_0 i_g}{r} = mgi + k_a m_0 (5.3 \times 10^{-6} v^2) + m(3.07 \times 10^{-4} v + 0.053\,6) \qquad (5-2)$$

其中

自然吸气发动机 $\quad k_P = \dfrac{1 - 1.236\,0 \times 10^{-4} H + 5.296\,0 \times 10^{-9} H^2}{0.936\,3}$

中冷增压发动机 $\quad k_P = \dfrac{1 - 7.623\,8 \times 10^{-5} H^2}{0.959\,77}$

$$k_a = \frac{1 - 1.002\,8 \times 10^{-4} H + 3.379\,5 \times 10^{-9} H^2}{0.948}$$

令 $k_m = \dfrac{m_0}{m}$,公式变换

$$i = \frac{1}{g}\left(\frac{\eta_T k_P k_T T_{tq} i_0 i_g}{mr} - 5.3 \times 10^{-6} k_a k_m v^2 - 3.07 \times 10^{-4} v - 0.053\,6\right) \qquad (5-3)$$

其中发动机基准转矩采用

$$T_{tq} = -9.325 \times 10^{-4} n^2 + 2.460 n + 27.120$$

发动机转矩负荷系数采用

$$k_T = 1$$

机械效率采用

$$\eta_T = 0.838$$

这里评价的爬坡能力是发动机非激烈状态下的爬坡能力,因此,发动机转速设定为 2 000 r/min。

5.3 平衡速度与等效坡度的关系

根据上节得出的平衡速度与海拔的关系模型,结合车辆行驶受力平衡方程,可以得到车辆在不同海拔保持相同平衡速度的纵坡。本文提出了基于海拔的等效坡度理论,通过确定

高海拔地区不同海拔相对通常海拔的等效坡度,提出该理论在运行速度预测模型中的应用方法。

5.3.1 小于 80 km/h 的等效坡度和坡度偏移值

1) 等效坡度和坡度偏移值

若通常海拔下(527.65 m)坡度 i_1 与相应海拔下实际坡度 i_2 所对应的平衡速度相同,则称坡度 i_1 为相应海拔下实际坡度 i_2 的等效坡度。同时,将 $\Delta i = i_1 - i_2$ 称为坡度偏移值或坡度矫正值。

相应海拔下的坡度偏移值可作为坡度折减值(技术标准)的主要技术依据。

2) 等效坡度方程组(平衡速度 v)

汽车发动机转速 n 与速度的关系如下:

$$v = \frac{2\pi n r \times 60}{1\,000 i_0 i_g} = \frac{3\pi n r}{25 i_0 i_g}$$

于是有

$$\frac{i_0 i_g}{r} = \frac{3\pi n}{25 v}$$

于是通常海拔(527.65 m)与海拔 H 下,汽车上坡路段平衡速度对应的汽车受力平衡方程分别为

$$\frac{3\pi n \eta_\text{T} k_\text{T} T_\text{tq}}{25 m v} = g i_1 + 5.3 \times 10^{-6} \frac{m_0}{m} v^2 + (3.07 \times 10^{-4} v + 0.053\,6) \quad (5-4)$$

$$\frac{3\pi n \eta_\text{T} k_\text{p} k_\text{T} T_\text{tq}}{25 m v} = g i_2 + 5.3 \times 10^{-6} k_\text{a} \frac{m_0}{m} v^2 + (3.07 \times 10^{-4} v + 0.053\,6) \quad (5-5)$$

把两式联立构成的方程组称为等效坡度方程组。

相关变量和参数计算式如下:

$$m_0 = 56\,000 \text{ kg};$$
$$g = 9.8 \text{ m/s}^2;$$
$$n = 2\,000 \text{ r/min};$$
$$\eta_\text{T} = 0.838;$$
$$k_\text{T} = 1;$$
$$T_\text{tq} = -9.325 \times 10^{-4} n^2 + 2.460 n + 27.120 \text{ N} \cdot \text{m};$$

自然吸气发动机：$k_\mathrm{P} = \dfrac{1 - 1.2360 \times 10^{-4}H + 5.2960 \times 10^{-9}H^2}{0.9363}$

中冷增压发动机：$k_\mathrm{P} = \dfrac{1 - 7.6238 \times 10^{-5}H^2}{0.95977}$

$$k_\mathrm{a} = \dfrac{1 - 1.0028 \times 10^{-4}H + 3.3795 \times 10^{-9}H^2}{0.948};$$

式中 H——海拔(m)；

m——实际车重(kg)；

v——平衡速度(m/s)；

i_1——等效坡度；

i_2——实际坡度。

在相应海拔下，等效坡度方程组三个变量 i_1、i_2、v 中只有一个是独立的。

3) 基于平衡速度 v 的坡度偏移值

等效坡度方程组两式相减，变换如下：

$$\dfrac{3\pi n \eta_\mathrm{T} k_\mathrm{T} T_\mathrm{tq}}{25mv}(1 - k_\mathrm{P}) = g(i_1 - i_2) + 5.3 \times 10^{-6}(1 - k_\mathrm{a})\dfrac{m_0}{m}v^2 \tag{5-6}$$

令 $\Delta i = i_1 - i_2$，于是基于平衡速度的坡度偏移值计算公式为

$$\Delta i = \dfrac{1}{mg}\left[\dfrac{3\pi n \eta_\mathrm{T} k_\mathrm{T} T_\mathrm{tq}}{25v}(1 - k_\mathrm{P}) - 5.3 \times 10^{-6}(1 - k_\mathrm{a})m_0 v^2\right] \tag{5-7}$$

采用式(5-7)计算的平衡速度 80 km/h 对应的坡度偏移值见表 5-3。

表 5-3 平衡速度 80 km/h 对应的坡度偏移值

车重/海拔 (kg/m)	基准坡度	527.65	1 000	1 500	2 000	2 500	3 000
49 000	0.81%	0.00%	0.10%	0.20%	0.29%	0.38%	0.46%
28 000	2.01%	0.00%	0.17%	0.34%	0.51%	0.66%	0.81%
10 000	7.07%	0.00%	0.48%	0.96%	1.42%	1.86%	2.27%
20 000	3.14%	0.00%	0.24%	0.48%	0.71%	0.93%	1.14%
30 000	1.83%	0.00%	0.16%	0.32%	0.47%	0.62%	0.76%
40 000	1.17%	0.00%	0.12%	0.24%	0.36%	0.47%	0.57%
50 000	0.78%	0.00%	0.10%	0.19%	0.28%	0.37%	0.45%
60 000	0.51%	0.00%	0.08%	0.16%	0.24%	0.31%	0.38%

（续表）

车重/海拔 （kg/m）	基准坡度	3 500	4 000	4 500	5 000	5 500	6 000
49 000	0.81%	0.54%	0.62%	0.69%	0.75%	0.81%	0.86%
28 000	2.01%	0.95%	1.08%	1.20%	1.31%	1.42%	1.51%
10 000	7.07%	2.66%	3.02%	3.36%	3.67%	3.96%	4.23%
20 000	3.14%	1.33%	1.51%	1.68%	1.84%	1.98%	2.11%
30 000	1.83%	0.89%	1.01%	1.12%	1.22%	1.32%	1.41%
40 000	1.17%	0.66%	0.76%	0.84%	0.92%	0.99%	1.06%
50 000	0.78%	0.53%	0.60%	0.67%	0.73%	0.79%	0.85%
60 000	0.51%	0.44%	0.50%	0.56%	0.61%	0.66%	0.70%

注：基准坡度（海拔 527.65 m）减去坡度偏移值就是相应海拔下的平衡速度对应的坡度。

平衡速度 80 km/h 对应的坡度见表 5-4。

表 5-4　平衡速度 80 km/h 对应的坡度

车重/海拔 （kg/m）	527.65	1 000	1 500	2 000	2 500	3 000
49 000	0.81%	0.71%	0.61%	0.52%	0.43%	0.35%
28 000	2.01%	1.84%	1.67%	1.50%	1.35%	1.20%
10 000	7.07%	6.59%	6.11%	5.65%	5.21%	4.80%
20 000	3.14%	2.90%	2.66%	2.43%	2.21%	2.00%
30 000	1.83%	1.67%	1.50%	1.35%	1.21%	1.07%
40 000	1.17%	1.05%	0.93%	0.81%	0.71%	0.60%
50 000	0.78%	0.68%	0.58%	0.49%	0.40%	0.32%
60 000	0.51%	0.43%	0.35%	0.28%	0.20%	0.14%

车重/海拔 （kg/m）	3 500	4 000	4 500	5 000	5 500	6 000
49 000	0.27%	0.19%	0.12%	0.06%	0.00%	-0.05%
28 000	1.06%	0.93%	0.81%	0.70%	0.60%	0.50%
10 000	4.42%	4.05%	3.71%	3.40%	3.11%	2.84%
20 000	1.81%	1.63%	1.46%	1.30%	1.16%	1.02%
30 000	0.94%	0.82%	0.71%	0.60%	0.50%	0.42%
40 000	0.51%	0.41%	0.33%	0.25%	0.18%	0.11%
50 000	0.24%	0.17%	0.10%	0.04%	-0.02%	-0.07%
60 000	0.07%	0.01%	-0.05%	-0.10%	-0.15%	-0.19%

采用式(5-7)计算的平衡速度 75 km/h 对应的坡度偏移值见表 5-5。

表 5-5 平衡速度 75 km/h 对应的坡度偏移值

车重/海拔(kg/m)	基准坡度	527.65	1 000	1 500	2 000	2 500	3 000
49 000	1.01%	0.00%	0.11%	0.22%	0.32%	0.42%	0.51%
28 000	2.35%	0.00%	0.19%	0.38%	0.56%	0.73%	0.90%
10 000	7.98%	0.00%	0.53%	1.06%	1.57%	2.05%	2.51%
20 000	3.60%	0.00%	0.26%	0.53%	0.79%	1.03%	1.25%
30 000	2.14%	0.00%	0.18%	0.35%	0.52%	0.68%	0.84%
40 000	1.41%	0.00%	0.13%	0.27%	0.39%	0.51%	0.63%
50 000	0.97%	0.00%	0.11%	0.21%	0.31%	0.41%	0.50%
60 000	0.68%	0.00%	0.09%	0.18%	0.26%	0.34%	0.42%

车重/海拔(kg/m)	基准坡度	3 500	4 000	4 500	5 000	5 500	6 000
49 000	1.01%	0.60%	0.68%	0.76%	0.83%	0.89%	0.95%
28 000	2.35%	1.05%	1.19%	1.33%	1.45%	1.56%	1.67%
10 000	7.98%	2.93%	3.34%	3.71%	4.06%	4.38%	4.68%
20 000	3.60%	1.47%	1.67%	1.86%	2.03%	2.19%	2.34%
30 000	2.14%	0.98%	1.11%	1.24%	1.35%	1.46%	1.56%
40 000	1.41%	0.73%	0.83%	0.93%	1.01%	1.10%	1.17%
50 000	0.97%	0.59%	0.67%	0.74%	0.81%	0.88%	0.94%
60 000	0.68%	0.49%	0.56%	0.62%	0.68%	0.73%	0.78%

依据表 5-5 中 30 t 车重对应的坡度偏移值(平衡速度 75 km/h)如图 5-1 所示。

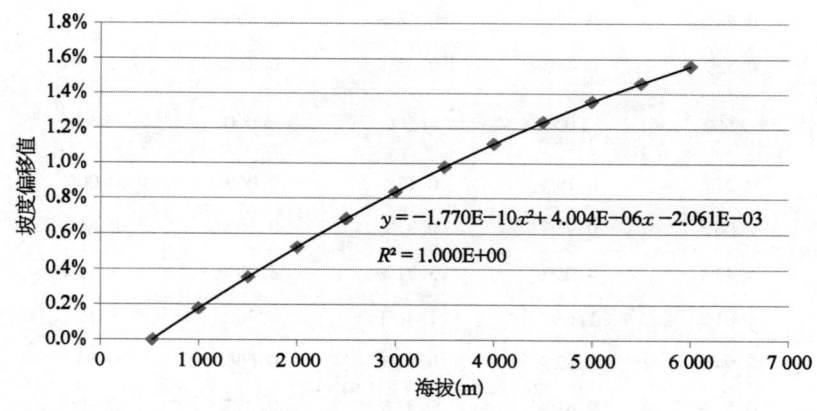

图 5-1 坡度偏移值(30 t,75 km/h)

具体公式如下：

$$\Delta i = -2.061 \times 10^{-3} + 4.004 \times 10^{-6} H - 1.770 \times 10^{-10} H^2 \qquad (5-8)$$

平衡速度 75 km/h 对应的坡度见表 5-6。

表 5-6 平衡速度 75 km/h 对应的坡度

车重/海拔 (kg/m)	527.65	1 000	1 500	2 000	2 500	3 000
49 000	1.01%	0.90%	0.79%	0.69%	0.59%	0.49%
28 000	2.35%	2.16%	1.97%	1.79%	1.61%	1.45%
10 000	7.98%	7.45%	6.91%	6.41%	5.93%	5.47%
20 000	3.60%	3.33%	3.07%	2.81%	2.57%	2.34%
30 000	2.14%	1.96%	1.78%	1.61%	1.45%	1.30%
40 000	1.41%	1.28%	1.14%	1.02%	0.90%	0.78%
50 000	0.97%	0.86%	0.76%	0.66%	0.56%	0.47%
60 000	0.68%	0.59%	0.50%	0.42%	0.34%	0.26%
车重/海拔 (kg/m)	3 500	4 000	4 500	5 000	5 500	6 000
49 000	0.41%	0.33%	0.25%	0.18%	0.11%	0.05%
28 000	1.30%	1.16%	1.02%	0.90%	0.78%	0.68%
10 000	5.04%	4.64%	4.27%	3.92%	3.60%	3.30%
20 000	2.13%	1.93%	1.74%	1.57%	1.41%	1.26%
30 000	1.16%	1.03%	0.90%	0.79%	0.68%	0.58%
40 000	0.67%	0.57%	0.48%	0.39%	0.31%	0.24%
50 000	0.38%	0.30%	0.23%	0.16%	0.09%	0.03%
60 000	0.19%	0.12%	0.06%	0.00%	-0.05%	-0.10%

采用式(5-7)计算的平衡速度 70 km/h 对应的坡度偏移值见表 5-7。

表 5-7 平衡速度 70 km/h 对应的坡度偏移值

车重/海拔 (kg/m)	基准坡度	527.65	1 000	1 500	2 000	2 500	3 000
49 000	1.22%	0.00%	0.12%	0.24%	0.35%	0.46%	0.56%
28 000	2.71%	0.00%	0.21%	0.42%	0.62%	0.81%	0.99%
10 000	8.96%	0.00%	0.58%	1.17%	1.73%	2.26%	2.76%
20 000	4.10%	0.00%	0.29%	0.59%	0.87%	1.13%	1.38%
30 000	2.48%	0.00%	0.19%	0.39%	0.58%	0.75%	0.92%
40 000	1.67%	0.00%	0.15%	0.29%	0.43%	0.57%	0.69%
50 000	1.18%	0.00%	0.12%	0.23%	0.35%	0.45%	0.55%
60 000	0.85%	0.00%	0.10%	0.20%	0.29%	0.33%	0.46%

（续表）

车重/海拔 （kg/m）	基准坡度	3 500	4 000	4 500	5 000	5 500	6 000
49 000	1.22%	0.66%	0.75%	0.84%	0.91%	0.99%	1.05%
28 000	2.71%	1.16%	1.31%	1.46%	1.60%	1.73%	1.84%
10 000	8.96%	3.24%	3.68%	4.09%	4.48%	4.84%	5.16%
20 000	4.10%	1.62%	1.84%	2.05%	2.24%	2.42%	2.58%
30 000	2.48%	1.08%	1.23%	1.36%	1.49%	1.61%	1.72%
40 000	1.67%	0.81%	0.92%	1.02%	1.12%	1.21%	1.29%
50 000	1.18%	0.65%	0.74%	0.82%	0.90%	0.97%	1.03%
60 000	0.85%	0.54%	0.61%	0.68%	0.75%	0.81%	0.86%

平衡速度 70 km/h 对应的坡度见表 5-8。

表 5-8 平衡速度 70 km/h 对应的坡度

车重/海拔 （kg/m）	527.65	1 000	1 500	2 000	2 500	3 000
49 000	1.22%	1.10%	0.98%	0.87%	0.76%	0.65%
28 000	2.71%	2.50%	2.29%	2.09%	1.90%	1.72%
10 000	8.96%	8.38%	7.79%	7.23%	6.70%	6.20%
20 000	4.10%	3.81%	3.51%	3.23%	2.97%	2.71%
30 000	2.48%	2.28%	2.09%	1.90%	1.72%	1.55%
40 000	1.67%	1.52%	1.37%	1.23%	1.10%	0.97%
50 000	1.18%	1.06%	0.94%	0.83%	0.73%	0.63%
60 000	0.85%	0.76%	0.66%	0.57%	0.48%	0.39%

车重/海拔 （kg/m）	3 500	4 000	4 500	5 000	5 500	6 000
49 000	0.56%	0.47%	0.38%	0.30%	0.23%	0.16%
28 000	1.55%	1.39%	1.25%	1.11%	0.98%	0.86%
10 000	5.72%	5.28%	4.87%	4.48%	4.12%	3.80%
20 000	2.48%	2.26%	2.05%	1.86%	1.68%	1.52%
30 000	1.40%	1.25%	1.11%	0.98%	0.86%	0.75%
40 000	0.86%	0.75%	0.64%	0.55%	0.46%	0.37%
50 000	0.53%	0.44%	0.36%	0.28%	0.21%	0.15%
60 000	0.32%	0.24%	0.17%	0.11%	0.05%	-0.01%

4）坡度偏移值的应用

坡度偏移值可以近似用作基于海拔的运行速度计算。比如计算海拔 5 000 m 的运行速度,只要将标准计算车重 28 000 kg 对应的坡度偏移值 1.31%(5 000 m 海拔的 0 相当于 527.65 m 海拔下的 1.31%;0.69%相当于 527.65 m 海拔下的 2%)加到实际坡度上,就可以近似按通常运行速度模型进行计算。大型车平直路段纵坡为(-2.0%,2.0%),在 5 000 m 将事实上转变为(-3.31%,0.69%),1.31%的纵坡事实上起到动力补偿的作用。

5) 基于实际的坡度偏移值

前文推导出与质量 m 和速度 v 相关的坡度偏移值,而在实际应用时已知变量并非平衡速度 v,而是实际坡度 i_2,为此需要推导基于实际坡度 i_2 的等效坡度 i_1 及坡度偏移值 $\Delta i = i_1 - i_2$。为此,再回到等效坡度方程组,继续进行分析。

$(5-5) - (5-4) \times k_a$,得

$$\frac{3\pi n \eta_T (k_P - k_a) k_T T_{tq}}{25m} = gvi_2 - k_a gvi_1 + (1 - k_a)(3.07 \times 10^{-4} v + 0.0536)v$$

于是有

$$Av^2 + Bv + C = 0 \tag{5-9}$$

其中

$$A = 3.07 \times 10^{-4}(1 - k_a)$$

$$B = gi_2 - k_a gi_1 + 0.0536(1 - k_a)$$

$$C = -\frac{3\pi n \eta_T (k_P - k_a) k_T T_{tq}}{25m}$$

求解变量 v 并根据分析舍去增根,得出

$$v = \frac{-B - \sqrt{B^2 - 4AC}}{2A} \tag{5-10}$$

将(5-10)代入(5-4)、(5-5)或(5-6)即构成等效坡度 i_1 的方程。以下为代入(5-6)的方程形式:

$$\frac{3\pi n \eta_T k_T T_{tq}}{25mv}(1 - k_P) = g(i_1 - i_2) + 5.3 \times 10^{-6}(1 - k_a)\frac{m_0}{m}v^2 \tag{5-11}$$

其中

$$v = \frac{-B - \sqrt{B^2 - 4AC}}{2A}$$

$$A = 3.07 \times 10^{-4}(1 - k_a)$$
$$B = gi_2 - k_a gi_1 + 0.0536(1 - k_a)$$
$$C = -\frac{3\pi n \eta_T (k_P - k_a) k_T T_{tq}}{25m}$$

也可以对此方程中的 v 进行降次处理,将 $v^2 = -\dfrac{Bv + C}{A}$ 代入(5-11):

$$\frac{3\pi n \eta_T k_T T_{tq}}{25v}(1 - k_P) = mg(i_1 - i_2) - \frac{5.3 \times 10^{-6}(1 - k_a) m_0 (Bv + C)}{A}$$

继续变换

$$\frac{3\pi n \eta_T k_T T_{tq}}{25}(1 - k_P) A = Amg(i_1 - i_2)v - 5.3 \times 10^{-6}(1 - k_a) m_0 (Bv^2 + Cv)$$

再将 $v^2 = -\dfrac{Bv + C}{A}$ 代入此式:

$$\frac{3\pi n \eta_T k_T T_{tq}}{25}(1 - k_P) A^2 = A^2 mg(i_1 - i_2)v - 5.3 \times 10^{-6}(1 - k_a) m_0 (ACv - B^2 v - BC)$$
$$(5-12)$$

这样给定车重 m、海拔 H、坡度 i_2,即可依据式(5-11)或式(5-12)采用方程求根的方式计算出等效坡度 i_1。

需要指出的是,如果编程计算工作量大可不必如此烦琐,只须将实际坡度 i_2 代入 (5-5)解出平衡速度 v,再代入(5-4)计算 i_1;也可将平衡速度 v 代入(5-7)计算出坡度偏移值 Δi。

6) 相关参数范围

在等效坡度方程组三个变量 i_1、i_2、v 中,相关参数范围如下:

平衡速度 v 范围: $[v_{min}, 80 \text{ km/h}]$,其中 v_{min} 由等效坡度 $i_1 = 10\%$ 确定;

等效坡度 i_1 范围: $[i_{1min}, 10\%]$,其中 i_{1min} 由平衡速度 $v = 80 \text{ km/h}$ 确定;

实际坡度 i_2 范围: $[i_{2min}, i_{2max}]$,其中 i_{2min} 由平衡速度 $v = 80 \text{ km/h}$ 确定,i_{2max} 由平衡速度 $v = v_{min}$(相当于等效坡度 $i_1 = 10\%$)确定。

5.3.2 大于 80 km/h 的等效坡度和坡度偏移值

1) 动力富余和发动机转矩负荷系数

上文推导了"给定平衡速度计算坡度偏移值"和"给定实际坡度计算等效坡度"的方法,

这两种方法的平衡速度范围为$[v_{\min}, 80\text{ km/h}]$,其中$v_{\min}$由等效坡度$i_1 = 10\%$确定。

根据前文"平衡速度 80 km/h 对应的坡度",海拔 6 000 m 时,28 t 车辆在坡度 0.5% 时对应的平衡速度已经达到 80 km/h;相同海拔 50 t 车辆则在下坡(-0.07%)才达到 80 km/h 的平衡速度。

当坡度小于"平衡速度 80 km/h 对应的坡度"时,平衡速度将大于 80 km/h,而实际行驶时,运行速度又不会超过这个速度,于是将产生动力富余。而富余的动力并没有输出,于是发动机转矩负荷系数将相应降低。

2) 等效坡度方程组(期望速度 v_e)

当平衡速度大于 80 km/h 时,通常海拔(527.65 m)与海拔 H 下,汽车发动机转矩负荷系数对应的汽车受力平衡方程分别如下:

$$\frac{3\pi n \eta_T k_T T_{tq}}{25 m v_e} = g i_1 + 5.3 \times 10^{-6} \frac{m_0}{m} v_e^2 + (3.07 \times 10^{-4} v_e + 0.053\ 6) \qquad (5-13)$$

$$\frac{3\pi n \eta_T k_P k_T T_{tq}}{25 m v_e} = g i_2 + 5.3 \times 10^{-6} k_a \frac{m_0}{m} v_e^2 + (3.07 \times 10^{-4} v_e + 0.053\ 6) \qquad (5-14)$$

把两式联立构成的方程组亦称为等效坡度方程组。

相关变量和参数计算式如下:

$$m_0 = 56\ 000 \text{ kg};$$
$$g = 9.8 \text{ m/s}^2;$$
$$n = 2\ 000 \text{ r/min};$$
$$\eta_T = 0.838;$$
$$v_e = 80 \text{ km/h};$$
$$T_{tq} = -9.325 \times 10^{-4} n^2 + 2.460 n + 27.120 (\text{N} \cdot \text{m});$$
$$k_P = \frac{1 - 1.236\ 0 \times 10^{-4} H + 5.296\ 0 \times 10^{-9} H^2}{0.936\ 3};$$
$$k_a = \frac{1 - 1.002\ 8 \times 10^{-4} H + 3.379\ 5 \times 10^{-9} H^2}{0.948};$$

式中 H——海拔(m);

   m——实际车重(kg);

   k_T——发动机转矩负荷系数(对应于期望速度 v_e);

   i_1——等效坡度;

   i_2——实际坡度。

在相应海拔下,等效坡度方程组三个变量 i_1、i_2、k_T 中只有一个是独立的。

3) 基于负荷系数的坡度偏移值

等效坡度方程组两式相减,变换如下:

$$\frac{3\pi n \eta_T k_T T_{tq}}{25 m v_e}(1-k_P) = g(i_1-i_2) + 5.3 \times 10^{-6}(1-k_a)\frac{m_0}{m}v_e^2 \qquad (5-15)$$

令 $\Delta i = i_1 - i_2$,于是基于发动机转矩负荷系数的坡度偏移值计算公式为:

$$\Delta i = \frac{1}{mg}\left[\frac{3\pi n \eta_T k_T T_{tq}}{25 v_e}(1-k_P) - 5.3 \times 10^{-6}(1-k_a)m_0 v_e^2\right] \qquad (5-16)$$

采用式(5-16)计算负荷系数1.0的对应的坡度偏移值见表5-9。

表5-9 坡度偏移值(负荷系数1.0)

车重/海拔(kg/m)	基准坡度	527.65	1 000	1 500	2 000	2 500	3 000
49 000	0.81%	0.00%	0.10%	0.20%	0.29%	0.38%	0.46%
28 000	2.01%	0.00%	0.17%	0.34%	0.51%	0.66%	0.81%
10 000	7.07%	0.00%	0.48%	0.96%	1.42%	1.86%	2.27%
20 000	3.14%	0.00%	0.24%	0.48%	0.71%	0.93%	1.14%
30 000	1.83%	0.00%	0.16%	0.32%	0.47%	0.62%	0.76%
40 000	1.17%	0.00%	0.12%	0.24%	0.36%	0.47%	0.57%
50 000	0.78%	0.00%	0.10%	0.19%	0.28%	0.37%	0.45%
60 000	0.51%	0.00%	0.08%	0.16%	0.24%	0.31%	0.38%
车重/海拔(kg/m)	基准坡度	3 500	4 000	4 500	5 000	5 500	6 000
49 000	0.81%	0.54%	0.62%	0.69%	0.75%	0.81%	0.86%
28 000	2.01%	0.95%	1.08%	1.20%	1.31%	1.42%	1.51%
10 000	7.07%	2.66%	3.02%	3.36%	3.67%	3.96%	4.23%
20 000	3.14%	1.33%	1.51%	1.68%	1.84%	1.98%	2.11%
30 000	1.83%	0.89%	1.01%	1.12%	1.22%	1.32%	1.41%
40 000	1.17%	0.66%	0.76%	0.84%	0.92%	0.99%	1.06%
50 000	0.78%	0.53%	0.60%	0.67%	0.73%	0.79%	0.85%
60 000	0.51%	0.44%	0.50%	0.56%	0.61%	0.66%	0.70%

这个表格的数据与平衡速度 80 km/h 对应的坡度偏移值是一致的。

采用式(5-16)计算负荷系数 0.5 的对应的坡度偏移值见表 5-10。

表 5-10 坡度偏移值(负荷系数 0.5)

车重/海拔(kg/m)	基准坡度	527.65	1 000	1 500	2 000	2 500	3 000
49 000	−0.19%	0.00%	0.04%	0.08%	0.12%	0.15%	0.19%
28 000	0.26%	0.00%	0.07%	0.14%	0.21%	0.27%	0.33%
10 000	2.17%	0.00%	0.19%	0.39%	0.57%	0.75%	0.91%
20 000	0.69%	0.00%	0.10%	0.19%	0.29%	0.37%	0.46%
30 000	0.19%	0.00%	0.06%	0.13%	0.19%	0.25%	0.30%
40 000	−0.06%	0.00%	0.05%	0.10%	0.14%	0.19%	0.23%
50 000	−0.20%	0.00%	0.04%	0.08%	0.11%	0.15%	0.18%
60 000	−0.30%	0.00%	0.03%	0.06%	0.10%	0.12%	0.15%
车重/海拔(kg/m)	基准坡度	3 500	4 000	4 500	5 000	5 500	6 000
49 000	−0.19%	0.22%	0.25%	0.27%	0.30%	0.32%	0.34%
28 000	0.26%	0.38%	0.43%	0.48%	0.52%	0.56%	0.60%
10 000	2.17%	1.07%	1.21%	1.34%	1.46%	1.58%	1.68%
20 000	0.69%	0.53%	0.60%	0.67%	0.73%	0.79%	0.84%
30 000	0.19%	0.36%	0.40%	0.45%	0.49%	0.53%	0.56%
40 000	−0.06%	0.27%	0.30%	0.34%	0.37%	0.39%	0.42%
50 000	−0.20%	0.21%	0.24%	0.27%	0.29%	0.32%	0.34%
60 000	−0.30%	0.18%	0.20%	0.22%	0.24%	0.26%	0.28%

采用式(5-16)计算负荷系数 0.0 的对应的坡度偏移值见表 5-11。

表 5-11 坡度偏移值(负荷系数 0.0)

车重/海拔(kg/m)	基准坡度	527.65	1 000	1 500	2 000	2 500	3 000
49 000	−1.19%	0.00%	−0.02%	−0.04%	−0.06%	−0.07%	−0.09%
28 000	−1.49%	0.00%	−0.03%	−0.07%	−0.10%	−0.13%	−0.16%
10 000	−2.74%	0.00%	−0.09%	−0.19%	−0.28%	−0.36%	−0.45%
20 000	−1.77%	0.00%	−0.05%	−0.09%	−0.14%	−0.18%	−0.22%
30 000	−1.44%	0.00%	−0.03%	−0.06%	−0.09%	−0.12%	−0.15%
40 000	−1.28%	0.00%	−0.02%	−0.05%	−0.07%	−0.09%	−0.11%
50 000	−1.19%	0.00%	−0.02%	−0.04%	−0.06%	−0.07%	−0.09%
60 000	−1.12%	0.00%	−0.02%	−0.03%	−0.05%	−0.06%	−0.07%

（续表）

车重/海拔 （kg/m）	基准坡度	3 500	4 000	4 500	5 000	5 500	6 000
49 000	-1.19%	-0.11%	-0.12%	-0.14%	-0.15%	-0.17%	-0.18%
28 000	-1.49%	-0.19%	-0.22%	-0.24%	-0.27%	-0.29%	-0.31%
10 000	-2.74%	-0.53%	-0.60%	-0.68%	-0.75%	-0.81%	-0.88%
20 000	-1.77%	-0.26%	-0.30%	-0.34%	-0.37%	-0.41%	-0.44%
30 000	-1.44%	-0.18%	-0.20%	-0.23%	-0.25%	-0.27%	-0.29%
40 000	-1.28%	-0.13%	-0.15%	-0.17%	-0.19%	-0.20%	-0.22%
50 000	-1.19%	-0.11%	-0.12%	-0.14%	-0.15%	-0.16%	-0.18%
60 000	-1.12%	-0.09%	-0.10%	-0.11%	-0.12%	-0.14%	-0.15%

采用式(5-16)计算负荷系数-0.5的对应的坡度偏移值见表5-12。

表5-12 坡度偏移值（负荷系数-0.5）

车重/海拔 （kg/m）	基准坡度	527.65	1 000	1 500	2 000	2 500	3 000
49 000	-2.19%	0.00%	-0.08%	-0.16%	-0.23%	-0.30%	-0.37%
28 000	-3.24%	0.00%	-0.13%	-0.27%	-0.40%	-0.53%	-0.64%
10 000	-7.64%	0.00%	-0.38%	-0.76%	-1.13%	-1.47%	-1.81%
20 000	-4.22%	0.00%	-0.19%	-0.38%	-0.56%	-0.74%	-0.90%
30 000	-3.08%	0.00%	-0.13%	-0.25%	-0.38%	-0.49%	-0.60%
40 000	-2.51%	0.00%	-0.09%	-0.19%	-0.28%	-0.37%	-0.45%
50 000	-2.17%	0.00%	-0.08%	-0.15%	-0.23%	-0.29%	-0.36%
60 000	-1.94%	0.00%	-0.06%	-0.13%	-0.19%	-0.25%	-0.30%

车重/海拔 （kg/m）	基准坡度	3 500	4 000	4 500	5 000	5 500	6 000
49 000	-2.19%	-0.43%	-0.49%	-0.55%	-0.60%	-0.65%	-0.70%
28 000	-3.24%	-0.76%	-0.86%	-0.96%	-1.06%	-1.14%	-1.22%
10 000	-7.64%	-2.12%	-2.42%	-2.69%	-2.96%	-3.20%	-3.43%
20 000	-4.22%	-1.06%	-1.21%	-1.35%	-1.48%	-1.60%	-1.71%
30 000	-3.08%	-0.71%	-0.81%	-0.90%	-0.99%	-1.07%	-1.14%
40 000	-2.51%	-0.53%	-0.60%	-0.67%	-0.74%	-0.80%	-0.86%
50 000	-2.17%	-0.42%	-0.48%	-0.54%	-0.59%	-0.64%	-0.69%
60 000	-1.94%	-0.35%	-0.40%	-0.45%	-0.49%	-0.53%	-0.57%

注：负的发动机转矩负荷系数是指发动机提供阻力，即发动机制动（包括排气制动）。

4) 基于实际的坡度偏移值

前文推导出与质量 m 和发动机转矩负荷系数相关的坡度偏移值,而在实际应用时已知变量并非发动机转矩负荷系数,而是实际坡度 i_2,为此需要推导基于实际坡度 i_2 的等效坡度 i_1 及坡度偏移值 $\Delta i = i_1 - i_2$。

根据式(5-14),进行变换,得

$$k_T = \frac{g i_2 + 5.3 \times 10^{-6} k_a \dfrac{m_0}{m} v_e^2 + (3.07 \times 10^{-4} v_e + 0.0536)}{\dfrac{3\pi n \eta_T k_P T_{tq}}{25 m v_e}}$$

再代入式(5-13)就可以得到等效坡度 i_1,并计算偏移值 $\Delta i = i_1 - i_2$。

5) 相关参数范围

在等效坡度方程组三个变量 i_1、i_2、k_T 中,相关参数范围如下。

负荷系数 k_T 范围:$[-k_{Tmin}, 1.0]$,其中 k_{Tmin} 由发动机制动性能确定。

等效坡度 i_1 范围:$[i'_{1min}, i'_{1max}]$,其中 $i'_{1max} = i_{1min}$ 由平衡速度 $v = 80 \text{ km/h}$ 确定,i'_{1min} 由 k_{Tmin} 确定。

实际坡度 i_2 范围:$[i'_{2min}, i'_{2max}]$,其中 $i'_{2max} = i_{2min}$ 由平衡速度 $v = 80 \text{ km/h}$ 确定,i'_{2min} 由 k_{Tmin} 确定。

其中,i_{1min}、i_{2min} 意义见本书 5.3.1 节。

5.4 考虑等效坡度的运行速度预测模型

根据等效坡度理论,高海拔地区运行速度预测模型的使用方法如下。

① 计算实际坡度对应平衡速度。根据平衡速度方程

$$\frac{\eta_T k_P k_T T_{tq} i_0 i_g}{r} = mgi + k_a m_0 (5.3 \times 10^{-6} v^2) + m(3.07 \times 10^{-4} v + 0.0536) \quad (5-17)$$

解方程,得到平衡速度 v。相关参数如下:

$$m_0 = 56\,000 \text{ kg};$$
$$g = 9.8 \text{ m/s}^2;$$
$$n = 2\,000 \text{ r/min};$$
$$\eta_T = 0.838;$$
$$k_T = 1;$$
$$T_{tq} = -9.325 \times 10^{-4} n^2 + 2.460 n + 27.120 (\text{N} \cdot \text{m});$$

$$k_\mathrm{p} = \frac{1 - 1.2360 \times 10^{-4} H + 5.2960 \times 10^{-9} H^2}{0.9363}$$

$$k_\mathrm{a} = \frac{1 - 1.0028 \times 10^{-4} H + 3.3795 \times 10^{-9} H^2}{0.948}$$

式中　H——海拔(m)；

　　　m——实际车重(kg)；

　　　v——平衡速度(km/h)。

② 依据平衡速度计算实际坡度对应的等效坡度。当平衡速度小于期望速度(小型车 120 km/h、大型车 80 km/h)时，等效坡度 i_1 与实际坡度 i_2 的差值 $\Delta i = i_1 - i_2$(坡度偏移值)为

$$\Delta i = \frac{1}{mg}\left[\frac{3\pi n \eta_\mathrm{T} k_\mathrm{T} T_\mathrm{tq}}{25v}(1 - k_\mathrm{p}) - 5.3 \times 10^{-6}(1 - k_\mathrm{a}) m_0 v^2\right] \quad (5-18)$$

代入坡度偏移值公式，得到等效坡度 i_1。

③ 当平衡速度大于期望速度(大型车 $v_\mathrm{e} = 80$ km/h)时，

$$\Delta i = \frac{1}{mg}\left[\frac{3\pi n \eta_\mathrm{T} k_\mathrm{T} T_\mathrm{tq}}{25v_\mathrm{e}}(1 - k_\mathrm{p}) - 5.3 \times 10^{-6}(1 - k_\mathrm{a}) m_0 v_\mathrm{e}^2\right] \quad (5-19)$$

式中　$k_\mathrm{T} = \dfrac{gi_2 + 5.3 \times 10^{-6} k_\mathrm{a} \dfrac{m_0}{m} v_\mathrm{e}^2 + (3.07 \times 10^{-4} v_\mathrm{e} + 0.0536)}{\dfrac{3\pi n \eta_\mathrm{T} k_\mathrm{p} T_\mathrm{tg}}{25 m v_\mathrm{e}}}$

其中，$v_\mathrm{e} = 80$ km/h。代入坡度偏移值公式，得到等效坡度 i_1。

④ 根据等效坡度就可以用通常海拔下的运行速度预测模型分析计算高海拔下相应的运行速度。

⑤ 必须强调的是：等效坡度转换应在路线分段前进行，这意味着就实际坡度而言，高海拔地区的平直路段不再固定为 -3.0%~3.0%，而是随着海拔的变化而变化。

⑥ 小型车也有等效坡度转换的问题。由于小型车发动机转矩负荷系数具有一定的弹性，因此分别提出了"自然吸气等效"和"中冷增压等效"两种模式，可分别配合大型车"自然吸气"和"中冷增压"模式使用。

⑦ 完成运行速度预测分析。

5.5　运行速度预测模型的验证分析

为了验证高海拔地区高速公路运行速度模型的准确性，专门对高海拔地区高速公路运

行速度进行了现场实际采集。在西藏地区,目前共有两条高等级公路:一条为拉贡机场专用公路,于 2011 年 7 月 17 日建成通车,路线全长 37.8 km,截止到速度测量时,共运营约 5 年时间,管理经验逐渐成熟,为防止车辆超速行驶,拉贡机场专用公路采用区间测速和定点测速两种方式进行速度控制;另外一条为林芝—拉萨段高等级公路(以下简称林拉公路),目前正在建设当中,其中拉萨—墨竹工卡段已经建设完成,2015 年下半年拉萨—墨竹工卡段试运行,采用定点测速与流动测速相结合的方式进行交通监管,在试运营阶段仅允许小型车通行,禁止大型车通行。图 5-2 为在拉贡机场专用公路上铺设测速设备。

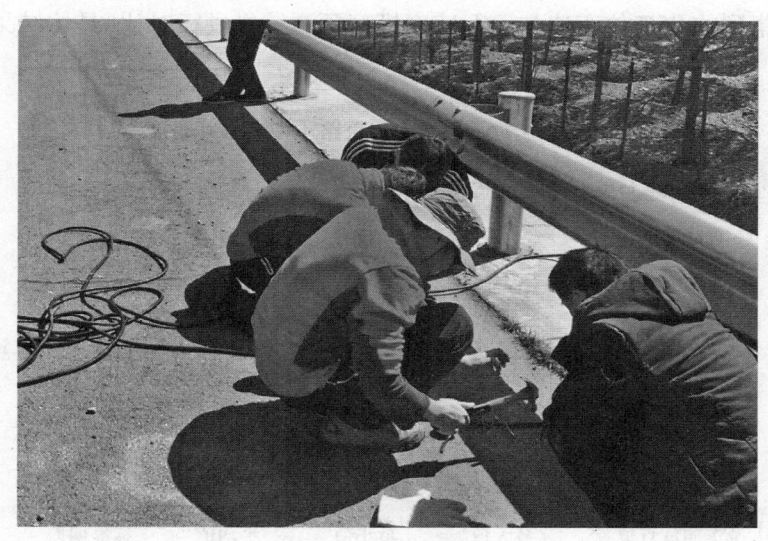

图 5-2　铺设相关测速仪器设备

对三种典型断面的速度进行采集,分别为直线段、曲线段以及弯坡组合段。表 5-13、表 5-14 为拉贡机场专用公路和林拉公路布设的速度采集设备的桩号位置以及相关信息。

表 5-13　拉贡机场专用公路 MC 布置点

MC 编号	桩号	位置	坡度	平曲线半径(m)	样本量
MC1	K23+400	直线起点	0.446%	—	6 886
MC2	K26+300	直线终点	−0.300%	7 000	6 494
MC3	k27+400	直曲点	0.217%		5 963
MC4	k28+000	曲中点	−0.360%	1 100	3 202
MC5	K28+700	曲直点	0.210%		5 488

表 5-14　林拉公路 MC 布设点

MC 编号	图纸桩号	位置	坡度	平曲线半径(m)	样本量
MC1	4595+900	坡顶	3.4%	1 800	1 994
MC2	4596+410	坡底			1 929

（续表）

MC 编号	图纸桩号	位置	坡度	平曲线半径(m)	样本量
MC3	4607+430	曲直			1 718
MC4	4607+529	曲中	2.5%	1 129	1 647
MC5	4608+530	直曲			1 568

1）速度采集结果与对比

将实际采集到的85%位车速与运行速度模型预测结果进行对比，具体结果见表5-15~表5-17。

表5-15　拉贡机场专用公路小型车实际速度　　　　（km/h）

MC 编号	小型车测试点位置	最大值	最小值	平均值	标准偏差	85%位车速
MC1	直线起点	157	17	94	16	108
MC2	直线终点	152	15	91	16	105
MC3	直曲	142	10	88	16	100
MC4	曲中	152	12	90	13	103
MC5	曲直	146	25	85	14	97

表5-16　拉贡机场专用公路大型车实际速度　　　　（km/h）

MC 编号	大型车测试点位置	最大值	最小值	平均值	标准偏差	85%位车速
MC1	直线起点	132	17	77	14	91
MC2	直线终点	116	32	73	13	86
MC3	直曲	118	34	72	12	83
MC4	曲中	120	35	73	12	85
MC5	曲直	120	33	71	11	81

表5-17　林拉公路小型车实际速度　　　　（km/h）

MC 编号	小型车测试点位置	最大值	最小值	平均值	标准偏差	85%位车速
MC6	直曲	159	21	81	17	97
MC5	曲中	154	22	82	15	95
MC3	曲直	155	15	81	7	95
MC2	坡顶	159	11	86	18	102
MC1	坡底	123	19	70	12	81

由图5-3可以看出拉贡机场专用公路实际速度与预测结果接近，实际速度均小于预测速度，直线段平均误差百分比为3.45%，曲线段平均误差百分比为6.76%。

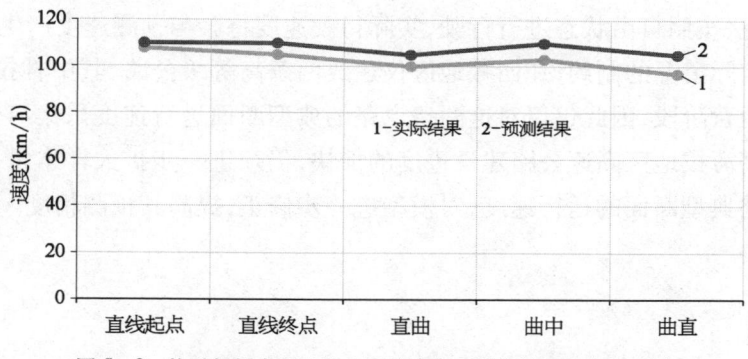

图 5-3 拉贡机场专用公路实际速度与预测结果对比（小型车）

由图 5-4 可以看出拉贡机场专用公路实际速度与预测结果接近，实际速度均大于预测速度，直线段平均误差百分比为 3.41%，曲线段平均误差百分比为 3.75%。

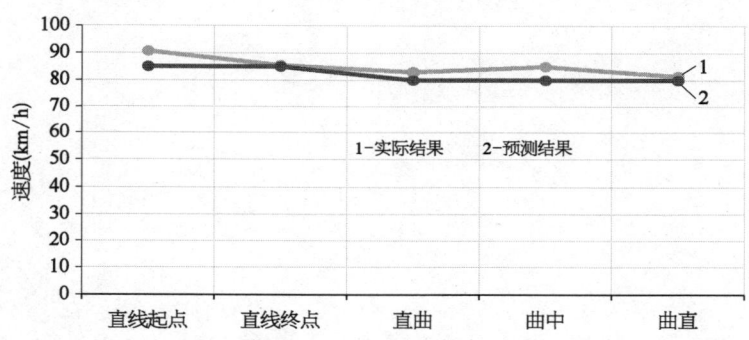

图 5-4 拉贡机场专用公路实际速度与预测结果对比（大型车）

由图 5-5 可以看出林拉公路实际速度与预测结果接近，实际速度均小于预测速度，曲线段平均误差百分比为 6.2%，纵线段平均误差百分比为 4.7%。

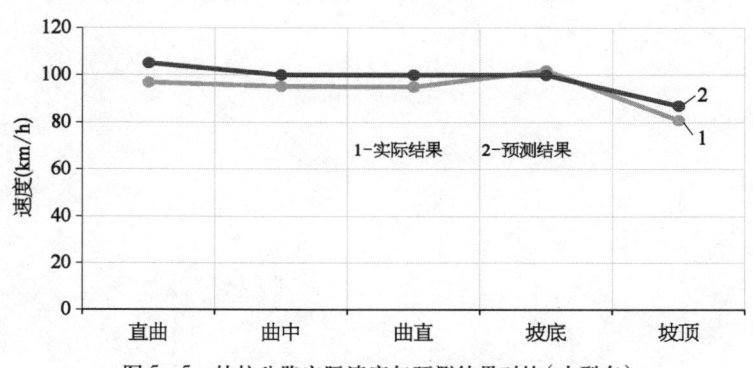

图 5-5 林拉公路实际速度与预测结果对比（小型车）

2) 结果分析

由上文实际采集速度与预测速度对比分析可以得出：大型车与小型车预测平均误差均小于 10%，误差基本为 3%~7%。为了避免车辆超速行驶，目前两条公路均采用限速管理办法,所以车辆无法按照自由状态进行行驶,实际行驶速度将会与预测速度产生一定差别。

限于目前实际情况的制约,在西藏地区仅建成两条高等级公路,其中林拉公路在速度测量时还处在试运营阶段,因此仅仅对这两条道路的典型断面进行速度采集与模型精度验证。未来随着我国高海拔地区高速公路建设进度的加快,仍须进一步扩大样本量,采集不同海拔条件下高速公路典型断面的运行速度,对模型进一步修正,提高其预测精度。

第6章

高海拔地区高速公路路线安全设计技术

本章根据前述高海拔地区低压缺氧环境下车辆性能变化规律、驾驶员心理生理变化特性、高速公路运行速度预测模型的研究结论，提出适应于高海拔地区公路的平纵横几何设计指标及参数；根据高海拔地区高速公路的服务功能、驾驶疲劳特征，提出服务设施类型及相应的合理设置间距；基于公路功能、地形地貌、运行速度分布等因素，提出高海拔地区高速公路设计速度分段技术以及速度过渡设计方法。

根据青藏高原地区不同的地形地质条件、设计速度选用标准，提出高海拔地区高速公路路线安全性优化设计流程，最终确立高海拔地区高速公路技术标准的选用原则。本章是本书最核心的研究内容，其中的高海拔地区高速公路设计速度分段技术、平纵横几何设计指标及其参数、服务设施设置间距等研究成果，也直接应用于《青藏高原高速公路安全设计指南》的编制中。

最后，研究了高海拔地区特殊环境下高速公路的速度控制方案。通过对高海拔地区青藏公路车辆行驶速度实际调研，利用大量 MetroCount 交通检测仪实测数据，探究了空气含氧量对平直路段、纵坡路段下的大小车运行速度差的影响，得出平直路段下，随着氧含量的降低，速度差逐渐增大；当海拔高于约 4 350 m 时，大小车的速度差超过 20 km/h。通过青藏公路不同氧含量下大小车速度差及运行速度特性的研究，得出氧含量对其变化规律的影响。综合考虑了低压缺氧、高寒冰冻、景色单调等对驾驶员生理、心理和对车辆动力性能的影响，建立了低压缺氧特殊环境下高速公路限速决策模型。

6.1　高海拔地区高速公路主要几何指标与参数

公路路线主要几何指标包括圆曲线半径、纵坡及坡长、横断面各组成要素宽度、视距、超高等。本节根据第 3、第 4 章的研究成果，研究高海拔高寒低压缺氧环境下车辆性能、驾驶员心理生理变化特性、冰雪条件下路面状况、公路服务功能等因素对公路几何设计指标参数的影响，建立高寒低压缺氧环境下满足安全运行要求的高速公路路线设计主要技术指标体系。

6.1.1　平面线形指标研究

高海拔地区环境特殊的气候条件对驾驶员行车有很大影响，同时高海拔地区典型道路（如 G109）由于建设年代较早，后期又经过多次翻修，许多路段线形指标难以满足目前规范制定的要求。此外，驾驶员在高原行车时，由于路况不佳以及高海拔缺氧环境，车速普遍相比平原地区要低。因此，本研究针对高海拔道路线形指标，结合驾驶员心理生理特性、高原环境因素及行车速度进行模型分析，希望能够得到满足高海拔地区特殊环境下行车安全的合理线形指标参数。

1) 驾驶员心理生理反应分界点

根据已有的研究成果,驾驶员舒适、紧张及恐惧三种心理状态下对应的心率增长率分别为 18%、27% 和 39%。在高海拔低氧环境下,驾驶员生理阈值受环境因素影响有所改变,通过建立的关于心率增长率、海拔、线形指标和车速四变量模型公式来对各线形指标分界值进行讨论。

2) 平曲线路段

(1) 海拔 3 567~3 957 m

通过计算海拔最高情况下心率增长率变化规律,得到满足该海拔区间行车要求的平曲线半径极限值,将 $V = 80$ km/h、$M = 3\ 957$ m 代入式(4-4),得到 N-R 双因素关系式:

$$N = 0.208R^{-0.002} \quad (V = 80\ \text{km/h},\ M = 3\ 957\ \text{m}) \quad (6-1)$$

将半径 R 以 50 m 为间隔,范围[50, 1 000],代入上式,将结果绘制成如图 6-1 所示。

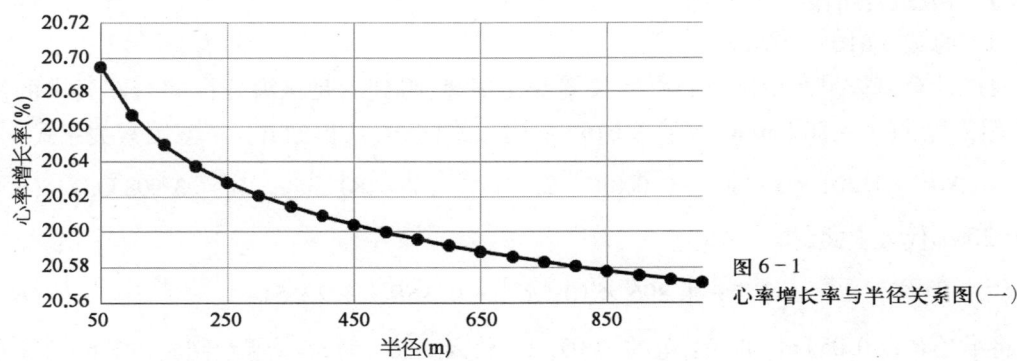

图 6-1 心率增长率与半径关系图(一)

从图 6-1 发现该函数下凸且单调递减,无极值,曲线存在左陡右缓的趋势。因此通过下式计算该曲线曲率最大值,得到曲线陡缓之间的分界点:

$$K = \frac{|N''|}{[1 + (N')^2]^{3/2}} \quad (6-2)$$

计算得到在 $R = 300$ m 附近出现曲率最大值点,对应心率增长率 20.62%。半径小于 300 m 时,心率增长率较快;半径大于 300 m 时,心率增长率较缓,当心率增长率变化程度发生突变时,对驾驶员具有较大危险。

(2) 海拔 4 100~4 702 m

通过计算海拔最高情况下心率增长率变化规律,得到满足该海拔区间行车要求的平曲线半径极限值,将 $V = 80$ km/h、$M = 4\ 702$ m 代入式(4-5),得到 N-R 双因素关系式:

$$N = 0.444R^{0.052} \quad (V = 80\ \text{km/h},\ M = 4\ 702\ \text{m}) \quad (6-3)$$

将半径 R 以 50 m 为间隔,范围[50, 1 000],代入上式,将结果绘制成如图 6-2 所示。
经计算得出在 $R = 350$ m 处出现曲率变化最大点,对应心率增长率 32.77%。半径小于

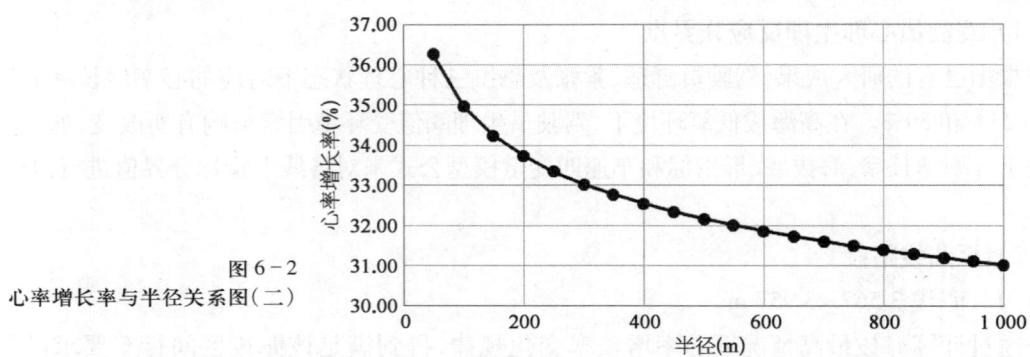

图 6-2 心率增长率与半径关系图(二)

350 m 时,心率增长率较快;半径大于 350 m 时,心率增长率较缓,当心率增长率变化程度发生突变时,对驾驶员具有较大危险。

3) 弯坡组合路段

(1) 海拔 3 616~3 998 m

通过计算海拔最高情况下心率增长率变化规律,得到满足该海拔区间行车要求的线形指标极限值,将 $V = 80$ km/h、$M = 3.616$ km 代入式(4-7),得到 $N-W$ 双因素关系式:

$$N = -1.224 \times 10^{-5} W^2 + 0.008W + 22.51 \quad (V = 80 \text{ km/h}, M = 3.998 \text{ km}) \quad (6-4)$$

将 $i = 20‰$ 代入上式,得

$$N = -4.896 \times 10^{-3} R^{-2} + 0.16 R^{-1} + 22.51 \quad (6-5)$$

将半径 R 以 0.05 km 为间隔,范围[0.05, 1],代入式(6-5),将结果绘制成如图 6-3 所示。

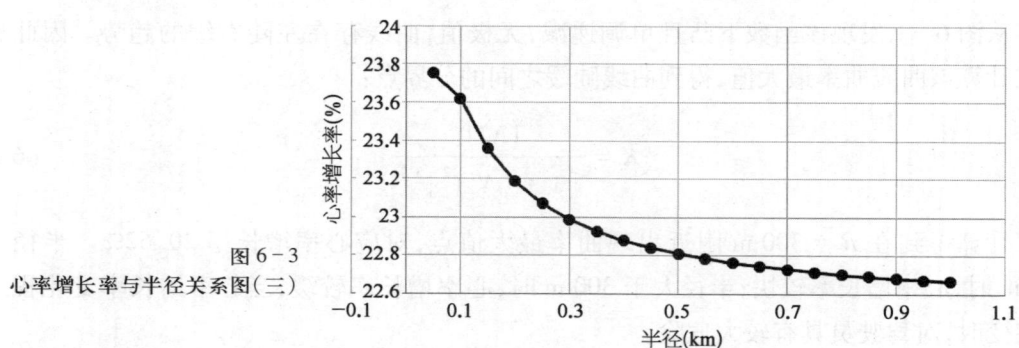

图 6-3 心率增长率与半径关系图(三)

经计算得出在 $R = 300$ m 处出现曲率变化最大点,对应线形组合值 $W = 66.67‰$/km,心率增长率 22.99%,与同海拔区间内平曲线半径研究结果基本一致。

(2) 海拔 4 127~4 630 m

通过计算海拔最高情况下的心率增长率变化规律,得到满足该海拔区间行车要求的线形指标极限值,将 $V = 80$ km/h、$M = 4.630$ km 代入式(4-9),得到 $N-W$ 双因素关系式:

$$N = 0.008W + 32.4128 \quad (V = 80 \text{ km/h}, M = 4.630 \text{ km}) \quad (6-6)$$

将 $i = 20‰$ 代入式(6-6),得

$$N = 0.16R^{-1} + 32.4128 \qquad (6-7)$$

将半径 R 以 0.05 km 为间隔,范围$[0.05, 1]$,代入式(6-7),将结果绘制成如图 6-4 所示。

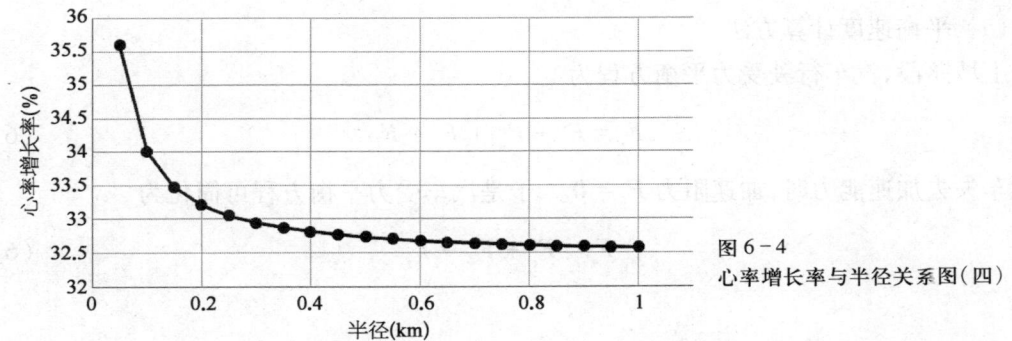

图 6-4 心率增长率与半径关系图(四)

经计算得出在 $R = 250$ m 处出现曲率变化最大点,对应线形组合值 $W = 80‰/$km,心率增长率 33.05%。

4) 高原公路线形指标参数建议值

将计算得到的驾驶员心理生理反应分界点所对应的线形指标参数和心率增长率汇总,得到高原公路线形指标参数建议值,见表 6-1。

表 6-1 高原公路线形指标参数建议值

路 段	平曲线半径 R'(m)	心率增长率 $N'(\%)$	线形组合值 $W(‰/$km$)$
海拔 3 567~3 957 m 平曲线	300	20.62	\
海拔 4 100~4 702 m 平曲线	350	32.77	\
海拔 3 616~3 998 m 弯坡组合段	300	22.99	66.67
海拔 4 127~4 630 m 弯坡组合段	250	33.05	80

根据以往研究结果,驾驶员舒适、紧张及恐惧三种心理状态下对应的心率增长率分别为 18%、27% 和 39%,在高原环境下,驾驶员生理阈值受环境因素影响有所改变,R' 所对应的 N' 可以认为是在该海拔区间内不同路段下驾驶员的生理阈值。

各路段在对应 R' 前后驾驶员心率增长率变化程度不同,当 $R<R'$ 时,随平曲线半径减小,心率增长率显著增大;当 $R > R'$ 时,随平曲线半径增大,心率增长率缓慢减小。因此宜将平曲线半径控制在大于 R' 以保证行车安全。

6.1.2 公路纵坡设计指标

在高海拔地区氧含量低,车辆在该区域行驶动力性能减弱,纵坡指标的设计须结合车辆动力性能的折减来重新确定。

1) 平衡速度和加减速坡长计算方法

车辆在一定坡度的路段上行驶,如果初始速度过高,随着行驶距离的增加,车辆速度逐渐降低,驾驶员采取较低挡位,之后车辆开始在纵坡路段匀速行驶;如果初始速度过低,车辆加速行驶,达到一定速度之后,车辆开始匀速行驶。

(1) 平衡速度计算方法

上坡路段,汽车行驶受力平衡方程为

$$F_t = F_i + F_w + F_f + F_j \tag{6-8}$$

当汽车失去加速能力时,加速阻力 $F_j = 0$。于是汽车受力平衡方程可简化为

$$F_t = F_i + F_w + F_f \tag{6-9}$$

其中

汽车驱动力:$F_t = \dfrac{3\pi n \eta_T k_P k_T T_{tg}}{25v}$;

坡度阻力:$F_i = mgi$;

空气阻力:F_w 采用各车型的相应拟合公式;

滚动阻力:F_f 采用各车型的相应拟合公式;

旋转质量换算系数:δ 采用车型的相应参数。

以上 F_t、F_w、F_f 均可表达为汽车速度 v 的函数,于是根据汽车方程,当给定上坡坡度 i 时,即可计算相应的平衡速度 v_p。

(2) 加减速坡长计算方法

由汽车行驶方程 $F_j = F_t - F_i - F_f - F_w$ 及加速阻力公式得

$$\delta m \frac{\mathrm{d}u}{\mathrm{d}t} = F_t - F_i - F_f - F_w \tag{6-10}$$

进行变量替换和单位转换后

$$\mathrm{d}S = \frac{\delta m u_a}{12\,960(F_t - F_i - F_f - F_w)} \mathrm{d}u_a \tag{6-11}$$

进行积分

$$S = \int_{u_{a0}}^{u_a} \frac{\delta m u_a}{12\,960(F_t - F_i - F_f - F_w)} \mathrm{d}u_a \quad (单位:km) \tag{6-12}$$

速度改用 v 表示,距离单位转换单位为 m,则有

$$S = \int_{v_0}^{v} \frac{\delta m v}{12.96(F_t - F_i - F_f - F_w)} \mathrm{d}v \quad (单位:m) \tag{6-13}$$

其中

汽车驱动力：$F_t = \dfrac{3\pi n \eta_T k_P k_T T_{tg}}{25v}$；

坡度阻力：$F_i = mgi$；

空气阻力：F_w 采用各车型的相应拟合公式；

滚动阻力：F_f 采用各车型的相应拟合公式；

旋转质量换算系数：δ 采用车型的相应参数。

2）不同海拔平衡速度计算

四轴车的车型基本参数如下：试验车重 30.99 t、计算转速 1 400 r/min、计算转矩 1 500 N·m、传动效率 0.89。采用实用化处理方法，可模拟计算任意给定车重的平衡速度、加速坡长和减速坡长。以下计算车重为 30 t 时，平衡速度见表 6-2。

表 6-2　不同海拔条件下的平衡速度　　　　　　　　　　（km/h）

坡度	527.65 m	1 000 m	1 500 m	2 000 m	2 500 m	3 000 m	3 500 m	4 000 m	4 500 m	5 000 m	5 500 m	6 000 m
0.0%	105.98	105.00	103.84	102.56	101.14	99.57	97.83	95.92	93.81	91.50	88.96	86.19
0.5%	95.02	93.72	92.22	90.59	88.82	86.90	84.82	82.57	80.14	77.53	74.72	71.70
1.0%	84.99	83.46	81.73	79.87	77.89	75.78	73.52	71.13	68.59	65.90	63.05	60.05
1.5%	76.01	74.36	72.50	70.54	68.48	66.30	64.02	61.62	59.11	56.50	53.77	50.93
2.0%	68.14	66.44	64.55	62.58	60.52	58.38	56.16	53.85	51.46	49.00	46.45	43.84
2.5%	61.33	59.64	57.78	55.85	53.86	51.81	49.70	47.52	45.29	43.01	40.67	38.28
3.0%	55.48	53.84	52.04	50.20	48.31	46.37	44.39	42.36	40.29	38.19	36.04	33.87
3.5%	50.47	48.89	47.18	45.44	43.66	41.84	39.99	38.11	36.20	34.26	32.30	30.31
4.0%	46.17	44.67	43.05	41.41	39.74	38.04	36.32	34.57	32.81	31.02	29.21	27.39
4.5%	42.47	41.05	39.52	37.98	36.41	34.82	33.22	31.60	29.96	28.31	26.64	24.96
5.0%	39.26	37.92	36.48	35.03	33.56	32.08	30.58	29.07	27.55	26.02	24.47	22.92
5.5%	36.47	35.20	33.85	32.48	31.10	29.71	28.31	26.90	25.48	24.06	22.62	21.17
6.0%	34.02	32.83	31.55	30.26	28.97	27.66	26.35	25.03	23.70	22.36	21.02	19.67
6.5%	31.87	30.74	29.53	28.31	27.09	25.86	24.63	23.39	22.14	20.88	19.63	18.36
7.0%	29.96	28.88	27.74	26.59	25.44	24.28	23.11	21.94	20.77	19.59	18.40	17.22
7.5%	28.25	27.23	26.15	25.06	23.97	22.87	21.77	20.66	19.55	18.44	17.32	16.20
8.0%	26.73	25.76	24.73	23.69	22.66	21.62	20.57	19.52	18.47	17.42	16.36	15.30
8.5%	25.35	24.43	23.45	22.46	21.48	20.49	19.49	18.50	17.50	16.50	15.49	14.49
9.0%	24.11	23.23	22.29	21.35	20.41	19.47	18.52	17.57	16.62	15.67	14.72	13.76
9.5%	22.97	22.13	21.24	20.34	19.45	18.54	17.64	16.74	15.83	14.92	14.01	13.10
10%	21.94	21.14	20.28	19.42	18.57	17.70	16.84	15.98	15.11	14.24	13.37	12.50

平衡速度曲线如图 6-5 所示。

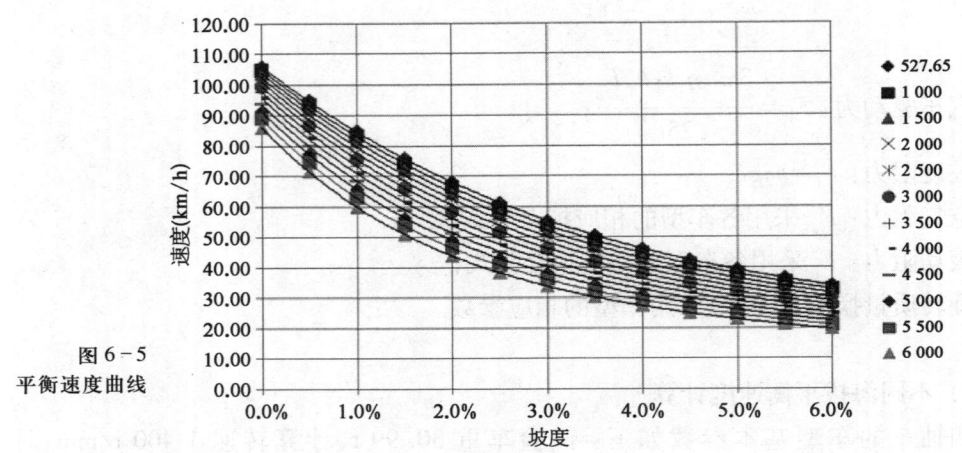

图 6-5 平衡速度曲线

3) 不同海拔加速坡长计算

以四轴车为研究对象,确定其加速坡长值。四轴车的车型基本参数如下:试验车重 30.99 t、计算转速 1 400 r/min、计算转矩 1 500 N·m、传动效率 0.89。海拔 3 000 m 处的加速坡长曲线计算结果见表 6-3。

表 6-3 不同坡度的加速坡长(海拔 3 000 m)

速度(km/h)	0.0%	0.5%	1.0%	1.5%	2.0%	2.5%	3.0%	3.5%	4.0%	4.5%	5.0%	5.5%	6.0%
0	0	0	0	0	0	0	0	0	0	0	0	0	0
5	0.2	0.2	0.2	0.2	0.3	0.3	0.3	0.3	0.3	0.3	0.3	0.3	0.3
10	2	2	2	2	2	2	2	2	2	2	2	2	2
15	6	6	6	6	7	7	7	7	8	8	8	9	9
20	14	14	15	15	16	17	18	19	21	22	24	26	29
25	26	28	30	32	34	36	40	43	48	54	63	75	97
30	46	49	53	58	63	70	79	91	108	136	195	1 060	926
35	75	81	89	99	112	129	154	194	276	1 547	1 383		
40	114	126	142	162	190	233	309	518	1 996				
45	168	189	217	257	320	437	830	2 489					
50	238	274	325	405	553	1 036	4 058						
55	330	389	481	645	1 092	4 437							
60	448	546	712	1 091	7 928								
65	602	763	1 080	2 442									
70	802	1 071	1 755	9 555									
75	1 066	1 534	4 005										
80	1 421	2 319	9 999										
平衡速度(km/h)	99.6	86.9	75.8	66.3	58.4	51.8	46.4	41.8	38.0	34.8	32.1	29.7	27.7

加速坡长表示在一定的海拔与坡度条件下，从较低速度加速到较高速度所需要的行驶距离，其中平衡速度是能够达到的最大速度。

加速坡长曲线如图 6-6 所示。

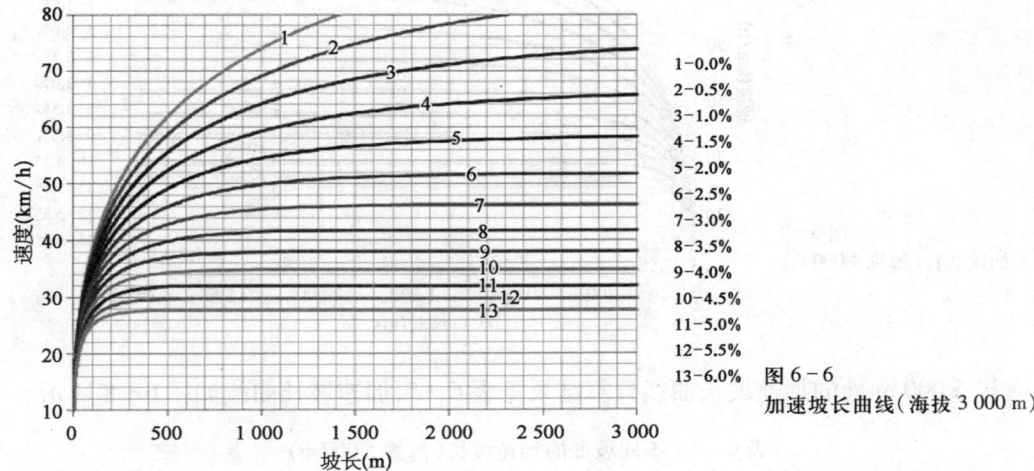

图 6-6 加速坡长曲线（海拔 3 000 m）

海拔 4 000 m 处的加速坡长曲线计算结果见表 6-4，加速坡长曲线如图 6-7 所示。

表 6-4 不同坡度的加速坡长（海拔 4 000 m）

速度(km/h)	0.0%	0.5%	1.0%	1.5%	2.0%	2.5%	3.0%	3.5%	4.0%	4.5%	5.0%	5.5%	6.0%
0	0	0	0	0	0	0	0	0	0	0	0	0	0
5	0.3	0.3	0.3	0.3	0.3	0.3	0.3	0.3	0.3	0.3	0.3	0.3	0.3
10	2	2	2	2	2	2	2	2	2	2	3	3	3
15	6	7	7	7	8	8	8	9	9	9	10	11	11
20	15	16	17	18	19	20	21	23	25	27	30	34	39
25	30	31	34	36	39	43	47	53	61	72	89	123	400
30	52	56	61	67	75	85	99	119	155	240	9 999	833	833
35	84	93	103	117	135	163	207	303	1 783	1 249			
40	129	145	166	195	239	316	520	4 463					
45	190	219	258	319	428	733	8 588						
50	272	320	394	524	857	6 653							
55	378	461	599	908	5 495								
60	518	657	928	2 017									
65	702	937	1 531	9 999									
70	945	1 360	3 392										
75	1 272	2 070	9 999										
80	1 731	3 687											
平衡速度(km/h)	95.9	82.6	71.1	61.6	53.8	47.5	42.4	38.1	34.6	31.6	29.1	26.9	25.0

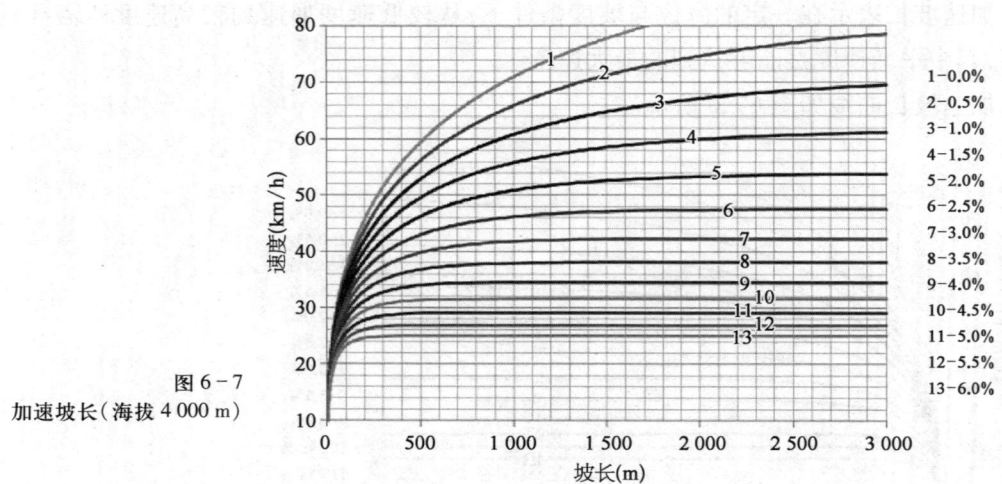

图 6-7 加速坡长(海拔 4 000 m)

海拔 5 000 m 处的加速坡长曲线计算结果见表 6-5,加速坡长曲线如图 6-8 所示。

表 6-5　不同坡度的加速坡长(海拔 5 000 m)

速度(km/h)	0.0%	0.5%	1.0%	1.5%	2.0%	2.5%	3.0%	3.5%	4.0%	4.5%	5.0%	5.5%	6.0%
0	0	0	0	0	0	0	0	0	0	0	0	0	0
5	0.3	0.3	0.3	0.3	0.3	0.3	0.3	0.3	0.3	0.3	0.3	0.3	0.4
10	2	2	2	2	3	3	3	3	3	3	3	3	3
15	7	8	8	8	9	9	10	10	11	11	12	13	14
20	17	18	19	20	22	24	26	28	31	35	40	48	61
25	34	36	39	43	47	52	59	69	84	109	176	746	576
30	59	65	72	80	92	108	133	179	317	1 338	880		
35	97	108	123	143	173	223	335	2 347	1 308				
40	149	171	201	246	325	527	2 451						
45	221	260	319	422	679	4 446							
50	317	386	502	762	6 104								
55	445	565	804	1 799									
60	615	827	1 374	9 999									
65	843	1 227	3 313										
70	1 153	1 909	9 999										
75	1 588	3 499											
80	2 239	9 999											
平衡速度(km/h)	91.5	77.5	65.9	56.5	49.0	43.0	38.2	34.3	31.0	28.3	26.0	24.1	22.4

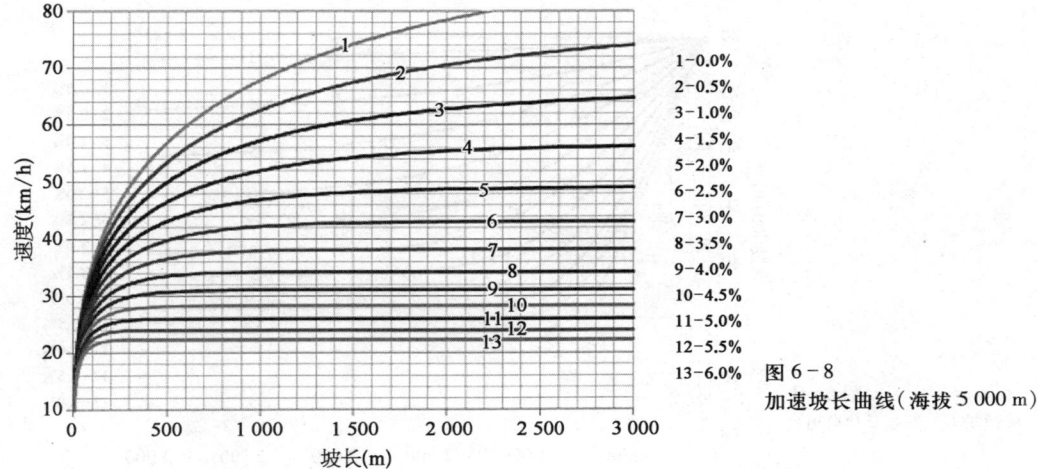

图 6-8 加速坡长曲线（海拔 5 000 m）

4）不同海拔减速坡长计算

以四轴车为研究对象，确定其减速坡长值，四轴车的基本参数与加速坡长采用的车型一致。减速坡长表示在一定的海拔与坡度条件下，以较高速度在一定坡度的纵坡段向上行驶，即使油门全开，由于行驶阻力大于汽车动力，行驶速度依然降低，直到速度降低到平衡速度，之后车辆在上坡段开始匀速行驶。

海拔 3 000 m 处的减速坡长曲线计算结果见表 6-6。减速坡长曲线如图 6-9 所示。

表 6-6　不同坡度的减速坡长（海拔 3 000 m）

速度(km/h)	0.0%	0.5%	1.0%	1.5%	2.0%	2.5%	3.0%	3.5%	4.0%	4.5%	5.0%	5.5%	6.0%
80	0	0	0	0	0	0	0	0	0	0	0	0	0
75	0	0	9 999	583	308	209	159	128	107	92	81	72	65
70				1 579	683	442	328	260	216	185	161	143	129
65				9 999	1 208	715	512	400	328	279	242	214	192
60					2 370	1 068	724	551	446	375	324	285	254
55					7 712	1 672	990	723	573	476	407	356	316
50						6 017	1 417	939	718	585	495	430	380
45							4 850	1 293	905	713	592	508	445
40								8 128	1 255	886	709	596	516
35									3 824	1 553	895	712	601
30										2 721	3 682	1 083	741
25												1 888	3 403
平衡速度(km/h)	99.6	86.9	75.8	66.3	58.4	51.8	46.4	41.8	38.0	34.8	32.1	29.7	27.7

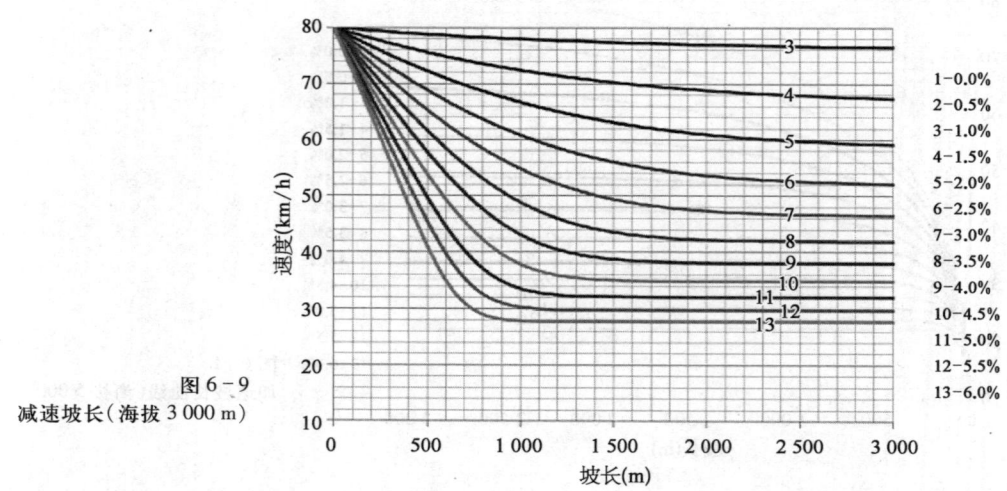

图 6-9 减速坡长(海拔 3 000 m)

海拔 4 000 m 处的减速坡长曲线计算结果见表 6-7,减速坡长曲线如图 6-10 所示。

表 6-7 不同坡度的减速坡长(海拔 4 000 m)

速度(km/h)	0.0%	0.5%	1.0%	1.5%	2.0%	2.5%	3.0%	3.5%	4.0%	4.5%	5.0%	5.5%	6.0%
80	0	0	0	0	0	0	0	0	0	0	0	0	0
75	0	0	1 242	424	257	185	144	118	100	87	77	69	62
70			9 999	986	550	383	294	239	201	174	153	136	123
65				1 962	906	603	453	363	303	260	228	203	183
60				9 999	1 407	859	626	494	408	348	303	269	241
55					2 636	1 195	824	635	517	437	379	334	299
50					7 057	1 808	1 078	796	636	531	456	400	357
45						5 842	1 520	1 004	773	633	538	468	415
40							4 557	1 399	957	755	629	541	476
35								3 200	1 507	939	745	626	543
30									2 517	2 363	1 004	753	629
25											1 952	1 439	1 306
平衡速度(km/h)	95.9	82.6	71.1	61.6	53.8	47.5	42.4	38.1	34.6	31.6	29.1	26.9	25.0

海拔 5 000 m 处的减速坡长曲线计算结果见表 6-8,减速坡长曲线如图 6-11 所示。

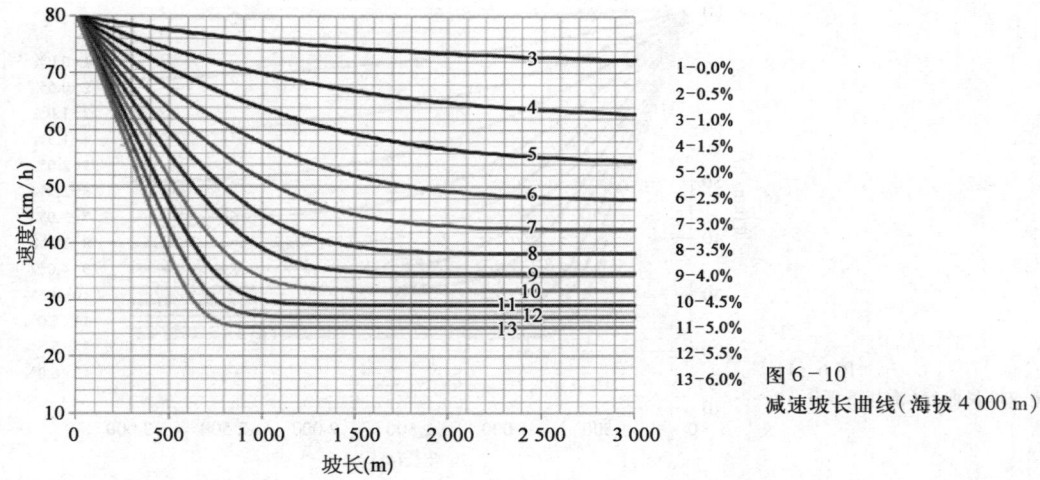

图 6-10 减速坡长曲线（海拔 4 000 m）

1—0.0%
2—0.5%
3—1.0%
4—1.5%
5—2.0%
6—2.5%
7—3.0%
8—3.5%
9—4.0%
10—4.5%
11—5.0%
12—5.5%
13—6.0%

表 6-8 不同坡度的减速坡长（海拔 5 000 m）

速度(km/h)	0.0%	0.5%	1.0%	1.5%	2.0%	2.5%	3.0%	3.5%	4.0%	4.5%	5.0%	5.5%	6.0%
80	0	0	0	0	0	0	0	0	0	0	0	0	0
75	0	9 999	679	333	221	165	132	110	94	82	73	66	60
70			1 800	726	460	338	267	220	188	164	145	130	118
65			9 999	1 238	730	521	406	332	281	244	216	193	175
60				2 102	1 055	722	552	447	376	324	285	255	230
55				9 121	1 508	956	710	566	472	405	354	315	284
50					2 644	1 263	891	695	572	486	423	375	337
45						6 350	1 853	1 125	843	680	572	494	435	389
40							6 885	1 578	1 039	807	666	568	497	442
35								4 459	1 533	989	781	653	564	497
30									3 144	2 373	993	770	646	560
25											2 156	1 661	818	655
20													1 338	4 141
平衡速度(km/h)	91.5	77.5	65.9	56.5	49.0	43.0	38.2	34.3	31.0	28.3	26.0	24.1	22.4

5) 高海拔地区纵坡坡长与坡度折减值确定

综合上述研究成果，可以得出当平衡速度将等于最低容许速度时，对应的坡度即为最大坡度。最大坡度下需要限制对应的坡长。相关研究成果见表 6-9、表 6-10。

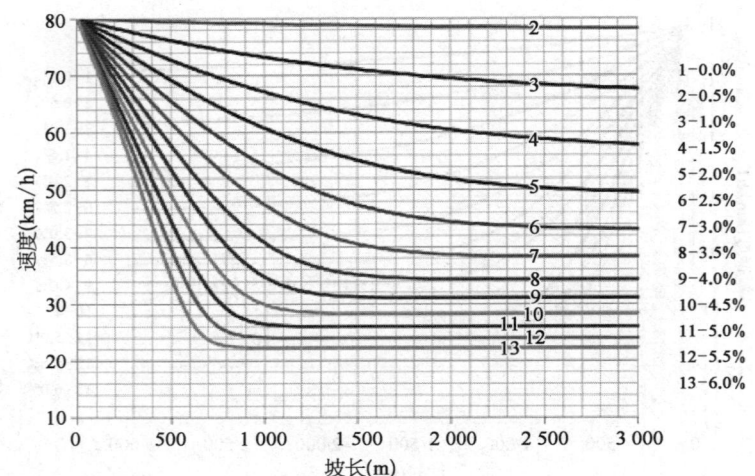

图 6-11 减速坡长曲线（海拔 5 000 m）

表 6-9　不同海拔不限坡长的纵坡

设计速度（km/h）	3 000 m	3 500 m	4 000 m	4 500 m	5 000 m	5 500 m
120（80）	0.8%	0.7%	0.6%	0.5%	0.4%	0.3%
100（65）	1.6%	1.5%	1.4%	1.3%	1.2%	1.1%
80（50）	2.7%	2.5%	2.3%	2.1%	1.9%	1.7%

表 6-10　不同海拔最大容许速度对应最大纵坡（在此坡度下需要限制坡长）

设计速度（km/h）	3 000 m	3 500 m	4 000 m	4 500 m	5 000 m	5 500 m
120（60）	1.9%	1.7%	1.6%	1.5%	1.3%	1.2%
100（50）	2.6%	2.5%	2.3%	2.1%	2.0%	1.8%
80（40）	3.6%	3.5%	3.3%	3.0%	2.8%	2.5%

（1）最大纵坡及坡度折减

随海拔增高车辆功率降低过大，纵坡设计中宜采用较小的最大纵坡。设计速度小于或等于 80 km/h 且位于海拔 3 500 m 以上高原地区公路，最大纵坡应按表 6-11 规定予以折减。

表 6-11　不同海拔的纵坡折减

项　目	3 500~4 500 m	4 500~5 500 m	5 500 m 以上
纵坡折减（%）	1.5	2.0	2.5

（2）最大坡长

最大坡长限制是指控制汽车在坡道上行驶，当车速下降到最低允许速度时所行驶的距离。不同海拔区间要求的不同坡度的坡长限制见表 6-12。

表 6-12　不同海拔不同纵坡的最大坡长　　　　　　　　　　　　　　　　　　　　　（m）

海拔	海拔 3 000~4 000 m				海拔 4 000~5 000 m				海拔 5 000 m 以上			
设计速度(km/h)	120	100	80	60	120	100	80	60	120	100	80	60
纵坡(%) 2	2 370	7 710	\	\	1 405	2 625	7 055	\	1 055	1 510	2 645	\
3	725	990	1 415	\	625	825	1 080	4 555	550	710	890	1 580
4	445	570	720	1 255	410	515	635	960	375	470	570	805
5	\	405	495	710	\	380	455	630	\	355	425	570
6	\	\	380	515	\	\	355	475	\	\	335	440

注：爬坡过程中设计速度的最低容许值对应长度要求。

6.1.3　连续长陡下坡界定标准

1）高速公路连续长陡下坡的定义

连续长陡下坡是指高速公路和一级公路上出现的车辆行驶的下坡方向，单一纵坡或者多个纵坡路段组合后的平均纵坡（平均纵坡和坡长）超过上述指标的纵坡路段。根据相关试验和调查研究，在纵坡和坡长超出上述范围后，对应我国实际货车综合性能、安全装备条件以及驾驶员行为特点，在连续使用主制动器之后可能出现制动器制动鼓温度过高，进而可能导致部分或者完全丧失制动效能的现象。

该指标提出的相关工况条件，包括以下几个方面：

① 试验车型（六轴铰接汽车列车）在标准载重（满载 49 t）条件下；
② 车辆以持续 60 km/h 速度持续下坡；
③ 同时采用主制动器制动和发动机制动两种制动方式（如果采用排气制动等其他辅助制动系统时，将更为安全）；
④ 制动鼓温度不会超过 200℃，刹车性能无明显损失。

连续长陡下坡指标是在上述工况条件下，车辆持续下坡能够保证制动鼓温度在安全有效范围内、制动鼓制动效能无明显损失时，公路连续下坡路段不同平均纵坡对应的最大坡长临界值。

2）影响高原地区环境制动器温度的主要因素

依据能量守恒原理，在汽车下坡过程中，汽车势能通过空气阻力、滚动阻力、发动机制动阻力、主制动器阻力等各种阻力做功进行能量转换；为了维持正常行驶速度，其他阻力无法克服的剩余下滑力，由汽车主制动器承担，并通过摩擦转换为热能。另一方面，由于主制动器与周边空气的温差，又有部分热能通过对流传到周围的气流中。

根据牛顿冷却公式，可以得出相应的微分方程：

$$m_B C \frac{dT}{dt} = P_B - hA_C(T - T_a) \tag{6-14}$$

式中　m_B——制动系统有效热质量；
　　　C——制动鼓比热容；
　　　P_B——制动系统输入功率；
　　　h——有效对流传导系数；
　　　A_C——制动系统有效散热面积；
　　　T_a——环境温度。

制动系统输入功率 P_B 的大小是和汽车重力功率、汽车滚动阻力功率、汽车空气阻力功率密切相关的。高海拔低压缺氧地区的典型特征是随着海拔的升高,氧含量下降,空气密度下降,相应的空气阻力也随之下降,而制动系统的输入功率增大,相对于低海拔平原地区,车辆下坡过程中制动器所承受的负荷进一步增大。另外,空气对流与空气密度是正相关的(例如真空状态下无法通过热对流方式进行能量传递),空气相对密度(相对于海拔 527.65 m)系数为

$$k_a = \frac{1 - 1.0028 \times 10^{-4} H + 3.3444 \times 10^{-9} H^2}{0.9480} \tag{6-15}$$

而制动器的热传导是面与面的接触,因此空气相对密度在面上的比值为 $k_a^{2/3}$,则有效对流传导系数为

$$h_R = k_a^{2/3} h_{R0} \tag{6-16}$$

其中通常海拔下有效对流传导系数

$$h_{R0} = 5.3345 + 1.53258v - 0.003653v^2 \tag{6-17}$$

3) 考虑海拔因素的汽车制动器温控模型

交通部交通科技项目"高速公路纵坡设计方法和关键指标研究"中对通常海拔下汽车制动器计算模型有较为深入的研究,该项目相应模型考虑了汽车车重、迎风面积、制动器参数、初始温度、环境温度、纵坡参数、汽车速度、汽车摩阻功率(分空气阻力和机械阻力)、发动机制动功率以及排气制动功率等,有较为广泛的适应性和实用性,可作为本项目继续研究的基础计算模型。

结合式(3-47)、式(6-9),则考虑海拔因素的制动器温度计算模型如下:

$$T(t) = T_0 + (T_a - T_0 + k_2 P_B)(1 - e^{-k_1 t}) \tag{6-18}$$

式中　k_1——热时间参数的倒数,$k_1 = \dfrac{h_R A_g}{m_g C_g}$(1/s);

　　　k_2——总传热参数的倒数,$k_2 = \dfrac{k_z}{n_z h_R A_g}$(℃/W);

h_R——有效对流传导系数,$h_R = k_a^{2/3}(5.3345 + 1.53258v - 0.003653v^2)$;

P_B——制动器承受的功率;

t——车辆运行时间(s);

T_0——初始温度(℃);

T_a——环境温度(℃);

T——计算温度(℃)。

4) 高海拔地区高速公路连续长陡下坡界定性指标

采用试验车型(六轴铰接汽车列车),车辆以持续 60 km/h 速度持续下坡,同时采用主制动器制动和发动机制动两种制动方式下,根据制动鼓温度 200℃ 确定相应坡度对应的坡长。

这里除考虑海拔因素外,采用以上参数,不同海拔区间不同坡度对应制动器达到 200℃ 的坡长界定性指标见表 6-13。

表 6-13 考虑海拔因素的连续长陡下坡界定指标 (km)

坡度(%)	527.65 m	1 000 m	2 000 m	3 000 m	4 000 m	5 000 m	5 500 m
-2.5%	43.4	31.1	21.3	17.1	14.8	13.4	12.9
-3.0%	14.8	13.4	11.4	10.2	9.3	8.8	8.5
-3.5%	9.3	8.8	7.9	7.3	6.8	6.5	6.4
-4.0%	6.6	6.5	6.0	5.7	5.4	5.2	5.1
-4.5%	5.4	5.2	4.9	4.6	4.5	4.3	4.3
-5.0%	4.4	4.3	4.1	3.9	3.8	3.7	3.7
-5.5%	3.8	3.7	3.5	3.4	3.3	3.2	3.2
-6.0%	3.3	3.2	3.1	3.0	2.9	2.9	2.9

以坡度为自变量的各海拔预定温度 200℃ 对应的坡长曲线如图 6-12 所示。

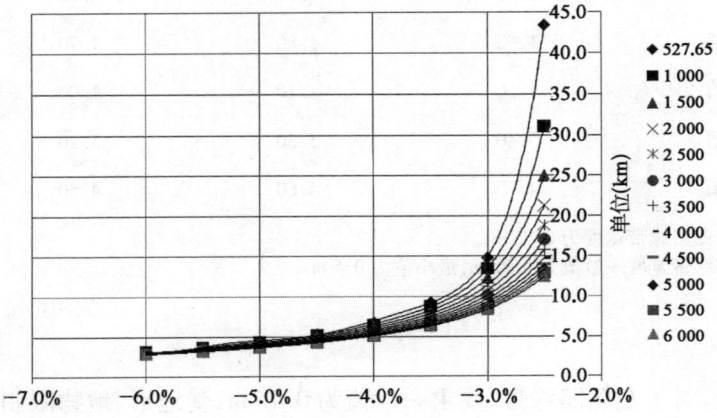

图 6-12 不同海拔条件下的极限坡长(200℃)

从图 6-12 可以看出,随着纵坡的增大,不同海拔到达预定温度的坡长逐渐趋于一致,这说明纵坡越陡,海拔因素对于制动器温度的影响越小。

6.1.4 横断面组成与尺寸

高速公路的路基标准横断面组成应包括行车道、中央分隔带、左右路缘带、左右硬路肩、左右土路肩。

1) 车道数与车道宽度

根据青藏公路各路段交通量预测值、通行能力及服务水平验算,项目采用四车道高速公路标准。

我国《公路工程技术标准》(JTG B01—2014)中相关条文也指出:"以通行中、小型客运车辆为主且设计速度为 80 km/h 及以上的公路,经论证车道宽度可采用 3.5 m";"对于四车道以上的公路,车道宽度应满足车辆并列行驶所需的宽度"。

青藏地区公路交通量较低,以 G109 为例,2014 年年平均日交通量不足 5 000 辆/d,按内侧车道主要通行小客车则内侧车道最小宽度可以取 3.5 m。

2) 中央分隔带宽度

在"十二五国家科技支撑计划项目"中曾对多车道高速公路横断面各组成进行了研究,根据组合型波形梁护栏、刚性护栏和缆索护栏等护栏的形式及其特点,在不设左侧硬路肩的情况下,分析其满足安全设计要求的中央分隔带宽度(表 6-14)。其不仅要满足中间带设置各种设施需要的最小宽度,还需要考虑路缘带和安全 C 值的要求。

表 6-14 不同设计速度时中央分隔带宽度推荐值

项目		120 km/h	100 km/h	80 km/h
刚性护栏(m)	一般值	1.60	1.50	1.40
	最小值	0.80	0.70	0.60
组合型波形梁护栏(m)	一般值	1.90	1.80	1.70
	最小值	1.20	1.10	1.00
缆索护栏(m)	一般值	5.40	5.30	5.20
	最小值	4.70	4.60	4.50

注:① 设计速度为 120 km/h 时,内侧路缘带宽度为 0.75 m;
② 设计速度为 100 km/h 时,路缘带宽度一般值为 0.75 m,最小值为 0.5 m。

3) 左侧路缘带

《公路工程技术标准》规定,对于左侧路缘带,要求一般值为 0.75 m,受地形、地物限制的

路段,可论证采用 0.5 m。宽度论证如下:

(1) 从行车安全方面考虑

根据交通部 2000 年度公路建设标准规范计划项目"高速公路运行速度设计方法与标准"中"行车道宽度与运行速度的关系"的研究成果,对于实际行驶速度有影响的路面组成是:行车道、路缘带和硬路肩宽度,行车道宽度的变化对于运行速度的影响要大于路肩、路缘宽度变化对于运行速度的影响。在理想状态下行车道宽度为 3.75 m 时,左侧路缘宽度为 0.5 m,右侧路肩宽度为 2.5 m。如实际道路横断面组成部分的宽度大于此宽度,则认为其横断面因素不对自由流速度构成影响。对于在各种横断面条件下小型车的运行速度取值,见表 6-15。

表 6-15 小型车运行速度取值

项 目	车道宽度(m)	路缘宽度(m)	行驶速度(km/h)
内侧车道	3.75	0.50	120
	3.75	0.20	116
	3.50	0.50	114

通过表 6-15 可以看出,从运行速度方面考虑,当横断面行车道宽度为 3.75 m,左侧路缘宽度为 0.5 m 时,小型车的运行速度均不受影响;但是当行车道宽度不变,路缘宽度、路肩宽度减小时,小型车的运行速度均受到影响。

目前青藏公路小客车占总交通量比例接近 50%。随着高速公路开通,入藏旅游、地方交通出行的小型车辆比例还会日益增加,其小客车靠内侧车道行驶,在中央分隔带为 2.0 m 的情况下,其左侧路缘带宽度最小值为 0.5 m。

(2) 从冻土路基变形控制与稳定方面考虑

青藏高原地区大部分路段位于多年冻土路段,过去 40 多年来冻土路基研究取得的设计与施工技术,均是针对解决公路路基宽度仅为 10 m、铁路路基宽度为 7 m 的条件下维护路基热稳定性问题。但相对于二级公路而言,高速公路路基宽度较大,总吸热面积增加了 1.5~2.0 倍,路堤填筑材料总体积热容增加 2.0~2.5 倍,初步计算表明高返公路冻土路基下的融化盘会加宽、加深,对多年冻土的水热平衡将产生严重影响。因此,从冻土路基变形控制与稳定方面考虑,在能够满足车辆安全运行的前提下,左侧路缘带宽度应尽量取低值 0.5 m。

4) 右侧硬路肩

右侧硬路肩应具有足够的宽度去保证功能的充分发挥。硬路肩实现不同功能所需要的最小宽度见表 6-16,硬路肩宽度应根据各种功能综合确定。

表 6-16　考虑不同功能时右侧硬路肩最小宽度

功　　能	一般最小宽度(m)	适　用　情　况
满足大型货车临时故障停靠	3.0	硬路肩宽度需要停靠五轴和六轴载重货车
执法管理、维修养护	2.5	硬路肩宽度需要停靠执法车辆时
埋设地上设施、地下管线	1.0	一般情况
避免碰撞事故	2.5	满足一般小型车临时避让事故时
驶出行车道恢复行驶	2.5	一般情况
改善视距	0.5	视具体环境、道路线形而定
排水	1.0	视具体降雨量和道路排水能力而定
提高通行能力	1.8	一般情况
远期改扩建	3.75	扩建时硬路肩改建成一个行车道时
紧急救援	3.5	硬路肩满足一般救援车辆行驶时

如果不考虑执法管理、维修养护及临时停车，右侧硬路肩最小值还可采用 1.5 m，但是要增加紧急停车带，紧急停车带间距不宜大于 500 m 且有效长度不应小于 40 m。

5）横断面形式

对于多年冻土地区推荐采用分离式路基横断面形式；非多年冻土地区推荐采用整体式路基横断面形式，桥隧过渡等路段也可采用分离式断面。

通过以上综合分析，得出不同设计速度下横断面组成最小宽度，见表 6-17、图 6-13。

表 6-17　高海拔地区公路不同设计速度下横断面组成最小宽度

项　　目	120 km/h	100 km/h	80 km/h
中央分隔带宽度(m)	0.80	0.70	0.60
行车道宽度(m)	3.75(3.50)	3.75(3.50)	3.75(3.50)
左侧路缘带宽度(m)	0.5	0.5	0.5
硬路肩宽度(m)	1.5	1.5	1.5
土路肩宽度(m)	0.75	0.75	0.75

注：括号内表示内侧车道宽度。

6.1.5　路拱横坡与路面超高

高海拔地区低温低，常年处于积雪冰冻状态，尤其是在冬季，对行车安全将产生很大的影响。刘峰贵等根据青藏铁路沿线 26 个行政单元自然灾害的历史记录，对 1951—2000 年共 50 年的数据进行统计分析，发现在昆仑山至唐古拉山段雪灾发生频次明显高于其他路段，在

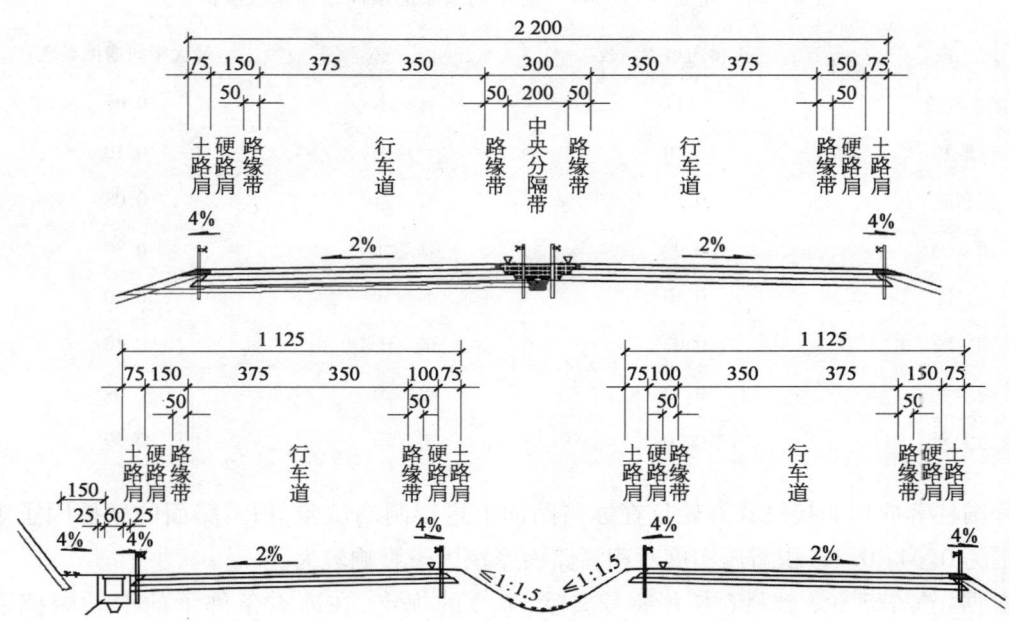

图 6-13 横断面组成最小宽度

统计的 50 年数据中,发生的频次大于 40 次(/50 年),也就是说几乎每年都会发生雪灾。在冰雪条件下,横向摩阻系数降低,车辆在曲线超高段行驶稳定性变差,若行驶速度过快,有可能驶出路外;若行驶速度过慢,则有可能滑向曲线内侧。

由于青藏高速公路的路线走向基本与青藏铁路线形一致,故在昆仑山至唐古拉山段,应当按照冰雪区域来特殊对待,路线超高与半径的取值应当考虑冰雪条件的影响。

1) 冰雪条件下摩擦系数的取值

车辆在曲线段行驶时,横向摩擦系数与其行驶稳定性直接相关,因此首先探讨在冰雪条件下路面的横向摩擦系数取值。

根据美国 *Green Book* 中规定,正常道路条件下,横向摩擦系数与速度具有一定的关系:速度为 80 km/h 时,横向摩擦系数约为 0.14;速度为 112 km/h 时,横向摩擦系数约为 0.10。美国 *Green Book* 中横向摩擦系数与速度的关系如图 6-14 所示。

速度为 120 km/h 时不同国家采用的横向摩擦系数值见表 6-18。

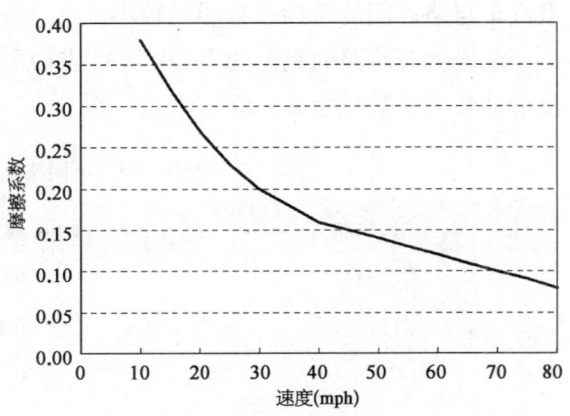

图 6-14 横向摩擦系数与速度关系图
(1 mph=1.61 km/h)

表6-18　速度为120 km/h时不同国家的横向摩擦系数取值

国　家	最大横向摩擦系数	国　家	最大横向摩擦系数
澳大利亚	0.11	日　本	0.06
奥地利	0.10	卢森堡	0.10
比利时	0.10	荷　兰	0.08
加拿大	0.09	葡萄牙	0.10
法　国	0.10	西班牙	0.10
德　国	0.07	瑞　士	0.10
爱尔兰	0.12	英　国	0.09
意大利	0.10	美　国	0.09

程国柱等应用非接触式五轮仪在冰雪路面上进行制动试验，积雪路面的摩擦因子观测值范围为0.04~0.31，积雪压实度对积雪路面摩擦因子影响较大。

根据《汽车理论》教材（本书参考文献[7]）的规定，在冰雪条件下的滑动摩擦系数取值见表6-19。

表6-19　不同路面状态下的摩擦系数

路面状态	附着最大系数	滑动最大系数
雪（压紧）	0.20	0.15
冰	0.10	0.07

刘晶等通过对实测数据的分析可知，在冰雪条件下路面所提供的横向摩擦系数φ，对于载重汽车是0.084~0.098，小汽车是0.096~0.112。经过比较分析发现，在冰雪条件下，载重汽车与路面间的摩擦系数相对较小。

李松龄等将路面划分为雪（松软）、雪（压实）以及冰三种不同的状态，其附着最大系数及滑动最大系数见表6-20。

表6-20　不同路面状态下的摩擦系数

路面状态	附着最大系数	滑动最大系数
雪（松软）	0.30	0.20
雪（压实）	0.20	0.15
冰	0.10	0.07

王正君等采用制动距离法及测试车法分别对清雪后、松雪、冰雪板、完全结冰等状态进行测试，得到相应状态的抗滑性能指标（表6-21）。

表 6-21 不同路面状态下的摩擦系数

路面状态	小型车	大型车
松雪路面	0.434	0.300
冰雪板	0.281	0.219
完全结冰	0.215	0.172
清除后	0.756	0.371

根据以往实践验证,描述道路横向附着系数与纵向附着系数关系的经典公式为

$$\mu_H = (0.6 \sim 0.7)\mu$$

则得横向附着系数与纵向附着系数如下:

$$\begin{cases} \mu_H = 0.6\mu \\ \mu_H^2 + \mu_V^2 = \mu^2 \end{cases}$$

式中 μ_H——横向附着系数;

μ_V——纵向附着系数;

μ——路面摩擦系数。

根据以上公式,计算得出横向摩擦系数值,见表 6-22。

表 6-22 不同路面状态下的横向摩擦系数

路面状态	小型车	大型车
松雪路面	0.26	0.18
冰雪板	0.17	0.13
完全结冰	0.13	0.10
清除后	0.45	0.22

李云慧在计算平曲线段限速值时所采用的附着系数计算值见表 6-23。

表 6-23 冰雪路面附着系数

路面状态	μ 的范围	μ 的均值	横向摩擦系数
冰膜	0.06~0.14	0.10	0.060
雪浆	0.16~0.16	0.16	0.096
冰板	0.15~0.21	0.18	0.108
雪板	0.20~0.24	0.22	0.132
冰雪板	0.22~0.28	0.25	0.150
松雪	0.30~0.43	0.37	0.222

通过上文分析可得出,不同的冰雪路面状态下,路面的横向摩擦系数取值具有一定的差

异性。冰雪路面的状态大致可以划分为三大类：雪(松软)、雪(压实)以及路面结冰,通过文献检索,将这三种不同状态下的横向摩擦系数取值汇总,见表6-24。

表6-24 不同路面状态下的横向摩擦系数取值汇总

文献作者或来源	路面状态	小型车	大型车
李松龄等	松雪路面	0.26	0.18
	冰雪板	0.17	0.13
	完全结冰	0.13	0.10
《汽车理论》第四版	雪(压紧)	0.15	
	冰	0.07	
王正君等	松雪路面	0.26	0.18
	冰雪板	0.17	0.13
	完全结冰	0.13	0.10
李云慧	松雪	0.222	
	雪板	0.132	
	冰膜	0.060	

路面结冰时,其横向摩擦系数的取值范围是0.06~0.13;雪结板时其横向摩擦系数的取值范围是0.13~0.17;松散雪的横向摩擦系数范围是0.18~0.26。一般松散雪会出现在下雪的初期,随着车辆的碾压等因素会逐渐变成雪板,之后经过消融冰冻变成冰面。在结冰的状态下,横向摩擦系数最小,车辆行驶处于最不利的状态,将以上三种情况下的横向摩擦系数值总结见表6-25。

表6-25 冰雪路面状态下的横向摩擦系数值

路面状态	横向摩擦系数
松雪路面	0.18~0.26
冰雪板	0.13~0.17
结冰	0.06~0.13

2) 冰雪条件下曲线超高值确定

(1) 行驶速度的取值

因为是冰雪条件,车辆在路面的行驶速度降低,所以可以采用较低的速度来进行计算。一方面我国高速公路的最低限速值为60 km/h,另一方面考虑到青藏高速公路大型车比例较大,一旦突发降雪,车辆行驶速度很可能低于高速最低限速60 km/h,故在该区域超高值计算时将采用的最低计算速度定为40 km/h。

(2) 控制条件

一方面要考虑车辆的平稳驾驶,不出现滑移现象;另一方面应保证驾驶员与乘客的舒适

感。车辆行驶过快,有可能滑出路外:

$$i_0 < \frac{v^2}{gr} - \varphi_{y\max} \quad (6-19)$$

即当速度过快时,曲线段处的超高值如果小于该值,则可能滑移出去。

车辆行驶过慢,甚至在曲线段处停车时,如果超高取值过大,则车辆可能向曲线内侧滑移:

$$i_0 > \frac{v^2}{gr} + \varphi_{y\max} \quad (6-20)$$

即当曲线段处超高大于该超高值时,车辆可能向曲线内侧滑移。

为了使得驾驶员与乘客在曲线上行驶时,具有一定的舒适性,还须满足下式:

$$\mu = \frac{v^2}{gr} - i_0 < 临界值 \quad (6-21)$$

临界值为车辆转弯行驶的过程中,为保证乘客与驾驶员的舒适性的最小值。

(3) 曲线半径的取值

我国《公路路线设计规范》(JTG D20—2006) 中,对不同设计速度条件下曲线半径的一般值与极限值规定见表 6-26。

表 6-26　不同设计速度时圆曲线最小半径

项目		120 km/h	100 km/h	80 km/h	60 km/h	40 km/h	30 km/h	20 km/h
圆曲线最小半径(m)	一般值	1 000	700	400	200	100	65	30
	极限值	650	400	250	125	60	30	15

注:"一般值"为正常情况下的采用值;"极限值"为条件受限时的采用值。

高原区人烟稀少、土地宽广,在平曲线的设计时,不推荐采用极限最小半径,如果地形条件限制,则可采用最小半径的一般值。

3) 超高安全净值

当车辆在曲线半径处行驶速度较慢时,有可能因为横向摩擦系数较低,发生向曲线内侧滑移的现象;当车辆在曲线半径处行驶速度较高时,也有可能因为横向摩擦系数过小,发生向曲线外侧滑移的现象。接下来采用安全净值的概念,分别论证车辆以不同速度在曲线半径处行驶时的安全程度。

(1) 最大超高净值

首先分析车辆向曲线内侧滑移的情形,用车辆在不同速度条件下向内侧滑移的临界超高值减去实际设计超高值,即为超高安全净值。将最大超高对应的安全净值称为最大超高

安全净值,最小超高对应的安全净值称为最小超高安全净值。则最大超高安全净值计算公式如下:

$$S_{内} = i_{0\max} - i_0 \tag{6-22}$$

式中 $S_{内}$——最大超高安全净值(向内侧滑移);

$i_{0\max}$——向曲线内侧滑移的临界超高值,若大于该超高值,则车辆向曲线内侧滑移;

i_0——实际道路超高设计值。

以 6% 为实际超高值,将不同速度条件下的超高安全净值绘制成图形,如图 6-15 所示。

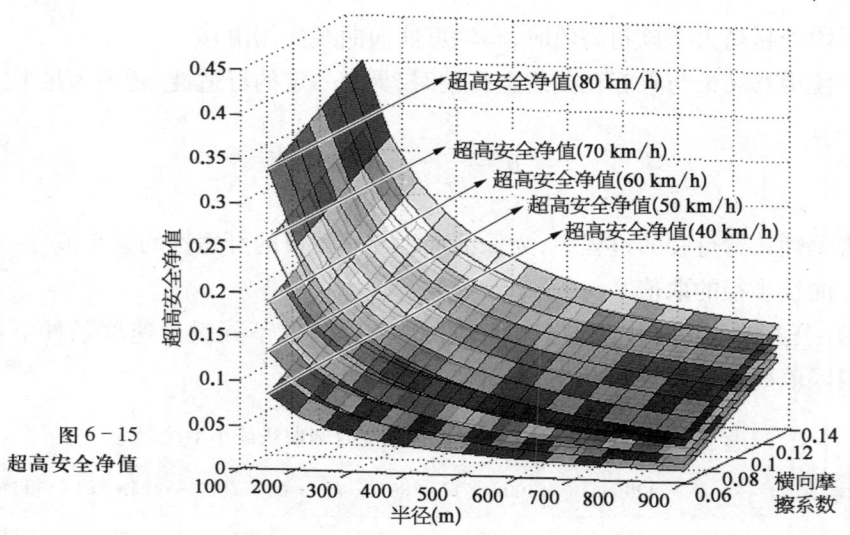

图 6-15 超高安全净值

由图 6-15 可以看出,在同一速度条件下,曲线半径越小,超高安全净值越大;在同一曲线半径条件下,速度越小,超高安全净值越小,因为速度越小其对应的向外离心力越小,越容易向曲线内侧滑移。我国 2014 版《公路工程技术标准》中规定大型货运车辆占比较高的公路,宜采用较小的最大超高(值),关于冰雪地区的最大超高值规定为 6%。由于大型车在曲线段处的行驶速度较低,为了保证足够的安全净值,故应采用较小的超高值,这一点与目前规范中的思路相一致。

超高值大、行驶速度小的时候,其安全净值逐渐减小,存在一定的安全隐患。尽管我国规定,高速公路的最小行驶速度为 60 km/h,但是根据实际情况来看,大型车经常发生行驶速度小于 60 km/h 的现象。在横向摩擦系数取值为 0.06,即路面为最不利的冰面状态时,分别计算速度为 40 km/h、50 km/h、60 km/h、70 km/h、80 km/h 条件下的最大超高值,实际超高值为 6%,计算其超高安全净值。

由图 6-16 可以看出,在路面为最不利的冰面状态下,速度为 40 km/h、超高 6%、曲线半径达到 700 m 时,其安全净值不足 0.02,这种情况应当尽量避免。由此也可以看出,目前规范中规定在冰雪地区超高值最大为 6%，基本能够满足安全需求，在冰雪地区，考虑到大型车在满载的情况下行驶速度较慢，曲线半径较大时，建议采取较小的超高值。图 6-17 所示为车辆在冰雪路面上行驶，超高设置过大，车辆向曲线内侧滑移的现象。

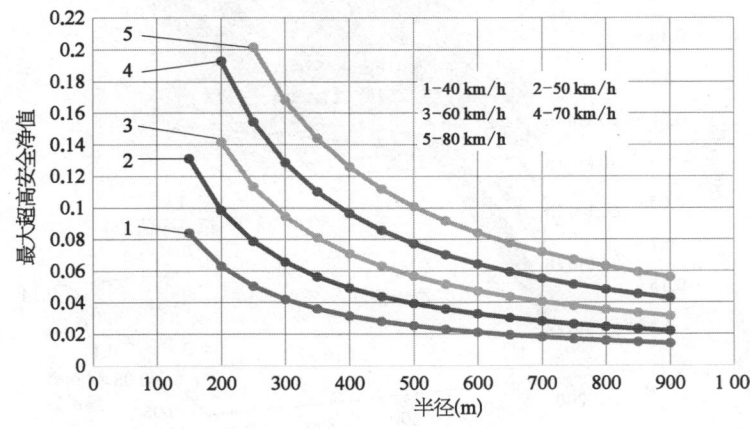

图 6-16　最大超高安全净值图

(2) 最小超高净值

如果车辆行驶速度过快，在冰雪条件下摩擦系数较小时，车辆很有可能滑出路外。若道路实际的超高为 6%，当临界值大于 6% 时，车辆滑出路外。最小超高安全净值计算公式如下：

$$S_{外} = i_0 - i_{0\min} \quad (6-23)$$

式中　$S_{外}$——最小超高安全净值（向外侧滑移）；

$i_{0\min}$——向曲线外侧滑移的临界超高值，若小于该超高值，则车辆向曲线外侧滑移；

i_0——实际道路超高设计值。

图 6-17　车辆向曲线内侧滑移

将不同速度条件下的超高临界值及其安全净值绘制成图，如图 6-18 所示。

由图 6-18 可以看出，在曲线半径一定的情况下，速度越大、横向摩擦系数越小，安全净值越小，则车辆越容易驶出路外，取路面横向摩擦系数为 0.06，超高值为 6%，即路面处于最不利的条件下，分析其在不同速度条件下的安全净值，具体结果如图 6-19 所示。

当速度为 80 km/h、超高为 6%、横向摩擦系数为 0.06 时，即道路处于结冰状态，当曲线半径小于 425 m 时，车辆驶出路外，当曲线半径为 800 m 时，超高的安全净值约为 6%。在同一超高与行驶速度条件下，曲线半径越大，超高安全净值越大。

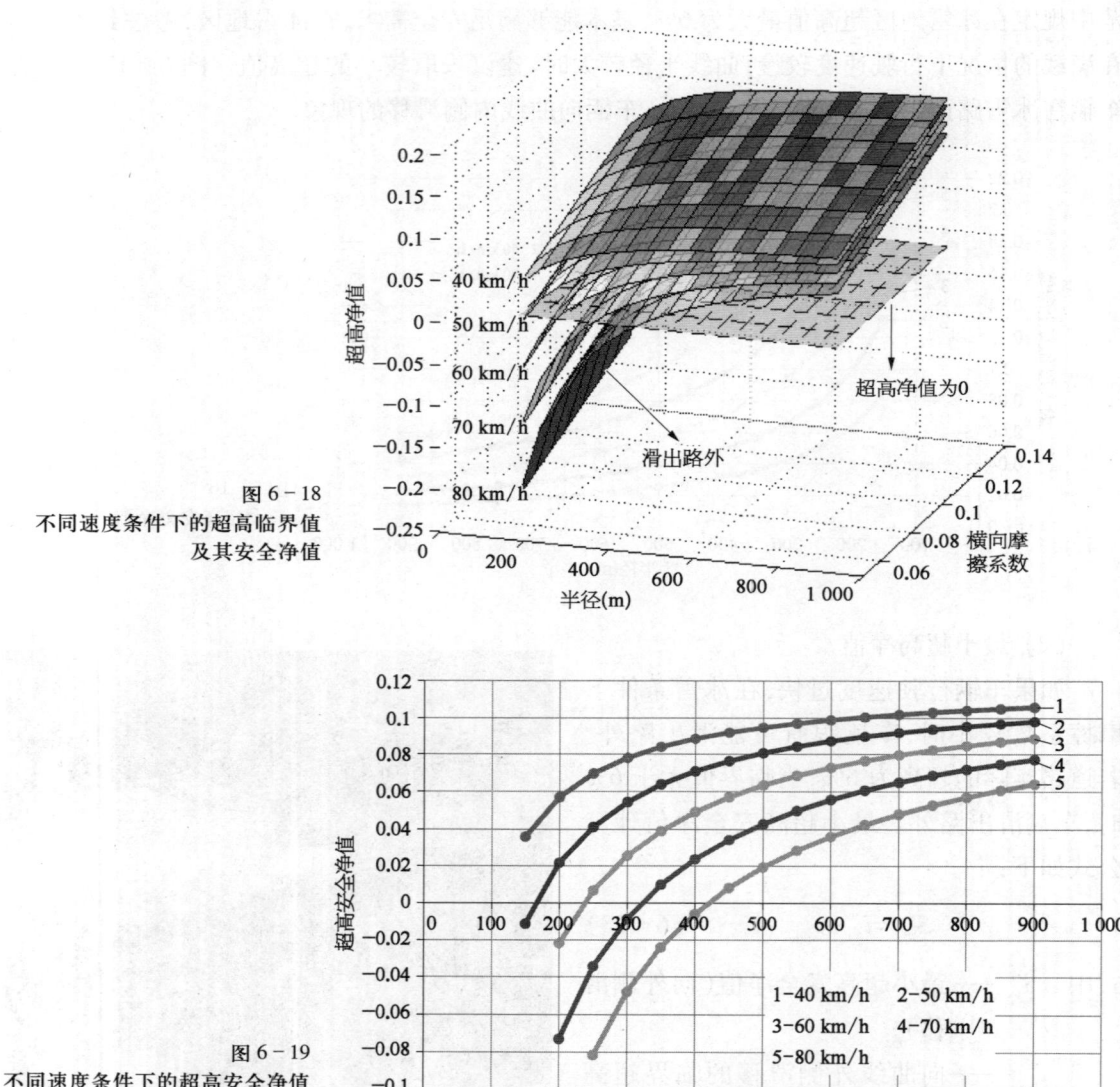

图 6-18 不同速度条件下的超高临界值及其安全净值

图 6-19 不同速度条件下的超高安全净值

4)超高值确定

上文分别论证了最小、最大超高在不同速度条件下的安全程度,并计算其安全净值。接下来在最大超高与最小超高的计算基础上,论证冰雪条件下超高的安全取值。一方面避免超高取值过小,车辆滑出路外,另一方面避免由于速度过慢,超高取值过大,车辆向曲线内侧滑移,需要在最大与最小超高之间做出平衡。

为了防止车辆滑出路外,超高尽可能设置得大一些,而为了防止车辆向曲线内侧滑移,超高尽可能设置得小一些,但两者之间并不矛盾,因为在冰雪条件下,车辆的行驶速度会明显比正常条件下速度值小很多。

在速度为 40 km/h 的条件下,计算最不利条件——路面结冰时的最大超高临界值与最小超高值临界值,横向摩擦系数取值为 0.06,计算结果如图 6-20 所示。

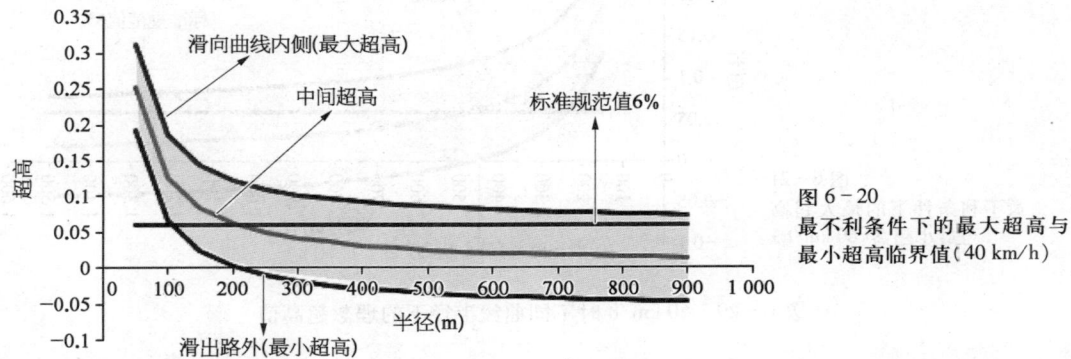

图 6-20 最不利条件下的最大超高与最小超高临界值(40 km/h)

在图 6-20 中阴影区域表示超高的安全范围,在阴影区域之外车辆可能滑出路外,也可能滑向曲线内侧。在路面结冰的最不利条件下,横向摩擦系数值最小,在超高 6% 的条件下,建议圆曲线的极限最小半径取值为 120 m,在 4% 的超高条件下,极限最小半径取值为 160 m。鉴于最大超高值与最小超高值之间的中间值为最理想的超高取值,不同曲线半径下的超高与半径取值建议见表 6-27。

表 6-27 40 km/h 时理想超高与半径取值

半径(m)	50	100	150	200	250	300	350
推荐超高	\	\	\	6%	5%	4%	4%
半径(m)	400	450	500	550	600	650	700
推荐超高	3%	3%	3%	2%	2%	2%	2%

当曲线半径小于 200 m 时,其理想超高值大于 6%,故建议当速度为 40 km/h 时,为避免车辆在冰雪条件下驶出路外,条件允许时,可取半径大于等于 200 m。40 km/h 时不同超高条件下的极限半径见表 6-28。

表 6-28 40 km/h 时不同超高条件下的极限半径

	规范	60 m
极限值(超高 6%)	建议	120 m
极限值(超高 4%)	规范	65 m
	建议	160 m

同理可以得出在 60 km/h、80 km/h 时的超高取值。

图 6-21 中阴影区域表示超高的安全范围,建议:当设计速度为 60 km/h、超高 6% 时,曲线极限半径为 240 m,超高为 4% 时,极限半径为 290 m。鉴于最大超高值与最小超高值之间的中间值为最理想的超高取值,不同曲线半径下的超高取值建议见表 6-29。

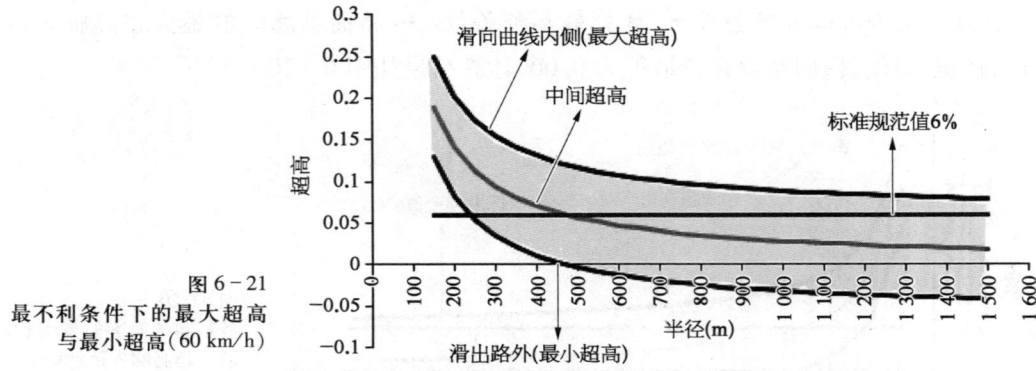

图 6-21 最不利条件下的最大超高与最小超高(60 km/h)

表 6-29 60 km/h 时不同曲线半径下的理想超高值

半径(m)	250	300	350	400	450	500	550	600	650	700	750	800	850
推荐超高	—	—	—	—	6%	6%	5%	5%	4%	4%	4%	4%	3%
半径(m)	900	950	1 000	1 050	1 100	1 150	1 200	1 250	1 300	1 350	1 400	1 450	1 500
推荐超高	3%	3%	3%	3%	3%	2%	2%	2%	2%	2%	2%	2%	2%

当曲线半径小于 450 m 时,其理想超高值大于 6%,故建议当速度为 60 km/h 时,为避免车辆在冰雪条件下驶出路外,条件允许时,可取半径大于等于 450 m。60 km/h 时不同超高条件下的极限半径见表 6-30。

表 6-30 60 km/h 时不同超高条件下的极限半径

极限值(超高 6%)	规范	135 m
	建议	240 m
极限值(超高 4%)	规范	150 m
	建议	290 m

速度为 80 km/h 时的理想超高值如图 6-22 所示。

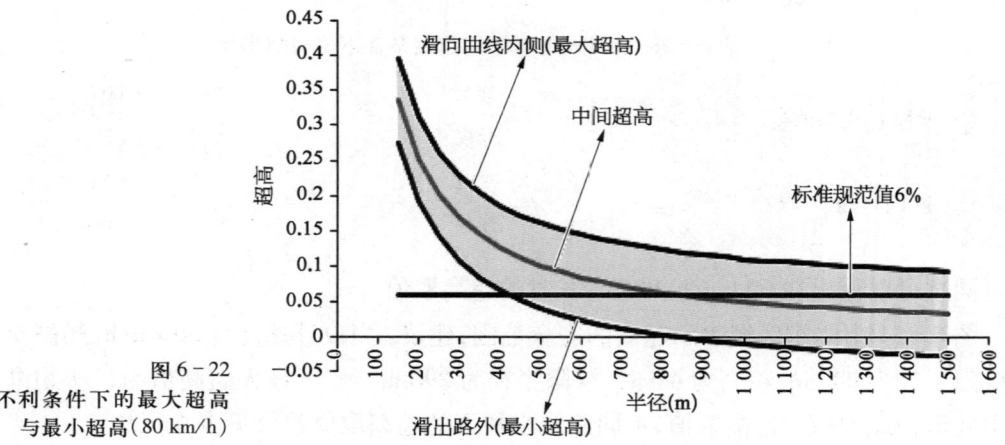

图 6-22 最不利条件下的最大超高与最小超高(80 km/h)

图 6-22 中阴影区域表示超高的安全范围,在阴影区域之外车辆可能滑出路外,也可能滑向曲线内侧。在路面结冰的最不利条件下,横向摩擦系数值最小,在超高 6% 的条件下,建议圆曲线的极限最小半径取值为 430 m,超高为 4% 时,建议极限最小半径取值为 510 m。鉴于最大超高值与最小超高值之间的中间值为最理想的超高取值,不同曲线半径下的超高取值建议见表 6-31。

表 6-31　80 km/h 时不同曲线半径下的理想超高值

半径(m)	450	500	550	600	650	700	750	800	850	900	950
推荐超高	—	—	—	—	—	—	6%	6%	6%	6%	5%
半径(m)	1 000	1 050	1 100	1 150	1 200	1 250	1 300	1 350	1 400	1 450	1 500
推荐超高	5%	5%	5%	4%	4%	4%	4%	4%	4%	3%	3%

当曲线半径小于 750 m 时,其理想超高值大于 6%,故建议当速度为 80 km/h 时,条件允许的情况下可取半径大于等于 750 m。80 km/h 时不同超高条件下的极限半径见表 6-32。

表 6-32　80 km/h 时不同超高条件下的极限半径

极限值(超高 6%)	规范	270 m
	建议	430 m
极限值(超高 4%)	规范	300 m
	建议	510 m

速度为 100 km/h 时的理想超高值如图 6-23 所示。

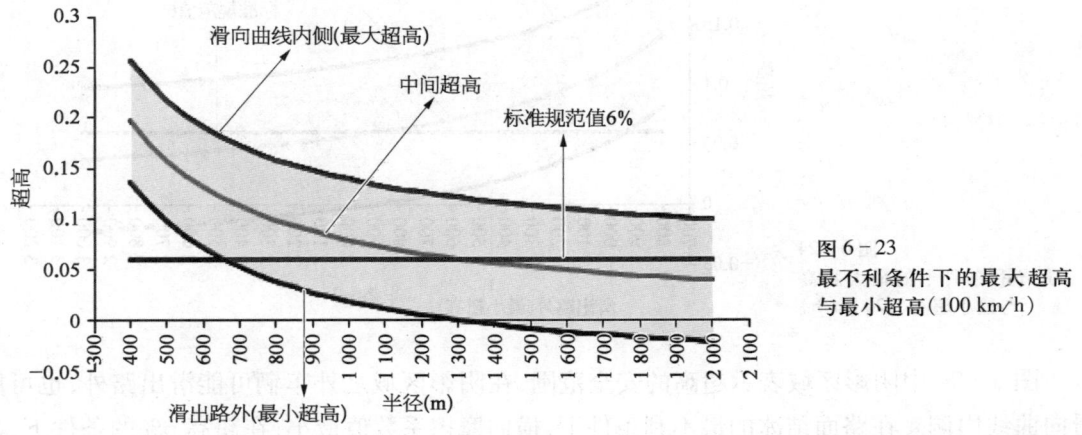

图 6-23
最不利条件下的最大超高与最小超高(100 km/h)

图 6-23 中阴影区域表示超高的安全范围,在阴影区域之外车辆可能滑出路外,也可能滑向曲线内侧。在路面结冰的最不利条件下,横向摩擦系数值最小,在超高 6% 的条件下,建议圆曲线的极限最小半径取值 660 m,超高为 4% 时,建议极限最小半径取值为 800 m。鉴于

最大超高值与最小超高值之间的中间值为最理想的超高取值,不同曲线半径下的超高取值建议见表 6-33。

表 6-33 100 km/h 时不同曲线半径下的理想超高值

半径(m)	1 000	1 050	1 100	1 150	1 200	1 250	1 300	1 350	1 400	1 450
推荐超高	—	—	—	—	—	6%	6%	6%	6%	5%
半径(m)	1 500	1 550	1 600	1 650	1 700	1 750	1 800	1 850	1 900	1 950
推荐超高	5%	5%	5%	5%	5%	4%	4%	4%	4%	4%

当曲线半径小于 1 250 m 时,其理想超高值大于 6%,故建议当速度为 80 km/h 时,条件允许的情况下可取半径大于等于 1 250 m。100 km/h 时不同超高条件下的极限半径见表 6-34。

表 6-34 100 km/h 时不同超高条件下的极限半径

极限值(超高 6%)	规范	440 m
	建议	660 m
极限值(超高 4%)	规范	500 m
	建议	800 m

速度为 120 km/h 时的理想超高值如图 6-24 所示。

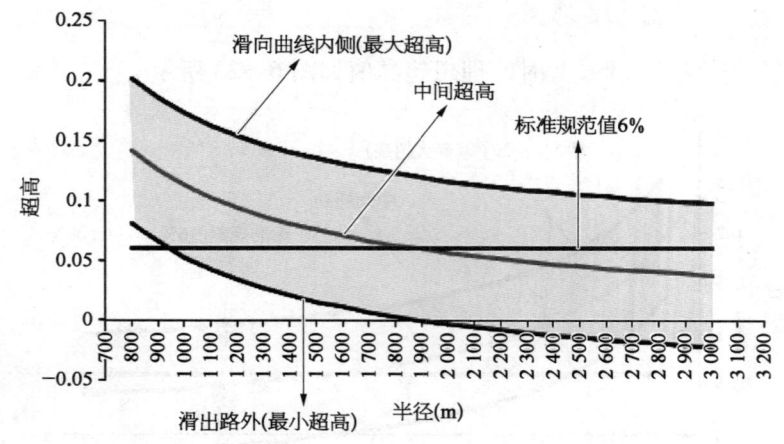

图 6-24 最不利条件下的最大超高与最小超高(120 km/h)

图 6-24 中阴影区域表示超高的安全范围,在阴影区域之外车辆可能滑出路外,也可能滑向曲线内侧。在路面结冰的最不利条件下,横向摩擦系数值最小,在超高 6% 的条件下,建议圆曲线的极限最小半径取值 960 m,超高为 4% 时,建议极限最小半径取值为 1 160 m。鉴于最大超高值与最小超高值之间的中间值为最理想的超高取值,不同曲线半径下的超高取值建议见表 6-35。

表 6-35 120 km/h 时不同曲线半径下的理想超高值

半径(m)	1 300	1 400	1 500	1 600	1 700	1 800	1 900	2 000	2 100
推荐超高	—	—	—	—	—	6%	6%	6%	5%
半径(m)	2 200	2 300	2 400	2 500	2 600	2 700	2 800	2 900	3 000
推荐超高	5%	5%	5%	5%	4%	4%	4%	4%	4%

当曲线半径小于 1 800 m 时,其理想超高值大于 6%,故建议当速度为 80 km/h 时,条件允许的情况下可取半径大于等于 1 800 m。120 km/h 时不同超高条件下的极限半径见表 6-36。

表 6-36 120 km/h 时不同超高条件下的极限半径

极限值(超高 6%)	规范	710 m
	建议	960 m
极限值(超高 4%)	规范	810 m
	建议	1 160 m

超高值的具体选取与曲线半径的取值有直接的关系,超高影响着曲线半径,曲线半径也影响着超高,抛开曲线半径仅仅讨论超高取值具有一定的片面性。故前文中提出的合理超高值的选取,都是以某一具体半径值为前提的。且随着曲线半径的增大,理想超高的变化幅度逐渐降低,表现出趋近平稳的态势,在冰雪条件下,应当选取较大的曲线半径,以此来降低超高值。

5) 冰雪条件下路拱横坡取值

当圆曲线半径大于一定数值的时候,可以不设置超高,而允许设置等于直线路段路拱的反超高。从行驶的舒适性考虑,必须把横向力系数控制到最小值,从交通安全的角度来考虑,车辆在反超高路段行驶的过程中,须保持其行驶的平稳性,避免车辆滑出路外。

我国《公路工程技术标准》规定不设超高的圆曲线最小半径按照如下方法进行计算:当路拱横坡小于等于 2% 时,采用横向力系数的取值范围是 0.035~0.040;当路拱横坡大于 2% 时,横向力系数的取值范围是 0.040~0.050。在路面结冰即最不利状态下,路面的横向摩擦系数为 0.06,均小于目前计算不设超高的圆曲线最小半径所采用的横向力系数,因此,目前规范中给出的不设超高圆曲线最小半径满足安全需求。但是考虑到实际情况中,该地区海拔高、冬季寒冷时间长,大型车比例高,且大部分车辆处于满载状态,为了避免车辆驶出路外的事故发生,建议路拱横坡取较小值。

6.1.6 冰雪条件下停车视距

在高原地区行车,一方面氧含量低,驾驶员操作敏捷性下降;另一方面,高原地区常年积雪冰冻，尤其在冬季很有可能突降大雪，导致路面摩擦系数降低。这两方面的特殊性将对高原地区停车视距产生一定程度的影响。

但是由上文分析可以看出，在海拔 4 533 m 处，驾驶员在不可预知事件发生情况下的感知时间为 0.75 s，小于现规范使用的 1.5 s 标准，因此高原环境下停车视距计算时采用的反应时间 2.5 s 仍然可以满足要求。因此，下面将从冰雪条件下摩擦系数降低这方面出发，论证高原公路停车视距的相关要求。

1) 标准对停车视距的相关要求

我国《公路工程技术标准》中规定：高速公路设计时须满足停车视距要求，停车视距是指车辆以一定的速度行驶中，驾驶员自看到前方障碍物起，至到达障碍物安全停止所需的最短距离。在停车视距检验时，小客车停车视距采用的驾驶员视点高度为 1.2 m，载重货车停车视距采用的驾驶员视点高度为 2.0 m，视点前方障碍物顶点高度为 0.10 m。一般高速公路、一级公路以及大型车比例较高的二、三级公路，应采用货车停车视距对相关路段进行检验。

对于积雪冰冻路段的停车视距，考虑到在这些路段行驶的车速会有较大幅度的降低，也可不再调增。但对于重要干线公路，可根据各地要求的必须保证安全的最低车速适当调增停车视距。

停车视距主要由两部分组成：① 驾驶员反应时间行驶的距离；② 制动距离（开始制动到刹车停止所行驶的距离）。并应增加 5~10 m 的安全距离。计算公式如下：

$$S_{停} = \frac{v}{3.6}t + \frac{(v/3.6)^2}{2gf_1} \tag{6-24}$$

式中　f_1——纵向摩擦系数，依车速及路面状况而定；本文中，冰雪路面纵向摩擦系数取值为 0.18。

　　　t——驾驶员反应时间，取为 2.5 s，由两部分构成：感觉时间 1.5 s 和制动生效时间 1.0 s。

按照上式计算，我国《公路工程技术标准》中路面处于潮湿状态的小车停车视距见表 6-37。

表 6-37　潮湿状态下的停车视距（规范值）

设计速度(km/h)	行驶速度(km/h)	f_1	计算值(m)	规定值
120	102	0.29	212.0	210
100	85	0.30	153.7	160
80	68	0.31	105.0	110
60	54	0.33	73.2	75

(续表)

设计速度(km/h)	行驶速度(km/h)	f_1	计算值(m)	规定值
40	36	0.38	38.3	40
30	30	0.44	28.9	30
20	20	0.44	17.3	20

2) 冰雪条件下的纵向摩擦系数

青藏高原常年积雪冰冻,自然灾害频发,高速公路建成之后,冰雪将成为影响交通安全的重要因素之一。以2004—2012年这9年间的10月至次年4月青海省内主要公路沿线附近气象站地面逐时气象观测资料统计数据来看,青藏公路沿线昆仑山—唐古拉山段的持续冰冻时间长度为20~30 d/年,在高海拔地区和冷空气活动频繁地区道路结冰开始的时间早,结束时间晚,道路结冰持续时间长。青藏高速公路建成之后,冰雪将成为交通安全的重要隐患之一。

在冰雪条件下,路面的摩擦系数将大幅度降低。程国柱等通过使用采用摆式摩擦系数测试仪与电子温湿度仪,分别对城市道路中积雪路面、粗糙冰路面、光滑冰路面、冰雪混合路面的摩擦系数及冰雪路表的大气温度和湿度进行观测,观测数据见表6-38。

表6-38 不同类型冰雪路面摩擦系数

序 号	路面状态	摩擦系数
1	积雪路面	0.18~0.31
2	粗糙冰路面	0.12~0.20
3	光滑冰路面	0.07~0.15
4	冰雪混合路面	0.06~0.17

杜雪松等根据东北地区的气候特点,对粗、中、细三种表面粗糙状态路面采用英式摆式摩擦系数测定仪测量了冬季干燥无雪、雪粒、雪粉、冰块状态下的路面摩擦系数,具体测量结果见表6-39。

表6-39 各个测点对应的摆值(BPN)均值

装 填	C	M	X	均 值
无雪状态	70.0	64.7	67.5	66.5
雪粒状态	41.0	40.3	40.3	40.3
雪粉状态	47.0	34.0	35.5	36.7
冰块状态	26.0	24.7	23.5	24.5

注:C表示表面比较粗糙的测点,M表示表面粗糙程度适中的测点,X表示表面密实的测点。

郑木莲等采用摆式仪和SAFEGATE摩擦测试车测定相应的摆值和纵向摩擦系数,最终

采集得到 66 组有效数据。通过回归分析,建立了两种测定值的相关关系式:

$$FB = 95.93F_p + 5.245, R = 0.9527$$

式中　FB——摆值(BPN);
　　　F_p——纵向摩擦系数。

根据上式,换算得出表 6-40 中的纵向摩擦系数取值。

表 6-40　不同状态下纵向摩擦系数取值

序　号	状　态	纵向摩擦系数均值
1	无雪	0.64
2	雪粒	0.37
3	雪粉	0.33
4	冰块	0.21

谢静芳等研究了不同气象条件下高速公路路面摩擦系数,实地测试结果表明:同一路段,晴天摩擦系数为 0.72,雨天摩擦系数下降为 0.5,路面积雪摩擦系数下降到 0.4 以下。根据测试结果,制定了吉林省高速公路路面摩擦气象指数的等级划分标准,具体结果见表 6-41。

表 6-41　摩擦指数与抗滑性能、摩擦系数及路面状况的关系

摩擦指数	抗滑性能	实际摩擦系数	对应路面状况
1 级	良好	≥0.65	常温、干燥、无杂质
	正常	0.56~0.64	潮湿、少量积水、低温
2 级	稍差	0.51~0.55	积水、低温
3 级	较差	0.41~0.50	积水、浮雪、霜
4 级	很差	0.31~0.40	积雪
5 级	极差	≤0.30	结冰

李竑辰认为在公路上冰雪路面的主要形成原因是清雪不净及风吹积雪带来的少量雪,冰雪路面在公路上呈零散分布状态,不存在大面积连续的冰雪路面,因此在计算冰雪路面摩擦系数时,摩擦系数的选定不能按冰雪路面下最不利状态进行取值,取 0.15 作为摩擦系数能代表路段摩擦系数的最小值。

叶瑞敏分别取 0.1 与 0.2 进行计算冰雪条件下的停车视距。刘晶在选取道路摩擦系数计算停车视距时,雪天路面取 0.28、结冰路面取 0.18。

由上述可以看出,不同学者对于路面状态的划分有相似也有不同。根据程国柱等的测试结果,冰雪混合路面的摩擦系数为 0.06~0.17,粗糙冰路面摩擦系数为 0.12~0.20;根据郑木莲等研究成果,冰块状态下的摆值(BPN)为 24.5,换算为摩擦系数为 0.21;根据吉林省

高速公路路面摩擦气象指数的等级划分标准,路面状态为结冰时,实际摩擦系数小于等于 0.30。综合以上研究成果,冰雪条件下的摩擦系数大致分布范围为 0.06~0.30,中间摩擦系数值为 0.18,本研究取 0.18 进行停车视距计算。

3) 高原冰雪条件下的公路停车视距

在计算公路停车视距时,如果考虑纵坡 i,则停车视距的计算公式为

$$S_{停} = \frac{v}{3.6}t + \frac{(v/3.6)^2}{2g(f_1 \pm i)} \quad (6-25)$$

式中,对于上坡路段取"+",下坡路段取值为"-"。

由于在冰雪条件下摩擦系数减小,所以纵坡不能忽略,也应加以考虑。我国高速公路最低设计速度为 60 km/h 时,考虑到在冰雪条件下车辆本身行驶速度减慢,因此仅选取设计速度 40 km/h、60 km/h、80 km/h、100 km/h、120 km/h 进行停车视距的计算,对应的行驶速度分别为 36 km/h、54 km/h、68 km/h、85 km/h、102 km/h,最大纵坡为 6%,因此分别计算 0~6% 不同纵坡所需的停车视距,最终的计算结果见表 6-42。

表 6-42 不同设计速度不同坡度对应的停车视距　　　　　　　　(m)

速度(km/h)	规范值(小车)	规范值(货车)	0%	1%	2%	3%	4%	5%	6%
40	40	50	53	55	57	59	61	64	68
60	75	85	101	105	109	114	119	126	133
80	110	125	148	154	161	169	177	187	199
100	160	180	217	226	237	249	262	278	296
120	210	245	298	312	327	344	363	386	412

由表 6-42 可以计算得出,冰雪条件下不同纵坡、不同速度时停车视距值,如图 6-25 所示。

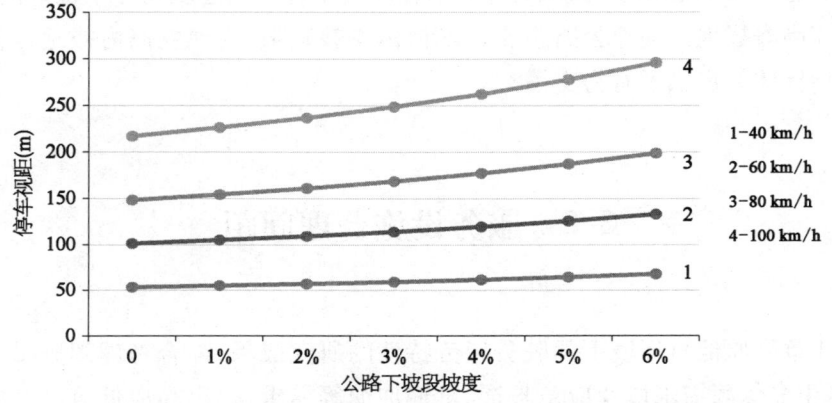

图 6-25 不同纵坡、不同设计速度下停车视距计算值

由以上分析可以看出：

① 在冰雪条件下，计算得出的停车视距比目前规范中的规定值要大；

② 在同一速度条件下，随着下坡段坡度的增加，所需停车视距逐渐增大；

③ 在下坡段同一坡度值条件下，速度越大所需停车视距越大，且视距的增加幅度越大。

G109昆仑山—唐古拉山段的全年持续结冰时间为20~30 d，驾驶环境恶劣，从保证停车视距要求的角度出发，应该尽量采用较小的纵坡。考虑到我国高速公路，在冰雪条件下恶性事故频发，青藏公路目前大型车比例较高，且以长距离的交通运输为主，所以，从交通安全的角度出发，为了降低冰雪条件下的交通事故，建议在高海拔地区采用冰雪条件下的视距计算值进行设计检验。

综上所述，结合青藏高原特殊的地理环境特征，在公路平面线形方面，分别对不同海拔处平曲线段与弯坡组合段驾驶员的心率变化进行研究，从驾驶员驾驶舒适性的角度出发，确定心跳变化率的阈值，以此确定不同海拔条件下的平曲线半径取值。同时，考虑采用路面结冰条件下的横向摩擦系数计算超高与半径的合理取值。利用实际超高与临界超高的差值，即超高净值，来评价超高取值的安全程度，在最大超高与最小超高之间做出平衡，最后计算出在冰雪条件下速度为40 km/h、60 km/h以及80 km/h时超高与半径的合理取值。

在纵坡设计方面，首先根据考虑海拔因素的制动器温度计算模型，采用试验车型（六轴铰接汽车列车）、车辆以持续60 km/h速度持续下坡，同时采用主制动器制动和发动机制动两种制动方式下、根据制动鼓温度200℃确定相应坡度对应的坡长。根据不同海拔功率重量比为8.3 kW/t载重货车动力性能测试结果，利用平衡速度确定最大纵坡及相应坡长。

从公路功能、运行安全性、冻土路基尺度效应等方面，系统分析了青藏高原地区高速公路横断面各组成要素的合理宽度取值，提出了适合青藏高原特殊环境的横断面推荐形式以及各组成要素的最小宽度。

在停车视距取值方面，一方面考虑到高海拔地区冬季漫长寒冷，降雪量大，容易导致路面摩擦系数降低，另一方面高海拔地区氧含量低，驾驶员反应时间增长，这些均会导致停车视距的增加。进一步考虑纵坡的影响，计算出在冰雪条件下同速度的停车视距值。

通过研究高海拔地区高速公路主要技术指标参数阈值，为建立高海拔地区高速公路路线主要技术指标体系提供了有力支撑。

6.2 服务设施合理间距

根据第4章高原低氧环境下驾驶员疲劳特性的研究成果，综合考虑驾驶员心理生理需求、高原地区生命保障需求以及应急救援、车辆加油等需求，提出高原低氧区驾驶员途中休息缓解疲劳的最佳时间和行驶里程；确定青藏高速公路服务设施合理间距以及服务设施设计的一些具体要求等。

6.2.1 服务设施设置间隔主要考虑因素

青藏高速长度达 1 110 km，具有距离长、沿线经过乡镇少、高寒缺氧的特点。通过对 2014 年 1—9 月乃吉沟检查站、五道梁段部、安多检查站、西郊检查站这四个检查站的交通量进行统计分析，客货车各占一半，其中货车中的大型车与特大型货车居多。

我国《公路工程技术标准》中将服务设施划分为服务区、停车区、客运汽车停靠站三类。其中规定高速公路应设置服务区，平均间隔宜为 50 km，当沿线城镇分布稀疏、水电等供给困难时，可增大服务区间距。高速公路服务区应设置停车场、加油站、车辆维修站、公共厕所、室内外休息区、餐饮、商品零售点等设施。根据公路环境和需求可设置人员住宿、车辆加水等设施。

高速公路应设置停车区，停车区可在服务区之间布设一处或多处，停车区与服务区或者停车区之间的间距宜为 15~25 km。停车区应设置停车场、公共厕所、室外休息区等设施。

《关于西部沙漠戈壁与草原地区高速公路建设执行技术标准的若干意见》中提出，对于交通量较小，供水、供电困难路段，其服务区间距可适当加大，但要相应增大服务区的用地面积和建筑面积。对于服务区间距增大到多少、建筑面积及规模相应增大到多少，没有提供可以参照的定量准则。服务设施间隔的主要考虑因素以及间隔的取值，介绍如下。

1）车辆加油的需求

应能保证车辆在有需要的情况下及时进入服务区补充燃油，刘亚非提出"低油量情况下车辆可行驶距离"这一指标，通过该指标分析确定满足车辆加油需求条件下的服务区设置间距推荐值。"低油量情况下车辆可行驶距离"是指在低油量警示灯亮后，车辆行驶速度保持在运行速度附近可行驶的距离。刘亚非分别计算了在"低油量情况下"小客车、大客车、货车三种车型的行驶距离，计算结果见表 6-43。

表 6-43 低油量情况下车辆可行驶距离　　　　　　　　　　（km）

车　型	小客车	大客车	货车
最小值	35.04	73.96	92.51
第 85 百分位数值	45.73	89.55	95.64
平均值	51.26	110.53	102.73
最大值	79.17	167.11	152.94

注："第 85 百分位数值"是指将计算得到的同一车型不同车辆的低油量情况下可行驶距离从大到小排列，第 85 个百分点上的数值。

由表 6-43 可以看出，在低油量情况下，小型车行驶距离最短，平均值为 51.26 km，与目前我国规范控制的服务区间距 50 km 相符合。

2）生理需求

服务区的设置须满足乘客的生理需求,如上厕所、餐饮、休息等,关于驾驶员在不同海拔的疲劳时间点已经在前面论述。

图 6-26 为日本 Chugoku 高速使用停车区的原因调查,共统计了 1 154 名停车区或服务区使用者,近 86.9% 的被调查人员在停车区或者服务区上厕所。

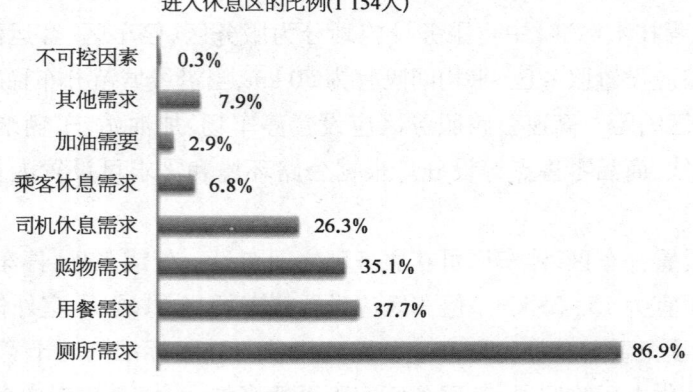

图 6-26 车辆进入停车区或服务区的理由

国际卫生组织测算,正常人白天小便一般 4~6 次,大便 1 次,按照 8 h 计算,则每隔 1.3~2 h 需要进行一次小便,以我国高速最低限速 60 km/h 来进行计算,得出服务设施之间的间隔为 60~120 km。

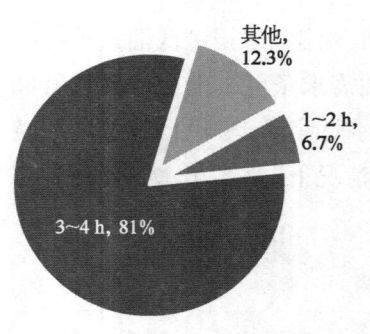

图 6-27 连续驾驶时间

从青藏公路沿线现场调研的数据来看,约 81% 的货车驾驶员连续驾驶 3~4 h 之后希望休息一下;约 6.7% 的驾驶员连续驾驶 1~2 h 之后需要休息调整(图 6-27)。以我国高速最低限速 60 km/h 来计算,则服务区的间隔为 60~120 km。

此外青藏高原环境特殊,气温低、气压低、氧含量低,海拔 3 658 m 的拉萨市大气氧含量只相当于北京的 60% 左右;平原地区人员快速进入海拔 3 000 m 以上高原时,50%~75% 的人出现高原反应,常见的症状有头痛、失眠、食欲减退、疲倦、呼吸困难等。在服务区的设置过程中需要充分考虑驾驶员以及乘客可能出现高原反应的情况。

在医学领域,海拔 3 000 m 以上的地区称为高原,包政权等分别依次观察被测试人员在海拔 2 800 m、4 200 m、4 600 m、5 100 m、4 500 m、3 600 m 左右时的血压、心率、血氧饱和度及心电图的变化,并分别与海拔 2 800 m 时进行比较发现:血压、心率随着海拔的增高而增加,随着海拔的降低而下降;血氧饱和度随着海拔的增加而降低,随着海拔的降低而升高。

第三军医大学高原军事医学系在冬季通过对 113 名从成都乘机进入西藏日喀则(海拔 3 850 m)的青年男性进行调研,分析其进藏后急性高原反应(AMS)的发生情况。症状依次表现为头痛、乏力、头晕、失眠、气短,研究结果表明中东部等低海拔地区的青年最易发生急性高原反应,不同地区人群对高原的适应能力有所不同,样本总体的发病率为 73.46%。研究最后建议今后派遣高原人员应尽量保障休息时间,并且从低海拔到高海拔地区应有一个逐步适应时间,以减少、减轻高原反应的发生。

高原对人体的主要影响是其恶劣气候造成的低氧和寒冷环境,低氧会令人头痛、胸闷、气短、心悸、恶心呕吐、口唇发绀、失眠、多梦,血压亦可能升高。对初上高原的人员来说,这些症状头两天明显,以后就会逐渐减轻或消失;但也有极少数人因劳累、受寒和上呼吸道感染等原因,症状可能逐渐加重,发展成为高原肺水肿或高原脑水肿,而高原肺水肿、脑水肿发病快,死亡率高。

研究显示,海拔超过 2 500 m 就有可能患上高原病,海拔超过 3 500 m 就会患上各种高原病,海拔超过 4 500 m 就容易患上高原肺水肿、高原脑水肿等死亡率极高的急重性高原病。

余志康等的研究表明,冬季发生高原反应的风险最大,夏季风险最小,从海拔 3 000 m 开始,高原反应的风险指数逐渐增大(图 6-28)。

此外,青藏铁路在前往拉萨的过程中,在格尔木站(海拔 2 829 m)开始供给氧气,分为弥散式供氧和乘客床头的自助式供氧。通过青藏铁路一系列的保障措施,青藏铁路建设期建设人员脑肺水肿合计发病率平均为 0.74%,运营期旅客高原脑肺水肿的发病率为建设期建设人员脑肺水肿发病率的 1/215。

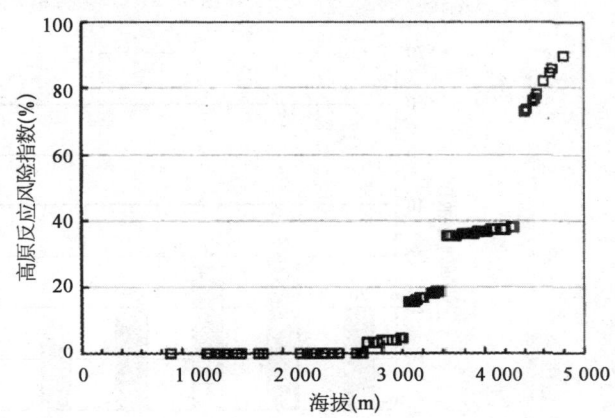

图 6-28　海拔与高原反应风险指数的关系

总体来说,到达海拔 3 000 m 以上时,由于氧含量降低,会出现一定程度的高原反应,且随着海拔的升高,出现高原反应的风险迅速增加。一旦出现了高原肺水肿、脑水肿等需要及时治疗。建议进入高原人员应尽量保障休息时间,避免疲劳驾驶,并且从低海拔到高海拔地区应有一个逐步适应时间,以减少、减轻高原反应的发生。故建议在海拔 3 000 m 以上设置的服务设施应当加强医疗救助功能,尤其是加氧等功能。

3) 安全需求

《中华人民共和国道路交通安全法实施条例》中规定驾驶机动车不得有下列行为:连续驾驶机动车超过 4 h 未停车休息或者停车休息时间少于 20 min。

美国加利福尼亚大学的研究结果表明,当距离停车区下游的距离大于 30 英里(48.3 km)时,与疲劳相关的交通事故率会突然增大(图 6-29)。

Taylor 等的研究表明:在距离停车区下游 35 英里(56.3 km)处单车事故数逐渐增大,具体结果如图 6-30、图 6-31 所示。

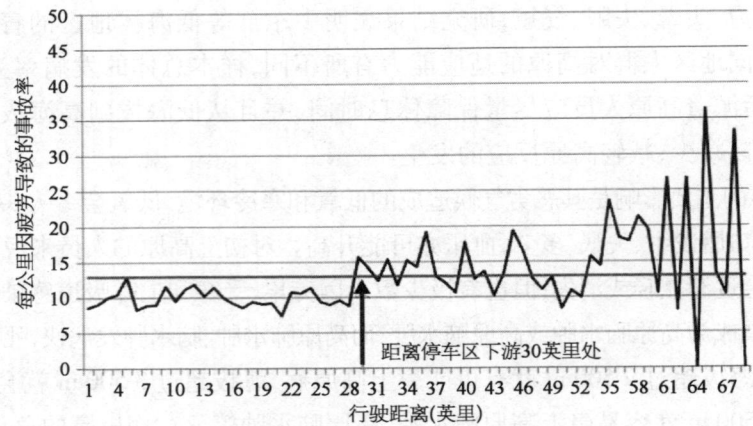

图 6-29　与疲劳相关的交通事故率

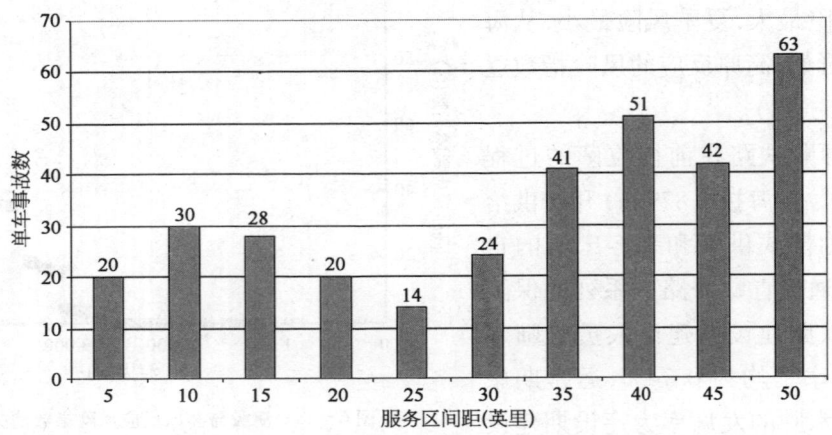

图 6-30　服务区间隔与单车事故数

图 6-31　车辆在高原发生交通事故

通过在不同海拔点进行模拟仿真分析,驾驶员进入不同海拔点出现轻度疲劳状态的时间点在上文已经分析。

在青藏公路沿线调研发现,客车的期望行驶速度主要集中在 100 km/h,货车的期望行驶速度主要是 70~80 km/h,具体的调研结果如图 6-32、图 6-33 所示。

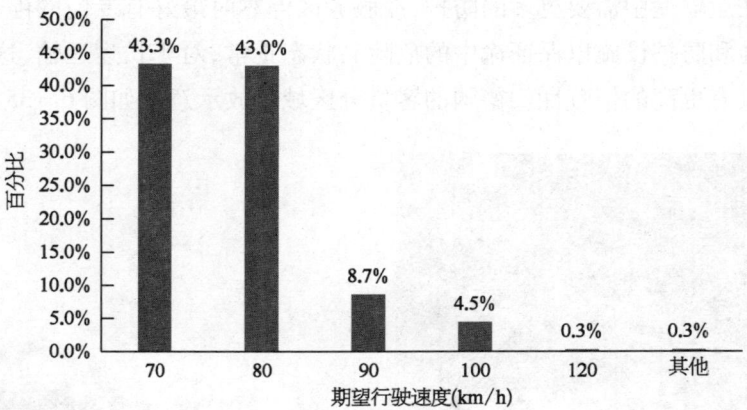

图 6-32　货车期望行驶速度

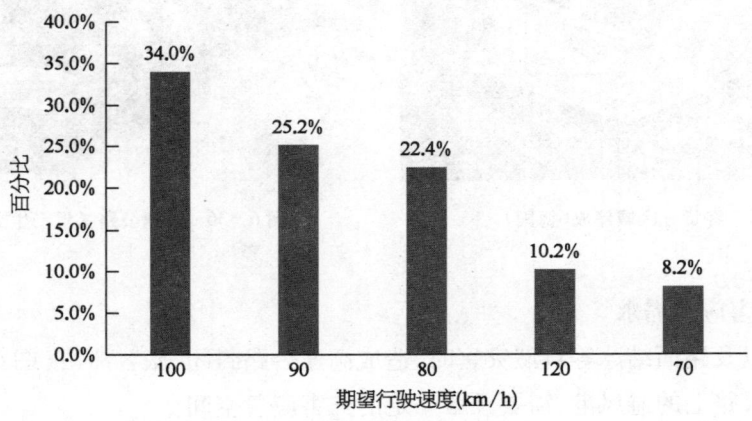

图 6-33　客车期望行驶速度

4) 货车需求

青藏公路上四个检查站——乃吉沟检查站、五道梁段部、安多检查站、西郊检查站于 2014 年 1—9 月的交通量统计结果如图 6-34 所示。

由图 6-34 可以看出，客车与货车各占总交通量的一半，其中大型与特大货车占总数的 33%，中型货车占总数的 8%，小型货车占总数的 10%。考虑到青藏公路沿线大型与特大型货车交通量大的特点，在服务区的建设过程中也必须给予考虑。

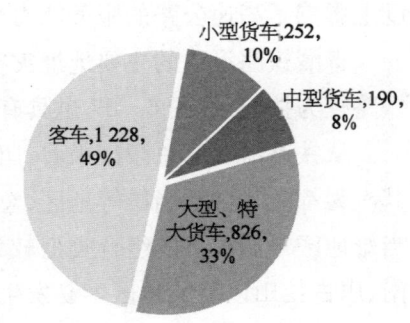

图 6-34　平均交通量组成

货车对于服务设施的需求主要受其运输货物的需求，冷藏车辆所运送的需要严格保鲜的货物，会因为长时间的途中运行而需要在服务区获得加冰的服务。鲜花、树木、盆景等新鲜植物在运输过程中需要加水以保持生物的活力，这些都只能通过服务区的相应配置进行满足。危险品在运输途中需要更多的防护,在服务区停靠时最好有专门的停车区域,可提供相关的检测设施和防护设施以保证途中的危险品状态正常;对于长途运输,这种货物的途中需求对服务区具有更高的依赖性。德国的客货分区域停放示意图如图6-35所示。

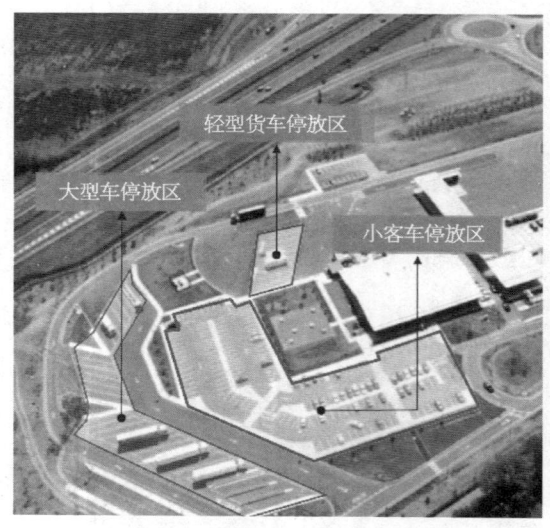

图6-35 客货分区域停放(德国)

图6-36 高速公路暴雪产生交通拥堵

5) 自然灾害应急需求

发生降雪以及路面结冰等自然灾害时,造成高速公路封闭、旅客滞留(图6-36),因而服务区作为高速公路上的避风港,需要预留一定的灾害应急空间。

2008年我国南方发生大规模的低温冰雪灾害,在灾害区域由于服务区规划设计上的经验不足或受建设经费制约,严重存在如停车区车位不足、设施设备不配套等情况,在一定程度上影响了高速公路的服务能力与应急能力。

青藏铁路沿线的主要地址灾害情况如图6-37所示,由于青藏公路的线位走向与青藏铁路较为接近,故图6-37也具有一定的参考意义。

从铁路沿线的总频次来看,唐古拉山口自然灾害的总频次最高,50年间总频次达86次,其次为都兰、湟源、当雄等地区,总频次在50次以上,几乎每年都有自然灾害发生。都兰和当雄地区自然灾害的组合类型较为复杂;羌塘高原易发生雪灾、风灾;青南高原即昆仑山以南、唐古拉山以北的地区容易发生雪灾、地震灾害路段。

图6-38为昆仑山口8.1级地震发生地,发生时间为2001年11月14日,直到现在十多年过去了,地表仍然有当时地震留下的痕迹。2008年的汶川地震也是8.1级。

图6-39是地震后在裂缝带上形成的一段深达5 m多、宽近4 m的大沟。昆仑山口的8.1级地震是近50年来我国震级最大的一次地震。这次地震所形成的地表破裂等现象也是迄今为止,中国唯一、世界罕见且保存最完整、最壮观、最新的地震遗址。

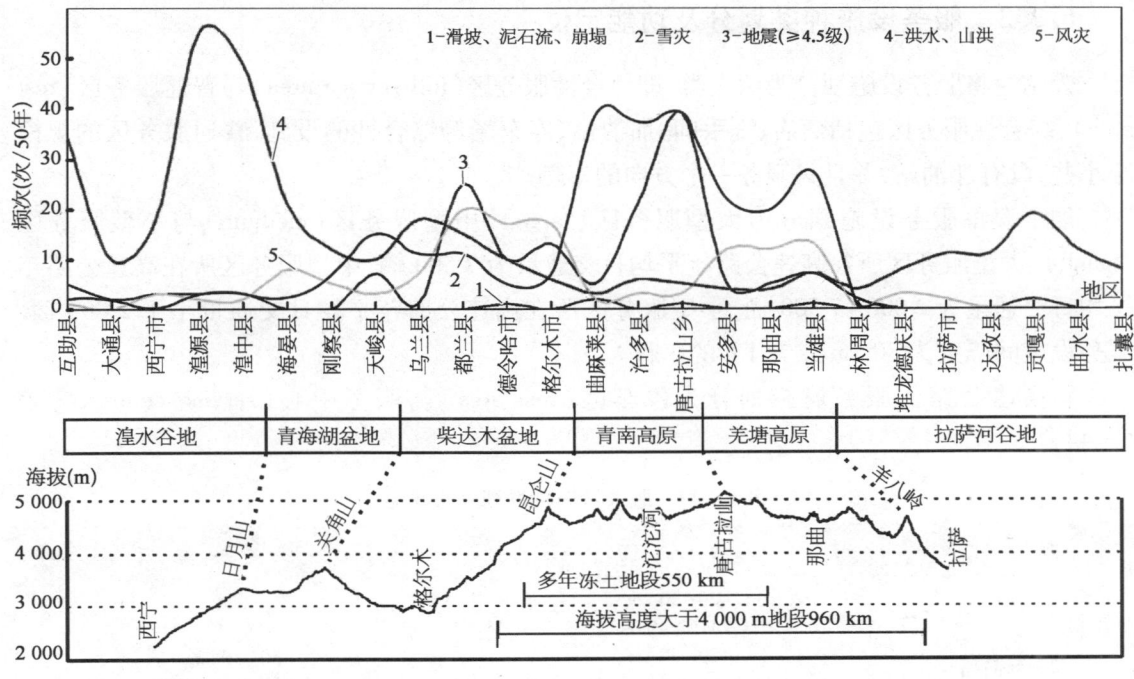

图 6-37 青藏铁路沿线自然灾害频次分布

图 6-38 昆仑山口西 8.1 级地震发生地

图 6-39 昆仑山口地震之后的深沟

6) 观景需求

青藏公路沿线风景优美,结合地形条件,在部分景色优美的地方设置观景台,供游客休憩赏景。

6.2.2 服务设施种类划分及功能定位

爱尔兰将服务设施划分为两大类,即综合性服务区(full service area)与普通服务区(rest area),综合性服务区包括商店、洗手间、加油站、停车场等综合性的设施,普通服务区的规模会小些,没有加油站,并且只服务一个方向的车辆。

加拿大将服务设施划分为大型服务区(large)、中型服务区(medium)与小型服务区(small),大型服务区所在高速公路年平均日交通量为 7 500 辆,中型服务区所在高速公路年平均日交通量为 2 000~7 500 辆,小型服务区所在高速公路年平均日交通量小于 2 000 辆。服务设施间隔定为 80 km 或者 1 h 的车程。

将高速公路的服务设施划分为停车区(rest area)与服务中心(service centres)(表 6-44)。

表 6-44 服务设施种类划分与间隔

项 目	停 车 区	服 务 中 心
服务区间隔	20~30 km (AADT>40 000) 30~50 km (10 000<AADT<40 000) 50~60 km (AADT<10 000)	30~50 km (AADT>25 000)
位 置	服务双向交通	服务双向交通

此外,对于干线公路如果大型货车的日交通量大于 500 辆、轻型货车的交通量大于 3 000,则应设置货车停车区,具体的种类划分见表 6-45。

表 6-45 卡车服务设施种类划分与间距

种 类 划 分	间距(km)	停车位数(个)
卡车停车区	100	20
第二类卡车停车区	30 或者 35	8
小型停车区	10~15	\
轻型卡车停车区	50	\

高速公路服务设施是高速公路建设的重要组成部分,也是高速公路运营阶段为公路使用者和车辆提供交通安全保障和综合服务的重要配套设施。为了满足以上需求,根据功能不同将服务设施划分为三类,即第一类、第二类、第三类服务设施。

第三类服务设施对应我国规范中的停车区:应设置停车场、公共厕所、室外休息等设施,主要供道路使用者短时间休息,实现更换驾驶员、检查车辆、去卫生间等简单功能。

第二类服务设施对应我国规范中的服务区,我国规范对服务区设施规定:高速公路服务区应设置停车场、加油站、公共厕所、室外休息室等,有条件时可设置餐饮、商品零售点等设施,根据公路环境和需求可设置人员住宿、车辆加水等。与平原服务区的功能类似,主要为道路使用者提供较长时间休息、调整,满足加油、购物、用餐以及住宿等需求,此外还须提供氧气供给等功能。

第一类服务设施主要是实现生命保障功能。

格尔木—拉萨段总长度约1 100 km,考虑到高原环境恶劣高寒、缺氧,且路途遥远,一旦发生事故后应急救援困难。从交通安全角度出发,建议在第二类服务设施的基础上,增设加氧站满足部分人员吸氧需求;增设医疗救护站,对出现突发性高原反应的人员进行及时救护;成立交通事故应急救援中心,在第一时间对发生交通事故的车辆进行应急救援;设置车辆维修中心,对故障车辆进行简单维修,如更换轮胎等使其能够正常驾驶。

三类服务设施的划分如图6-40所示。第一类服务设施是综合性的服务设施,不仅能提供餐饮、住宿、加油等功能,还能实现医疗救助、事故应急救援、车辆维修等功能。在条件允许的情况下,可配备救援直升机,缩短救援时间,提高救援效率。第二类服务设施主要是提供休息、餐饮、加油以及购物等功能。第三类服务设施主要是进行短暂休息、调整。服务设施从第三类至第一类等级逐渐增高,设施以及功能越来越完善。

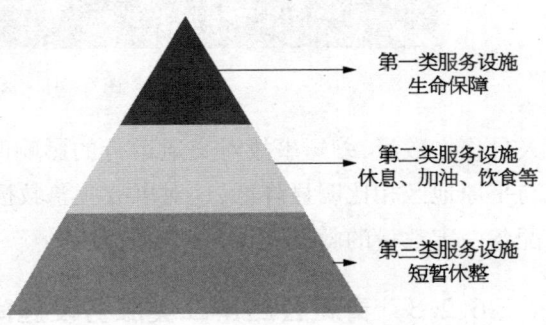

图6-40 三类服务设施的划分

青藏高速公路距离长,建议在设施完善以及海拔较低的地方设施住宿区域,住宿的标准可分级别、分档次,其价格设定也可灵活处理。不建议在海拔过高的地方设置住宿区域。

除此之外,青藏高原常年积雪冰冻、自然灾害频发,高速公路建成之后,冰雪将成为影响交通安全的重要因素之一。在积雪冰冻环境下,路面的附着系数降低,机动车在行驶中紧急制动,很容易造成侧滑;在冰雪路面的制动距离大大延长,极易引发追尾甚至连环相撞事故;停在纵坡段的汽车起步难度加大,可能发生打滑、溜车现象;此外,高海拔地区常年积雪,由于雪光反射,使驾驶员视觉疲劳,不易识别路面情况。高原极端天气多发频发,极易引发道路交通事故。受雨雪天气影响,2016年11月21日上午9时许,京昆高速平阳段太原方向65 km+500 m处,发生多车先后相撞交通事故,事故造成17人死亡、37人受伤、56辆车辆受损(图6-41)。

考虑到高速公路周边路网单一、沿线人烟稀少、总里程长,因此青藏高速公路服务设施除具有以上功能之外,还应该承担在冰雪条件下的应急救援功能。具体功能论述如下:

以服务区为载体开展相关交通信息的发布工作,包括天气状况、道路交通状况等信息;以服务区为载体进行冰雪条件下交通流的疏散,因此沿线服务区应当设置足够数量的停车位,以及相关的配套设施等;以服务区为载体进行交通事故的应急救援,高速公路交通事故发生时,救援人员如果能第一时间赶赴事故现场,开展相关救援工作,能够最大限度地降低

图 6-41 京昆高速事故现场

人员伤亡数量,缩短事故对交通运行的影响时间。在高海拔地区,氧含量偏低,人体耐受力与平原地区相比明显降低,这对事故应急救援时间提出了更加严格的要求,因此服务区应当配备一定数量的救援人员与相应的设备。

6.2.3 青藏公路第二类服务设施间隔

1) 国内外服务设施设置间隔

姜彩良在《冰雪灾害区域高速公路服务区建设要求分析》中提到:对于冰雪或其他灾害易发区域,高速公路服务区的合理间距设置可以较大程度避免车辆与旅客在路段上滞留现象。对于灾害易发区域,高速公路服务区除了按照通常情况下考虑道路途经地区经济发展趋势、远景交通量、交通流特性及沿途景观配合,以确定合适间距外,冰雪灾害易发区域高速公路服务区的间距应适当减小,建议服务区应按照 20~30 km 为间隔设置。

美国联邦公路局的《美国高速公路设计几何手册》中把综合性服务区之间的标准间距定为 40 km,最大定位 100 km。《日本高速公路设计要领》规定,综合性服务区之间的标准间距为 50 km,最大为 100 km。

澳大利亚道路研究中心将服务区划分为三类:主要服务区(major rest areas)、小型服务区(minor rest areas)、卡车停车港湾(truck parking bays)。主要服务区主要针对长时间休息,设置分开的停车区,将重型车与轻型车分别停放;小型服务区主要针对短时间停留,根据实际情况,也可以设置分离式的停车区;卡车停靠港湾主要为重型车设计,为车辆进行货物检查、记录出行日志等。主要服务区间隔为 100 km,小型服务区间隔为 50 km,卡车停靠港湾间隔为 30 km。

2) 第二类服务设施设置间隔

综合考虑以上因素,最终确定第二类服务设施间隔。关于计算速度的确定,一方面高速公路的最低限速是 60 km/h，另一方面通过调研发现货车期望行驶的最大速度为 80 km/h，故分别以 60 km/h 与 80 km/h 来计算服务设施之间的间隔。

青藏公路里程长，且周边乡镇较少，没有大的人口居住区，行驶在青藏高速的车辆主要以赶路为主，尤其是大型客车与货物运输车辆，从交通安全角度出发，第二类服务设施首先应满足驾驶员的休息功能，一旦驾驶员出现疲劳状态，则须及时修正，如果疲劳过度，再加上受寒和上呼吸道感染等原因，症状可能逐渐加重，甚至发展成为高原肺水肿或高原脑水肿。故应当避免出现驾驶员想休息，但无服务区可驶入，被迫造成疲劳驾驶的现象。

由表 6-46 可以看出，当驾驶员疲劳程度达到 85% 时，以 60 km/h 与 80 km/h 来计算，在测试点 A、B 与 C 的计算距离分别为 92~123 km、84~113 km、63~84 km，取平均值，则在测试点 A、B 与 C 的计算距离分别为 107 km、99 km、74 km。同理，15% 位的疲劳程度在测试点 A、B 与 C 的计算距离分别为 83 km、74 km、48 km。综上所述，建议在海拔 3 500 m 附近，服务区的间隔值定为 100 km，考虑到海拔升高到 4 000 m 以上时，高原反应的风险指数迅速升高，故建议在海拔超过 4 000 m 时，服务区的间隔值定为 80 km。

表 6-46 不同海拔下计算服务设施间隔

考 虑 因 素	测试点 A (3 500 m)	测试点 B (4 200 m)	测试点 C (4 600 m)
低油耗条件下可行驶距离		小客车平均值 51.26 km 大客车平均值 110.53 km 大货车平均值 102.73 km	
每隔 1.3~2 h 需要进行一次小便		78~120 km (60 km/h) 104~160 km (80 km/h)	
约 6.7% 的驾驶员，连续驾驶 1~2 h 后就需休息调整		60~120 km (60 km/h) 80~160 km (80 km/h)	
连续驾驶机动车 4 h 需停车休息		240 km (60 km/h) 320 km (80 km/h)	
外地驾驶员疲劳程度为 15% (60~80 km/h)	71~95 km	63~84 km	41~55 km
外地驾驶员疲劳程度为 85% (60~80 km/h)	92~123 km	85~113 km	63~84 km
冰雪灾害应急需求		建议在服务区预留充足的灾害应急空间，两个服务区之间建议采用地下通道相互连接	
观景需求		根据实际情况而定	

6.2.4 青藏公路第三类服务设施间隔

第三类服务设施对应我国规范中的停车区，停车区主要供车辆以及驾驶员短暂休整，仅仅提供厕所、停车场室外休息等简单设施，以实现更换驾驶员、检查车辆等简单功能。

在欧洲地区，高速公路服务区的设置大致可分为三类：综合服务区、停车区和加油区。综合服务区的功能大体一致，主要是车辆的维修、清洗、加油/加水，驾驶员及乘客的休息、购物、餐饮等功能,设置间距为 30~50 km。停车区在国外高速公路服务区设置中占有重要地位,是保障行车安全、降低事故发生率的重要设施。欧洲各国对停车区的间距设置不尽相同,大部分停车区间距为 10 km 以保证驾驶员在行车 10 min 左右就能有可以使用的停车设施,方便随时停车。欧洲部分国家服务区设置间距见表 6-47。

表 6-47 欧洲部分国家服务区设置间距

国 家	设施类型	间距(km)
英 国	服务区	16~17
德 国	停车区	5~10
	服务区	50
法 国	停车区(A 类)	8~10
	停车区(B 类)	25~30
	加油设施	40~50
	服务区	100
匈牙利	停车区	20~30
荷 兰	加油设施	20~30

在日本《关于高速公路上休息设施规划设计的研究(其二)》中,给出了相应间距设置的满意率,该研究表明,休息设施的间距采用最大值 25 km 可满足需要的 91%,采用标准间距 15 km 能满足需要的 98%;综合性服务区间的间距采用最大值 100 km 时,能满足需要的 61%,采用标准间距 50 km 时,能满足需要的 89%。

图 6-42 为日本 Chugoku 高速停车区与服务区之间的间隔图,停车区之间平均间隔为 16.8 km。

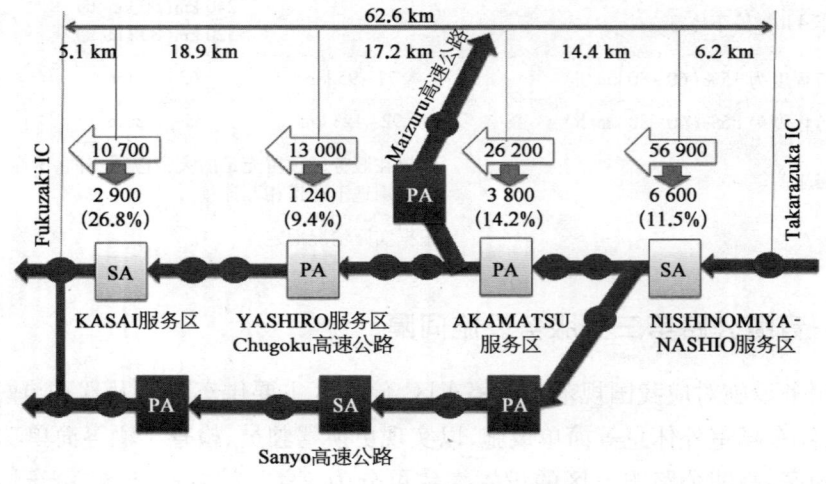

图 6-42 服务区与停车区间隔

图 6-43 为日月山段往拉萨方向车辆发生故障之后,由于该路段未设置停车区,故在应急车道停车检修,并且占用了部分行车道,如果在附近设置停车区,则车辆可进入停车区进行检修,提高其安全性。

图 6-43　故障车辆在应急车道停车

综上所述,停车区主要用于短时间的休息和缓解疲劳,故可增加露天的长椅、卫生间等设施,应该做到简单实用,以节约土地和建设成本。由于青藏高原高寒缺氧且距离长,大多数驾驶员将以赶路为主,完全参照国外的建设标准会大大增加建设成本,具体间隔长度应综合考虑第二类服务设施与第一类服务设施确定,建议根据实际条件,在服务区之间设施 1~2 处停车区,根据上文设定的服务区间距,停车区间距在海拔 3 500 m 附近取值为 33~50 km,在海拔 4 000 m 以上间距设定为 27~40 km。

最后,考虑到未来交通量增长的需求,可将目前停车区预留一定的面积,以备将来升级改造,将之建设成为服务区,停车区之间建议用用地下通道相互连接,可实现车辆掉头等功能。

6.2.5　青藏公路第一类服务设施间隔

根据青藏公路沿线的问卷调查结果,绝大多数的驾驶员会在唐古拉山口出现身体不适应的情况。唐古拉山海拔 5 231 m,属于青藏公路沿线的最高点,其次可能出现身体不适应的地点有:五道梁(4 665 m)、沱沱河(4 547 m)、安多(4 702 m)、昆仑山(4 676 m)、风火山(5 010 m)、那曲(4 513 m)。调研结果如图 6-44、图 6-45 所示。

根据以上的调研结果,在海拔 4 500 m 以上的地方应提高重视程度,文献检索的结果也证实了这一点。当海拔超过 4 000 m,高原反应风险指数迅速升高,该区域最易发生身体不适应的情况,应在服务区修建医疗救助站,对出现高原反应的驾驶员以及乘客及时救助。

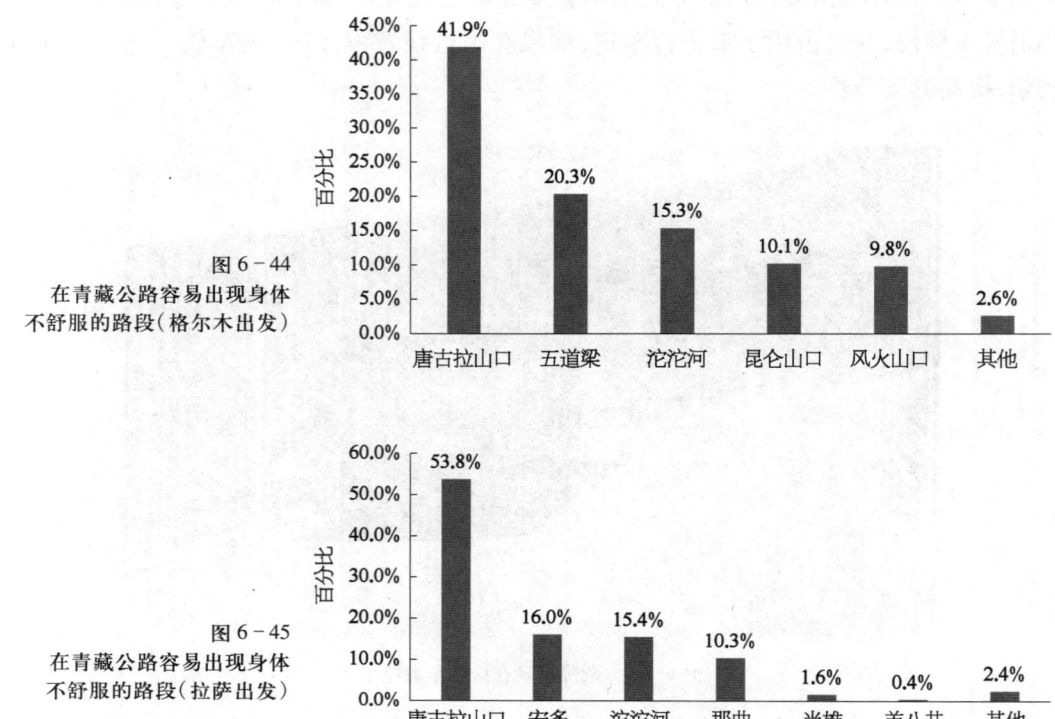

图 6-44 在青藏公路容易出现身体不舒服的路段(格尔木出发)

图 6-45 在青藏公路容易出现身体不舒服的路段(拉萨出发)

第一类服务设施的功能要比服务区更加全面,设加氧站满足部分人员吸氧需求;增设医疗救护站,对出现突发性高原反应的人员进行及时救护;成立交通事故应急救援中心,在第一时间对发生交通事故的车辆进行应急救援;设置车辆维修中心,对故障车辆进行简单维修,如更换轮胎等使其能够正常驾驶;在条件允许的情况下,配备用于紧急救援的直升机,第一时间处置紧急状况,如车辆事故等。

第一类服务设施的功能以及装备最为齐全,在实际工程中每隔两个第二类服务设施可以建设一个第一类服务设施,即在海拔 3 500 m 附近,每隔 300 km 设置一处第一类服务设施;在海拔 4 000 m 以上,每隔 240 km 设置一处第一类服务设施。最后一类服务区的选址还应当综合考虑水电供应等因素。

根据以上研究成果,在工程建设方案服务设施设置中,要综合考虑高原环境的特殊性,从满足车辆与人员的需求、保障交通安全的角度出发,合理设置高海拔地区的服务设施间距并提供相应必要配置。服务设施分为三种类别,第一类主要为生命保障型的综合服务设施,在海拔 3 500 m 附近,每隔 300 km 设置一处第一类服务设施,海拔 4 000 m 以上,每隔 240 km 设置一处第一类服务设施。第二类服务设施对应我国规范中的服务区,在海拔 3 500 m 附近,服务区的取值定为 100 km,考虑到海拔升高到 4 000 m 以上时,高原反应的风险指数迅速升高,故在海拔超过 4 000 m 时,服务区的间隔值定为 80 km。第三类服务设施建议根据实际条件,在第二类服务设施之间设置 1~2 处。

6.3　高海拔地区高速公路设计速度动态分段技术

青藏高原是一个巨大的山脉体系，其由山系和高原台地组成。山系地势险峻，起伏不平，而高原台地地势较为平坦，起伏度低，高原台地多以平原、丘陵地形为主。这两种差异性显著的地形地质条件决定了青藏高原地区高速公路建设在选择技术标准时也存在较大的差异。技术标准选用的差异体现在设计速度的选择上，而设计速度决定了平纵横主要技术指标参数取值的确定。因此，本节根据青藏高原地区的地形地质条件，综合考虑高原区域车辆行驶特性等因素，研究适合于高海拔地区高速公路设计速度分段技术以及不同设计速度分段段落间速度过渡的设计方法。

6.3.1　以公路功能、技术等级选择设计速度

以公路功能、技术等级选择设计速度。公路按照交通功能分为干线公路、集散公路和支路三类，干线公路主要细分为主要干线公路和次要干线公路。

1) 主要干线公路

连接20万人口以上的大中城市、交通枢纽、重要对外口岸和军事战略要地；提供省际及大中城市间长距离、大容量、高速度的交通服务。

2) 次要干线公路

连接10万人口以上的城市和区域性经济中心；提供区域内或省内中长距离、较高容量和较高速度的交通服务。

3) 主要集散公路

连接5万人口以上的县(市)、主要工农业生产基地、重要经济开发区、风景名胜区和商品集散地；提供中等距离、中等容量及中等速度的交通服务；与干线公路衔接，使所有的县(市)都在干线公路的合适距离之内。

4) 次要集散公路

连接1万人口以上的县(市)、大的乡镇和其他交通发生地；提供较短距离、较小容量、较低速度的交通服务；衔接干线公路、主要集散公路与支线公路，疏散干线公路交通、汇集支线公路交通。

5）支线公路

以服务功能为主，直接与用路者的出行源点相衔接；衔接集散公路，为地区出行提供接入与通达服务。

不同功能公路对应于不同的设计速度。对于主要干线公路能够提供较高的出行速度，一般为 80 km/h 以上，可以选择设计速度为 80 km/h、100 km/h、120 km/h。次要干线公路是主要干线公路的重要补充，可以选择设计速度为 60 km/h、80 km/h、100 km/h、120 km/h。主要集散公路与干线公路相连，为干线公路汇集地方交通，并向地方疏散干线公路交通，可以选择设计速度为 30 km/h、40 km/h、60 km/h、80 km/h。次要集散公路主要是从地方公路上汇集交通，可以选择设计速度为 30 km/h、40 km/h、60 km/h。

不同的功能与技术等级对应不同的设计速度，一般高速公路对应的设计速度为 120 km/h、100 km/h、80 km/h。

6.3.2 以海拔地形条件等布线因素选择设计速度

根据 7.1 节的研究成果，公路主要技术指标参数阈值和海拔具有相关性，在选定设计速度时，应充分考虑不同海拔路线技术指标的取值要求。在考虑海拔因素的基础上，进一步考虑地形因素的影响。青藏高原地区的地形地貌以平原和高山为主，地形较为平坦区域周边被山岭包围，海拔阶梯形升高，形成独特的高原台地地形。

按照现行《公路工程技术标准》的要求，高速公路设计速度不宜低于 100 km/h，受地形、地质条件限制时，可以选为 80 km/h。

1）海拔因素

根据高海拔地区高速公路主要几何指标与参数的研究成果，受海拔因素影响较大的路线技术指标包括平面的圆曲线半径以及纵断面的纵坡、坡长。随着海拔的升高，圆曲线半径最小值的取值增大，满足车辆动力性能要求的纵坡折减。因此，根据初步确定的路线方案，应结合海拔因素对其平面圆曲线半径、纵断面坡度指标可以满足的设计速度进行分析。分析标准见表 6-48。

表 6-48 考虑海拔因素的设计速度对应平纵指标极限值

设计速度 （km/h）	平面圆曲线最小半径（m）		最大纵坡（%）		
	海拔<4 000 m	海拔≥4 000 m	海拔 3 500~4 500 m	海拔 4 500~5 500 m	海拔 5 500 m 以上
120	650	650	2	1.5	1
100	400	400	2.5	2	1.5
80	300	350	3.5	3	2.5

根据表 6-48 所示不同海拔条件下设计速度对应圆曲线最小半径和最大纵坡，可以确

定路线初步方案的平纵技术指标在不同海拔下满足的设计速度,进而确定路线初步方案在不同海拔条件下的设计速度。

2) 地形因素

在确定了不同海拔区间条件下的设计速度后,还应根据所处海拔区间的地形条件进一步选择设计速度。

(1) 高原平原微丘地形

该区域平原地形平坦,无明显起伏,地面自然坡度一般在 3°以内(图 6-46);微丘地形指起伏不大的低山丘陵,地貌自然坡度在 20°以下,相对高差在 200 m 以下(图 6-47)。该地区线形布设受地形、地质条件影响较小,可以采用较高的几何设计指标,在设计速度选取时可不低于 100 km/h,地形开阔时可以选取 120 km/h 的设计速度。

图 6-46 平原微丘地形

图 6-47 低山丘陵

(2) 河谷平原地形

该地形相对平缓,河谷宽几百米至数千米,属宽浅"U"形河谷地貌,河床坡度大部分在 5°以下,地貌自然坡度在 20°以下(图 6-48)。该地形沿河布设线形一般不受限制,路线纵坡平缓或略有起伏,设计速度可以选取 100 km/h。对于地形条件受限的路段,设计速度可以选取 80 km/h。

(3) 高山峡谷地形

高山峡谷地形包括山脊、陡峻山坡、峭壁、峡谷、深沟等变化复杂的地形,地形较为陡峭,切割严重,河谷狭窄,地面自然坡度大部分在 20°以上(图 6-49)。路线平、纵、横设计指标大部分受地形限制,设计速度一般选取 80 km/h。

6.3.3 考虑气候条件选择设计速度

根据本书 6.1.5~6.1.6 节所述,对于易受积雪冰冻影响的地区,其圆曲线半径、视距指

图 6-48　河谷平原

图 6-49　高山峡谷

标应适当增大。当路线方案穿越易受积雪冰冻影响地区时应根据满足极限冰冻要求的圆曲线半径、视距确定路段设计速度,同时设计速度分段长度应保证足够长度。

6.3.4　考虑典型车辆的运行速度选择设计速度

通过研究海拔对于车辆动力性能和制动性能的影响,发现不同海拔下的同一坡度爬坡能力差异较大,车辆在不同坡度的坡段上能够达到的速度随着海拔的增加、动力性的降低而逐渐变低。

海拔对小型车运行速度的影响较小,对载重货车、铰接列车等大型车的影响较大。在第 3 章研究成果中,以载重量为 30 t、功率重量比 8.3 kW/t 的载重货车,在海拔 3 000 m 以下车辆性能降低 10%~15%,3 500~5 500 m 车辆性能降低接近 35%~40%。根据这一大型货车动力性能的变化特性,通过计算各个海拔相应坡度的平衡速度并绘制平衡曲线,采用基于海拔的等效坡度理论,计算不同海拔的等效坡度和坡段偏移值,得到大型车运行速度模型中的纵坡修正量,推算出大型车的运行速度。

根据公路功能、地形地质条件可以初步确定走廊带路线大体的设计速度分段,进而得到初步的公路线位。受高海拔环境以及公路平纵横设计指标组合的影响,大型车的运行速度在不同海拔、不同线形条件下发生变化,特别是受纵坡的影响较大。因此在公路初步线位的基础上,结合大型车运行速度分布特征,须进一步对设计速度分段进行修正。

由表6-49可知,设计速度为100 km/h时,载重货车的最低容许速度为55 km/h;设计速度为80 km/h时,载重货车的最低容许速度为50 km/h。通过核查各路段能满足的最低容许速度,可以确定沿线能采用的对应设计速度。

表6-49 不同设计速度的上坡方向容许最低速度　　　　　　　　　(km/h)

项　目	120	100	80	60
容许最低速度	60	55	50	40

对于路段技术指标总体较高,但局部大型车运行速度较低的路段,当容许最低速度确定的设计速度与路段总体设计速度差值大于20 km/h时,应优化线形,控制设计速度的变化差异。

6.3.5　考虑沿线路网节点选择速度分段

不同设计速度的分段节点应尽量设置在互通式立交、主线收费站等区段。互通式立交、主线收费站的设置应根据公路沿线主要城镇、居民区、国省干线公路的分布进行确定,得到适合设置互通立交的网络节点。

综合考虑以上因素,可以得到如图6-50所示高海拔地区高速公路设计速度动态分段技术流程图。

6.3.6　速度过渡设计

不同设计速度分段间最大速度差可以达到40 km/h,会造成不同设计速度分段运行速度变化的巨大差异。从提高车辆运行安全角度出发,应进行高速公路的总体运行速度段设计,本节从运行速度协调性出发,提出不同设计速度分段的速度过渡段设计方法。

1) 设计速度大于等于100 km/h

对于位于地形较为平坦的高原平原微丘、河谷平原且设计速度大于等于100 km/h的高速公路,由于其基本处于地形较平缓地区,几何设计指标均较高,运行速度基本不受几何线形指标的影响,运行速度与设计速度之间的一致性一般较好。在这类公路项目的设计中,一般参照执行现行路线设计规范对指标的总体要求即可,因为这类公路项目的几何指标均是相对较高的。如图6-51所示案例,路段2为速度过渡段设计,以达到速度平缓过渡。同时,

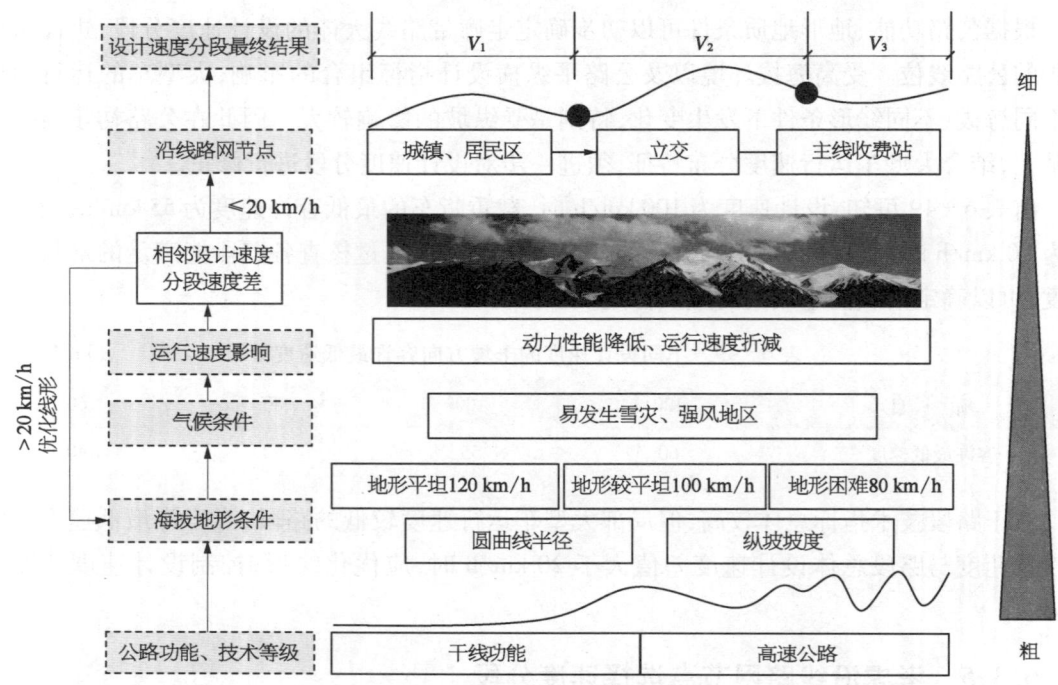

图 6-50　高海拔地区高速公路设计速度动态分段技术流程图

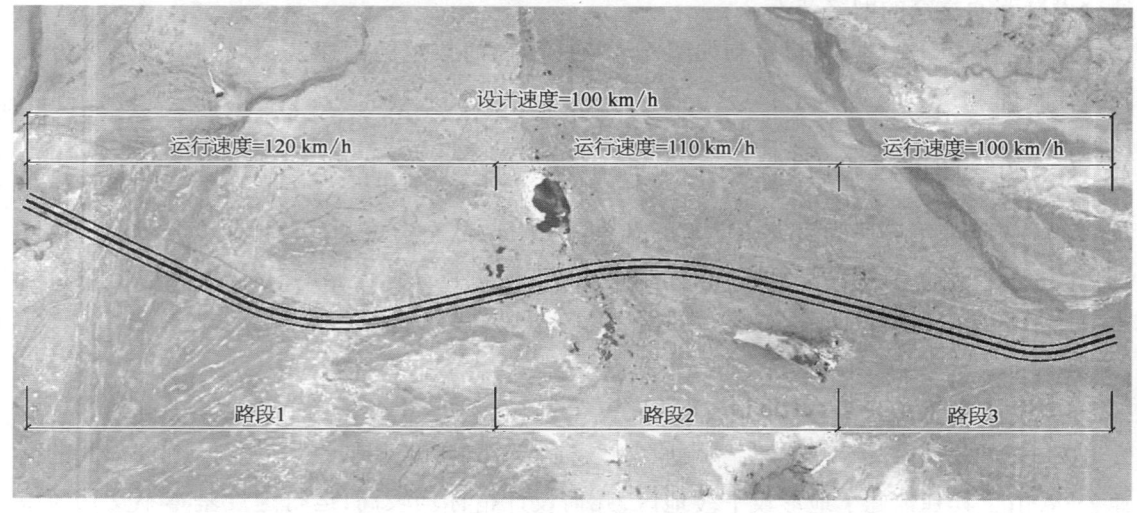

图 6-51　设计速度大于等于 100 km/h 高速公路运行速度过渡设计示例

在设计过程中,需要依据实际运行速度,对超高、视距等进行检验和验算,适当进行加强超高和保障视距等工作。

2) 设计速度小于 100 km/h

对于位于高山峡谷、地形地质条件复杂的河谷平原且设计速度在 60~90 km/h 的高速公路,运行速度基本大于等于设计速度,为了保证不同路段之间运行速度良好衔接和过渡,设计时需要有意识地增设速度过渡路段,并保证该路段有足够的过渡长度。如图 6-52 所示案例,在设计速度 80 km/h 路段和设计速度 100 km/h 路段之间的路段 2 就是为了保证速度连续变化而刻意增设的速度过渡路段。该过渡路段在设计时应尽量采用与过渡运行速度相适应的路线技术指标,以达到控制运行速度过渡的目的。

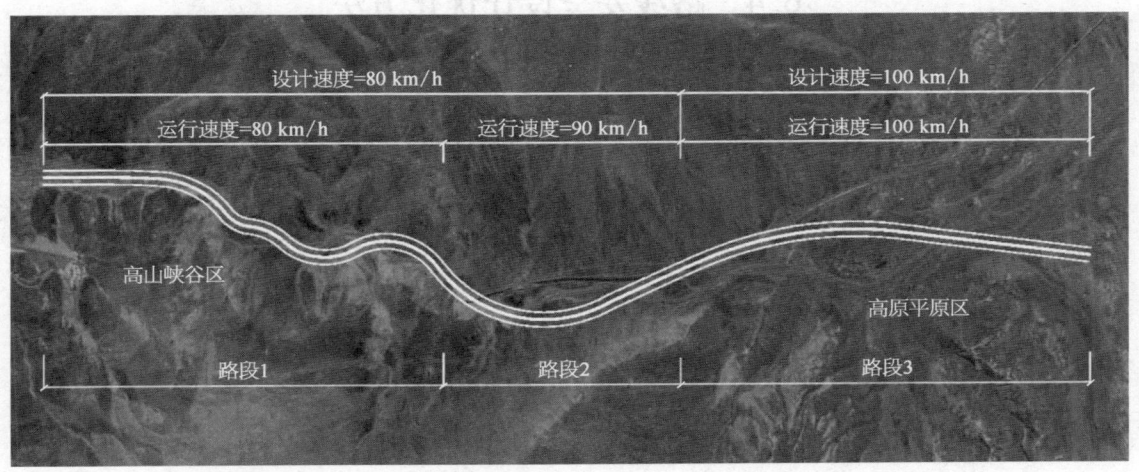

图 6-52 设计速度小于 100 km/h 高速公路运行速度过渡设计示例

由于运行速度通常大于设计速度,运行速度变化幅度较大,所以在这类项目设计过程中,需要设计者预测并分析评价运行速度变化,根据运行速度评价结论调整和优化几何线形指标。而且在关注相邻路段间运行速度变化的同时,还应协调处理好运行速度与设计速度之间的关系,并最终按照运行速度变化设置路基超高过渡、检查并保证行车视距、及时配套布置交通安全措施等。有必要时验算上坡方向通行能力和服务水平,检验下坡方向的行车安全性,论证并增设爬坡车道和避险车道等。这类公路项目,是应用运行速度实现路线安全性优化设计的重点。

3) 运行速度变化区间

在不同几何线形条件下,运行速度的总体规律主要表现出:在直线路段上加速、弯道上减速、纵坡上坡段减速、纵坡下坡段加速等特征。为了保证运行速度的连续变化,满足协调性等指标要求,在路线方案设计阶段就需要有意识地根据公路所经过区域的地形等综合条件,对全线的运行速度进行逐个路段的过渡设计,考虑运行速度合理的变化区间,并对应选取与速度相适应的几何指标和参数。合理的运行速度变化区间和设计速度的关系见表6-50。

表6-50 运行速度变化区间及其与设计速度的关系　　　　　（km/h）

公路类型	设计速度	运行速度变化区间
高速公路	120	100~120
	100	80~120
	80	60~100

注：运行速度作为公路几何设计路段指标选取的参考值，不用作设计值。

6.4 路线安全设计优化方法

在确定了高速公路不同路段的设计标准后，应进行路线几何设计指标的设计。为了进一步保证公路设计的安全性，本节结合高原地区特殊的地理环境提出路线几何线形指标的选用原则以及安全性优化设计流程。

6.4.1 线形指标的选用原则

确定线形指标的选用原则主要基于以下因素：

1）充分分析研究公路项目的交通组成、车型比例和典型设计车型

公路交通组成、车型组成和比例对极限坡度和坡长、长大纵坡、不同车道超高、紧急避险车道和爬坡车道的设置以及停车视距的检验、安全设施的设置影响较大，应充分分析、研究。

2）确定指标要慎重

在确定指标时应深入实际进行踏勘调查，征询有关各方的意见，掌握第一手资料，然后根据设计任务书的要求，结合当前及远景的使用要求，通过认真比较确定。

3）充分考虑高原不同环境对人、车辆的影响

高速公路沿线的地形、地貌、海拔和气候状况等自然条件，以及青藏高原地区高速公路沿线地形地貌特征复杂多变，不同海拔条件下车辆动力、轮胎和制动性能模型也均有所变化，故在技术标准选取的同时，要充分考虑到周边自然状况的不同。

4）平、纵面设计指标参数总体均衡、连续过渡

各类型公路项目，尤其是在设计速度小于100 km/h的高速公路设计项目中，平、纵设计指标不宜大范围采用高限指标,并应注重前后指标的均衡和缓和过渡。

5) 平面布线中宜多用曲线,提高曲线占路线总里程的比例

由于高原地区地形总体上较为平坦,技术标准的选取还需要考虑路线几何指标的采用情况,尽可能采用较高的指标。可以创造较好的营运条件,缩短里程,减少运输成本。但应尽量避免采用较长的直线,提高曲线占路线总里程的比例,以降低驾驶员疲劳驾驶的可能性。

6) 注意运行速度的协调性

运行速度的协调性,即相邻路段的运行速度差或者运行速度的梯度要小于一定的临界值,使得不同运行速度之间的过渡尽可能平缓。

7) 超高设计

超高宜根据不同车型的运行速度计算确定,在严格分车道行驶路段中可考虑分车道设置超高。对于冰冻期较长、阴坡等易受积雪冰冻影响的路段,最大超高的选取应考虑积雪冰冻的影响。

8) 注重路侧设计

体现按宽容设计的核心。在路侧净区范围内,障碍物的数量越少越好;而对路侧净区范围内无法移除的障碍物要采取适当的防护措施,尽可能降低事故的严重程度。

6.4.2 路线安全性优化设计流程

对于设计速度大于等于 100 km/h 的高速公路项目,因为其几何指标总体较高,在设计过程中,需要依据实际运行速度,对超高、视距等进行检验和验算,适当进行加强超高和保障视距等工作。

针对设计速度小于 100 km/h 的高速公路项目,其优化设计方法介绍如下。

1) 确定平面半径的取值范围

根据公路走廊区域的主要控制点进行选线设计,并根据这一速度范围选定平面设计要采用的半径取值范围,半径范围一般在设计速度对应的极限和一般最小临界值的要求之上。高原地区平面半径的取值应考虑驾驶员的生理感受、冰雪条件的影响等,避免采用极限值。

2) 公路平面设计

平面设计以设计速度为总体设计控制,考虑运行速度的变化指导具体各曲线单元的设计参数采用和搭配组合,进行初始平面线形设计。设计时满足规范中平面设计和线形设计的一般规定和要求,同时直线、圆曲线和回旋线三种线形要素满足运行速度对应指标的"一般值"或"最小值"规定。

3) 公路纵面设计

纵断面设计以路基设计标高、沿线大桥、长隧道、互通式立体交叉、铁路交叉等的位置为标高控制点进行试坡设计。在设计时注意最大、最小坡度,一般坡长,极限坡长,竖曲线半径等的选择,并按照运行速度与坡度坡长的关系考虑路段的实际运行速度。此外,在高原地区应考虑不同海拔车辆动力性能的折减,因此最大纵坡与坡长的取值与平原地区相比较将会有一定程度的折减。

4) 平纵线形的组合设计

做平面线形设计时,一定要考虑到纵面线形问题;同样在做纵面线形设计时,也一定要与平面线形协调配合。平、纵线形组合设计的原则为"相互对应",且平曲线稍长于竖曲线。据国外研究资料表明,竖曲线半径一般为平曲线半径设计值的 10 倍为宜。当平曲线半径小于 2 000 m、竖曲线半径小于 15 000 m 时,平、竖曲线的相互对应对线形组合显得十分重要;随着平、竖曲线半径的增大,其影响逐渐减小;当平曲线半径大于 6 000 m、竖曲线半径为 25 000 m 时,对线形的影响就显得不敏感了。因此线形设计须视平、竖曲线的半径而掌握其对应、符合的程度。同时线形设计应注重与桥、隧和沿线设施的配合。

5) 运行速度检验与评价

依据初始确定的平纵几何线形方案,通过运行速度预测模型测算各路段单元的运行速度,并以沿线运行速度的协调性来评价、验算设计指标的均衡性和安全性,从而检验和修正初期的平、纵设计。

6) 视距检验、超高设置

根据调整后的路线平纵线形和运行速度测算成果,最终确定曲线视距、超高、加宽等设计指标。青藏高原常年积雪冰冻,因此在超高的设计当中,应考虑冬天路面存在积雪甚至结冰的情形,不宜采用较大的超高值。该设计流程已在依托项目和实际设计项目的检验路线设计方案中所采用。

7) 沿线设施、安全设施设计

主线收费站、匝道收费站、服务区、停车区等沿线设施布设与标志、标线和交通安全设施设计应与运行速度的沿线分布相适应。从提升交通行驶安全性角度完善沿线设施和安全设施设计。考虑到青藏高原冬季降雪量大且大风等级高,因此护栏形式选择时应考虑防风阻雪功能,尽量采用低风载标志牌,降低风阻力。

基于上述研究内容,公路路线安全性优化设计流程与步骤如图 6-53 所示。

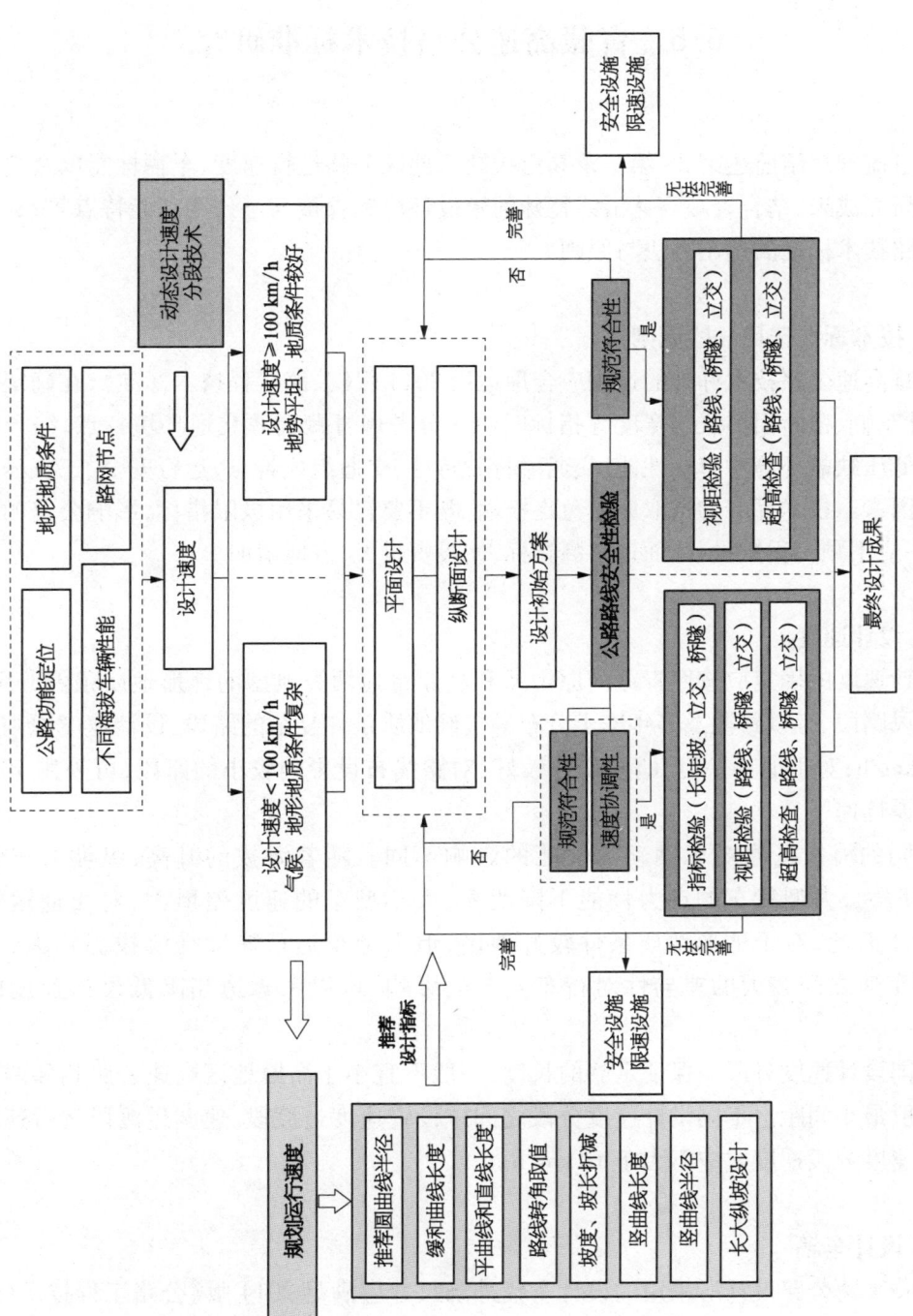

图 6-53 青藏地区高速公路路线安全性优化设计流程与步骤

6.5 青藏高速公路技术标准研究

通过梳理总结前述第 2~第 7 章高海拔缺氧地区公路运行速度、车辆性能以及驾驶特性等相关研究成果,结合青藏高速沿线特殊的建设环境和青藏高速公路功能特点等,提出青藏高速公路技术标准的选用方法与原则。

1) 技术标准选用一般原则

青藏高速公路技术标准的选用应合理运用 2014 版《公路工程技术标准》,在确定设计速度、设计车辆、横断面形式与宽度等指标时应充分考虑青藏高原交通环境特点,综合考虑高原高寒低压缺氧环境对车辆性能、交通流行驶特性、交通组成特点、运行安全、工程经济性等的影响因素。技术标准的选取应避免走极端,既不要轻易采用极限指标,影响公路的服务质量,也不应不顾工程数量,片面追求高指标,使投资过大,占地增加。

2) 设计速度

设计速度的确定应按照青藏高原山系和高原台地两类典型的地形地质条件分别考虑。对于强风路段、垭口路段及多年冻土分布等气候地质条件复杂的路段,设计速度原则上应小于 100 km/h;对于地势平坦、地质条件较好、对路线布设影响较小的路段,可采用 100 km/h 以上的设计速度。

不同的海拔区间对车辆动力性能的影响不同。随着海拔的升高,纵坡对车辆性能的影响增大,大型货车的动力性能下降明显,大小型车的速度差增大,对交通运行安全影响大。因此,对于地形地质条件较好地区,但大型车运行速度受海拔影响大,为降低大小型车速之间较大的差异性对行车安全的影响,可以考虑适当降低设计速度的选用标准。

不同设计速度分段应保证足够的长度,一般不宜小于高原地区高速公路相邻两互通立交的一般最小间距。不同设计速度分段之间应设置速度过渡段,速度过渡段运行速度与相邻设计速度分段速度差应不大于 10 km/h。

3) 设计车辆

青藏高速公路设计所采用的设计车辆外廓尺寸应满足 2014 版《公路工程技术标准》的相关规定。

设计车辆应根据交通量及其组成的分析预测结果确定,在纵坡设计、横断面设置、视距检验、超高设置、速度控制方案等指标的选取和制定时应注重选定的设计车辆。

对于有国防需求的高速公路,其设计指标的选用还应满足我国主要军用车辆的通行要求。军用车辆按用途主要包括战斗车辆、牵引运载车辆、运输车辆和特种车辆。其中 60 t 级半挂牵引车辆因其外廓尺寸、载质量和动力性能等指标与设计车型差异较大,因此应将该军用车型作为设计检验车型。

4) 横断面形式与宽度

青藏高原地区高速公路可采用整体式和分离式两种形式的路基横断面。对于穿越多年冻土地区的路基横断面应采用分离式,非多年冻土地区可采用整体式路基横断面,桥隧过渡等路段也可采用分离式断面。

横断面各组成要素宽度应满足交通运行安全的基本要求。对于通行中小型客车为主的高速公路,其内侧行车道宽度可采用 3.5 m。

5) 立交间距

我国对一般地区互通式立交的最大间距、平均间距、最小间距进行了规定。但是青藏高速公路大部分路段位于人烟村庄稀少、路网稀疏的地区,互通式立体交叉间距的取值应根据该地区经济发展状况、交通转换需求等因素灵活客观掌握。

青藏高速公路互通式立交平均间距不宜大于 50 km;超过时,应设置与主线立体分离的"U 形转弯"设施。

6) 交通工程及沿线设施

(1) 交通安全设施

交通安全设施应为用路者提供系统和完善的指示、指路、警告、禁令等信息,保障行驶安全、舒适。

交通安全设施应配置标志、标线、视线诱导标、隔离栅、防护网、防眩板、护栏、防撞设施等。

位于风、雪、沙、坠石等危及公路安全的路段,应设置防风栅、防雪(沙)栅、防落网、积雪标杆等交通安全设施。同时在设计标志、护栏等交通安全设施时还应采用降低风载、防止积雪、便于养护的方案。

可在适当位置设置供急救、消防、管理等特定车辆在紧急状况下使用的紧急出口。

(2) 服务设施

青藏高速公路服务设施共分为三类,不同服务设施的设置间距以海拔 4 000 m 为界。其中,第三类服务设施为满足驾驶员临时停车、休息、方便的场所;第二类服务设施应配备停车、加油、车辆维修、医疗保健、餐饮等设施;第一类服务设施应结合第二类服务设施设置,应配备高原反应抢救、事故应急抢救设备、治疗高原常见病的各种药品和专业医务人员。

(3) 管理设施

管理设施应为用路者提供清晰、完整、明了、准确的公路信息,为公路管理者提供科学、先进的技术手段,保障高速公路运行的安全、舒适与高效。

管理设施应设置管理、监控、收费、通信、配电、照明和养护等设施,其中监控设施等级采用 A 级。

藏式建筑是藏族人民结合宗教文化传统和风俗习惯,适应地形气候特征、反映民族风貌的独特的建筑体系。公路管理与服务设施的建筑风格应考虑这种人文因素。

西藏地区特殊恶劣的气象条件,对机电设备的正常运行和作用的发挥提出了较高的要求。信息采集与发布终端设备在设计及设备选型时均应考虑强光影响。同时干旱、洪涝、霜冻、冰雹、大风、大雪则是西藏主要灾害性天气。确定设备技术参数指标时,应考虑这些灾害影响,选定抗灾害指标的设备,同时满足一定数量的备用设备、配件、备品,以便紧急救援修复时快速更换。

6.6 高海拔地区高速公路动态速度控制(限速)设计技术

根据调查数据,以高海拔地区公路运行速度特征分析为基础,考虑海拔与大小车比例对运行速度的影响,运用统计分析研究方法,建立高海拔地区各影响因素与 85% 位车速关系模型。

6.6.1 限速方式及其分布

根据实地调研,目前 G214 青海辖区共和—玛多段、G109 青藏线,均采用区间限速和地点限速相结合的方法。本节以 G109 格尔木—拉萨段为例,分析目前高海拔地区公路不同限速方式组合的优缺点及适用性。

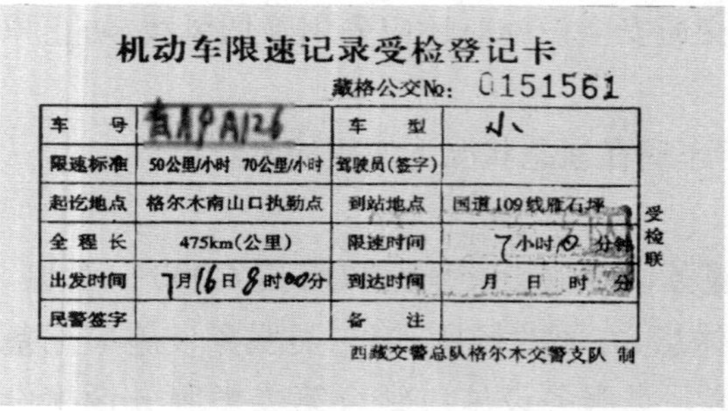

图 6-54 G109 区间限速单

1) 区间限速

区间限速,即公安交警在一些重点路段沿途设检查站,用"限速卡"方法,监控司机车速。

根据实地调研资料,G109 格尔木—拉萨段全长 1 215 km,沿线采用领取限速单方式限速,共设置 9 处公安交警检查站,分别为格尔木南山口检查站、雁石坪检查站、安多检查站、那曲检查站、古露检查站、乌玛塘检查站、当雄检查站、羊八井检查站、羊达检查站。具体限速区间及限制时间如图 6-54 所示。

由图 6-54 可以看出,限速区间为格尔木南山口到雁石坪,区间全长 475 km,限速时间为 7 h,限速标准为 50 km/h、70 km/h。

由表 6-51 可以看出,格尔木—拉萨方向,考虑到城镇密集程度、海拔及路侧环境的影响,限速区间依次缩短,由最长的限速段 475 km 到 30 km。限速区间内除特殊点段以外,限速值均保持在 70 km/h,当雄—拉萨车道由原来的双向两车道变为双向四车道,限速值相应增加到 80 km/h。

表 6-51　G109 不同限速区间及限制时间统计

限速区间	距离(km)	限制时间(h)	限速值(km/h)
格尔木(K2772)→雁石坪(K3214)	475	7	≤70
雁石坪(K3214)→安多(K3435)	200	4	≤50
安多(K3435)→那曲(K3575)	126	2.5	≤70
那曲(K3575)→古露(K3652)	77	1.3	≤70
古露(K3652)→当雄(K3739)	75	1.1	≤70
其中:乌玛塘(K3697)→当雄(K3739)	30	0.5	≤60
当雄(K3739)→羊八井(K3819)	80	1.1	≤80
羊八井(K3819)→马乡(K3860)	41	0.5	≤80
马乡(K3860)→拉萨(K3890)	30	0.5	≤60

2) 地点限速

地点限速,即特殊路段限速,包括连续长陡纵坡路段、急弯、连续弯道路段、穿越居民密集的村镇、县城路段或城镇化路段、交通事故多发路段、受不良天气影响严重的路段等。

根据实地调研资料,G109 格尔木—拉萨段共统计地点限速 50 处,具体设置地点特征及限速值见表 6-52。

表 6-52　G109 格尔木—拉萨方向限速和地点限速现状组合方式

区间限速	地点限速	桩号(km)	限速(km/h)	海拔(m)	调研地点
格尔木南山口检查站→雁石坪检查站共 475 km 限 7 h	格尔木南山口检查站	K2772	70	3 100	K2795 K2852 K3077 K3088 K3091 K3096 K3168 共 7 个点、22 个断面
	纳赤台城镇	K2825	40	3 500	
		K2828	40	3 565	
	急弯	K2862	40	4 089	
	西大滩城镇	K2865+500	40	4 100	
		K2868+500	40	4 100	
	冻土热棒	K2948	60	4 420	

（续表）

区间限速	地点限速	桩号（km）	限速（km/h）	海拔（m）	调研地点
格尔木南山口检查站→雁石坪检查站共475 km限7 h	五道梁城镇	K3004	40	4 665	K2795 K2852 K3077 K3088 K3091 K3096 K3168 共7个点、22个断面
		K3006	40		
	急弯	K3126	40	4 595	
	沱沱河	K3154	40	4 533	
	雁石坪	K3214	40	4 900	
雁石坪检查站→安多检查站共200 km限4 h	长直线	K3275	80	4 800	K3329 K3334 K3356 K3422 共4个点、12个断面
		K3358	70	4 970	
		K3375	70	5 000	
		K3387	70	4 914	
	冻土热棒、急弯	K3392	30	4 858	
	下陡坡接急弯	K3402	30	4 800	
	连续下坡	K3404	30	4 778	
	急弯、事故多发	K3416	30	4 700	
	急弯、下坡	K3417	40	4 710	
	急弯、事故多发	K3419	30	4 696	
	急弯、事故多发	K3420	30	4 680	
	急弯、事故多发	K3421	30	4 680	
安多检查站→那曲检查站共126 km限150 min	急弯、雷达测速	K3438	30	4 745	无
	长大下坡	K3493+700	70	4 798	
	弯道	K3494+300	30	4 796	
	长直线	K3501	70	4 770	
	弯道	K3507	30	4 779	
	反向弯道	K3512	40	4 745	
	长直线	K3527	70	4 590	
那曲检查站→古露检查站共77 km限80 min	急弯下坡	K3593	40	4 572	K3621 共1个点、3个断面
	弯道、半径较大	K3606	70	4 667	
	急弯、弯坡组合	K3618	40	4 700	
	长大下坡	K3629	70	4 862	
	桑雄城镇	K3633+500	30	4 900	
	古露镇	K3657	40	4 905	
古露检查站→当雄检查站共75 km限68 min	长直线	K3666	70	4 725	无
	龙仁乡城镇	K3709+600	30	4 710	
	急弯、事故多发	K3715	30	4 735	

（续表）

区间限速	地点限速	桩号(km)	限速(km/h)	海拔(m)	调研地点
古露检查站→当雄检查站共75 km限68 min	急弯、事故多发	K3722	30	5 100	无
	急弯、事故多发	K3723	30	5 115	
	当雄镇	K3728	30	4 283	
	当雄镇	K3732	30	4 288	
	前方急弯	K3735+700	30	4 399	
	前方急弯	K3735+900	30	4 398	
	急弯、事故多发	K3739	30	4 300	

限速标牌的具体设置方式如图 6-55 所示。

图 6-55　G109 城镇限速示意图

6.6.2　车辆超速情况分析

为研究青藏高原限速的效果，以下选取超速率和超速幅度两个指标作为判定标准。超速率指每小时小车超速车辆统计量与相应的小车小时交通量之比。超速幅度指超速车辆的运行速度超过限速值的程度，即运行速度与限速值之差。

首先对限速值与车辆的 85% 位车速进行对比分析。如图 6-56 所示，限速值为 40 km/h、50 km/h、60 km/h 时，所有断面车辆的 85% 位车速均大于限速值，最高超速幅度为 57.3 km/h；限速值为 70 km/h

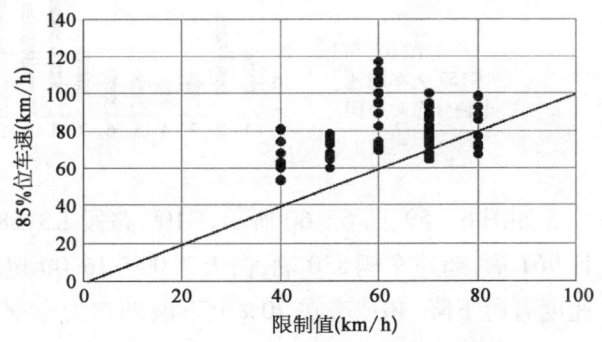

图 6-56　车辆 85% 位车速与限速值的关系

时,84%的断面85%位车速大于限速值,最高超速幅度达到30.18 km/h;限速值为80 km/h时,56%的断面85%位车速大于限速值,最高超速幅度为18.7 km/h。由此可见,大多数断面的85%位车速均大于相应的限速值,随着限速值的升高,85%位车速超过限速值的比例和超速幅度有所下降。部分断面受到地形及交通量的影响,85%位车速低于限速值。

1) 超速率分析

选取G214的K157调查点和G109的K3168、K3761进行分析。G214的K157调查点小车、大车限速均为60 km/h。K3168和K3422调查点小车、大车均限速70 km/h。具体分析如下。

如图6-57、图6-58所示,G214 K157断面调查时间内小车通过共计1 121辆,超速车辆1 033辆,超速率在90%上下波动。大车交通量共计551辆,超速车辆397辆,超速率最高达到72%,最低也在40%以上。

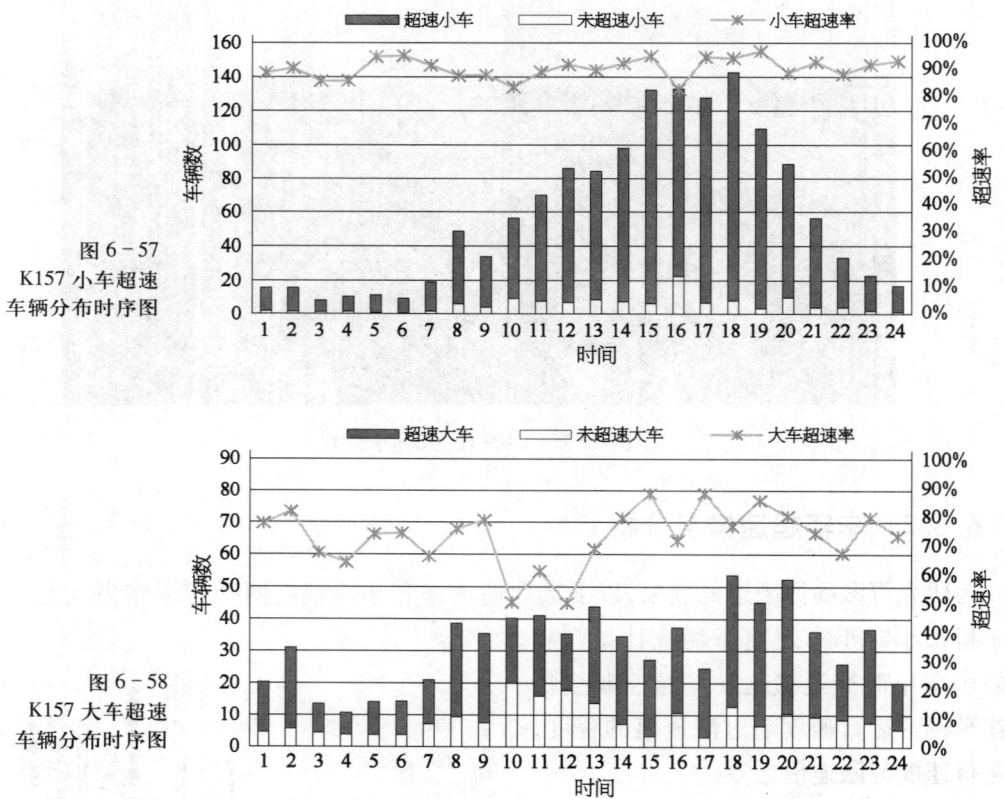

图6-57 K157小车超速车辆分布时序图

图6-58 K157大车超速车辆分布时序图

如图6-59、图6-60所示,G109路段K3168断面属于弯道处,调查时间内小车通过共计961辆,超速车辆830辆,白天7:00—16:00超速率较高,在90%上下波动,夜间视距不良、速度有所下降、超速率在70%上下波动。大车交通量共计604辆,超速车辆188辆,超速率在30%左右波动。

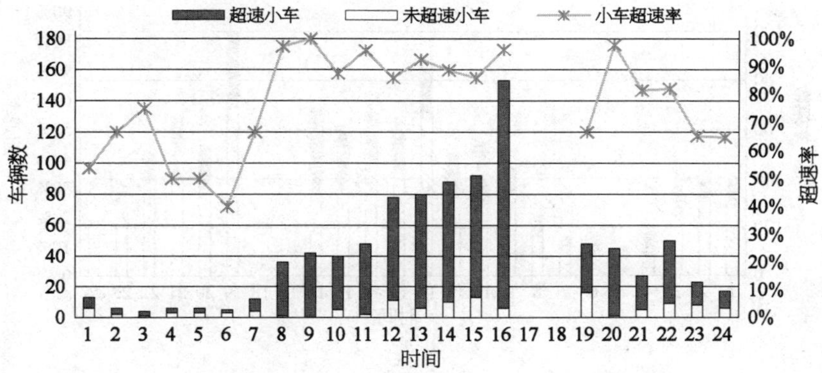

图 6-59
K3168 小车超速车辆时序图

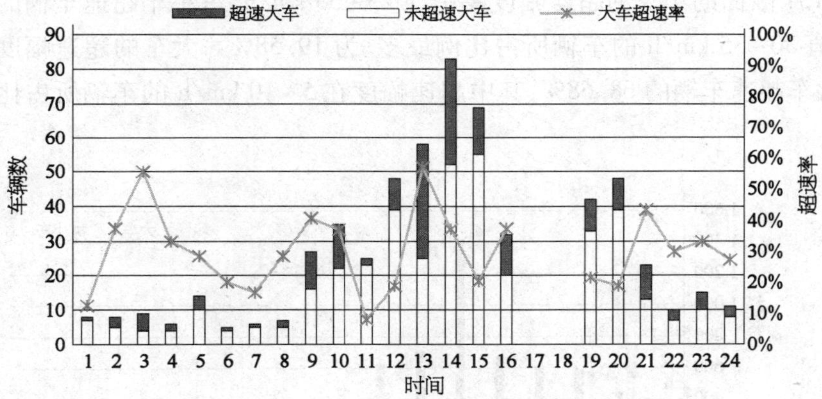

图 6-60
K3168 大车超速车辆时序图

如图 6-61、图 6-62 所示，G109 路段 K3176 断面调查时间内小车通过共计 3 376 辆，超速车辆 2 151 辆，白天交通量达到 514 辆/h，受交通量的影响，速度有所下降，超速率也减低，整体小车超速率在 70% 上下波动。大车交通量共计 1 059 辆，超速车辆 342 辆，超速率在 30% 左右波动。

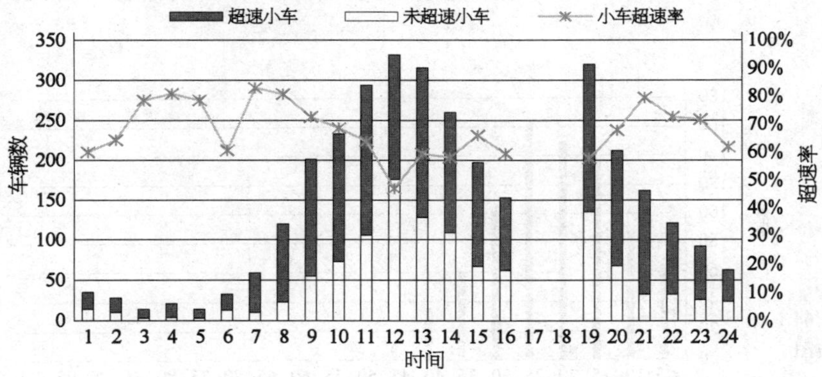

图 6-61
K3761 小车超速车辆时序图

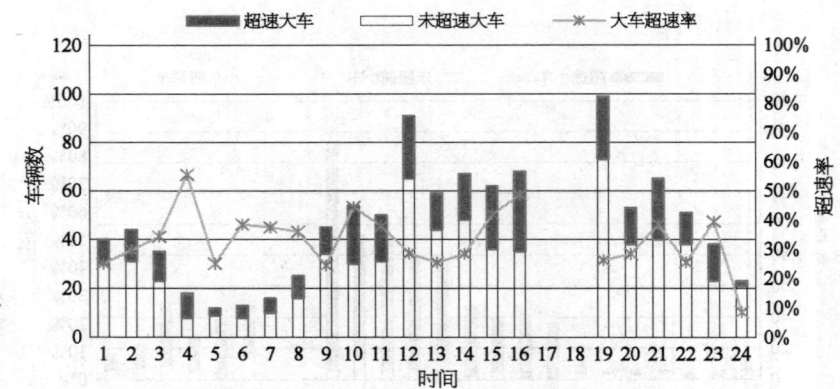

图 6-62
K3176 大车超速车辆时序图

2) 超速幅度分析

如图 6-63 所示,K157 断面的小车的超速幅度集中在 25~55 km/h,占小车超速车辆的 54.15%,其中超过限速值 30~35 km/h 的车辆所占比例最多、为 19.58%。大车的超速幅度集中在 0~20 km/h,占大车超速车辆的 68.68%,其中超速幅度在 5~10 km/h 的车辆所占比例最多、为 18.63%。

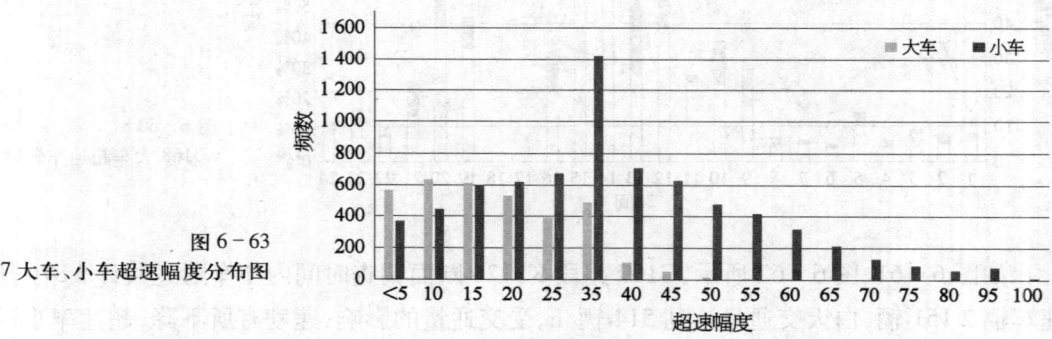

图 6-63
K157 大车、小车超速幅度分布图

如图 6-64 所示,K3168 断面的小车的超速幅度集中在 10~30 km/h,占小车超速车辆的 78.07%,其中超过限速值 20~25 km/h 的车辆所占比例最多、为 19.87%。大车的超速幅度集中在 0~15 km/h,占大车超速车辆的 93.09%,其中超速幅度在 0~5 km/h 的车辆所占比例最多、为 56.91%。

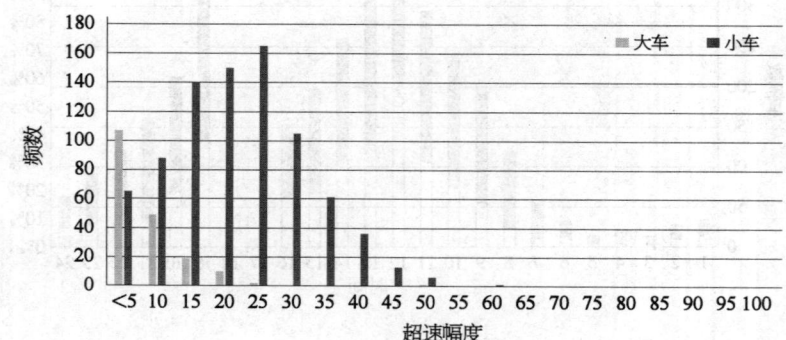

图 6-64
K3168 大车、小车超速幅度分布图

如图 6-65 所示，K3761 断面的小车的超速幅度集中在 0~20 km/h，占大车超速车辆的 67.78%，其中超速幅度在 0~5 km/h 的车辆所占比例最多、为 22.41%。大车的超速幅度集中在 0~20 km/h，占小车超速车辆的 88.30%，其中超过限速值 0~5 km/h 的车辆所占比例最多、为 33.91%。

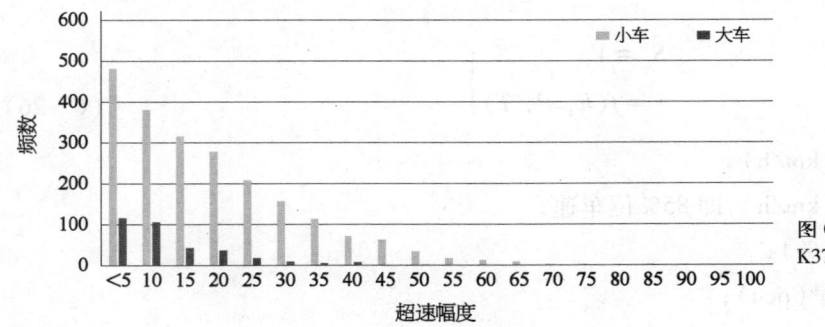

图 6-65 K3761 大车、小车超速幅度分布图

6.6.3 既有限速设施限速效果评价

通过以上分析，目前无论是地点限速还是区域限速（领取限速卡形式）均未起到相应的限速效果，超速现象十分严重。以下为两种限速方式存在的问题。

目前，采用地点限速方式，存在以下问题：

① 限速采用限速标志牌的方式，约束力差，驾驶员超速无惩罚措施，驾驶员选择速度的"自由度"较大；

② 限速相关标志设置不完善，限速标志牌无对应的取消限速标志；

③ 限速设置不合理，相邻路段限速值相差较大，无限速过渡段，车辆不易按照限制值的约束调整行驶速度。

采用在沿途各检查站领取限速卡的区域限速方式，存在以下问题：

① 领取"限速卡"的限速方式，约束力较弱，驾驶员超速后无惩罚措施，驾驶员选择速度的"自由度"较大；

② 最大的问题就是驾驶员会超速行驶提前至检查站进行等候，由于该路段为双车道路段，路侧停车增加了行车风险；

③ 该路段限速距离并没有统一的标准，一般根据执法人员的经验来定；

④ 限速区长度过长，有的区段达到 400 多公里，驾驶员会在限速区间内进行餐饮休息等，这使车辆在该限速区段的平均速度小于限速值，但车辆实际行驶速度不受约束。

6.6.4 特殊环境下限速决策与设置技术

青藏高原由于地域平坦广阔、海拔分布高、空气稀薄等特殊的环境特点，研究中实测的交通数据反映出车辆运行几乎不受限制措施的影响。在研究过程中，基于青藏高原公路的大小车 85% 位车速为依据建立了限速值的决策模型,并提出高海拔缺氧地区不同海拔、路线特征和地形条件下的车辆运行速度控制标准与设置依据。

青藏高原地区车辆运行速度受海拔高度、纵坡、交通量及大小车比例的影响。通过对自由流状态下的运行速度进行多元线性回归,可得出各影响因素与运行速度的相关性及其相关函数关系式如下:

$$\left.\begin{array}{l} S_L = V \\ V = f(h, P, T) \end{array}\right\} \quad (6-26)$$

式中 S_L——限制速度(km/h);
　　　V——运行速度(km/h),即 85% 位车速;
　　　P——小车比例(%);
　　　T——当量交通量(pcu);
　　　h——海拔高度(m)。

通过多次修正,建立线形较好的回归模型,模型总结见表 6-53。

表 6-53　回归系数

模型	非标化系数		标准化系数	回归系数的 t 检验值	显著性
	偏回归系数 B	标准误差	标准化回归系数		
常量	-2 462.101	1 156.043		-2.130	0.037
当量交通量 T(pcu)	-0.030	0.010	-0.349	-3.018	0.003
$\ln P$（P 代表小车比例）	22.847	10.660	0.255	2.143	0.035
海拔高度 h	-0.184	0.109	-12.992	-1.697	0.024
h^2	9.998E-6	0.000	5.162	1.261	0.011
$\ln h$	379.508	176.165	7.925	2.154	0.034

1) 判定多元线性回归模型的优劣

衡量多元线性回归模型优越的标准通常采用负相关系数 R、决定系数 R^2、校正的决定系数 R_{adj}^2,由表 6-54 可知,R 越大,说明线性关系越密切。R^2 越大模型越好,$0 \leq R^2 \leq 1$。当模型中增加的变量没有统计学意义时 R_{adj}^2 值会减小。与上节建立的模型相比 R_{adj}^2 增加,说明变量具有统计学意义。该模型的 $R^2 = 0.657$,效果相对较好。

表 6-54　模型总结

复相关系数 R	决定系数	决定系数调整值	更改统计量				
			决定系数变化	F 变化	自由度 1	自由度 2	显著性 F 变化量
0.811	0.657	0.634	0.457	12.478	5	74	0.000

2) 回归模型的假设检验

对模型中所有自变量的回归系数等于 0 的 F 检验结果。如表 6-55 所示,$F=12.478$,$P<0.05$,说明至少一个自变量的回归系数不为 0,所建立的回归模型是有统计意义的。

表 6-55　回归模型假设检验结果

模型	平方和	自由度	均方	F 检验	显著性
回归分析	7 358.540	5	1 471.708	12.478	0.000
残差	8 727.658	74	117.941		
总计	16 086.199	79			

3) 残差分析与模型试用条件的检验

(1) 自变量与因变量之间的线性关系

通过非标准化残差来判定自变量与因变量之间的线性关系。由图 6-66 可知,各点几乎平均分布在 0 这条水平线的两边,没有明显的偏正或偏负的趋势,说明当前模型所引入的变量与运行速度之间呈线性关系是正确的。

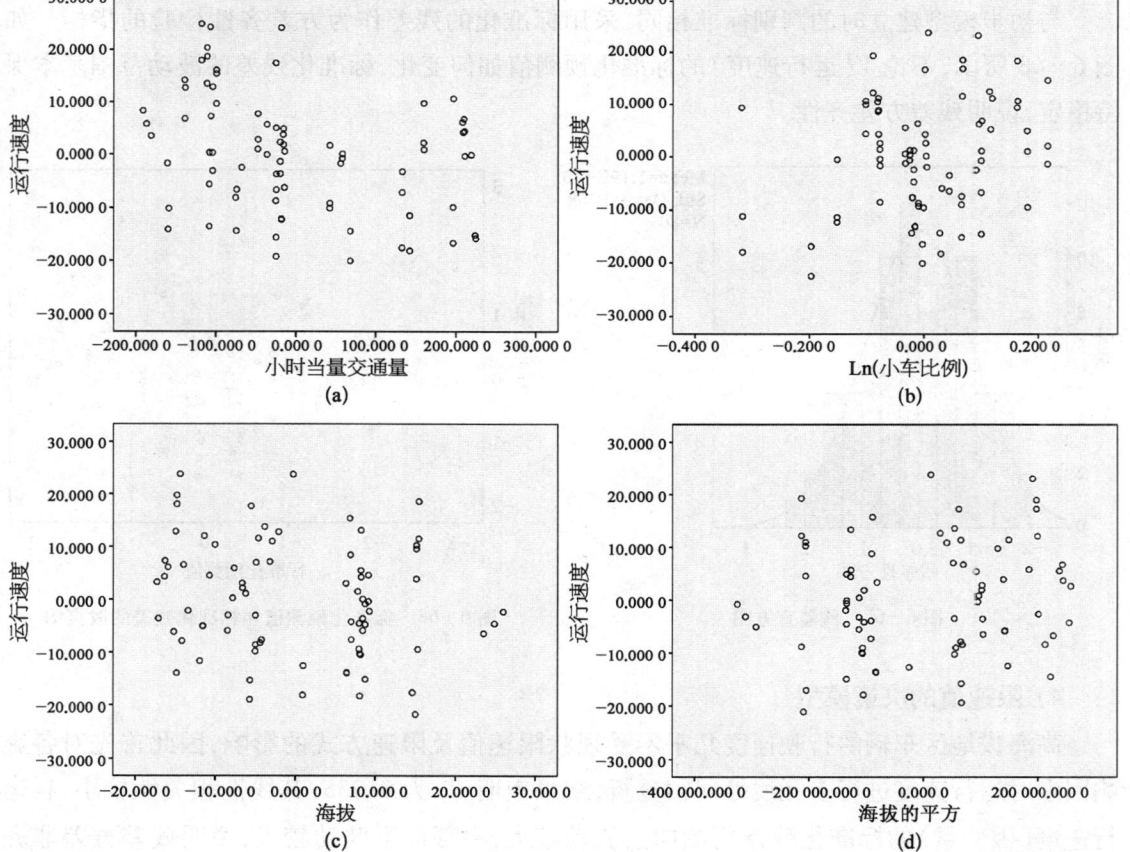

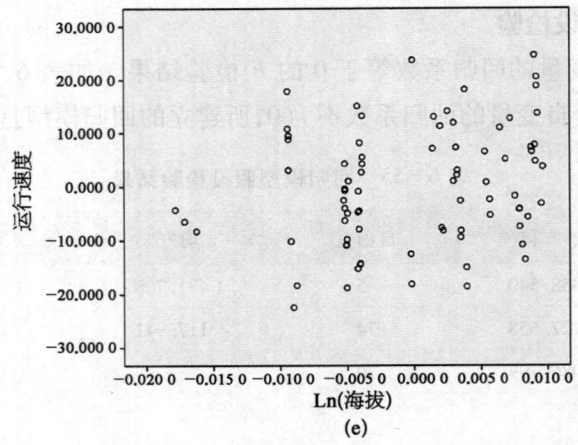

图 6-66 自变量的残差分布图

(2) 残差的正态分布性

根据统计学意义,残差应该服从正态分布,通过绘制标准化残差直方图,如图 6-67 所示,残差分布不符合正态分布。

(3) 残差方差齐性

与初步模型建立时的判别标准相同,采用标准化的残差作为方差齐性检验的指标。如图 6-68 所示,不论 V(运行速度)的标准化预测值如何变化,标准化残差的波动范围基本保持稳定,说明残差方差齐性。

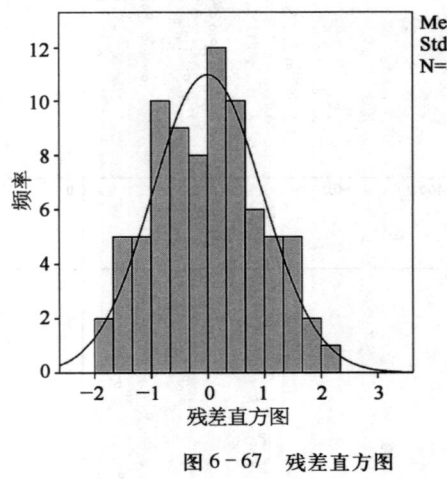

图 6-67 残差直方图   图 6-68 标准化预测值和标准化残差的散点图

4) 限速值的决策模型

高海拔地区车辆的行驶速度几乎不受现状限速值及限速方式的影响,因此首先对各影响因素对运行速度进行多元线性回归分析,结果表明 R^2 为 0.235,其线性相关性较小,且运行速度(因变量)的标准化残差两侧向上波动较大,中部向下波动较大,说明残差方差非齐性。鉴于以上结果,对各影响因素(自变量)进行变量变换,再次进行多元线性回归,结果表明 R^2 为 0.657,而且运行速度(因变量)的标准化残差各点几乎平均分布在 0 这条水平线的两边,没有明显的偏正或偏负的趋势,说明当前模型所引入的变量与运行速度之间呈线性关系。最终得到的高海拔地区限速值的决策模型如下:

$$\left.\begin{aligned}S_\mathrm{L} &= V \\ V &= -0.03T + 22.844\ln P + 9.998 \times 10^{-6}h^2 + 379.492\ln h - 0.184h - 2\,462.003\end{aligned}\right\} \quad (6-27)$$

式中　S_L——限制速度(km/h);

　　　V——运行速度(km/h),即 85% 位车速;

　　　P——小车比例(%);

　　　T——当量交通量(pcu);

　　　h——海拔(m)。

综合考虑海拔、大小车辆性能、车型比例及道路等级特征,结合上述相关结论,给出高海拔地区特殊环境下不同海拔时大、小车限速推荐值,见表 6-56。

表 6-56　不同海拔车辆限速推荐值(同一车道)

海拔(m)	小车限速推荐值(km/h)	大车限速推荐值(km/h)	海拔(m)	小车限速推荐值(km/h)	大车限速推荐值(km/h)
2 000	100	80	4 500	80	60
2 500	90	80	5 000	60	50
3 000	90	80	5 500	60	50
3 500	80	60	6 000	60	50
4 000	80	60			

表中推荐值均为高海拔地区特殊环境下长直线路段的车辆限速推荐值,在保证不同海拔下相邻路段速度连续性($\Delta V \leqslant 20$ km/h)的同时,大小车速度差也应控制在安全范围以内,避免差值过大造成交通事故。另外,平曲线路段、弯坡及上下坡路段,根据路侧环境及车型比例应做相应折减。

第 7 章
依托工程应用与示范

7.1 依托工程概况

花大公路位于青海省果洛州藏族自治州境内，是省道 209 线（德令哈哈尕海—久治红土垭口公路）的一部分，是青海省"三纵四横十联"骨架公路的组成路段，是规划中新疆经青海通往四川的国家西部区域经济大通道（库尔勒—成都）的重要组成部分，路线全长 155.831 km，采用双向四车道技术标准，设计速度采用 80 km/h（K0+000～K44+100、K121+100～K133+000、K145+500～K155+700）、60 km/h（K44+100～K121+100、K133+000～K145+500）分段设计速度（表 7-1），路基宽度 19 m（整体式）、10 m（分离式）。

表 7-1 依托工程设计速度分段一览表

序 号	起 讫 桩 号	里程长度（km）	设计速度（km/h）
HD1	K0+000～K44+000	44	80
HD2	K44+000～K121+100	77.1	60
HD3	K121+100～K133+000	11.9	80
HD4	K133+000～K145+500	12.5	60
HD5	K145+500～K155+700	10.2	80

依托工程设计时采用 2003 版《公路工程技术标准》，主要技术指标见表 7-2。

表 7-2 主要技术指标

指 标 名 称	单 位	指 标 值	
设计速度	km/h	80	60
双向车道数	个	4	4
整体式路基宽度	m	19	19
分离式路基宽度	m	2×10	2×10
平曲线最小半径（一般/极限）	m	400/250	200/125
不设超高的平曲线最小半径	m	2 500	1 500
缓和曲线最小长度	m	70	50
最大纵坡	%	5	5
最小坡长	m	200	150
凸形竖曲线最小半径（一般/极限）	m	4 500/3 000	2 000/1 400
凹形竖曲线最小半径（一般/极限）	m	3 000/2 000	1 500/1 000
竖曲线最小长度（一般/极限）	m	170/70	120/50
桥涵设计洪水频率	次/年	特大桥 1/300；大桥 1/100	
桥涵设计荷载	—	公路 I 级	

7.2 设计速度分段适应性分析

7.2.1 功能定位与布设条件

从花大公路在省内具有干线服务功能定位,其应采用高速公路的设计标准。

安全设计路段沿阿尼玛卿山北坡河谷布线,走廊带所在区域一共包含三种主要的地形条件,分别是高山峡谷、低山丘陵以及河谷平原。其中,高山峡谷区主要分布在下大武乡—雪山乡—东倾沟一线的两侧;低山丘陵主要分布在起点至下大武段;河谷平原主要分布在东倾沟段和大武镇段至终点段。

沿线不良地质现象主要有崩塌、滑坡、泥石流等,其中崩塌主要分布在高山峡谷段;滑坡主要分布在阳靠峡(K87+100~K87+580)以及多西玛大桥左岸(K138+030);泥石流主要集中在里程桩号 K123+880~K147+557 段。

根据各设计速度分段里程范围:

K0+000~K44+000 段(花石峡—下大武)地形条件主要是低山丘陵(图7-1),公路沿山间断陷盆地分布,海拔 4 000 m 左右,相对高差 100~200 m,相对全线该路段应取相对较高的技术标准。

图7-1 低山丘陵

K44+000~K121+100 段起点位于下大武,途经雪山乡、查那卡多沟口,该路段主要的地形特点是高山峡谷(图7-2),其中分布有崩塌以及泥石流等不良地质条件路段,如阳靠峡。该路段地形较为陡峭,地形切割严重,河谷狭窄,公路展线困难。根据青海省交通厅的批复意见,对于特殊困难路段设计速度可采用 60 km/h。

K121+100~K133+000 段位于东倾沟乡,该路段地形条件主要为河谷平原(图7-3),地势较为平坦,该路段技术标准可以满足设计速度 80 km/h 的要求。

图7-2 高山峡谷

图7-3 河谷平原

K133+000~K145+500段在东倾沟乡与大武镇之间,该路段地质条件较为复杂,沿线主要分布有滑坡、泥石流等不良地质条件。受地形地质条件影响,该路段几何设计指标满足设计速度60 km/h的技术标准要求。

K145+500~K155+700段位于大武镇段,该路段的地形条件主要是河谷平原,地势较为平坦,该路段技术标准可以满足设计速度80 km/h的要求。

7.2.2 车辆运行条件

① 通过研究海拔对于车辆动力性能和制动性能影响可以发现,不同海拔下的同一坡度爬坡能力差异较大,车辆在不同坡度的坡段上能够达到的速度随着海拔的增加、动力性的降低而逐渐变低。

② 海拔对小客车的影响较小,对载重货车、铰接列车等大型车辆的影响较大。以载重量为30 t、功率重量比8.3 kW/t的载重货车,在海拔3 000 m以下车辆性能降低10%~15%,3 500~5 500 m车辆性能降低接近35%~40%。大型车为主路段的纵坡折减值见表7-3。

表7-3 高原纵坡折减值

海拔(m)	3 500~4 500	4 500~5 500	5 500 以上
纵坡折减(%)	1.0	1.5	2.0

花大公路海拔为 3 700~4 600 m,受高海拔影响,载重货车、铰接列车等大型车辆的运行速度较低且变化较为频繁。根据设计速度为 80 km/h 时,载重货车的最低容许速度为 50 km/h;设计速度为 60 km/h 时,载重货车的最低容许速度为 40 km/h,核查各路段能满足的最低容许速度,来确定沿线能采用的对应设计速度。

7.2.3 路网节点条件

不同设计速度过渡段应尽量设置在互通式立交、主线收费站等区段。互通立交作为公路的重要节点,可以作为不同设计速度分段的分界点。安全设计路段互通立交设置位置见表7-4。

表7-4 公路沿线重要节点及互通立交布设位置一览表

序 号	交叉桩号	名 称	间距(km)	备 注
1	K1+112.5	花石峡互通		花石峡镇、G214
2	K39+786.866	下大武互通	38.67	下大武乡、S209
3	K83+343	雪山互通	43.56	雪山乡、S209
4	K102+065.614	阿尼玛卿互通	18.72	S209
5	K131+293	东倾沟互通	29.23	东倾沟乡、S209
6	K154+377	大武西互通	23.08	大武镇、S209

综合沿线路段功能需求与地形海拔分布以及车辆动力性变化等条件,安全设计路段设计速度分段的适应性较好,但安全设计路段设计速度分段节点未选在互通立交处,会对速度控制方案的制定造成影响。在制定速度控制方案时应注重论证设计速度分段节点与互通立交之间限速高限值的合理取值。

7.3 运行速度协调性评价

1) 评价方法

高速公路运行速度测算时分别选取顺桩号方向(即正向)和逆桩号方向(反向)进行运行速度 V_{85} 测算。首先从路段的初始运行速度 V_0 开始,然后根据所划分的路段类型,按平直段、纵坡段、曲线段、弯坡段、隧道段、互通立交段等分别进行运行速度 V_{85} 的测算。

① 项目平直路段上按匀加速或匀减速运动进行测算。平直路段上期望速度:设计速度 80 km/h 时,小型车为 110 km/h、大型车为 80 km/h;设计速度 60 km/h 时,小型车为 90 km/h、大型车为 75 km/h。本路段小型车加速度为 0.15~0.5 m/s^2,大型车加速度为 0.2~0.25 m/s^2。

② 车辆的动力性能受海拔的影响较大,对于纵坡路段应考虑纵坡折减对于运行速度的影响,采用折减后的纵坡计算纵坡段的运行速度。根据相关研究成果,考虑纵坡折减的计算公式如下:

$$\Delta i = -2.061 \times 10^{-3} + 4.004 \times 10^{-6} H - 1.770 \times 10^{-10} H^2$$

式中 H——海拔(m);

Δi——纵坡折减值。

③ 对于曲线段:采用"平曲线上的速度预测模型"计算曲线中点和曲线出口速度。

④ 对于弯坡路段,应采用考虑海拔因素折减后的纵坡,并采用"弯坡组合线形下的运行速度预测模型"计算出弯坡曲线中心点、出口点的速度[以上测算模型见《公路项目安全性评价规范(JTG B05—2015)》相应章节]。

⑤ 对于隧道路段和互通立交段,采用《公路项目安全性评价规范(JTG B05—2015)》中有关隧道段运行速度预测模型进行运行速度测算。

2)评价标准

运行速度协调性评价包括相邻路段运行速度协调性评价和同一路段运行速度与设计速度协调性评价。在设计中要根据大型车和小型车两种典型车型测算运行速度,并分别进行评价。

(1)相邻路段运行速度协调性评价

该项评价采用相邻路段运行速度差值的绝对值$|\Delta V_{85}|$及运行速度梯度的绝对值$|\Delta I_V|$进行评价。当$|\Delta V_{85}| < 10$ km/h 且$|\Delta I_V| \leq 10$(km/h·m)时,认为相邻路段运行速度协调性好;当10 km/h $\leq |\Delta V_{85}| < 20$ km/h 且$|\Delta I_V| \leq 10$(km/h·m)时,认为相邻路段运行速度协调性较好,相邻路段为减速时宜对相邻路段平纵面设计进行优化;当$|\Delta V_{85}| \geq 20$ km/h 或$|\Delta I_V| > 10$(km/h·m)时,认为相邻路段运行速度协调性不良,相邻路段为减速时应调整平纵面设计。

(2)同一路段运行速度与设计速度协调性评价

该项评价采用同一路段运行速度与设计速度的差值进行。当运行速度与设计速度的差值小于 20 km/h 时,认为两种速度协调性、一致性好,相关技术指标与实际运行速度的匹配性好;反之,同一路段运行速度与设计速度协调性不良,即设计一致性不良,应优化平纵面线形,或者对公路路线的相关技术指标进行安全性验算。

7.4 基于运行速度的平纵几何线形指标检验

7.4.1 平面线形指标检验

1) 圆曲线半径

对于项目中圆曲线半径小于运行速度对应一般最小值要求的,尽量根据地形条件优化平面线形,条件受限时,交通安全设施设计应采用速度控制管理设施提醒驾驶员控制车速。示范路段的检验结论列于表 7-5 中。

表 7-5 平曲线半径不满足运行速度要求路段一览表

桩 号 范 围	方向	设计速度 (km/h)	平曲线半径 (m)	运行速度 (km/h)	横向力 系数	超高 (%)	所需半径 (m)
K27+003.53~K27+612.566	正向	80	850	106	0.05	4	>990
K28+075.843~K28+921.448	正向	80	450	100	0.05	6	>715
K50+685.031~K51+072.919	正向	60	800	106	0.05	4	>990
K66+907.535~K67+117.957	正向	60	740	107	0.05	4	>1 000
K67+397.957~K67+728.009	正向	60	720	106	0.05	4	>990
K68+008.009~K68+192.304	正向	60	748	105	0.05	4	>970
K84+480.537~K84+840.237	正向	60	400	98	0.05	6	>690
K85+565.239~K85+943.289	正向	60	800	108	0.05	4	>1 020
K88+389.925~K88+765.876	正向	60	638	102	0.05	5	>820
K90+483.452~K91+025.681	正向	60	600	104	0.05	5	>860
K93+856.012~K94+120.211	正向	60	750	106	0.05	4	>990
K99+454.941~K99+744.737	正向	60	600	104	0.05	3	>1 070
K100+011.55~K100+147.44	正向	60	450	98	0.05	4	>840
K101+236.58~K101+491.06	正向	60	500	90	0.05	4	>710
K111+823.43~K112+058.56	正向	60	730	106	0.05	3	>1 100

2) 平曲线长度

需要检查沿线路段的平曲线长度,不满足运行速度要求的平曲线一般值时宜尽量优化曲线长度;对于仅满足极限值要求的路段应加长曲线长度。

7.4.2 纵面线形指标检验

1) 最大纵坡

纵面设计应检查沿线路段运行速度对应的最大纵坡设置情况,纵坡应小于对于运行速度能够支撑的坡度要求,对于不满足运行速度要求的纵坡应尽量优化坡度。表7-6是示范路段的检验结论列表。

表7-6 纵坡不满足运行速度要求路段一览表

序号	路段起终点桩号	纵坡(%)	运行速度(km/h)
1	K51+110~K51+810	4.65	100
2	K100+800~K101+485	5	95
3	K103+066.425~K103+670	5	100
4	K104+005~K104+410	4.5	100
5	K110+955~K111+500	5	110
6	K111+825~K112+561.807	5	100

2) 最大坡长

检查沿线路段坡长设计是否满足运行速度对应最大坡长要求,对于不满足运行速度的纵坡应尽量优化纵坡坡长。表7-7是示范路段的检验结论列表。

表7-7 坡长不满足运行速度对应最大坡长路段一览表

序号	路段起终点桩号	纵坡(%)	坡长(m)	运行速度(km/h)
1	K78+270~K79+010	5	740	110
2	K97+800~K98+620	4	820	110
3	K100+800~K101+485	5	685	100
4	K103+066.425~K103+670	5	603.575	100
5	K109+220~K110+210	4	990	100
6	K111+825~K112+561.807	5	736	100
7	K112+840~K113+600	5	760	110

对于条件受限无法优化纵坡和坡长的路段,应通过车道管理和速度控制措施提醒车辆控制车速、提示大小型车分道行驶。

3) 竖曲线半径

检查沿线路段竖曲线半径是否满足运行速度对应竖曲线最小半径要求,不满足运行速度要求的竖曲线一般值时宜尽量优化竖曲线长度;对于仅满足极限值要求的路段应加长竖曲线长度。表7-8是示范路段的检验结论列表。

表 7-8 竖曲线规范值一览表

序号		桩号	半径(m)	运行速度(km/h)
1	凸形	K75+151.962	8 000	110
2		K112+840	8 000	110
3		K137+375	9 000	100
4		K141+249.128	4 500	110
5		K150+530	8 000	110

7.4.3 视距检验

各级公路的行车视距应满足视距的要求,其检验的常规方法主要有最大横净距计算方法和图解法(即绘制视距包络图)。前者能检查曲线上某一位置处平面视距是否满足要求,后者可以较准确地确定平曲线(或竖曲线)上影响视距的范围。这两种方法简便实用,但均为二维检查方法,不能准确计算实际行驶状态下三维空间视距。

空间视距是指在公路区域的真实三维环境中,按照视点高度和物点高度的要求,驾驶员在视点最不利车道上(可能由于弯道、竖曲线、路侧设施、植被、障碍物的影响)实际所能看到行车道上物体的最远距离。也可以理解为考虑公路附属构造物影响条件下的,驾驶员视线与车行道上物点之间没有遮挡的最大通视距离。

空间视距检测是通过计算现有公路本身能提供通视的空间距离,与设计要求的停车视距和运行视距要求的停车视距进行对比分析,以发现视距不满足要求的区域。图 7-4、图 7-5 分别为空间视距线框图和空间视距渲染图。

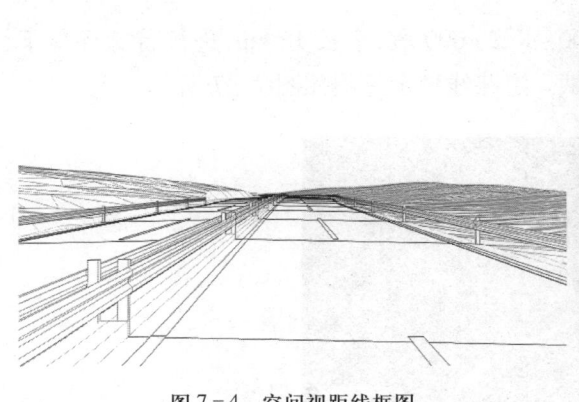

图 7-4 空间视距线框图

图 7-5 空间视距渲染图

通过对照视距分析图的技术指标(图 7-6),可知左转视距不足均是由于左偏曲线半径不足,左侧护栏对内侧行车道行驶车辆的视线造成遮挡;右转视距不足均是由于右偏曲线半径不足,右侧护栏对外侧行车道行驶车辆的视线造成遮挡。对于视距不满足运行速度/设计速度要求的路段,应优化平纵线形指标或者通过移动护栏增加横净距的方法增大视距,并设置速度控制和诱导设施,提醒驾驶员控制车速。

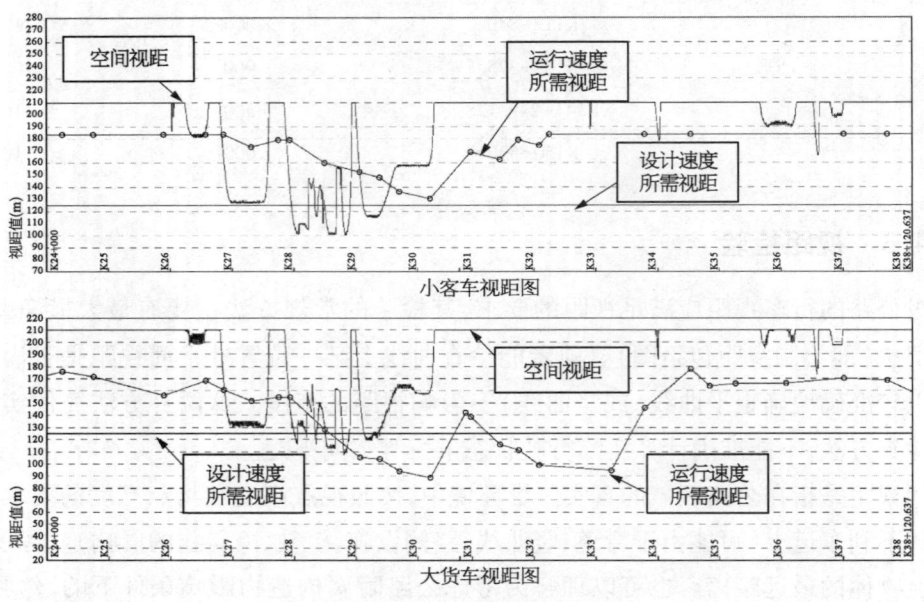

图 7-6　空间视距对比分析图

7.5　限速实施方案

本章示范工程选择花大高速公路 K27+000~K42+000 段,全长 15 km,进行特殊环境下高速公路动态速度控制(限速)设计技术的测试。道路线形示意图如图 7-7 所示。

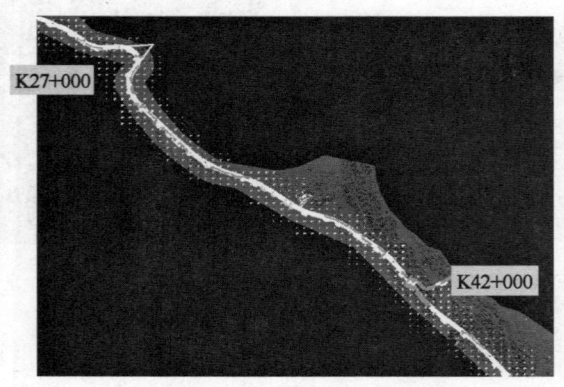

图 7-7　花大高速示范路段道路线形示意图

7.5.1 示范工程主要内容及技术路线

以本书第 6 章限速综合决策模型的理论分析为基础,运用前述特殊环境下高速公路动态速度控制(限速)设计技术的有关结论,结合花大高速公路的实际设计及建设情况制定其改扩建后的速度限制标准及限速实施方案。

一般而言,对于未开通运营高速公路,宜以设计速度为限速基础,全线以设计速度实施限速。待运营一段时间后,收集公路的交通量、交通事故、运行速度、驾驶员满意度等数据,采用运营阶段公路限速方案制定流程,进而优化、调整限速方案和速度控制设施。未开通运营高速公路限速一般流程如图 7-8 所示。

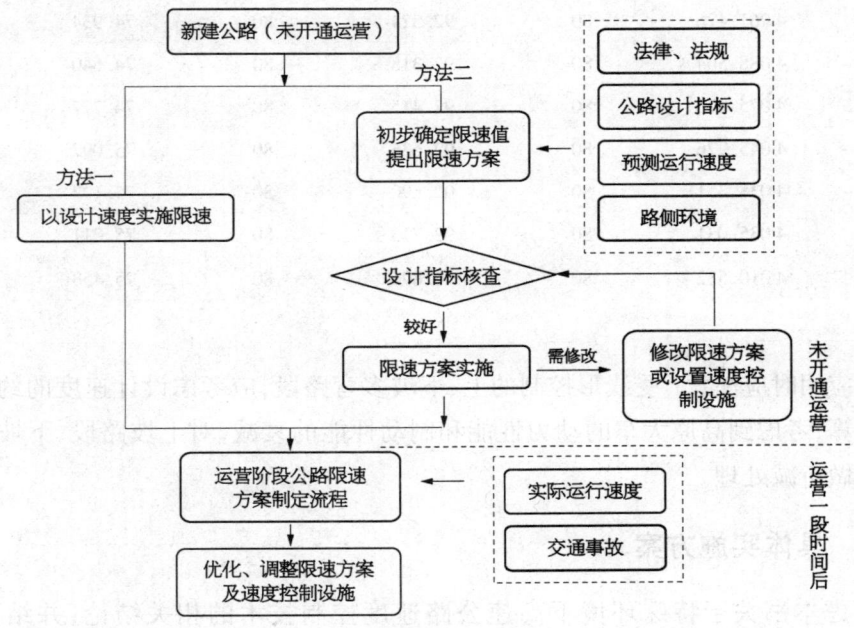

图 7-8 未开通运营高速公路限速一般流程

7.5.2 限速综合决策模型的应用

根据本书第 6 章限速综合决策模型的结论,由式(6-27)模型试算(具体计算过程从略),得出限速计算值与限速推荐值,见表 7-9。

表 7-9 花大高速示范工程路段限速计算

桩号 (km)	海拔 (m)	设计速度 (km/h)	小车计算值 (km/h)	小车推荐值 (km/h)	大车计算值 (km/h)	大车推荐值 (km/h)
K26+570	3 985.214	80	93.033	80	75.705	60
K27+635	3 972.221	80	93.109	80	75.827	60
K28+105	3 963.244	80	93.160	80	75.911	60

(续表)

桩号 (km)	海拔 (m)	设计速度 (km/h)	小车计算值 (km/h)	小车推荐值 (km/h)	大车计算值 (km/h)	大车推荐值 (km/h)
K28+655	3 968.139	80	93.132	80	75.865	60
K29+185	3 982.502	80	93.049	80	75.730	60
K29+455	3 988.631	80	93.013	80	75.672	60
K30+205	4 016.006	80	92.841	80	75.404	60
K30+980	4 025.030	80	92.781	80	75.313	60
K31+450	4 042.251	80	92.663	80	75.136	80
K31+750	4 049.751	80	92.610	80	75.058	80
K32+085	4 061.476	80	92.524	80	74.934	80
K33+250	4 088.504	80	92.318	80	74.640	80
K33+790	4 075.976	80	92.415	80	74.777	80
K34+540	4 045.976	80	92.636	80	75.097	80
K34+845	4 038.351	80	92.690	80	75.177	80
K35+260	4 035.031	80	92.713	80	75.211	80
K36+075	4 010.582	80	92.876	80	75.458	80
……						

在具体应用时应注意：受线形控制的上、下坡多弯路段，应考虑设计速度的约束条件进行限速值计算；考虑到高原大车的动力性能和制动性能的衰减，对上坡路段、下坡路段的大车限速值应做折减处理。

7.5.3 具体实施方案

综合考虑本书关于特殊环境下高速公路速度控制技术的相关结论，并结合高原高海拔低压缺氧条件下高速公路行车特点、驾驶员心理生理特点以及缺氧条件下车辆性能等，并通过分析花大高速公路示范路段的线形、海拔以及环境特点，运用本书第 7 章综合限速决策研究模型成果，从车辆运行安全和效率动态平衡方面着手，制定出以下限速推荐方案。

1）分车型限速方案

① 方法原理。分车型限速是从提高安全和运行效率的角度提出的较新的限速方法，即将客车和货车的限速值分开考虑，并通过交通标志提示大型货车靠右侧行驶。

② 特点。综合考虑客、货车之间的运行特性和制动特性差异，以及客、货车驾驶员对速度需求的不同，是利于安全和发挥通行效率的限速方法，同时，也利于驾驶员识别并遵守限速，降低了执法难度。

2) 分路段提高限速方案

① 方法原理。以现有路段的限速方案为基础,结合实测数据和驾驶员需求,参考现有道路交通安全法提供的限速速度值,从更加注重通行效率和发挥道路的通行能力角度来提出的限速方案。

② 特点。考虑了路段特点和驾驶员的速度需求,有利于社会和谐与提高道路通行效率,能够在一定范围内提高社会满意度。

③ 限速值。根据模型计算速度及相关分析研究,全线小车限速 80 km/h,大车 60 km/h,特殊路段限速值为 40~80 km/h。

3) 特殊路段限速方案

① 平曲线路段限速方案。示范工程路段平曲线半径小于设计速度对应一般值但大于极限值的路段,应提前 50 m 设置提示标牌、急弯警示标志及路面震动带控制车速。

② 长陡上、下坡路段限速方案。对于长陡上、下坡路段,应考虑采取统一限速 60 km/h。

4) 总体限速方案

综上,具体路段限速值及限速方式见表 7-10。

表 7-10 限 速 方 案

整体限速区段	限速值(km/h)	局部路段限速区段	限速值(km/h)
K27+000~K42+000	小车 80 km/h 大车 60 km/h 大型车靠右	K29+455~K30+205、 K30+979.500~K31+450	长大上坡路段 统一限速 60 km/h
		K33+790~K34+540、 K37+015~K37+715	长大下坡路段 统一限速 60 km/h

7.5.4 限速标志设置

根据限速方案,进行限速标志的设置:
① 在互通立交进口加速车道终点附近增设分车型限速标志;
② 在高速公路一般路段增设门架式或附着式分车型限速标志;
③ 在易超速路段增设"前方测速区"标志;
④ 在长陡下坡路段增设分车型限速标志;
⑤ 在长陡上坡路段增设统一限速标志。

7.5.5 其他速度管理建议方案

1) 不良天气情况的速度管理

花大高速公路位于平均海拔 4 000 m 以上的高原地区,低压缺氧,自然环境恶劣,常有雨雾雪等不良天气情况出现,造成路面湿滑,视线不清,存在一定安全隐患。如何在雨雾雪等不良天气条件下进行速度控制和管理,是一个重要而实际的问题。建议利用现有的可变限速情报板,在雨雾雪等不良天气情况下进行及时的信息显示,主要显示限速信息。

2) 完善配套安全设施

交通标志、标线、警示灯等的设置是进行高速公路速度管理的一项重要内容,完善配套安全设施可以适时有效地提示驾驶员,使其对路况做出及时准确的判断,对保证公路行驶的安全性,特别是提高限速后的行驶安全性有着重要的作用。

上述限速与速度控制方案已经就交通标志、标线等提出了相关的布置建议,增设了急弯标志、距离确认标志、大型车靠右标志以及视觉减速标线、黄闪灯等安全设施,能够满足路段开通运营后车辆安全行驶的需要。建议花大高速公路逐步分期实施限速方案,在验证成效后推广:

① 在重点限速路段加强管理,可采用巡逻车上路巡逻或加装雷达测速、电子警察设备;

② 加强公众对道路交通安全法的理解,让公众了解速度与安全的关系,了解限速的确定,遵守限速规定,按规定系好安全带;

③ 加强管理,严禁低速车辆、摩托车、非机动车及行人进入高速公路,并且对超载超限进行严格管理。

参考文献

[1] Officials A A O S. A policy on geometric design of highways and streets[M]. 6th ed. Washington, D C, 2011.

[2] Fitzpatrick K, Zimmerman K H, Bligh R P, et al. Criteria for high design speed facilities[R]. Texas: The Texas A&M University System College Station, 2007.

[3] JTG/T B05-2004 公路项目安全性评价指南[S]. 中华人民共和国交通运输部.

[4] 刘建蓓,郭忠印,胡江碧,等. 公路路线设计安全性评价方法与标准[J]. 中国公路学报,2010(S1):28-35.

[5] 刘建蓓,罗京,郭腾峰. 基于安全容许速度的雨天公路可变限速方法[J]. 中国公路学报,2015(12):128-133.

[6] 刘建蓓,马小龙,张志伟,等. 基于心电分析的青藏高原驾驶人疲劳特性[J]. 交通运输工程学报,2016(04):151-158.

[7] 余志生. 汽车理论[M]. 5版. 北京:机械工业出版社,2009.

[8] 刘晶,冯晓,朱擘. 冰雪条件山区公路线形设计指标取值分析[J]. 华东公路,2013(02):16-18.

[9] 李松龄,裴玉龙. 路面附着性能影响因素分析及其改善对策的研究[J]. 公路,2007(11):126-130.

[10] 王正君,雷明臣,丁琳,等. 冰雪路面抗滑性能试验研究[J]. 中外公路,2009(02):69-72.

[11] 李慧云. 冰雪条件下公路限速研究[D]. 哈尔滨:哈尔滨工业大学,2012.

[12] 汪双杰,方靖,韩艳. 青藏公路运行速度特性研究[J]. 中国公路学报,2010(01):13-18.

[13] 汪双杰,郭腾峰,刘建蓓,等. 中国公路运行速度体系与工程应用技术研究[J]. 中国公路学报,2010(S1):1-7.

[14] 汪双杰,黄晓明,侯曙光. 多年冻土区路基路面变形及应力的数值分析[J]. 冰川冻土,2006,28(2):217-222.

[15] 肖润谋,运伟国,徐田兵. 高原长平直线公路汽车行驶安全[J]. 长安大学学报(自然科学版),2007(03):76-79.

[16] 邓云潮. 公路长大下坡路段小客车运行速度预测模型[J]. 长安大学学报(自然科学版),2009(4):43-47.

[17] 杨少伟,石飞荣,潘兵宏,等.可能速度及其在公路线形设计中的应用方法[J].长安大学学报(自然科学版),2004,24(3):1-4.

[18] 程国柱,李惠,徐亮.积雪路面特性分析及其造成驾驶员行车紧张性评价[J].吉林大学学报(工),2011,41(2):355-359.

[19] 王谦,俞祥海,胡湘林,等.1 894例青藏高原道路交通伤分析[J].中华创伤杂志,2004(03):136-138.

[20] 钟小明.公路三支无信号交叉口交通安全模型研究[D].北京:北京工业大学,2006.

[21] 刘建蓓,林声,高晋生.公路平直路段运行速度模型分析与优化[J].中国公路学报,2010(S2):83-88.

[22] 刘建蓓,郭腾峰,王佐.公路运行速度过渡段设计方法研究[J].公路,2011(04):109-113.

[23] 郭腾峰,刘建蓓,汪双杰.基于运行速度特征的公路平曲线设计半径推荐取值研究[J].中国公路学报,2010(S1):8-12.

[24] McFadden J, Elefteriadou L. Evaluating horizontal alignment design consistency of two-lane rural highways: development of new procedure [J]. Transportation Research Record: Journal of the Transportation Research Board, 2000 (1737): 9-17.

[25] Bucchi A, Biasuzzi K, Simone A. Evaluation of design consistency: a new operating speed model for rural roads on grades[J]. Washington, D C. Transportation Research Record, 2005(1701):76-85.

[26] Jessen D, Schurr K, McCoy P, et al. Operating speed prediction on crest vertical curves of rural two-lane highways in Nebraska[J]. Transportation Research Record: Journal of the Transportation Research Board, 2001 (1751):67-75.

[27] 林声,刘建蓓,阎莹,等.基于驾驶负荷的山区高速公路长大下坡路段安全性评价模型[J].交通运输工程学报,2013(06):99-106.

[28] 罗京,刘建蓓,王元庆.路面水膜深度预测模型验证试验[J].中国公路学报,2015(12):57-63.

[29] 胡澄宇,刘建蓓,罗京,等.在运营高速公路长大下坡段交通安全风险水平评价研究[J].公路交通科技(应用技术版),2015(03):304-306.

[30] 刘建蓓,王楠,郭腾峰,等.高速公路空间视距检测技术研究[J].公路,2008(07):288-292.

[31] 高建平.成渝高速公路重庆段安全事故分析研究[J].重庆交通学院学报,2003(03):74-77,81.

[32] 崔洪军,魏连雨,庞建勋.道路条件与交通安全的研究方法[J].西安公路交通大学学报,2001(04):36-39.

[33] 王佐,刘建蓓,郭腾峰.公路空间视距计算方法与检测技术[J].长安大学学报(自然科学版),2007(06):44-47,62.

[34] 郭腾峰,刘建蓓,王蒙.高速公路互通式立交设计探讨[J].公路,2005(02):119-124.

[35] 罗京,刘建蓓,郭腾峰,等.降雨对高速公路交通流特征的影响[J].公路交通科技,2015(07):134-139.

[36] 刘建蓓.山区运营高速公路安全性评价方法研究[D].西安:长安大学,2013.

[37] 刘保锋,张志伟,刘建蓓.基于事故统计分析的海南省公路交通安全事故成因与防治对策研究[J].公路交通科技(应用技术版),2013(12):265-268.

[38] 郭腾峰,汪晶.《公路工程技术标准》(2014版)修订概述[J].工程建设标准化,2015(05):48-

49,54.

[39] 张磊,罗京,白皓.可持续安全公路设计理念及其在我国适用的必要性[J].公路,2014(03):124-128.

[40] 朱剑豪.立交匝道的超高与横坡[J].城市道桥与防洪,2002(01):13-16.

[41] 唐优华,郭孜政,牛林博,等.驾驶疲劳状态波动性特征的识别方法[J].北京工业大学学报,2015(08):1225-1229.

[42] 谢宇.回归分析[M].北京:社会科学文献出版社,2013.

[43] Fitzpatrick K, Zimmerman K H, Bligh R P, et al. Criteria for high design speed facilities[R]. Texas: The Texas A&M University System College Station, 2007.

[44] 吕保和,王明贤,肖建兰,等.我国高速公路交通事故应急救援体系的构建[J].中国安全科学学报,2006(07):76-80.

[45] 刘润有,练象平,李明剑.冰雪条件下城市快速路线形设计优化方法研究[J].城市道桥与防洪,2015(12):156-159.

[46] 刘晶,冯晓,朱擘.冰雪条件山区公路线形设计指标取值分析[J].华东公路,2013(02):16-18.

[47] 李松龄,裴玉龙.路面附着性能影响因素分析及其改善对策的研究[J].公路,2007(11):126-130.

[48] 王正君,雷明臣,丁琳,等.冰雪路面抗滑性能试验研究[J].中外公路,2009(02):69-72.

[49] 李慧云.冰雪条件下公路限速研究[D].哈尔滨:哈尔滨工业大学,2012.

[50] 刘亚非.高速公路服务设施关键技术标准研究[D].西安:长安大学,2012.

[51] 戴洁,华晨.城市公厕性别比例解析与调整[J].城乡建设,2013(07):41-44.

[52] 虞以新,张祖昌.青藏高原生态环境的特点及其与旅行卫生的关系[J].旅行医学科学,1999(01):7-11.

[53] 包政权,马国素,胡进明,等.观察初次进入高原的旅客在不同海拔高度生理指标变化[J].高原医学杂志,2011(01):17-19.

[54] 吴玉,李鹏,高钰琪,等.不同地区青年男性急性高原反应差异分析[J].解放军医学杂志,2014(08):656-659.

[55] 格央.高原气候环境与人类健康[J].西藏科技,2006(4):50-51.

[56] 张牧云.援藏干部管理机制研究[D].北京:北京邮电大学,2013.

[57] 余志康,孙根年,冯庆,等.青藏高原旅游气候舒适性与气候风险的时空动态分析[J].资源科学,2014(11):2327-2336.

[58] 梅敏烽,施红生,梁渤洲,等.青藏铁路运营卫生保障阶段效果评价研究[J].铁道劳动安全卫生与环保,2010(02):71-75.

[59] Ipsita Banerjee J H L K. Rest area reducing accidents involving driver fatigue[R]. California: University of California, Berkeley Traffic Safety Center, 2009.

[60] Taylor W, Sung N, Jawad A. A study of highway rest areas and fatigue related truck crashes[C]//Washington, D C: 78th Transportation Research Board Annual Meeting, 1999.

[61] 姜彩良,孙小年,胡铁钧.冰雪灾害区域高速公路服务区建设要求分析[C]//重庆:中国公路学会高速公路运营管理分会2011年度年会暨第十八次全国高速公路运营管理工作研讨会论文集,2011.

[62] 刘峰贵,张海峰,陈琼,等.青藏铁路沿线自然灾害地理组合特征分析[J].地理科学,2010(03):

384-390.

[63] JTGB05-2015 公路项目安全性评价规范[S]. 中华人民共和国交通运输部.

[64] Lin C, Wu R, Liang S, et al. EEG-based drowsiness estimation for safety driving using independent component analysis[J]. Circuits and Systems I: Regular Papers, IEEE Transactions on, 2005, 52(12): 2726-2738.

[65] Liu C C, Hosking S G, Lenné M G. Predicting driver drowsiness using vehicle measures: recent insights and future challenges[J]. Journal of Safety Research, 2009, 40(4): 239-245.

[66] Commission C E N R. Development of national guidelines for the provision of rest area facilities[R]. Melbourne: ARRB Transport Research, 2004.

[67] Nishii K, Sasaki K, Tanabe J, et al. An empirical model of expressway drivers behaviors on stopover at sa/pa involving the location choice[C]//ERSA conference papers. European Regional Science Association, 2014.

[68] Park B, Fitzpatrick K, Lord D. Evaluating the effects of freeway design elements on safety[J]. Transportation Research Record: Journal of the Transportation Research Board, 2010(2195): 58-69.

[69] Asano M, Hirasawa M. Characteristics of traffic accidents in cold, snowy Hokkaido, Japan[C]// Proceedings of the Eastern Asia Society for Transportation Studies, 2003(4): 1426-1434.

[70] Nour-Eddin E F, Billot R, Nurmi P, et al. Effects of adverse weather on traffic and safety: State-of-the-art and a European initiative[C]// International Road Weather Conference, 2010.

[71] Mircea-Paul Andreescu, David B Frost. Weather and traffic accidents in Montreal, Canada[J]. Climate Research, 1998(9): 225-230.

[72] Fitzpatrick K, Miaou S P, Brewer M, et al. Exploration of the relationships between operating speed and roadway features on tangent sections[J]. Journal of Transportation Engineering, 2005, 131(4): 261-269.

[73] 秦利燕,许洪国. 基于量化理论的高速公路交通安全评价模型[J]. 山东交通学院学报,2002(04): 33-36.